VOLTAIRE

AU CHATEAU DE CIREY

PARIS. — IMPRIMERIE DE P.-A. BOURDIER, CAPIOMONT FILS ET Cie
6, rue des Poitevins.

VOLTAIRE ET LA SOCIÉTÉ FRANÇAISE
AU XVIIIe SIÈCLE

VOLTAIRE

AU CHATEAU DE CIREY

PAR

GUSTAVE DESNOIRESTERRES

PARIS
LIBRAIRIE ACADÉMIQUE
DIDIER ET Cie, LIBRAIRES-ÉDITEURS
35, QUAI DES AUGUSTINS, 35

1868

Tous droits réservés.

VOLTAIRE

AU CHATEAU DE CIREY

I

LA MARQUISE DU CHATELET. — LES LETTRES
PHILOSOPHIQUES. — VOLTAIRE EN FUITE.

Voltaire avait vu madame Du Châtelet tout enfant, chez son père. Au moment où il quittait, après une captivité de quelques jours à la Bastille, Paris et la France, en mai 1726, mademoiselle Gabrielle-Émilie Le Tonnelier de Breteuil était mariée depuis près d'un an (20 juin 1725) au marquis Florent-Claude du Châtelet-Lomont[1] : née le 17 décembre 1706, elle avait alors un peu moins de vingt ans. Par conséquent, en 1733, avec ses vingt-sept ans elle avait huit années de ménage ; elle connaissait le monde, elle connaissait la vie, elle savait sa valeur propre, et n'en était plus à s'avouer, sinon la nullité, du moins l'infériorité du mari qui lui était échu. On a fait plus d'un portrait d'elle, tant au physique qu'au moral, ceux-ci flattés, ceux-là d'une extrême malveillance. Le plus célèbre de ces

---

1. Dom Calmet, *Histoire généalogique de la maison du Châtelet* (Nancy, 1741), p. 119.

derniers, c'est l'infernal crayon d'une femme infernale que le dégoût d'elle et des autres poussait, par désœuvrement et ennui, à ces exécutions atroces. Voici de quelle façon madame du Deffand nous peint son ancienne amie.

> Représentez-vous une femme grande et sèche, sans hanches, la poitrine étroite (la crudité de l'expression nous force ici à enlever quelque chose), de gros bras, de grosses jambes, des pieds énormes, une très-petite tête, le visage aigu, le nez pointu, deux petits yeux vert de mer, le teint noir, rouge, échauffé, la bouche plate, les dents clair-semées et extrêmement gâtées. Voilà la figure de la belle Émilie, figure dont elle est si contente qu'elle n'épargne rien pour la faire valoir : frisures, pompons, pierreries, verreries, tout est à profusion ; mais comme elle veut être belle en dépit de la nature, et qu'elle veut être magnifique en dépit de la fortune, elle est souvent obligée de se passer de bas, de chemises, de mouchoirs et autres bagatelles[1].

Reprenons haleine. Il y a là autant de coups de poignard que de phrases, de périodes, de mots. Madame du Deffand, on le voit, s'entendait en exécutions. « Elle me rappelle, disait Thomas, l'auteur des *Éloges*, les paroles d'un médecin de ma connaissance : *Mon ami tomba malade, je le traitai; il mourut, je le disséquai*[2]. » Mais le médecin avait attendu la mort de son ami ; madame du Deffand disséquait la marquise de son vivant, cela est plus fort. Il est une

---

1. Disons que le portrait tel que nous le publions est une seconde version retouchée et augmentée, à laquelle les amis ont bien pu ajouter. On comprend que nous ayons choisi celui des deux qui apporte le plus de traits à cette figure grimaçante. Les comparer l'un à l'autre dans la *Correspondance complète de madame du Deffand* (Paris, 1865), t. II, p. 762, 763. Les additions ne sauraient être antérieures à 1740.

2. Madame Necker, *Mélanges* (Paris, 1798), t. II, p. 125.

manière de mentir et de calomnier en disant vrai.
Madame du Châtelet n'était pas une beauté ; elle était
grande, un peu maigre, un peu osseuse, elle était
brune de peau ; nous accorderons même qu'elle avait
la bouche plate et les dents gâtées vers la quarantaine.
Avait-elle le nez pointu? le portrait de Latour ne nous
le présente nullement aigu ; il est sensiblement long
sans doute par rapport au peu de distance qui existe
entre la bouche et le menton. Mais tel qu'il est, ce
visage plaît, il est harmonieux ; les yeux vert de mer
sont de beaux et grands yeux clairs, d'une expression
caressante même et couronnés d'épais sourcils qui
sont le point de départ d'un front vaste et intelligent.
Ce n'est pas une belle ni une jolie figure, c'est une
figure aimable, et c'est ainsi que nous la peignent et
Maupertuis [1] et madame Denis, qui cependant ne l'aime
point [2]. Quant à ce goût de la parure, des colifichets
et des pompons, elle en convient et s'en raille la
première. Sans doute les du Châtelet étaient peu à
leur aise, surtout avant le gain d'un procès dont ils
durent l'issue heureuse à Voltaire. Mais la gêne n'allait
point jusqu'à se passer de bas, de chemises « et autres bagatelles ; » et, si l'on prend cette énormité

---

1. *Isographie des hommes célèbres* (Mesmer, 1828-1830), t. III. Fragment d'une lettre de Maupertuis.

2. Voltaire, *Pièces inédites* (Didot, 1820), p. 289. Lettre de madame Denis à Thiériot ; Landau, 10 mai 1838. L'opinion de madame de Grafigny lui est aussi favorable, *Vie privée de Voltaire et de madame du Châtelet* (Paris, 1820), p. 4, 91. Voir la gravure de Langlois (1786), d'après le portrait peint par Marie-Anne Loir, d'une expression très-vivante, et qui nous semble être de toutes les gravures que nous connaissons de madame du Châtelet incontestablement et la plus ressemblante et la plus heureuse.

pour une métaphore, l'excès lui enlève toute valeur.

Ardente, emportée, éprise de toutes les curiosités, jetée dans un monde sans scrupules, où les plus mauvaises mœurs se pratiquaient en plein soleil, la jeune femme, encouragée par l'exemple, peu protégée d'ailleurs par l'affection très-limitée qu'elle ressentait pour son mari, eut au moins l'excuse, dans un siècle de galanterie sans ardeurs, d'apporter dans ses faiblesses une passion sincère, des entraînements qui n'étaient pas simulés. Son cœur demandait à être occupé non moins que son esprit : elle aima de toute son âme, durant une existence que la mort devait faucher bien avant le temps. Voltaire venait un peu tard pour avoir les prémices de ce cœur enthousiaste. N'oublions pas qu'elle avait vingt-sept ans, lorsqu'il lui fut donné de la rencontrer. Quel fut son premier amant? question toujours difficile et que nous ne chercherons pas à décider[1]. Ce pourrait bien être, toutefois, M. de Gué-

---

[1]. Dans une lettre entortillée où madame du Châtelet n'est pas nommée, mais où il ne peut être question que d'elle, un littérateur, G. Feydel, donne à entendre que Rousseau, placé près de mademoiselle de Breteuil pour lui apprendre le latin, ne parut que trop aimable à son élève, et que le père, averti, dut évincer celui-ci sans esclandre. Le même écrivain attribue à ce premier sentiment vite effacé et dont on ne se souvenait plus que pour en rougir, une persécution qui de la part de Voltaire fut incessante. Toute cette lettre est d'une ignorance des faits et des dates qu'on a peine à comprendre. En supposant que mademoiselle de Breteuil eût alors quatorze ans, et c'est bien le moins qu'on puisse admettre, l'auteur du *Flatteur* en avait cinquante. Ces chiffres rapprochés en disent assez sur l'absurdité de cette fable. A entendre Feydel, Voltaire, à Bruxelles, eût voulu attirer le lyrique dans leur intimité et eût insisté tellement que la docte Émilie, pour l'en détourner à tout jamais, n'eût rien trouvé de mieux que de calomnier odieusement Rousseau : ainsi, ce dernier eût payé les bienfaits de son père par cette *Baronnade* dont

briant, s'il fallait en croire les notes d'un homme qui avait, dit-on, ses raisons pour n'être pas indulgent sur le chapitre des femmes. « La marquise du Châtelet, raconte Maurepas, désespérée de se voir abandonnée du marquis de Guébriant, qu'elle idôlatroit, lui écrivit une lettre d'éternels adieux, disant qu'elle vouloit mourir puisqu'il ne vivoit plus pour elle. Guébriant, qui la connaissoit sujette à des emportemens, courut chez elle, et le suisse lui refusant la porte, il entra de force, vola dans l'appartement et la trouva couchée, dormant d'une dose d'opium capable de la tuer; il la fit secourir, lui sauva la vie, et ne pouvant s'attacher à elle malgré cette preuve d'amour, elle s'en consola avec plusieurs autres[1]. » Cette aventure ne se trouve pas uniquement dans les Mémoires de Maurepas; on la rencontre encore dans les chansonniers du temps, seulement ce n'est point M. de Guébriant, c'est Voltaire, partant pour Londres, qui est le héros du

---

Voltaire l'accablera sans se lasser. Mais nous savons, nous autres, que la rupture des deux poëtes date du voyage de Bruxelles avec madame de Rupelmonde, et il faut être bien neuf dans l'histoire littéraire de l'époque pour confondre ainsi les temps et les personnes. Dans la même brochure, l'écrivain s'efforce à prouver que le *Commentaire historique* n'est pas de Voltaire, qu'il est de l'avocat Christin, des mieux placés, du reste, pour entreprendre un pareil travail. Au moins, les circonstances qu'il avance n'ont rien que de vraisemblable et peuvent, en tous cas, se soutenir, quoique Beuchot, pour sa part, ne se laisse point convaincre. Disons que la lettre à mademoiselle d'H***, insérée à la suite de cette thèse, en ôtant tout crédit à Feydel, ne permet pas d'admettre un fait d'ailleurs possible, mais dénué de preuves, et auquel ne vient point en aide l'autorité de celui qui l'allègue. G. Feydel, *Un cahier d'histoire littéraire* (Paris, Delaunay, 1818), p. 1 à 11, 25 à 28. — Voltaire, *OEuvres complètes* (Beuchot), t. XLVIII, p. 312.

1. Maurepas, *Mémoires* (Paris, 1792), t. IV, p. 173.

drame[1]; mais nous avons vu qu'alors le poëte ne connaissait point madame du Châtelet, et ce n'était qu'à son retour que devaient commencer leurs rapports. Au moins voilà une femme qui prend l'amour au sérieux et est capable de ne pas survivre à la trahison; et ce n'est pas commun à cette date. Sans doute la légèreté persistante du marquis, après de tels témoignages de tendresse, inspira à sa maîtresse ce dédain sauveur qui guérit plus que tous les efforts de la volonté la plus héroïque; mais si elle tua l'amant dans son cœur, elle ne tua pas l'amour.

Le comte de Maurepas nous dit qu'elle se consola avec plusieurs autres; c'est donner à entendre qu'elle devint galante, et elle était trop passionnée pour trouver dans la galanterie satisfaction à ce besoin d'affection et de dévouement dont elle donnera d'éclatantes preuves à Voltaire. Son second choix, s'il dut flatter sa vanité, ne fut pas, il est vrai, plus judicieux pour une femme qui voulait être aimée solidement, profondément. Richelieu, car c'était lui, n'était pas homme à s'emprisonner indéfiniment dans la même intrigue. Ce qu'il cherchait, c'était le succès, c'était le triomphe: le lendemain de la victoire, il devait songer à d'autres conquêtes. Cette nouvelle liaison ne fut donc pas éternelle, mais, malgré une séparation que ne laissait que trop pressentir l'humeur inconstante du duc, malgré l'amertume et l'humiliation de l'abandon, la jeune femme eut assez de vraie fierté pour pardonner

---

1. *Voltariana* ou *Eloges amphigouriques de Fr.-Marie Arouet* (Paris, 1748), p. 62. — *Lettres de M. de V****, avec plusieurs pièces de différens auteurs (à La Haye, chez Pierre Poppi), p. 29.

et offrir loyalement à ce conquérant de ruelle une amitié désintéressée et sincère. Celui-ci accepta et conserva jusqu'à la fin avec la marquise un commerce tendre, avivé par les bons procédés, sans équivoques, et dans lequel madame du Châtelet apporta la franchise, la droiture, toutes les qualités viriles de sa nature. Aussi, plus tard, alors que Richelieu s'était remarié pour la seconde fois, et que son ancienne maîtresse avait jeté toute sa vie dans un autre amour, elle lui écrivait, après une maladie grave :

> Qui l'auroit cru jamais, qu'entre madame de Richelieu, Voltaire et vous, l'amitié eût pu me faire regretter? à peine l'espérois-je de l'amour! On n'est heureux que par ces deux sentimens, j'avoue qu'ils font le bonheur de ma vie et que je ne demanderois aux dieux (s'il y en a) que de passer ma vie dans cette partie carrée, où il seroit également doux d'être le tiers et le quart... Je crois que je vaux réellement quelque chose depuis que je commence à croire que vous avez pour moi une amitié solide... Vous connoissez mon cœur, et vous savez combien il est vraiment occupé; je m'applaudis d'aimer en vous l'ami de mon amant... Ce sentiment ajouteroit encore à la douceur que je trouve dans votre amitié si je ne l'avois pas empoisonné; je ne me pardonne point d'avoir eu pour vous des sentimens passagers, quelque légers qu'ils aient été; assurément le caractère de mon amitié doit réparer cette faute, et si c'est à elle que je dois la vôtre, je dirai, malgré tous mes remords, *ô felix culpa*[1] !

Voilà trois mots latins qu'on ne s'attendait guère à trouver dans une épître de femme; mais, avec madame du Châtelet, il n'y a pas à s'étonner. Elle avait

---

1. *Vie privée du maréchal de Richelieu* (Paris, 1791), t. II, p. 477, 478, 479. Cette lettre sans date est au plus tôt des 15 ou 16 mai 1735, le mariage du marquis de Rambures ayant eu lieu le 12.

appris l'italien, le latin, à l'âge où l'on bégaie encore sa propre langue; à quinze ans, elle commençait une traduction de Virgile; ce qui ne l'empêchait pas d'être aussi femme qu'aucune autre, avec ces côtés frivoles, ces enfantillages charmants que nous aimons tant à trouver en elle, quand tout cela est relevé par les dons de l'intelligence et la distinction du caractère.

Ce fut Dumas d'Aigueberre, un Toulousain bel esprit, l'un des écrivains d'office de la cour de Sceaux, que Voltaire avait vraisemblablement connu chez la duchesse du Maine, qui les présenta l'un à l'autre : « Mon cher ami, c'était vous qui m'aviez fait renouveler connaissance, il y a plus de vingt ans, avec cette femme infortunée [1]... » Voltaire avait alors trente-neuf ans; il était jeune encore et possédait, avec le prestige de l'écrivain, cette verve éblouissante, à laquelle les femmes se laissent prendre souvent plus, disons-le à leur louange, qu'aux séductions vulgaires d'un physique avantageux. Nous avons peu de données sur les premiers jours de leur union. C'est dans une lettre datée du 3 juillet 1733, que Voltaire parle pour la première fois de madame du Châtelet, sans encore la nommer [2]. Mais nul doute qu'il ne s'écoula un temps notable de pénombre et de mystère, où l'on s'aima en silence, à la dérobée, et sans le confier aux amis. Tout mal logé qu'il était, au moins était-il chez

---

1. Voltaire, *Œuvres complètes* (Beuchot), t. LV, p. 355. Lettre de Voltaire à d'Aigueberre; Paris, 26 octobre 1749. Il n'y aurait eu que seize ou dix-sept ans.

2. *Ibid.*, t. LI. p. 400. Lettre de Voltaire à Cideville; le vendredi 3 juillet 1733.

lui, et pouvait-on l'y relancer sans trop se compromettre. Les premières audaces de ce genre eurent lieu en compagnie. Madame du Châtelet était l'amie de la duchesse de Saint-Pierre, qui se trouvait dans les mêmes conditions qu'elle, en puissance d'un amant qu'on ne pouvait pas trop afficher, quoiqu'il fût de qualité. On décida, d'un commun accord, d'aller un beau jour surprendre l'ermite dans sa solitude. Voltaire a célébré cette apparition dans une lettre où il compare ses trois visiteurs aux trois anges qui se montrèrent à Abraham. L'ange masculin était Louis de Brancas, comte de Forcalquier, le fils du maréchal. Pour cette fois, on n'accepta pas le souper qu'offrit le poëte, qui fut sans doute plus heureux dans la suite.

> Ciel! que j'entendrais s'écrier
> Marianne, ma cuisinière,
> Si la duchesse de Saint-Pierre,
> Du Châtelet et Forcalquier [1],
> Venaient souper dans ma tanière!

[1]. C'était un homme fort spirituel, fort aimable, et qui réunissait à ces côtés brillants un mérite très-réel et très-apprécié. « M. de Forcalquier avoit beaucoup plus d'esprit qu'il n'en faut ; mademoiselle de Flamarens disoit qu'il éclairoit une chambre en y entrant. Gai, un ton noble et facile, un peu avantageux, peignant avec feu tout ce qu'il racontoit, et ajoutant quelquefois aux objets ce qui pouvoit leur manquer pour les rendre agréables et plus piquans. » Président Hénault, *Mémoires* (Dentu, 1855), p. 183. D'Argens a dit de lui : « Savant pour lui seul et soigneux de cacher son savoir, il est dans son cabinet aussi bon métaphysicien qu'amant tendre auprès de sa maîtresse. » *Lettres juives* (La Haye, Poppi, 1766), t. I, p. 264. Pour parachever ses qualités, il était fort brave, et eut ses cheveux emportés par un boulet de canon au siége de Kehl, ce que n'a garde de ne pas célébrer Voltaire. *Œuvres complètes* (Beuchot), t. XIV, p. 349. Voir aussi le portrait de M. de Forcalquier, par ma-

Il est vrai que Voltaire ajoute : « Mais après la fricassée de poulets et les chandelles de Charonne, que ne doit-on pas attendre de votre indulgence[1] ! » La passion s'accommode de tout, et c'est une saveur de plus, et des plus délicieuses, que de quitter un instant tous les raffinements du luxe pour aller dévorer, dans quelque cabaret enfumé, un méchant dîner que l'amour assaisonne ; le champagne qu'offrait le poëte valait bien, en tous cas, la fricassée équivoque à laquelle il est fait allusion. Dans la suite, l'on n'eut plus besoin pour se voir du chaperonnage de deux témoins, et l'amour, en s'aguerrissant, se passa bien d'escorte. Cette liaison, fondée sur l'estime et l'admiration réciproques, ne devait que croître avec le temps, et, bientôt, l'on n'allait plus songer, des deux parts, à la dérober aux yeux d'un monde, qui n'avait pas le droit, du reste, de s'en indigner.

Mais l'amoureux n'avait point étouffé le poëte, et le succès de *Zaïre* n'était pas fait pour refroidir l'ardeur tragique de Voltaire. Le choix du sujet lui avait trop bien réussi, pour qu'il ne s'engageât pas plus avant dans ce filon chevaleresque. On lui avait reproché de bannir systématiquement l'amour de ses plans, on avait affecté de dire qu'il ne savait pas manier le langage de la passion ; il fallait fermer la bouche à la malveillance et à la sottise. « C'est un sujet tout français, dit-il en parlant d'*Adélaïde du Guesclin*, et tout

---

dame du Deffand. *Correspondance complète* (Paris, Plon, 1865), t. II, p. 744, 745. *Appendice.*

1. Voltaire, *OEuvres complètes* (Beuchot), t. LI, p. 454. Lettre de Voltaire à la duchesse de Saint-Pierre.

de mon invention, où j'ai fourré le plus que j'ai pu d'amour, de jalousie, de fureur, de bienséance, de probité et de grandeur d'âme. J'ai imaginé un sire de Couci, qui est un très-digne homme, comme on n'en voit guère à la cour ; un très-loyal chevalier, comme qui dirait le chevalier d'Aidie, ou le chevalier de Froulai.[1] » *Adélaïde* était terminée dès le commencement d'avril[2]; mais l'actrice à laquelle le rôle était destiné se trouvait dans un état de santé à ne pouvoir l'accepter, et, malheureusement, il ne pouvait être rempli que par elle.

Je suis charmée, écrit madame du Châtelet à Richelieu, qu'*Adélaïde* vous plaise, elle m'a touchée. Je la trouve tendre, noble, touchante, bien écrite, et surtout un cinquième acte charmant. Elle ne sera pas jouée de si tôt; la pauvre petite Dufresne se meurt. Elle a renvoyé son *roole*. V*** en est fort affligé, et il a raison : elle étoit très-capable de faire valoir son *roole*, et la petite *Gossein* le joueroit pitoyablement. Pour moi, je suis d'avis qu'il attende la guérison de mademoiselle Dufresne. Il y a trois semaines qu'il est malade lui-même, et qu'il n'a pas sorti. Mais il n'en a pas l'imagination moins vive, et moins brillante; il n'en a pas moins fait deux opéras, dont il en a donné un à Rameau, qui sera joué avant qu'il soit six mois[3]...

C'est donc bien à tort que le chroniqueur anonyme auquel nous avons déjà emprunté des renseignements le plus souvent exacts, nous le présente à cette date

1. Voltaire, *Œuvres complètes* (Beuchot), t. LI, p. 354. Lettre de Voltaire à Thiériot ; Paris, 24 février 1733.
2. *Revue rétrospective* (1836), t. V; p. 194. *Journal de la Cour et de Paris*; 11 avril 1733.
3. *Lettres de Voltaire et de sa célèbre amie* (Genève, 1782), p. 57, 58. L'autre opéra, qui ne fut jamais ni mis en musique ni représenté, a été publié dans les OEuvres, sous le titre de *Tanis et Zélide* ou *les Rois pasteurs*.

comme uniquement occupé de son argent et de sa santé, passant sa vie à acheter dans les inventaires, et à porter envie, comme il le disait, à ceux qui avaient des joues[1]. Ici, toutefois, le vrai se mêle au faux, et Voltaire nous apprend lui-même qu'il brocante, qu'il achète des magots et des Titien[2], des magots, comme l'entendait Louis XIV, c'est-à-dire des Téniers, des maîtres de l'école flamande. Cette passion des tableaux, du reste, ne datait pas d'hier; dix ans auparavant, il avait « l'impertinence » d'acheter les plus beaux tableaux de M. de Noce[3]. Il fait, une autre fois, une conquête devant laquelle il se mire : « Vous ai-je dit, écrit-il à Thiériot, que j'avais un Albane? c'est le *Voyage de Vénus*[4]. » Et ce goût, loin de diminuer, ne fera que croître, et souvent, dans la suite, sera-ce le thème d'une bonne partie de ses lettres à l'abbé Moussinot.

Madame du Châtelet nous annonce un opéra de la façon de son ami et d'un homme dont les ouvrages théoriques, bien qu'ils eussent occupé et divisé le public, n'avaient pu décider un poëte à lui confier un livret, comme on dirait de nos jours. Rameau avait frappé à toutes les portes, aucune ne s'était ouverte. Ses seules preuves, en fait de musique dramatique,

---

1. *Revue rétrospective* (1836), t. V, p. 216. *Journal de la Cour et de Paris*; 4 mai 1733.

2. Voltaire, *Œuvres complètes* (Beuchot), t. LI, p. 379. Lettre de Voltaire à Cideville; ce 15 mai 1733.

3. Voltaire, *Pièces inédites* (Didot, 1820), p. 161. Lettre de Voltaire à Thiériot; 1723.

4. *Le dernier volume des Œuvres de Voltaire* (Plon, 1862), p. 320. Lettre de Voltaire à Thiériot; 1725.

étaient des airs de danse et des morceaux de chant intercalés dans les pièces que son compatriote Piron, également impatient de se révéler, donnait aux Italiens, à défaut d'un théâtre moins modeste[1]; et elles n'avaient pas paru concluantes ni à Lamotte, ni à Roi, ni à Danchet, qui, tous, déclinèrent l'honneur de présider à ses débuts. Rameau était âgé, il n'avait pas de temps à perdre, et se mourait de rage de voir étouffer en lui des chefs-d'œuvre, faute d'un misérable poëme qu'il eût vivifié; car, au fond, Rameau avait un profond mépris pour la poésie, et l'on sait cette phrase outrecuidante de l'auteur de *Castor et Pollux* : « Qu'on me donne la *Gazette de Hollande,* et je la mettrai en musique. »

Par bonheur pour lui, il donnait des leçons de clavecin et d'accompagnement à une femme dans tout l'éclat alors de la beauté et de la puissance, qui engagea sa vanité à lui faire avoir un poëme. C'était la petite-fille de Dancourt, la fille de Mimi Dancourt, mademoiselle Deshayes, la maîtresse, puis la femme de La Popelinière, esprit retors, intrigant, qui trouvera le moyen de forcer la main au financier en faisant mettre par le cardinal de Fleury son mariage pour première et indispensable condition de renouvellement de bail (1737). La Motte, Roi, Danchet, avaient refusé un livret à son favori; mais il y avait d'autres poëtes que ces messieurs au monde, et il fut décidé qu'on s'adresserait à Voltaire. Voltaire qui ne se croyait interdit aucun genre, répondit avec sa facilité et sa grâce

---

[1]. *La Rose, le Faux prodigue, l'Enrôlement d'Arlequin* (1726).

ordinaires qu'il était aux ordres de la muse Deshayes et de son musicien, qu'il appelle *Orphée* dès la première heure. Le sujet est bientôt choisi ; c'est un sujet biblique, c'est *Samson*. Il s'y met de verve, et, quoiqu'il soit malade, comme il le mande à Cideville et comme le confirme madame du Châtelet, il s'attelle à son opéra, dont il a la meilleure opinion. « J'ai l'amour-propre d'en être content, dit-il, au moins pour la singularité dont il est[1]. » Il en parle à chaque instant dans sa correspondance, et avec tendresse et sollicitude. Il va jusqu'à écrire à Rameau : « Mon mariage avec vous m'est bien aussi cher que celui que je viens de faire (le mariage de M. de Richelieu) ; nos enfants ne sont pas ducs et pairs, mais grâce à vos soins et à votre talent ils seront immortels. Les applaudissements du public valent mieux qu'un rang à la cour... Adieu, vous avez deux femmes, elle (madame Rameau) et moi ; mais il ne faut plus faire d'enfants avec madame Rameau ; j'en ferai avec vous jusqu'à ce que je devienne stérile ; pour vous, vous ne le serez jamais[2]. »

Le vrai, c'est que Voltaire s'était mis dans la tête qu'il ferait un opéra aussi bien que Roi et Pellegrin. Quant à cette grande admiration pour Rameau, il ne faudrait pas la prendre trop au sérieux: Madame du Châtelet ne partageait pas l'opinion de la coterie de Passy, elle tenait pour la mélodie facile ; elle eût vécu, qu'elle eût été pour Piccini, contre Gluck ; elle finis-

---

1. Voltaire, *OEuvres complètes* (Beuchot), t. LI, p. 463. Lettre de Voltaire à Cideville ; Paris, ce 5 décembre 1733.

2. Voltaire, *Lettres inédites* (Didier, 1857), t. I, p. 53. Lettre de Voltaire à Rameau ; 1734.

sait ainsi la lettre à Richelieu que nous avons citée : « On vous aura sans doute mandé ce que c'est que Rameau et les différentes opinions qui divisent le public sur sa musique, les uns la trouvent divine et au-dessus de Lully; les autres la trouvent fort travaillée, mais point agréable et point diversifiée. Je suis, je l'avoue, des derniers; j'aime cent fois mieux *Issé*[1], que l'on joue à présent, et où mademoiselle Le Maure se surpasse[2]... » Madame du Châtelet était excellente musicienne et chantait à ravir, il était naturel que Voltaire penchât du côté d'Émilie ; aussi écrivait-il à Cideville, le lendemain de la première représentation d'*Hippolyte et Aricie* : « La musique est d'un nommé Rameau qui a le malheur de savoir plus de musique que Lulli. C'est un pédant en musique; il est exact et ennuyeux. » Il va sans dire que c'est entre lui et Cideville, et que pour tout le monde Rameau est à ses yeux un grand musicien et un grand homme.

Le Temple du goût continuait à être la grande préoccupation et le grand scandale du moment. « *Le Temple du goût* est détesté et lu de tout le monde. » Il eût été bien étrange que les petits théâtres, qui ne vivaient que de malignité et d'allusion, n'eussent pas saisi avec ardeur l'occasion d'attirer un public toujours à l'affût de ces sortes de chefs-d'œuvre. Ce furent les marionnettes qui eurent la priorité de l'attaque. Polichinelle est malade, arrive un médecin en robe rouge, qui conseille de lui donner quelques coups de bâton

---

1. *Issé*. Paroles de La Motte, musique de Destouches.
2. *Lettres de Voltaire et de sa célèbre amie* (Genève, 1782), p. 58. 1733.

pour le faire suer ; celui-ci répond qu'il a déjà usé du remède sans en avoir éprouvé de bien-être. Alors survient un second médecin, en robe noire, qui parle de purgations et de tout ce qui s'en suit. *Le Temple du goût* est apporté, et, comme de juste, ce temple est une chaise percée. Tout cela ne s'analyse pas ; ce sont des ordures au gros sel, où la personnalité remplace l'esprit, mais qui suffisent aux ennemis très-capables d'y ajouter au besoin. Cette parade fut arrêtée par ordre supérieur ; Marais, qui a pris Voltaire en haine profonde, s'indigne de cet excès de pruderie : « La police est bien difficile : j'ai vu jouer des princes du sang aux marionnettes [1]... » Qu'il se tranquillise, sa rancune n'y perdra rien, et si le vilain Zoïle, comme il appelle le poëte, l'échappe chez Polichinelle, la Comédie italienne est là pour venger ses victimes. L'abbé d'Allainval s'empressa de brocher un *Temple du goût* qu'il porta aux comédiens italiens ; ceux-ci le promenèrent quelque temps, le temps qu'il fallait au Molière de la troupe, à Romagnesi, pour lui voler son sujet, et l'évincèrent ensuite en alléguant la hardiesse de sa critique. D'Allainval, qui ne voulait pas perdre le fruit d'une telle besogne, fit, en désespoir de cause, imprimer sa comédie[2]. Tant qu'à celle de Romagnesi, elle fut représentée le 11 juillet, et obtint tout le succès qu'on pouvait en attendre. Voltaire y apparaît, habillé

---

1. Bibliothèque impériale. Manuscrits. *Correspondance du président Bouhier*, t. VII, p. 567. Lettre de Marais à Bouhier ; à Paris, ce 1er d'avril 1733.
2. *Revue rétrospective* (1836), t. V, p. 384. *Journal de la Cour et de Paris*; 1er juin 1733.

à la française, d'une étoffe d'Angleterre à carreaux, qui n'était que de toile, une allusion sans doute à l'avarice dont il était accusé déjà. On lui fait dire les choses les plus ridicules, c'est Le Faux-Goût opposé au Goût [1]. Mais, si le public ne voyait qu'à applaudir à ces grossièretés, mais si les ennemis trouvaient leur compte à ces platitudes, de bons esprits, en très-petit nombre, il est vrai, gémissaient qu'on eût ainsi le droit de livrer à la risée d'un parterre un écrivain justement célèbre, et qui, assurément, méritait plus d'égards.

Depuis votre départ, écrivait-on de Paris à Jordan alors à Londres, l'illustre Voltaire a été brutalement taxé par nos comédiens italiens, dans une pièce qui attire la foule, sous ce titre, *le Temple du goût*. Il y est représenté en personne, comme un vrai fat, et un sot parfait, plein de lui-même, qui se mêle de juger de tout à tort et à travers, sans nul goût ni jugement, et qui ne trouve rien de bon que ce qu'il fait. Deux ou trois seigneurs avoient employé leur crédit, pour empêcher que cette pièce ne fût jouée. Elle avoit été rejetée; mais les comédiens étant venus à la charge, le ministre a demandé à la voir. Après l'examen qui en a été fait, il a été décidé qu'elle seroit représentée. Il n'y a pas de doute qu'on n'ait voulu mortifier cet esprit trop hardi, et le punir par là de certaines vérités répandues dans ses ouvrages, et qui ne sont pas au gré de certaines gens. Il a été, à ce qu'on dit, vivement touché de cet affront; et je crains que sa santé, déjà trop foible, n'en ait été fort altérée. Vous ne sçauriez croire combien de gens ont applaudi à cette satire. Pour moi, j'en ai le cœur percé; ne pouvant digérer qu'un des plus beaux esprits de France fût ainsi traité. A la bonne heure, qu'on eût critiqué son *Temple;* il y a de quoi : mais on va ici jusqu'au personnel, et sans nul ménagement [2]...

1. *Revue rétrospective* (1836), t. V, p. 416, 417, 418. *Journal de la Cour et de Paris;* 20 juillet 1833. — *Le Temple du goût* (Paris, Briasson, 1733), p. 33 à 43, scène vi.

2. Jordan, *Histoire d'un voyage littéraire fait, en 1733, en France, en Angleterre et en Hollande* (La Haye, 1735), p. 64, 65.

Voltaire écrivait à son ami Thiériot, à Londres, lui aussi : « Si Aristophane a joué Socrate, je ne vois pas pourquoi je m'offenserais d'être barbouillé par Romagnesi[1]. » Au fond, il s'en était préoccupé plus qu'il ne l'avouait, et ses partisans n'avaient rien négligé pour empêcher cette farce d'être jouée. De pareilles atteintes ne le laissaient pas de sang-froid, et on verra plus tard tout le mal qu'il se donna pour s'opposer à la représentation de la parodie de *Sémiramis*.

On n'a pas oublié l'épigramme que Rousseau avait faite à table, entre deux verres de champagne, « pour hupper la tête du roquet. » Voltaire avait reparti que l'épigramme allait encore mieux à son auteur et la lui avait rétorquée. C'était bien laconique pour une haine aussi active. Mais c'eût été le peu connaître que croire qu'il s'en tiendrait là. « Hier, écrit-il à Cideville, étant à la campagne, n'ayant ni tragédie ni opéra dans la tête, pendant que la bonne compagnie jouait aux cartes, je commençai une *épître* en vers sur la *Calomnie*, dédiée à une femme très-aimable et très-calomniée[2].... » Cette dame très-aimable et très-calomniée, est madame du Châtelet. Quant à l'épître, c'est un sermon très-travaillé, très-châtié de forme sur la médisance et son infernale sœur la calomnie ; et il n'y aurait qu'à louer, sans vingt-cinq vers terribles où Rousseau, sous le nom de Rufus, est peint comme un scélérat, comme l'âme la plus perfide et la plus atroce. Le poëte parle de cette

---

1. Voltaire, *OEuvres complètes* (Beuchot), t. LI, p. 407. Lettre de Voltaire à Thiériot ; Paris, 14 juillet, 1733.

2. *Ibid.*, t. LI, p. 400. Lettre de Voltaire à Cideville ; ce vendredi 3 juillet 1733.

épître dans ses lettres, il la promet à ses amis sans encore la leur envoyer, parce qu'Émilie le lui défend et qu'il lui obéit aveuglément[1]. Mais Cideville, à qui s'adressait ce refus, la recevait quelques jours après, et Voltaire lui disait : « Vous voyez que je hais Rousseau ; mais qui ne sait pas haïr ne sait pas aimer[2]. » Le passage consacré au lyrique n'était pas fait, on en conviendra, pour calmer les ressentiments profonds de ce dernier.

> Ce vieux rimeur, couvert d'ignominies,
> Organe impur de tant de calomnies,
> Cet ennemi du public outragé,
> Puni sans cesse, et jamais corrigé,
> Ce vil Rufus, que jadis votre père
> A par pitié tiré de la misère,
> Et qui bientôt, serpent envenimé,
> Piqua le sein qui l'avoit ranimé ;
> Lui qui, mêlant la rage à l'impudence,
> Devant Thémis accusa l'innocence ;
> L'affreux Rufus, loin de cacher en paix
> Des jours tissus de honte et de forfaits,
> Vient rallumer, aux marais de Bruxelles,
> D'un feu mourant les pâles étincelles,
> Et contre moi croit rejeter l'affront
> De l'infamie écrite sur son front.
> Mais que feront tous les traits satiriques
> Que d'un bras foible il décoche aujourd'hui,
> Et ces ramas de larcins marotiques,
> Moitié français et moitié germaniques,
> Pétris d'erreur, et de haine et d'ennui ?
> Quel est le but, l'effet, la récompense
> De ces recueils de pure médisance ?

---

1. Voltaire, *Œuvres complètes* (Beuchot), t. LI, p. 419. Lettre de Voltaire à Cideville ; ce dimanche 2 août 1733.

2. *Ibid.*, t. LI, p. 424. Lettre de Voltaire à Cideville ; 14 août 1733.

Le malheureux, délaissé des humains,
Meurt des poisons qu'ont préparés ses mains [1].

Quelque peu sympathique que soit Rousseau, Voltaire a grand besoin qu'on détourne la vue de ces horreurs que le talent n'excuse pas, et que l'on revienne à lui dans ces instants, plus fréquents qu'il ne semble, où il se montre bon, généreux, tendre, expansif; serviable, indulgent. Nous avons vu Linant, rebuté, quitter Paris et retourner à Rouen où Cideville l'avait également traité en fils. Voltaire ne l'avait point oublié : il se reprochait de ne lui avoir pas été utile jusque-là, bien qu'il eût en dernier lieu tout fait pour le placer à titre de lecteur auprès de la duchesse du Maine [2]. Et il n'est pas plutôt installé rue du Long-Pont, qu'il le rappelle. « Quand l'abbé voudra revenir à Paris, mande-t-il à Cideville, je lui louerai un trou près de chez moi, il sera d'ailleurs le maître de dîner et de souper tous les jours dans ma retraite [3]. » Et Linant de prendre le coche sans plus tarder. Voltaire ne compte d'aucune façon utiliser les loisirs de celui-ci, il a un secrétaire, une espèce d'homme de lettres appelé Céran, parent, s'il faut l'en croire, de Rousseau, qui lui lit Virgile et Horace, et lui copie mal ses vers. Ce Céran est un bon garçon, mais assez simple; et Voltaire regrettait de n'avoir pas une autre compagnie à offrir au paresseux mais délicat Linant. Toutefois,

---

1. Voltaire, OEuvres complètes (Beuchot), t. XIII, p. 101, 102. Epître à madame la marquise du Châtelet sur la Calomnie, 1733.
2. Ibid., t. LI, p. 321. Lettre de Voltaire à madame du Deffand.
3. Ibid., t. LI, p. 384. Lettre de Voltaire à Cideville; ce vendredi, 29 mai 1733.

avant son arrivée, le poëte recrutait, acquérait un autre pensionnaire avec lequel l'abbé pourrait s'entendre; car il s'était tout aussitôt ravisé, et avait décidé qu'il le prendrait sous son toit.

Il est bien mal logé chez moi, écrit Voltaire en parlant de Linant; mais ce n'est pas ma faute, c'est la sienne. Il a trouvé, en arrivant, un compagnon que je lui ai donné, et dont je crois qu'il sera content. C'est un jeune homme nommé Lefèbvre, qui fait aussi des vers harmonieux, et qui est né, comme Linant, poëte et pauvre. Je voudrais bien que ma fortune fût assez honnête pour leur rendre la vie plus agréable; mais n'ayant point de richesse à leur faire partager, ils daignent partager ma pauvreté. Je ne suis pas comme la plupart des Parisiens; j'aime mieux avoir des amis que du superflu; et je préfère un homme de lettres à un bon cuisinier et à deux chevaux de carrosse [1]...

Ce Lefèbvre était un jeune homme de vingt ans, sans fortune, sans santé, qui donnait des espérances que la mort ne devait pas lui permettre de réaliser. Il avait adressé à Voltaire, après une maladie qui avait failli l'emporter, des vers marotiques auxquels celui-ci répondit avec sa bienveillance accoutumée [2] : ces vers et un médiocre fragment de tragédie sont tout ce que nous connaissons de lui [3]. Cette hospitalité donnée à deux jeunes gens qui pouvaient être de beaux génies que la pauvreté eût empêchés de se révéler, honore

1. Voltaire, OEuvres complètes (Beuchot), t. LI, p. 437, 438. Lettre de Voltaire à Cideville; ce 27 septembre 1733.
2. Revue rétrospective (1836), t. V, p. 397, 398. *Journal de la Cour et de Paris*; 15 juin 1733. — Voltaire, OEuvres complètes (Beuchot), t. XIV, p. 350.
3. De Laplace, *Pièces intéressantes et peu connues* (Bruxelles, 1785), t. III, p. 338, 339.

Voltaire, et nous ne voyons pas ce que la malveillance eût pu trouver contre une bonne action parfaitement désintéressée ; car, au moins dans le présent, Linant et Lefèbvre n'avaient d'autre indemnité à offrir qu'une reconnaissance dont on se contenta pleinement. Le journal anonyme qui nous a déjà fourni des faits curieux et toujours empruntés à des sources sûres et même intimes, quelque peu indulgent qu'il soit pour le poëte, se sent désarmé, cette fois, et convient loyalement qu'on l'a et méconnu et calomnié. « Voltaire, dit-il, vient de se laver aux yeux du public de ce soupçon d'avarice qu'on a conçu de lui mal à propos. Il a retiré près de lui deux jeunes gens qui étoient sans fortune et à qui il a reconnu des talents. Il les nourrit en gens honorables et non en poëtes, leur fournit un honnête entretien, leur ouvre son cœur, sa bourse, et tous les trésors de son art ; en un mot, fait ce qu'on n'a point vu faire encore à des gens infiniment plus riches et qui se piquent de sentimens [1]... »

Les comédiens français donnèrent, le 18 janvier 1734, cette *Adélaïde du Guesclin,* sur laquelle son auteur fondait de si belles espérances, un sujet français chevaleresque, héroïque. Ses amis, qui l'avaient aidé de leurs conseils, et dont il avait suivi docilement les avis, n'en auguraient pas moins favorablement. Quant à madame du Châtelet, elle a dit plus haut tout le bien qu'elle en pensait. L'événement fut tout autre, pourtant, que celui sur lequel on comptait. Voltaire, « sortant alors de l'agonie, » assistait à la deuxième

---

1. *Revue rétrospective* (1836), t. VII, p. 105, 106. *Journal de la Cour et de Paris;* 1er octobre 1733.

représentation qui fut l'enterrement d'*Adélaïde*, « dont le convoi, dit-il, fut assez honorable [1]. » La première avait été plus orageuse, comme il le racontera lui-même trente ans après. « Elle fut sifflée dès le premier acte ; les sifflets redoublèrent au second, quand on vit arriver le duc de Némours blessé et le bras en écharpe ; ce fut bien pis lorsqu'on entendit au cinquième acte le signal que le duc de Vendôme avait ordonné ; lorsqu'à la fin le duc de Vendôme disait : *es-tu content, Coucy ?* plusieurs bons plaisants crièrent : *couci-couci* [2]. » Voltaire avait fait quelques corrections insignifiantes. Le parterre se figura que l'auteur avait tout refondu et redemanda la tragédie pendant un quart d'heure à grands cris. « J'ai été inflexible [3] », nous dit cette âme romaine. *Adélaïde* prendra sa revanche, quoique sur le tard, et reparaîtra sous un autre nom, corrigée et amoindrie, en 1752, et sous sa forme originelle, en 1765, sur le même théâtre, où elle obtiendra, aux deux reprises, le plus grand succès [4].

Voltaire avait cette activité qui s'applique à tout et ne demande qu'à être utilisée, peu importe de quelle

---

1. Voltaire, *OEuvres complètes* (Beuchot), t. LI, p. 470. Lettre de Voltaire à Cideville ; à Paris, ce 27 février 1734.
2. *Ibid.*, t. III, p. 283, *Adélaïde du Guesclin*. Avertissement de l'édition de Kehl ; XLIII., p. 377. — Clément, *Les cinq années littéraires ou Nouvelles littéraires des années 1748-1752* (La Haye, 1754), t. IV, p. 140, 141. — La Morlière, *Observations sur la tragédie du duc de Foix, de M. de Voltaire* (1753), p. 4, 5.
3. Voltaire, *OEuvres complètes* (Beuchot), t. LI, p. 470. Lettre de Voltaire à M. Clément, à Évreux ; 19 février 1734.
4. Barrière, *Bibliothèque des mémoires sur le dix-huitième siècle* (Didot, 1846), t. VI, p. 116, 122 à 124. Mémoires de Lekain.

façon et dans quel ordre de choses. Tout en faisant des poëmes épiques et des tragédies, de la philosophie et des opéras, il spéculera sur les grains et brocantera sur les curiosités et les bijoux. Demandez-lui un service, il s'y emploiera avec la même ardeur. Qui eût imaginé qu'il fût fabricateur de mariages à l'occasion; par amitié et désintéressement pur, cela va sans dire? C'est pourtant ce qui a lieu, et c'est ce qu'il nous apprend en se frottant les mains, fort content de lui et sans soupçonner quelle tragédie sera le fruit de cette négociation. « Mon cher ami, écrit-il à Cideville, je pars pour être témoin d'un mariage que je viens de faire. J'avais mis dans ma tête, il y a longtemps, de marier M. le duc de Richelieu à mademoiselle de Guise. J'ai conduit cette affaire comme une intrigue de comédie; le dénouement va se faire à Monjeu auprès d'Autun. Les poëtes sont plus dans l'usage de faire des épithalames que des contrats; cependant, j'ai fait le contrat, et, probablement, je ne ferai point de vers[1]... »

Il fallait un certain courage ou un grand fond d'imprévoyance, pour oser se mêler de marier M. de Richelieu. Ses antécédents étaient terribles, et, à moins d'un miracle de l'amour, quelque belle que pût être la fiancée, il y avait peu de probabilité qu'il lui sacrifiât sans retour tout un avenir de conquêtes et de brillants scandales. Mais on ne s'effrayait guère de cela alors, et, comme la femme vivait de fait perpétuellement séparée de son mari, peu lui importaient les

---

1. Voltaire, *Œuvres complètes* (Beuchot), t. LI, p. 475. Lettre de Voltaire à Cideville; ce mercredi 7 avril 1734.

mœurs de celui-ci. M. et madame de Guise, du reste, étaient sans préjugés à cet égard et n'avaient pas le droit d'être fort exigeants. « Par égard pour les descendants de M. et madame de Guise, raconte le président Hénault, je n'entrerai dans aucun détail : je dirai seulement que le mari et la femme étoient le scandale de Paris, dans un siècle où l'on n'y est pas difficile : et qu'ils n'avoient rien à se reprocher l'un à l'autre. Cependant j'y allai comme tout Paris, et dans leur maison au Temple et dans celle d'Arcueil, dont les jardins étoient de la plus grande élégance[1]... » Il est à croire que l'éducation des enfants avait été en conséquence de ces mœurs et de ces principes, et qu'au bas mot, ce qu'ils avaient été à portée d'entrevoir les avait quelque peu déniaisés. La descendance de M. de Guise consistait en un fils qui mourut sans alliance, une première fille mariée au duc d'Albret, et Marie-Élisabeth-Sophie, celle qui allait épouser M. de Richelieu. Ce mariage surprit un peu, et même scandalisa fort certains membres de la famille qui trouvaient assez étrange de voir un Wignerod s'allier à la maison de Lorraine. M. de Guise, apparemment, n'avait pas ces préjugés. Peut-être aussi la façon dont on le débarrassait de sa fille (le duc la prenait sans dot) ne fut pas sans influence sur sa détermination[2]. Mademoiselle de Guise n'était pas jolie, elle avait les plus beaux yeux du monde, mais c'était tout ce qu'on pouvait louer en elle. Le mariage se fit le 7 avril 1734. Voltaire,

1. Président Hénault, *Mémoires* (Dentu, 1855), p. 105.
2. Barbier, *Journal et Mémoires* (Charpentier), t. II, p. 462 ; juin, 1734.

qui connaissait la fragilité humaine, particulièrement celle de l'aimable duc, avait cru de son devoir de prémunir la jeune femme contre certaines illusions dangereuses en ménage..

> Ne vous aimez pas trop, c'est moi qui vous en prie;
> C'est le plus sûr moyen de vous aimer toujours :
> Il vaut mieux être amis tout le temps de sa vie
> Que d'être amants pour quelques jours.

Peu de jours après, M. de Richelieu partait pour l'armée : il devait y rencontrer ses nouveaux cousins, le prince de Lixin et le prince de Pons son frère. Ces deux jeunes seigneurs portaient haut leur nom, et le mariage de leur parente avec le duc les mécontenta à tel point qu'ils refusèrent de signer au contrat. Le procédé était peu honnête, et M. de Richelieu le ressentit vivement. Des deux parts, l'on était animé des pires dispositions, et il ne fallait qu'une occasion trop facile à prévoir pour amener un conflit dont les conséquences pouvaient être irréparables. Et c'est ce qui advint. « Voici des nouvelles si affreuses qui me viennent touchant M. de Richelieu, que la plume me tombe des mains, écrit Voltaire à Cideville. Je mourrai de douleur si elles sont vraies. Mon Dieu! quel funeste mariage j'aurais fait [1]. » Quelles étaient ces nouvelles que le poëte, alors en fuite, apprenait bien tardivement? Une altercation entre M. de Lixin et M. de Richelieu avait eu lieu, il s'en était suivi une rencontre à l'épée; le premier était resté sur la place,

---

1. Voltaire, *OEuvres complètes* (Beuchot), t. LI, p. 508. Lettre de Voltaire à Cideville; ce 22 juin 1734.

et le duc avait reçu une blessure qui fit désespérer un instant de sa vie[1].

Voltaire n'avait pas besoin de ce surcroît d'inquiétudes, et il eût eu assez de ses propres préoccupations. Une lettre du ministre, à la date du 8 mai, mettait en campagne l'intendant de Dijon, M. de la Briffe, et lui enjoignait de faire arrêter et conduire au château d'Auxonne, en vertu de l'ordre du roi[2], le sieur Arouet de Voltaire, « supposé qu'il soit encore là, » ajoute la lettre qui admet le cas où le poëte prévenu par la rumeur publique, n'eût pas attendu qu'on mît la main sur lui. M. de la Briffe dut donc envoyer à Monjeu et ne fut pas fâché sans doute de trouver la cage vide (11 mai). « Le sieur Arouet de Voltaire, mandait-il au ministre, ne s'est pas trouvé à Monjeu. Il était parti le jeudi 6 de ce mois et est allé, à ce que l'on dit, prendre les eaux en Lorraine. Il (M. de la Briffe) renvoie les ordres du roi comme inutiles[3]. »

Mais, avant d'aller plus loin, il nous faut revenir sur nos pas, et expliquer les causes de ces mesures rigoureuses du ministre contre l'auteur de la *Henriade* et de *Zaïre*. Aussi bien ces détails ont-ils un véritable intérêt historique et aident-ils à se faire une idée du régime étroit, arbitraire, despotique, avec lequel écrivains et libraires avaient à compter. On l'a dit, Vol-

1. Ce duel eut lieu le 2 juin. Barbier, *Journal et Mémoires* (Charpentier), t. II, p. 462, 463, 464 ; juin 1734.
2. Archives impériales. O. 78. *Registre du secrétariat de la maison du Roy*, année 1734, p. 376. « Ordre pour arrester et conduire au château d'Auxonne le S. Arrouet de Voltaire, datté 2 du dit. » Du 6 may, n°. Cet ordre n'a eu lieu.
3. *Revue rétrospective* (1836), t. II, p. 130, 131.

taire, attiré vers cette civilisation anglaise, philosophiquement en avance sur la nôtre, avait, dès étant à Londres, jeté les notes de ce croquis rapide, ingénieux, spirituel, où la justice qu'il rend à nos voisins devait inévitablement être la critique, sinon la satire, de nos institutions, de notre gouvernement, de notre législation, de notre police religieuse et civile : la XXIIe lettre date de 1726, les XIe et XXe de 1727. Mais bien des circonstances devaient ajourner leur achèvement et leur publication. Il fallait, même pour discourir superficiellement de Newton et de sa philosophie, avoir plus que des notes superficielles. Voltaire s'inquiète ; au moins éprouve-t-il le besoin d'être rassuré par l'assentiment d'une autorité compétente, et il ne croit pas pouvoir mieux s'adresser qu'à l'homme qui, le premier, avait hasardé en France de substituer au cartésianisme croulant les idées newtoniennes. L'on a quatre lettres de Voltaire, durant son séjour à Fontainebleau, à Maupertuis, qu'il accable de caresses et de témoignages d'admiration, soupçonnant peu alors quelle haine mortelle devait les séparer plus tard. « Ma foi dépendra de vous, dit-il à propos de l'attraction ; et si je suis persuadé de la vérité de ce système comme je le suis de votre mérite, je suis assurément le plus ferme newtonien du monde [1]. » Et, quelques jours après : « Votre première lettre m'a baptisé dans la religion newtonienne; votre seconde m'a donné la

---

1. Voltaire, *OEuvres complètes* (Beuchot), t. LI, p. 314. Lettre de Voltaire à Maupertuis; Fontainebleau, 30 octobre 1732, à l'hôtel de Richelieu.

confirmation. En vous remerciant de vos sacrements[1]. »

En y réfléchissant un peu, Voltaire n'est pas bien sûr non plus de n'avoir pas été trop hardi, quoique ce qu'il a d'osé soit caché sous la frivolité de la forme. Pour gagner à lui les puissances et se préserver de la foudre, nous l'avons vu lire la partie plaisante de l'ouvrage, ses lettres sur les quakers, au cardinal de Fleury qui n'y trouva qu'à rire[2]. La gaieté de l'Éminence tranquillisa le poëte et le décida à ne pas retarder davantage la publication de ses *Lettres sur les Anglais*[3]. Cependant tout ne prêtait pas également à rire, et cela ne lui échappait pas, bien qu'il s'efforçât de se donner le change sur le côté scabreux de certaines parties. « Il n'y a qu'une lettre touchant M. Locke, mande-t-il à Cideville. La seule matière philosophique que j'y traite est la petite bagatelle de l'immortalité de l'âme; mais la chose est trop de conséquence pour la traiter sérieusement. Il a fallu l'égorger pour ne pas heurter de front nos seigneurs les théologiens, gens qui voient si clairement la spiritualité de l'âme qu'ils feraient brûler, s'ils pouvaient, les corps de ceux qui en doutent[4]. » Voltaire était-il bien certain d'avoir suffisamment égayé la matière? Au moins put-il se convaincre dans la suite, à son grand péril, qu'il ne s'était point trompé sur les dispositions

1. Voltaire, *OEuvres complètes* (Beuchot), t. LI, p. 320. Lettre de Voltaire à Maupertuis; Fontainebleau, 8 novembre 1732.
2. *Ibid.*, t. LI, p. 329. Lettre de Voltaire à Formont; à Paris, novembre.
3. Plus connues sous le titre de *Lettres philosophiques*.
4. *Ibid.*, t. LI, p. 334. Lettre de Voltaire à Cideville; 15 décembre 1732.

de « nos seigneurs les théologiens. » Il ne poussait point en tous cas l'exigence jusqu'à prétendre à être ouvertement approuvé. L'abbé de Rhotelin lui faisait espérer qu'en adoucissant certains traits, il pourrait obtenir une permission tacite; et cela lui eût suffi si l'on n'eût pas exigé des modifications auxquelles il avait peine à se résoudre[1]. Il envoie les *Lettres* à Thiériot, qui était toujours en Angleterre, et l'autorise à les publier à Londres à son profit. « Je me croirai, mon cher Thiériot, lui écrit-il d'une façon charmante, bien payé de toutes mes peines, si cet ouvrage peut me donner l'estime des honnêtes gens, et à vous leur argent. Rien n'est si doux que de pouvoir faire en même temps sa réputation et la fortune de son ami[2]. »

L'indolent personnage dérogea en cette circonstance à ses habitudes de paresse, et fit aussitôt marché avec un libraire de Londres. L'ouvrage intéressait trop la curiosité et l'amour-propre britannique pour ne pas être lu avidement, et ne pas donner lieu aux appréciations les plus diverses. Jordan, dans son *Voyage littéraire*, nous a transmis ce petit mouvement de l'opinion : « Pendant le tems que j'étois en Angleterre, les *Lettres de M. de Voltaire sur les Anglois* parurent en anglois[3] sous la direction de M. Thyriot, ami de ce poëte. J'ouïs parler différemment de ces lettres : les uns en étoient contens; d'autres soutenoient que

1. Voltaire, *OEuvres complètes* (Beuchot), t. LI, p. 348. Lettre de Voltaire à Cideville; 4 janvier 1733.

2. *Ibid.*, t. LI, p. 355. Lettre de Voltaire à Thiériot; Paris, 24 février 1733.

3. *Litters concerning the English Nation, by M. de Voltaire*, in-8. Printed for C. Davis, and A. Lyon (Traduit par M. Lockman).

ce poëte parloit d'une nation qui lui étoit inconnue; la plupart cependant rendoient justice à l'auteur, et convenoient qu'il y a des choses curieuses et dites avec esprit[1]... » Évidemment cette édition de Londres, faite par Thiériot, est la première en date, et nous comprenons de reste que Beuchot, bien qu'il croie à une édition de 1731, n'ait pu en trouver de plus récentes que celles qui portaient le millésime de 1734. A la date du 28 juillet 1733, le poëte priait Thiériot de retarder la publication; mais, dès le 29 août, il écrivait à l'abbé de Sades : « On a déjà enlevé à Londres la traduction anglaise de mes *Lettres*. C'est une chose assez plaisante que la copie paraisse avant l'original. »

Jore, dans son factum contre Voltaire, dit qu'il commença l'impression des *Lettres* en 1731; Voltaire renchérira même sur l'erreur et indiquera l'année 1730[2]. Une fois installé chez madame de Martel, le poëte mande Jore, à ce que prétend celui-ci; mais il ne venait demeurer chez la baronne que le 26 décembre 1731, et il ne s'agissait encore que de s'entendre sur la nouvelle publication. Les premières épreuves furent envoyées chez Demoulin, où Voltaire s'était retiré après la mort de madame de Martel; et comme il ne quitta définitivement l'hôtel de la rue des Bons-

---

[1]. *Histoire d'un voyage littéraire fait, en 1733, en France, en Angleterre et en Hollande* (La Haye, 1735), p. 166. Voir aussi, comme thermomètre de l'opinion en Angleterre, les trois remarquables articles de l'abbé Prévost dans le *Pour le contre*, t. I, p. 240 à 248, 273 à 287, 297 à 307.

[2]. *Voltariana* ou *Eloges amphigouriques de Marie-Fr. Arrouet* (Paris, 1748), p. 73, 91.

Enfants que le 15 mai 1733, les épreuves de ces premières feuilles n'eussent donc pu être envoyées et corrigées au plus tôt que vers la fin de ce mois. Cela suffirait, en absence d'autres témoignages, pour démontrer l'impossibilité de la prétendue édition de 1731. Mais toute la correspondance de cette époque avec Cideville, Formont et Thiériot vient éclairer la question d'une façon si complète, qu'on se demande comment elle n'a point donné à réfléchir aux éditeurs de Voltaire qui s'en sont tenus à l'assertion du factum de Jore et à la lettre du poëte.

Thiériot, comme on vient de le dire, s'était arrangé avec un libraire de Londres; mais ce dernier avait mis pour condition que les lettres ne paraîtraient pas en France pendant la première chaleur du débit en Angleterre et à Amsterdam, et il avait même exigé caution. Voltaire apprend ces clauses du traité et s'en effraie. En effet, Jore avait le manuscrit français, et le poëte tremblait que son édition, en paraissant alors, ne vînt les jeter, Thiériot et lui, dans le plus grand embarras. Il en écrit à Cideville à la date du 12 avril 1733. L'édition était fort avancée, pour ne pas dire achevée ; Jore s'engagea à ne pas la publier. « Je ne sais pas encore, écrit Voltaire, s'il n'a pas fait quelque petite brèche à sa vertu. On le soupçonne fort à Paris d'avoir débité quelques exemplaires. Il a eu sur cela une petite conversation avec M. Hérault ; et par un miracle plus grand que tous ceux de saint Pâris et des apôtres il n'est point à la Bastille. Il faut bien pourtant qu'il s'attende à y être un jour. Il me paraît qu'il a une vocation déterminée pour ce beau séjour.

Je tâcherai de n'avoir pas l'honneur de l'y accompagner[1]. » La plaisanterie peut sembler forte si l'on songe aux accusations de Jore et aux sévérités dont ce dernier fut l'objet. Mais c'était là une allusion à des faits récents et sur lesquels il faut d'autant plus appuyer que Jore, au moins dans une circonstance, dut à l'écrivain son salut et sa liberté. Il prétendra plus tard avoir été victime des piéges de Voltaire ; il n'avait besoin d'être poussé par personne pour hasarder ces publications sous le manteau qui étaient l'aliment le plus fructueux de la librairie d'alors.

Comme le contrebandier, le libraire était capable de tout, osait tout, jouait et son existence et celle de sa famille devant l'appât le plus incertain d'une vente productive. Le père même de celui-ci, Claude Jore, peut être cité comme un des types les plus caractérisés de ces débitants avides jusqu'à l'héroïsme, que la perspective des répressions les plus afflictives, de la misère, de l'infamie, n'était pas capable de contenir. En août 1697, il était emprisonné au Châtelet pour avoir imprimé, vendu et colporté des livres défendus et contraires à la religion et à l'État ; en avril 1698, il était retenu au For-l'Évêque pour le même délit et condamné à neuf ans de bannissement. La leçon était sévère ; elle fut de nul effet. Le 20 septembre 1712, Jore entrait à la Bastille, dont il sortait le 1er décembre suivant pour s'y voir de nouveau réintégrer deux ans après (le 31 mars 1714) cinq ou six

---

1. Voltaire, *OEuvres complètes* (Beuchot, t. LI, p. 371. Lettre de Voltaire à Formont ; avril 1733.

mois durant[1]. Son fils, François Jore, n'était ni moins audacieux, ni moins téméraire, malgré les airs discrets et bénins qu'il saura prendre dans l'affaire des *Lettres anglaises*. « ... Savez-vous qu'il y a eu une lettre de cachet contre Jore ? écrit Voltaire en novembre 1731. Je fus assez heureux pour le savoir et assez prompt pour l'avertir à temps. Un quart d'heure plus tard, mon homme était à la Bastille : le tout pour avoir imprimé une préface un peu ironique à la tête du procès du père Girard[2]. Cette préface était de l'abbé Desfontaines, à qui je sauve la prison pour la seconde fois ; et mon avis est qu'il ne l'a méritée que lorsqu'il m'a payé d'ingratitude ; car je ne pense pas qu'on doive, en bonne justice, coffrer un homme pour avoir suivi la morale des jésuites, ni pour l'avoir décriée[3]. » Comme Voltaire s'était remué pour dé-

---

[1]. Archives de la police. B. 306. Année 1712. Note signée de M. d'Argenson, Bazire greffier, Pommercuil exempt de robe courte, Le Couvreur inspecteur de police.

[2]. Le procès du P. Girard et de la belle Cadière, procès scandaleux, qui dans les mémoires et les correspondances du temps n'occupa que trop de place.

[3]. Voltaire, *OEuvres complètes* (Beuchot), t. LI, p. 249, 252. Lettre de Voltaire à Cideville ; à Paris, novembre 1731. — Lettre de Voltaire à Formont ; Paris, 10 décembre 1731.

Dans une lettre à M. Hérault, à la date du 7 janvier 1732, Desfontaines se défend d'être l'auteur de cette préface injurieuse aux jésuites placée en tête du *Procès du Père Girard et de la demoiselle Cadière*, édition de Rouen. A l'entendre, il n'aurait fait que quelques corrections à cette préface, à la requête de Jore. Celui qui le dénonce est un nommé Marette, homme perdu d'honneur, connu par ses actions horribles, et qu'il n'a vu que quelquefois au café Procope. Voilà un demi-aveu qui prouve au moins que l'intervention de Voltaire n'était pas tout à fait inutile. *L'Amateur d'autographes* ; 1er janvier 1865 ; 4e année, p. 7.

tourner l'orage qui menaçait le libraire, on lui fit tout aussitôt l'honneur de cette préface, que son auteur avait eu la modestie de ne pas signer, et, s'il faut l'en croire, il se vit à la veille d'être inquiété. Prenons note de ce service rendu à Jore et à l'auteur du *Nouvelliste du Parnasse*, qu'ils n'oublièrent que trop promptement l'un et l'autre.

A la date du 29 mai, les *Lettres anglaises*, sauf les cartons, car Voltaire envoyait toujours quelque nouvelle version, étaient imprimées; mais cela n'avançait guère les choses. « Je vous demande en grâce, écrit-il à Cideville, que toutes les feuilles des lettres soient remises en dépôt chez vous ou chez Formont, et qu'aucun exemplaire ne paraisse dans le public que quand je croirai le temps favorable [1]. » Il redoute quelque imprudence de Jore ; il ne veut point être exilé comme Ovide [2], et il prend ses sûretés à tout événement de façon à ne pouvoir être accusé de coopérer à l'édition de Rouen si elle paraissait, et à prouver même qu'il avait tout tenté pour l'empêcher. Durant cela, il faisait des corrections et des additions, joignait au livre « une petite dispute », qu'il prenait, dit-il, la liberté d'avoir contre Pascal, et qui devait lui en attirer beaucoup d'autres [3]. Enfin les lettres sont terminées. « Je suis bien aise de les tenir prêtes, dit-il

---

1. Voltaire, *OEuvres complètes* (Beuchot), t. LI, p. 385. Lettre de Voltaire à Cideville ; ce vendredi, 29 mai 1733.

2. *Ibid.*, t. LI, p. 396. Lettre de Voltaire à Cideville ; ce mercredi, 1ᵉʳ juillet 1733.

3. *Ibid.*, t. LI, p. 412. Lettre de Voltaire à Cideville ; ce dimanche, 26 juillet 1738.

à Formont, pour les lâcher quand cela sera indispensable ; mais j'attendrai que les esprits soient préparés à les recevoir [1]... »

Cependant le garde des sceaux, qui a eu vent de ce qui se tramait, écrit au premier président du parlement de Rouen [2] ; six semaines après, un certain Vanneroux, agent fort habile, est dépêché sur les lieux pour dénicher cette œuvre de ténèbres. Le poëte fait prévenir Jore de se bien garder de laisser paraître un seul exemplaire, sans quoi lui et sa famille étaient sans pain [3]. Ces avertissements, certaines alertes qui avaient contraint celui-ci à se cacher, étaient de nature à le rendre circonspect, et près de six mois s'étaient écoulés, en effet, dans l'attente de temps meilleurs, quand Voltaire est informé à Monjeu, durant les fêtes du mariage de mademoiselle de Guise avec Richelieu, que les *Lettres anglaises* se débitent dans Paris. « On a l'insolence de mettre mon nom à la tête, et de donner l'ouvrage avec les *Lettres sur les Pensées de Pascal*, que j'avais le plus à cœur de supprimer [4]. » Bientôt après, il apprenait que le libraire était à la Bastille, qu'il l'avait chargé et que, sur la déposition de celui-ci, on avait fait une descente chez lui et saisi une petite armoire où étaient ses papiers « et toute sa fortune ; » que dans le

---

[1]. Voltaire, *OEuvres complètes* (Beuchot), t. LI, p. 413. Lettre de Voltaire à Formont ; ce 26 juillet 1733.

[2]. *Ibid.*, t. LI, p. 416. Lettre de Voltaire à Thiériot ; ce 28 juillet 1733.

[3]. *Ibid.*, t. LI, p. 432. Lettre de Voltaire à Cideville ; ce 15 septembre 1733.

[4]. *Ibid.*, t. LI, p. 477. Lettre de Voltaire à Cideville ; à Monjeu, par Autun, le 24 avril 1734.

trajet de la rue du Long-Pont à l'hôtel du lieutenant de police, la cassette s'était ouverte, et que tout avait été pillé[1]. Jore, serré de plus près, et ne songeant qu'à son propre salut, avait déclaré que l'édition qu'on publiait dans Paris était cachée chez M. de Formont, ce qui valut à ce dernier les désagréments d'une visite de police[2].

L'on avait bonne envie de sévir, et les choses furent poussées avec une célérité qui n'était pas ordinaire. Le livre fut condamné; la cour ordonna qu'il fût lacéré et brûlé au pied du grand escalier par l'exécuteur de la haute justice « comme scandaleux, comme contraire à la religion, aux bonnes mœurs et au respect dû aux puissances; » ce qui fut fait dans les formes consacrées[3]. Les termes de la sentence ne se comprennent guère à la lecture des *Lettres philosophiques*, et l'on a besoin de se reporter aux temps, de comparer l'ouvrage atteint avec la plupart de ceux qui furent alors l'objet des mêmes sévérités, pour se mettre à un point de vue qui n'est plus le nôtre. Ce ton léger, frondeur, ce style épigrammatique, cette opposition persistante des deux sociétés qui, cela va sans dire, tournait à notre confusion; ce tableau

---

1. Voltaire, *Œuvres complètes* (Beuchot), t. LI, p. 500. Lettre de Voltaire à Cideville; le 1er juin 1734.
2. *Ibid.*, t. LI, p. 503. Lettre de Voltaire à Formont; ce 5 juin 1734.
3. « Et ledit jour, 10 juin 1734, onze heures du matin, à la levée de la cour, en exécution du susdit arrêt, le livre y mentionné a été lacéré et jeté au feu par l'exécuteur de la haute justice, en présence de nous Marie-Dagobert Ysabeau, l'un des trois premiers et principaux commis pour la grande chambre, asssisté de deux huissiers de ladite cour. *Signé* Ysabeau. *Arrêt de la cour du Parlement.* Voltaire, *Œuvres complètes* (Beuchot), t. LVII, p. 109, 110.

irrévérencieux du clergé anglican, sous lequel le nôtre flairait, non sans fondement, sa propre critique, tout cela et bien des infiniment petits que nous n'apercevrions même point à la loupe, mais qui étaient de conséquence à une époque où déjà la nécessité de réagir contre un inconnu menaçant se faisait vaguement sentir, tout cela, disons-nous, explique des répressions dont on se fût plus enorgueilli qu'attristé si elles ne se fussent adressées qu'au livre. Ces appréciations, sournoises, malignes, ont le tort d'ailleurs et le très-grand tort de toucher juste le plus souvent. « Le clergé anglican, remarque l'auteur des *Lettres sur les Anglais,* a retenu beaucoup de cérémonies catholiques, et surtout celle de recevoir les dîmes avec une attention très-scrupuleuse. Ils ont aussi la pieuse ambition d'être les maîtres : car quel vicaire de village ne voudrait pas être pape ? » Et ce passage où l'intention n'a pas besoin de commentaire : « Cet être indéfinissable, qui n'est ni ecclésiastique, ni séculier, en un mot ce qu'on appelle un abbé, est une espèce inconnue en Angleterre ; les ecclésiastiques sont tous ici réservés et presque tous pédants. Quand ils apprennent qu'en France des jeunes gens connus par leurs débauches, et élevés à la prélature par des intrigues de femmes, font publiquement l'amour, s'égaient à composer des chansons tendres, donnent tous les jours des soupers délicats et longs, et de là vont implorer les lumières du Saint-Esprit et se nomment hardiment les successeurs des apôtres, ils remercient Dieu d'être protestants. Mais ce sont de vilains hérétiques à brûler à tous les diables, comme dit maître

François Rabelais; c'est pourquoi je ne me mêle pas de leurs affaires. » Cela est plaisant, mais cela l'était-il alors? Un moraliste en dira dix fois plus; mais on sent là l'ennemi qui songe plus à saper qu'à réformer. Tout le monde avait sa part, du reste, et se trouvait intéressé à réclamer des sévérités protectrices contre un écrivain frappant indifféremment avec ce sans gêne, ce persiflage, cette désinvolture qui eussent décelé Voltaire, quand on n'eût point eu d'autres raisons de flairer le coupable. « Vous n'entendez point ici parler, dit-il ailleurs, de haute, moyenne et basse justice, ni du droit de chasser sur les terres d'un citoyen, lequel n'a pas la liberté de tirer un coup de fusil sur son propre champ. » Ces trois lignes n'ont l'air de rien, mais elles ne tendaient pas à moins qu'à supprimer les plus chers et les plus usuels priviléges de la noblesse petite et grande. C'était être en avance de cinquante-quatre ans sur ce que réclamèrent en 1788 les assemblées provinciales; c'était, pour mieux dire, leur avoir dicté en badinant leur programme; et le vicomte de Toulongeon, l'admirateur du philosophe qu'il visitait en 1776 à Ferney, dut se souvenir des *Lettres sur les Anglais*, aux États de la Franche-Comté, lorsqu'il se joignit à la minorité de la noblesse pour demander au roi l'égale répartition de l'impôt et la suppression des abus consignés dans les cahiers de doléance. Le gouvernement, auquel il n'était pas moins délicat de s'attaquer, n'est pas plus ménagé; c'est toujours de l'Angleterre qu'il est question, et l'on dira d'elle, entre autres choses : « La nation anglaise est la seule qui soit parvenue à régler le pouvoir des rois en leur résistant. » A coup sûr, cette proposition ne put manquer de figurer parmi le groupe de celles qui furent déclarées « contraires au respect dû aux puissances. »

Tout était fait pour blesser dans ce livre. Sans parler du chapitre sur Locke, dont le doute sur la spiritualité de l'âme avait séduit Voltaire « par un faux air de sens commun [1], » notre Descartes sacrifié à Newton, les tourbillons à l'attraction, les louanges données à « l'insertion » de la petite vérole, repoussée chez nous avec une égale horreur par la Sorbonne et la Faculté, ses idées sur le commerce, sur les grands seigneurs anglais, sur les poëtes, sur le théâtre, sur les académies, ces mille observations faites sur place mais dans un but qu'on devine, étaient autant de satires dont on se promit de faire payer cher le succès à son auteur. Pour se rendre compte de l'opinion, il faut lire les brochures orthodoxes que souleva l'apparition des *Lettres sur les Anglais*, une entre autres d'une valeur mince, quoique l'abbé Gouget convienne d'y avoir mis la main, mais qui souligne tout ce qui a pu indigner à cette date. On reproche déjà à Voltaire de dénigrer la nation à plaisir, de ne négliger aucune occasion de la ravaler. Ainsi, il nous vantera à toute outrance Shakespeare, ce barbare, et se taira sur les origines si remarquables pourtant de notre théâtre : A-t-il parlé de Grévin seulement?

Jacques Grévin, qui mourut en 1570, à l'âge de vingt-neuf

---

1. Victor Cousin. *La Philosophie sensualiste au dix-huitième siècle* (5ᵉ édit., Didier, 1865), p. 46.

ans, auroit peut-être été aussi loin que Shakespeare, dont il étoit contemporain, si la mort n'eût pas si tôt tranché le cours de sa vie. Sa tragédie de *César* auroit pû aller de pair avec celle du *More de Venise*, et je ne doute pas que M. de Voltaire qui passe pour avoir du goût en genre de théâtre n'en eût trouvé dans cette pièce, lui qui convient que son Shakespeare en étoit totallement dépourvû. Notre poëte au contraire étoit un des plus beaux génies de son tems. Il mettoit de l'esprit dans tout ce qu'il faisoit... On ne trouveroit point à la vérité dans les pièces de Grévin ces *morceaux si grands et si terribles* qui font l'objet de l'admiration de M. de V*** [1].

« Son Shakespeare ! » Cela est écrit en toutes lettres. Plus tard, ce genre de reproche eût paru fort, si le petit livre de Le Coq de Villeray n'eût pas été enseveli depuis bien des années dans le plus complet oubli ; car Voltaire ne passera pas pour être trop faible et trop tendre envers ce génie vigoureux, touffu, incomparable, auquel il fera plus d'un emprunt, mais qu'il ne comprendra jamais, pas plus que son siècle,

---

1. *Réponse ou critique des Lettres philosophiques de M. de V****, par le R. P. D. P. B. (*Lecoq de Villeray*). Bâle (Amiens, 1735 ; et non Reims, comme on va voir), p. 79. L'abbé Sepher attribue le livre à D. Perreau, bénédictin ; les *Observations* de Desfontaines, à un auteur anglais. « Que de fautes de même nature on pourroit reprendre dans ces feuilles! lisons-nous dans une lettre inédite de Gouget. Je me souviens que lorsque parut un petit volume de lettres critiques contre les *Lettres philosophiques* de M. de Voltaire, les *Observations* assurèrent expressément que les premières étoient l'ouvrage d'un Anglois, et ils en parlent comme s'ils les connoissoient. Rien de plus faux cependant. Les lettres étoient d'un gentilhomme de Rouen que je connois et qui me montra son manuscrit, où je fis beaucoup de changemens pour rendre cette critique un peu moins imparfaite. Le volume fut imprimé à Amiens, et j'en tiens un exemplaire de la main de l'auteur. » Bibliothèque impériale. Manuscrits. Correspondance du président Bouhier, t. IV, f. 338. Lettre de l'abbé Gouget au président ; Paris, ce 9 de juin, 1740. — Quérard, *Bibliographie voltairienne*, p. 121, n°.578.

en définitive. Mais ces spécimens du goût, des sentiments d'une époque, sont toujours bons à noter en passant; et quelques lignes comme celles que l'on vient de lire aident plus à l'histoire d'une littérature souvent que des volumes.

Avant de sévir contre le livre, il était naturel de s'assurer de la personne de l'auteur; et l'on a lu plus haut, en effet, l'ordre que M. de la Briffe était chargé d'exécuter[1]. Ce dernier trouva Voltaire délogé. Le poëte avait des amis qui le tenaient au courant des événements; l'abbé de Rothelin et M. Rouillé avaient détourné l'orage autant qu'ils l'avaient pu; Maupertuis, qu'on soupçonnait d'avoir eu part à la lettre sur Newton[2], avait déjà donné le conseil de « s'absenter », quand un domestique apporta, en poste, une lettre de M. d'Argental qui mandait à son ami d'aviser au plus vite. Il n'y avait point à hésiter, et Voltaire partait le 6 mai, laissant madame du Châtelet en proie au plus violent désespoir.

1. Archives impériales O.78. *Registre du secrétariat de la maison du Roy*, année 1734, f. 376, 379. L'ordre d'arrêter Voltaire avait précédé de deux jours celui d'arrêter Jore. La recherche des *Lettres philosophiques* se fit avec acharnement. A la date du 13 juin, un commissaire au Châtelet se transportait chez une demoiselle Aubry à l'effet « de saisir et enlever les escrits et imprimés prohibés, entre autres les *Lettres philosophiques* de Voltaire, et fait aposer les scellés sur les effets qui sont dans ladite maison avec établissement de garnison pour la conservation d'yceux; » f. 395. Plus tard, en décembre, René Josse, qui était le vendeur véritable de cette édition subreptice, était incarcéré à la Bastille par ordre daté du 23 novembre; f. 482.

2. Bibliothèque impériale. Manuscrits. Supp. Fr. 2288. *Originaux des lettres de madame la marquise du Chastelet à M. de Maupertuis*, f. 17, 18, 19, 20. Lettres à Maupertuis, des 28, 29 avril et 6 mai 1734.

Vous savez que mon amitié pour vous, monsieur, écrivait-elle à Richelieu, me fait compter sur la vôtre, comme sur ma plus grande consolation dans mes malheurs. Je viens d'éprouver le plus affreux de tous. Mon ami Voltaire, pour qui vous connoissez mes sentimens, est vraisemblablement au château d'Ossone, auprès de Dijon. Il nous avoit quitté, il y a plusieurs jours, pour aller prendre les eaux de Plombières, dont sa santé a besoin depuis longtems, quand un homme de M. de la Briffe, intendant de Bourgogne, m'a apporté une lettre de cachet qui lui ordonne de se rendre au dit Ossone jusqu'à nouvel ordre. On a mandé qu'il étoit à Plombières ; je ne doute pas qu'il ne reçoive incessamment les ordres du roi, et qu'il ne lui obéisse. Il n'y a pas d'autre parti à prendre, quand on ne peut les éviter. Il m'est impossible de vous dépeindre ma douleur, je ne me sens pas assez de courage pour savoir mon meilleur ami avec une santé affreuse dans une prison, où il mourra sûrement de douleur, s'il ne meurt pas de maladie. Je ne pourrai ni recevoir de ses nouvelles, ni lui donner des miennes sous la puissance d'un pareil ministre... Hélas ! dans quelles circonstances ai-je reçu votre lettre ! Vous enviez le bonheur que je goûte dans une société aussi pleine de charmes ; vous avez bien raison, si cela avoit duré. J'ai passé dix jours ici entre lui et madame de Richelieu, je ne crois pas en avoir jamais passé de plus agréables ; je l'ai perdu dans le tems où je sentois le plus le bonheur de le posséder, et comment l'ai-je perdu [1] !... »

Madame du Châtelet, chez laquelle le chagrin n'exclut pas la prudence, dans la crainte sans doute que sa lettre ne tombe dans des mains infidèles, n'a garde de s'expliquer en toute franchise sur la résolution que prendra Voltaire ; elle semble ne pas douter qu'il ne se rende avec soumission aux ordres qui lui venaient de la cour. Dans sa correspondance avec Maupertuis, elle insinue que le poëte a l'intention de se retirer à

---

1. *Lettres de Voltaire et de sa célèbre amie* (Genève, 1782), p. 43, 44, 45. Lettre de Voltaire à Richelieu ; à Monjeu, ce 13 mai.

Bâle ou à Genève, ce qui eût été moins bien que de se constituer prisonnier à Auxonne. Ce parti, du reste, lui était conseillé par d'Argental. Mais l'avis ne fut pas plus du goût de Voltaire que de ses amis de Monjeu.

> Je n'ai point suivi le conseil que vous me donniez de me rendre en diligence à Ossonne; tout ce qui était à Monjeu m'a envoyé vite en Lorraine. J'ai, de plus, une aversion mortelle pour la prison; je suis malade; un air enfermé m'aurait tué; on m'aurait peut-être fourré dans un cachot. Ce qui m'a fait croire que les ordres étaient durs, c'est que la maréchaussée était en campagne[1].

---

1. Voltaire, *OEuvres complètes* (Beuchot), t. LI, p. 585. Lettre de Voltaire à d'Argental; avril 1734.

II

CIREY ET LUNÉVILLE. — RETOUR A PARIS.
— CHIFFONNERIES AVEC DESFONTAINES. — *ALZIRE*.

De sa retraite, Voltaire est informé du duel entre le prince de Lixin et M. de Richelieu : les bruits couraient que ce dernier était blessé dangereusement, d'autres le disaient mort. Il ne prend conseil que de son attachement et part pour l'armée, sans songer à ce qu'une telle démarche pouvait, dans les circonstances présentes, avoir de délicat. Son arrivée au camp fut fêtée comme une bonne fortune; et ce fut à qui lui ferait la meilleure chère. Le jeune prince de Conti, qui n'avait pas dix-sept ans, le comte de Charolois et le comte de Clermont l'accueillirent avec distinction; et un poëte, le domestique de M. de Clermont et l'ami de l'auteur de *Zaïre*, Moncrif, célébra son apparition à l'armée du Rhin par une ode qui commençait ainsi :

> La fleur des enfants du Parnasse
> Est arrivée en ces quartiers,
> Mais la cabale en vain pourchasse
> Ce jeune front ceint de lauriers.
> Les généraux de cette armée
> S'empressent à qui l'héberger,

Il est, grâce à sa renommée,
Mille Admètes pour ce berger [1].

Si l'on était disposé à se bien battre, on l'était tout autant à se bien divertir, à faire une grande dépense, à se ruiner en équipages magnifiques. Le duc de Richelieu, qui n'était encore que colonel du régiment portant son nom, avait emmené à sa suite soixante-douze mulets, trente chevaux pour lui, et une multitude de valets; et ses tentes étaient sur le modèle de celles du roi [2]. « Si l'on eût compté tous ceux dont le mérite (les courtisans et les seigneurs, dont l'armée était remplie), ne consistoit qu'en fourgons et en chevaux de main, le nombre n'en eût pas été petit [3] », remarque plaisamment le marquis d'Argens, qui était venu un instant joindre Richelieu. Dans sa seule lettre, datée du camp de Philisbourg, Voltaire nous représente l'armée sous l'aspect le plus martial : on est à la veille d'une bataille, et l'on jure que l'on battra le prince Eugène; et, malgré la façon dont il est choyé, il songe à quitter le plus tôt possible « le séjour des bombes et des boulets » pour un refuge plus recueilli et plus sûr [4]. Sans aller au feu, il y avait là plus d'un danger à courir. « Un jour je fus pris pour un espion par des soldats du régiment de

---

1. Bibliothèque impériale. Manuscrits. Jamet le jeune. *Stromates ou miscellanea*, t. I, f. 462 et suiv. Ode sur les généraux de l'armée d'Allemagne. — Bibliothèque de l'Arsenal. Manuscrits. B. L. n° 2258, t. IV ; juillet 1734.
2. Barbier, *Journal et Mémoires* (Charpentier), t. II, p. 428.
3. Marquis d'Argens, *Mémoires* (Paris, 1807), p. 328.
4. Voltaire, *Œuvres complètes* (Beuchot), t. LI, p. 516. Lettre de Voltaire à madame la comtesse de la Neuville ; au camp de Philisbourg,

Conti; le prince, leur colonel, vint à passer et me pria à souper au lieu de me faire pendre ¹. » Ce prince était le fils de celui qui avait salué avec tant d'enthousiasme le succès d'*OEdipe*. Contrairement à ces voluptueux qui voulaient bien être tués, mais eussent consenti difficilement à retrancher quelque chose de leur train, il couchait sur ses chariots et partageait résolûment les incommodités et les fatigues du soldat; et, durant tout le siége, cette intrépidité ne se démentit point. Comme il n'avait pas dix-sept ans, on l'avait fait accompagner de son gouverneur, l'académicien Adam, qui, vieux et malade, ne crut pas devoir faire moins que son élève et succombait à la fin de la campagne à une attaque de colique néphrétique, victime, nous dit son panégyriste d'Alembert, de son attachement et de son courage ².

Voltaire ne suppose pas qu'on puisse trouver à redire à ce petit voyage que le cœur lui a fait faire ³, mais la cour prit fort mal cette équipée au moment même où on le recherchait; et ses ennemis ne laissèrent pas échapper cette occasion d'augmenter les préventions

le 1ᵉʳ juillet 1734. Il est question encore du camp de Philisbourg dans une épître à M***, à la date du 3 juillet.

<blockquote>
Bellone va réduire en cendres
Les courtines de Philisbourg
Par cinquante mille Alexandres,
Payés à quatre sous par jour...
</blockquote>

1. Voltaire, *OEuvres complètes* (Beuchot), t. LIII, p. 518. Lettre de Voltaire à Frédéric; à Cirey, le 25 avril 1739.

2. D'Alembert, *Œuvres complètes* (Belin, 1821), t. III, p. 186. *Eloge de Jacques Adam*.

3. Voltaire, *OEuvres complètes* (Beuchot), t. LI, p. 519. Lettre de Voltaire à Cideville; ce 24 juillet 1734.

dont il était l'objet. « On lui a prêté cent mauvais propos, écrit madame du Châtelet, le ministre a saisi ce prétexte avec plaisir. Je suis bien convaincue qu'il a un dessein formé de le perdre. On parle d'un bannissement. Pour moi, je ne sais plus qu'en croire ; je sais bien qu'à sa place je serois à Londres ou à la Haye, il y a déjà longtems. Je vous avoue que tout cela m'a sensiblement affligée ; je ne m'accoutume point à vivre sans lui, et à l'idée de le perdre sans retour, cela empoisonne toute la douceur de ma vie[1]... » Voltaire, dans l'origine, ne comptait pas attendre l'impression que produiraient ses *Lettres philosophiques*[2] : il fût allé rejoindre son ami Thiériot. Mais un de ces liens qu'on ne rompt pas le retenait désormais : « Tant que je serai aimé aussi vivement en France par quelques personnes, il me sera impossible de chercher un autre asile : où est l'amitié est la patrie[3]. » Ces quelques personnes se résument à une seule qui, elle aussi, eût voulu le suivre au bout du monde.

Après avoir erré pendant un mois, Voltaire avait regagné la Champagne et était venu s'établir à Cirey, que l'on avait mis à sa disposition et que l'on eût souhaité partager avec lui. Il prend, à tout événement, ses mesures en homme qui peut être condamné à un long

---

1. *Lettres de Voltaire et de sa célèbre amie* (Genève, 1782), p. 59, 60. Cette lettre est sans date, mais comme on y parle de la tragédie de *Didon*, que l'on venait de donner à la Comédie-Française (21 juin), elle ne sauroit être que des derniers jours du mois, sinon plus tard encore.
2. Voltaire, *OEuvres complètes* (Beuchot), t. LI, p. 484. Lettre de Voltaire à d'Argental ; avril 1734.
3. Voltaire, *Pièces inédites* (Didot, 1820), p. 259 (fin juin. Sans date).

séjour. Cirey n'est pas un coin tellement perdu qu'il n'ait des voisins, quoique en petit nombre; et Voltaire, très-accessible dans l'intervalle de ses études, sera enchanté d'entretenir un commerce et des relations avec les honnêtes gens des environs. En tête des personnes dont il avait à attendre quelque agrément, figurait la comtesse de la Neuville avec laquelle il débuta par l'envoi de sa chasse, une belle hure de sanglier. Une autre femme, qui sera bientôt indispensable à Cirey, et dont la complaisance, l'affection un peu servile, seront fort utilisées par le poëte et son amie, madame de Champbonin, une ancienne camarade de couvent de la marquise, demeurait proche de Bar, à cinq lieues de là, et n'allait demander qu'à franchir la médiocre distance qui séparait sa modeste habitation du château de Cirey. Cependant, madame du Châtelet était à Paris, où elle s'employait à apaiser le ministère et à préparer le retour du poëte, qui n'était pas moins impatient d'arriver à cette conclusion, dût-il rentrer à Paris en proscrit qu'on tolère. « Mais, s'il vous plaît, quel si grand mal trouveriez-vous si l'on allait dans un faubourg passer huit jours sans paraître? On y souperait avec vous, on serait caché comme un trésor, et on décamperait de son trou à la première alarme. On a des affaires, après tout; il faut y mettre ordre, et ne pas s'exposer à voir tout d'un coup sa petite fortune au diable[1]. »

Madame du Châtelet avait contracté un étroit commerce d'amitié avec Maupertuis dont elle s'était consti-

---

1. Voltaire, *OEuvres complètes* (Beuchot), t. LI, p. 527. Lettre de Voltaire à d'Argental.

tuée l'élève et auquel elle pardonnait malaisément qu'il laissât beaucoup plus d'un jour sans la venir voir. Elle l'allait relancer chez lui, rue Sainte-Anne, près les Nouvelles-Catholiques, et jusqu'au café Gradot qui était une des galeries du savant, en tout bien et tout honneur. « M. de Maupertuis me voit souvent ; il est extrêmement aimable... il prétend qu'il m'apprendra la géométrie[1]. » On a un recueil manuscrit des lettres de la marquise à l'académicien, de 1734 à 1741, fort intéressant, et où nous ne nous ferons pas faute de puiser[2]. On y trouve le détail de sa vie de femme du monde et de femme savante à cette époque. Les maisons qu'elle fréquente le plus, sont les hôtels de Richelieu et de Saint-Pierre. Clairaut et Maupertuis sont ses deux amis intellectuels, et viennent souvent souper avec la marquise, non pour aider à oublier l'absent, mais pour faire prendre le temps en patience ; car, aussitôt qu'elle le pourra, elle volera à Cirey où, du reste, sa présence était urgente. La maison n'était rien moins qu'habitable ; Voltaire s'était fait maçon et surveillait les travaux. Mais ce n'était pas le tout qu'un lit, et bien des choses manquaient encore à l'appel et empêchaient la colonie de s'accroître. « Faut-il que la malheureuse nécessité d'avoir des rideaux de lit et des vitres séparent

---

1. *Lettres de Voltaire et de sa célèbre amie* (Genève, 1782), p. 61. Lettre de madame du Châtelet. Sans date, déjà citée.

2. Cette correspondance a été publiée sous le titre de *Lettres inédites de madame la marquise du Châtelet, et supplément à la correspondance de Voltaire avec le roi de Prusse et avec différentes personnes célèbres.* (Paris, Lefèbvre, 1818.) Mais elle est devenue extrêmement rare, pour ne pas dire introuvable.

des personnes si aimables[1] ? » s'écrie le poëte qui entend parler de mesdames de Champbonin et de la Neuville. Et cela n'est pas exagéré. Tout était à faire, et on verra même que, sauf l'appartement de la marquise et celui du poëte, Cirey laissera toujours bien à désirer à ses visiteurs et à ses pèlerins. « Je passe ma vie, mandait, de son côté, l'été suivant, madame du Châtelet à Maupertuis, avec des maçons, des charpentiers, des cardeurs de laine, des tailleurs de pierre[2]. » Mais, pour le moment, elle était encore à Paris, bien que sur son départ, et avait la bonne fortune d'assister à une répétition de l'opéra de son ami. Nous croyons savoir son sentiment sur la musique de Rameau. Mais cette soirée modifia complétement son opinion sur la manière du maître. « Rameau m'a fait la galanterie de me *faire* avertir d'une répétition de *Samson* qui s'est faite chés M. Fagon[3], c'est à vs, a qui je le dois, » écrit-elle à Maupertuis, alors à Bâle; « et, en vérité, ma reconnaissance est proportionnée au plaisir qu'elle m'a fait, et c'est beaucoup dire ; il y a une ouverture, une chaconne, des airs de violon, un troisième et un cinquième acte admirables. Sy Voltaire ns est rendu cet hiver, il ns donnera un opéra et une tragédie ; il

---

1. Voltaire, *OEuvres complètes* (Beuchot), t. LI, p. 537. Lettre de Voltaire à madame de Champbonin. Également sans date.

2. Bibliothèque impériale. Manuscrits. Supp. Fr. 2288. *Originaux des lettres de la marquise du Châtelet à Maupertuis*. De Cirey, f. 44.

3. Ce n'est pas le « célèbre médecin » mort alors depuis seize ans (1718), comme le prétend l'éditeur des *Lettres inédites de madame du Châtelet à Maupertuis*, p. 17, mais son fils, successivement maître des requêtes, intendant des finances et conseiller d'État.

me mande qu'il a racomodé l'opéra et fait de Dalila une très honnête personne[1]... »

Cette lettre est datée de Cirey où, ce qui est assez étrange, Voltaire n'était plus. Il était parti pour Bruxelles, et nous trouvons une lettre de lui à d'Argental, du 4 novembre, écrite dans un cabaret hollandais sur le chemin de cette ville où il débarquait, deux jours après, assez souffrant. Il y a trace dans cette épître d'une petite querelle de ménage dont le secret nous échappe comme le but de ce voyage, car ses affaires, au lieu d'empirer, semblaient aller moins mal : peut-être une pique de jalousie, une pointe d'ombrage trop naturelle chez un amoureux qui n'ignore point que l'on ne se refuse pas absolument toute distraction[2]. Mais de pareils nuages sont passagers et se dissipent vite. Quand cessera cette vie de pérégrinations et d'exil, quand pourra-t-il rentrer dans Paris, y retrouver ses amis et même ses ennemis? Il écrit à Cideville, qui est venu loger dans son appartement de la rue du Long-Pont, qu'il espère y être pour Noël; c'était l'espoir aussi de madame du Châtelet, qui comptait bien qu'on serait tous réunis à Paris « pour la messe de minuit[3] ». L'absence de Voltaire ne fut pas de moins d'un mois. Il retrouva la divine

---

1. Bibliothèque impériale. Manuscrits. Supp. Fr. 2288. *Originaux des lettres de la marquise du Châtelet à Maupertuis*, f. 32; Cirey, 23 octobre 1734.

2. Voltaire, *OEuvres complètes* (Beuchot), t. LI, p. 531, 532. Lettre de Voltaire à d'Argental; 4 novembre 1734.

3. Bibliothèque impériale. Manuscrits. Supp. Fr. 2288. *Originaux des lettres de la marquise du Châtelet à Maupertuis*, f. 31; Cirey, 23 octobre 1734.

Émilie à Cirey, mettant des fenêtres où il avait mis des portes, changeant les escaliers en cheminées, faisant planter des tilleuls où il avait proposé des ormes, faisant l'ouvrage des fées et meublant Cirey avec rien[1]. Ce bonheur ne fut pas de longue durée. Il fallut se séparer de nouveau, et le poëte, qui avait bâclé une nouvelle tragédie; *Alzire*, charge la marquise de la remettre à l'arbitrage souverain de d'Argental. « Que ne suis-je entre vous deux, mon cher ami, soupire-t-il avec tristesse, et pourquoi suis-je réduit à écrire à l'un et à l'autre[2]! »

Au moins n'y aura-t-il pas de messe de minuit pour Voltaire. Quant à la marquise, elle semble y tenir fort. C'était une bonne partie que les promenades, ce soir-là, dans les églises illuminées et pleines de feux, et la bonne société n'avait garde de manquer cette occasion de tromper l'ennui qui la rongeait : « Ie veux celébrer la naissance d'Éloïse avec vs, voyez si vs voulés venir boire ce soir à sa santé avec Clerau et moi, ie vs attendray entre huit et neuf, nous yrons à la messe de minuit ensemble entendre des noëls sur des orgues, de la ie vs ramesneray chés vs, ie comte sur cela, a moins que mademoiselle de Lagni ne s'y oppose[3]. » Nature d'une inconcevable activité, frivole ou studieuse, dissipée mais dévouée, elle trouvait temps

---

1. Voltaire, *OEuvres complètes* (Beuchot), t. LI, p. 537. Lettre de Voltaire à la comtesse de la Neuville.

2. *Ibid.*, t. LI, p. 546. Lettre de Voltaire à d'Argental ; décembre 1734.

3. Bibliothèque impériale. Manuscrits. Supp. Fr. 2288. *Originaux des lettres de la marquise du Châtelet à Maupertuis*, f. 34 ; Paris, vendredi, nuit de Noël, 1734 (24 décembre).

à tout, apprenait l'anglais, la géométrie, remplissait ses devoirs de société, se montrait assidûment dans sa petite loge de l'Opéra ou dans celle de madame de Saint-Pierre, mais, quand il le fallait, sacrifiant études et plaisirs pour passer ses journées au chevet d'une amie malade, et c'est ainsi même qu'elle inaugurait l'année nouvelle, aux pieds du lit de la duchesse de Richelieu [1]. Elle avait laissé ses instructions à son ami; mais celui-ci finit par se lasser de « piquer des ouvriers » et demanda un remplaçant qu'on lui envoya, un homme de l'art, un architecte qui avait mission de pousser activement les travaux. « Ce château-ci va un peu incommoder les affaires du baron et de la baronne [2], » écrivait le poëte à sa voisine de campagne, la comtesse de la Neuville.

L'étude, la production incessante, emplissaient les heures d'une solitude dont il s'apercevait moins que bien d'autres. « Mon cher Cideville, mandait-il à l'aimable Normand, si je vous revoyais, j'ai bien de quoi vous amuser. Nous avons huit chants de faits de notre *Pucelle*, mais, Dieu merci, notre *Pucelle* est dans le goût de l'Arioste, et non dans celui de Chapelain [3]. » Ce n'est pas la première fois qu'il est fait allusion à la *Pucelle* dans la correspondance; il en est question, notamment, dans deux lettres à Formont l'une et l'autre sans date,

---

1. Bibliothèque impériale. Manuscrits. Supp. Fr. 2288. *Originaux des lettres de la marquise du Châtelet à Maupertuis*, f. 39; Paris, dimanche, 2 janvier 1735.

2. Voltaire, *Œuvres complètes* (Beuchot), t. LII, f. 4. Lettre de Voltaire à la comtesse de la Neuville; janvier 1735.

3. *Ibid.*, t. LII, p. 12. Lettre de Voltaire à Cideville; 6 février 1735.

mais de la dernière moitié de 1734[1]. Vers 1730, Voltaire se trouvant à souper chez le duc de Richelieu, l'on en vint à parler de Chapelain; on convint que rien n'était plus ridicule que la très-indigeste épopée du grand Chapelain et on fit la politesse à Voltaire de lui dire qu'il se fût autrement tiré de la même besogne. Voltaire répondit qu'il ne le pensait pas, que trop de circonstances triviales se pressaient dans cet épisode de nos guerres civiles, et qu'il n'y avait rien de moins épique qu'une fille d'auberge sortant du cabaret pour périr sur un bûcher; cette histoire, selon lui, n'était propre qu'à inspirer une muse plaisante, badine et quelque peu égrillarde comme celle qui avait dicté l'*Orlando furioso*. Sur cela M. de Richelieu lui dit de tenter l'aventure, et tous les convives se joignirent à lui pour déterminer le chantre d'Henri, qui s'en défendit d'abord et finit par se laisser convaincre. Il se mit au travail avec sa verve habituelle, et quelque temps après, les quatre premiers chants étaient ébauchés. Les convives devant lesquels il avait pris ce téméraire engagement, furent convoqués de nouveau à l'hôtel Richelieu, et l'auteur leur fit lecture de cette étrange composition. Les applaudissements qu'il reçut étaient

---

1. Si l'on ignorait combien peu il faut prendre à la rigueur une date de Voltaire, on pourrait avancer que la *Pucelle* était déjà sur le métier en 1726, 1725 même. Il écrivait à Tressan, le 9 décembre 1736 : « Il y a dix ans que je refuse de laisser prendre copie d'une seule page du poëme de *la Pucelle*. » Il disait, dix-neuf ans après à d'Argental, que c'était une vieille plaisanterie de trente ans, 13 juin 1755. Œuvres *complètes* (Beuchot), t. XI. Préface de la *Pucelle*. Mais Voltaire, on le sent, ne songe point à préciser, et n'a d'autre idée que d'indiquer un temps plus ou moins reculé.

de nature à l'engager à poursuivre, mais il n'avait plus besoin déjà d'encouragements; cette débauché, regrettable au point de vue des mœurs, fut toujours son péché mignon, l'œuvre de prédilection, l'enfant gâté de ce père trop tendre qui l'affectionna en raison de ses vices, de son libertinage, et aussi du péril qu'il devait lui faire courir[1]. A l'heure où nous sommes, l'œuvre se composait de huit chants; ce n'était pas la moitié de ce qu'elle serait un jour. Voltaire, en tous cas, aura le temps de refaire, de modifier, de coudre à l'ensemble des épisodes parfois assez étrangers à la fable mais étincelants de verve et de persiflage, où il trouve moyen, comme Dante dans son *Enfer*, de traîner ignominieusement ses ennemis. Cela n'était pas fait, dans sa pensée, pour jamais paraître, de son vivant du moins, et ne pouvait être communiqué qu'à un petit cercle d'amis, dont il serait, ou pour mieux dire, dont il se croirait sûr. On verra dans la suite toutes les tribulations, toutes les inquiétudes, toutes les angoisses que lui causera la garde de ce sujet pervers, qu'il finira par se laisser enlever.

Les amis de Voltaire travaillaient toujours à son retour; mais ce ne fut qu'au bout de huit mois qu'il obtint la permission de revenir à Paris. Le lieutenant de police lui en donna aussitôt avis.

Son Éminence et M. le garde des sceaux m'ont chargé, monsieur, de vous mander que vous pouvez revenir à Paris lorsque vous le jugerez à propos. Ce retour a pour condition que vous vous occuperez ici d'objets qui ne donneront plus aucun sujet de

---

1. Longchamp et Wagnière, *Mémoires sur Voltaire* (Paris, 1826), t. II, p. 184, 185, 186.

former contre vous les mêmes plaintes que par le passé. Plus vous avez de talent, monsieur, plus vous devez sentir que vous avez et d'ennemis et de jaloux. Fermez-leur donc la bouche pour jamais par une conduite digne d'un homme sage et d'un homme qui a déjà acquis un certain âge. Vous savez combien je désire encore de vous prouver dans toutes les occasions que j'ai l'honneur d'être, etc.

Cette lettre est datée du 2 mars 1735. Le mercredi 30, au soir, Voltaire rentrait dans Paris et dépêchait ce court billet à M. Hérault.

Ma reconnaissance et mon cœur me conduiraient chez vous, monsieur, quand ce ne serait pas pour moi un devoir. Mais vous connaissez ma misérable santé, je suis arrivé bien malade. Sans cela, mes premiers moments seraient consacrés à vous faire ma cour. Je vous supplie, monsieur, de me conserver des bontés qui me sont si chères, et de me regarder comme l'homme du monde qui vous est le plus sincèrement dévoué. Je suis avec un attachement plein de respect, monsieur, votre très-humble et très-obéissant serviteur [1].

Voltaire reprit sa vie habituelle si remplie, si variée, partagée entre le monde et l'étude. Bien que son exil n'eût été que de quelques mois, la société lui parut transformée. « Les vers ne sont plus guère à la mode à Paris, écrit-il à Cideville. Tout le monde commence à faire le géomètre et le physicien. On se mêle de raisonner. Le sentiment, l'imagination et les grâces sont bannis... Ce n'est pas que je sois fâché que la philosophie soit cultivée, mais je ne voudrais pas qu'elle devînt un tyran qui exclût tout le reste. Elle n'est en France qu'une mode qui succède à une autre, et qui passera à son tour; mais aucun art, aucune science ne doit

---

1. Léouzon Leduc, *Études sur la Russie* (Amyot), p. 362, 363.

être de mode. Il faut qu'ils se tiennent tous par la main ; il faut qu'on les cultive en tout temps[1]. » Il y a là une petite nuance d'humeur. Durant son absence Maupertuis avait conquis à la géométrie tout ce sexe frivole, qui, au grand siècle, s'était fait cartésien avec le même entraînement. Madame de Richelieu et madame la duchesse de Saint-Pierre étaient ses disciples; quant à la belle Émilie, il l'avait subjuguée, et, quoique Voltaire se déclarât alors lui-même l'élève de Maupertuis, et qu'il admirât cette rare aptitude chez une jeune femme, peut-être et sans s'en douter se sentait-il un peu jaloux de cette influence, toute scientifique, il est vrai. Son séjour à Paris ne se prolongea guère au delà d'un mois. Il en repartit assez hâtivement le 6 ou le 7 mai[2], un peu contraint. « Le peu de séjour qu'il y a fait, écrit la marquise à Richelieu, a pensé lui être funeste, et vous ne pouvez vous imaginer le bruit et le chemin qu'a fait cette *Pucelle*. Je ne puis allier dans ma tête tant d'esprit, tant de raison dans tout le reste, et tant d'aveuglement dans ce qui peut le perdre sans retour[3]... » On en verra bien d'autres.

Huit ou dix jours après, le poëte écrivait à Thiériot, de la cour de Lunéville où il était venu s'abattre, avec l'intention bien arrêtée d'y demeurer « comme les souris d'une maison, qui ne laissent pas de vivre gaie-

---

1. Voltaire, *Œuvres complètes* (Beuchot), t. LII, p. 26. Lettre de Voltaire à Cideville; Paris, ce 16 avril 1735.
2. *Ibid.*, t. LII, p. 33. Lettre de Voltaire à Formont; 6 mai 1735.
3. *Vie privée du maréchal de Richelieu* (Paris, 1791), t. II, p. 447. Lettre de la marquise à Richelieu ; elle est sans date, mais comme il y est question de la *Magie de l'amour*, d'Autreau, jouée le 9 mai, elle doit être du 10 au plus tôt.

ment sans jamais connaître le maître ni la famille¹. »
C'était là un engagement difficile à tenir, bien qu'il prétende que les princes et princesses ne soient pas son fait. Il n'est nullement question dans les deux lettres datées de Lorraine, du duc régnant qui se trouvait à fin de bail avec ses sujets, et allait dans quelques mois céder la place à Stanislas Leczinski, le père de la reine. Le poëte trouva à Lunéville un cabinet de physique des plus riches, et qui mieux est, deux ou trois philosophes pratiques avec lesquels il passa la majeure partie de son temps ; Varinge, un garçon serrurier à qui on devait la plupart des machines de ce bel établissement² ; le bibliothécaire Duval, un fils de ses œuvres aussi, qui avait commencé par garder des moutons. « Vous croyez bien que ce seront là les grands de ce monde à qui je ferai ma cour. »

Madame du Châtelet, que ce fût de sa part supposition pure, ou qu'elle eût à cet égard des renseignements qui lui fussent venus d'ailleurs, écrivait à Richelieu : « Voltaire me paraît s'amuser à merveille en Lorraine, et j'en suis ravie. Je ne suis point comme le chien du jardinier ; il a vu tous les princes et princesses, a été au bal et à la comédie, et surtout il voit beaucoup madame de Richelieu, et m'en paraît enchanté³... » Il fût resté quelques jours de plus qu'il eût assisté à un spectacle qui, de toutes façons, l'eût

1. Voltaire, *Œuvres complètes* (Beuchot), t. LII, p. 35. Lettre de Voltaire à Thiériot ; Lunéville, le 15 mai 1735.
2. Durival, *Description de la Lorraine et du Barrois* (Nancy, 1779), t. I, p. 122, t. II, p. 331.
3. *Vie privée du maréchal de Richelieu* (Paris, 1791), t. II, p. 453, 454. Lettre de madame du Châtelet à Richelieu. Sans date. Elle

réjoui et charmé. Madame de Richelieu, dont le mari était toujours à l'armée, arrive également à la cour de Lunéville où elle dut être reçu en parente, car elle était de la maison de Lorraine. Nous avons dit qu'elle fréquentait fort Maupertuis et qu'elle avait mordu, elle aussi, à la géométrie et à la philosophie newtonienne ; l'écolière, à ce qu'il paraîtrait, n'avait pas tardé à passer maîtresse. Elle se mit, à Lunéville, à prendre des leçons de physique de Varinge. Le père Dallemant, un jésuite grand prédicateur, s'avisa d'assister à une de ces séances et d'entreprendre la jeune femme sur l'attraction et sur le vide, dont il ne savait pas le premier mot. Elle le confondit complétement devant quelques Anglais, auxquels cette exécution inattendue inspira beaucoup d'estime pour le savoir des dames françaises. Quant au père, il fut hué avec son éloquence, nous dit Voltaire, et madame de Richelieu d'autant plus admirée qu'elle est femme et duchesse [1]. Mais il était déjà de retour à Cirey, lorsqu'eut lieu cette petite scène plaisante. Il n'était allé à Lunéville que parce qu'il ne se croyait pas en sûreté, et il s'était hâté de rejoindre son amie sur la déclaration du garde des sceaux qui, sans trop s'engager, avait donné à M. et madame du Châtelet des paroles tranquillisantes

---

doit être du 20 mai, au plus tôt. Ces lettres de la marquise, reproduites à la fin du tome deuxième, nous inspiraient beaucoup de défiance ; nous les avons étudiées avec un grand soin, et notre conviction leur était déjà favorable, quand nous avons découvert l'autographe de l'une d'elles dans les mains d'un curieux qui a de bien autres richesses.

1. Voltaire, Œuvres complètes (Beuchot), t. LII, p. 41, 48, 87. Lettre de Voltaire à Formont ; à Vassy, ce 25 juin ; — à Thiériot, Cirey, juin ; — au duc de Richelieu, 30 septembre, 1735.

au moins pour le présent. Tout cela expliquerait la contradiction qui existe entre ce que raconte la marquise de ce court séjour en Lorraine et ce qu'il en dit lui-même. Le ministère, comme il l'avait fait déjà, eût pu voir d'un mauvais œil que le même homme que l'on recherchait à Paris se réjouît de son mieux à Lunéville ; de là, sans doute, cette insistance sur un incognito qu'on ne garda point avec cette complète rigueur.

Voltaire avait eu à s'expliquer, dans son *Histoire de Charles XII*, sur le rôle qu'avait joué un instant le cardinal Alberoni, et le jugement qu'il avait porté de cet esprit fécond en ressources, plus inventif que scrupuleux, avait singulièrement caressé l'amour-propre de l'Éminence, qui crut même devoir l'en remercier par une belle lettre où la flatterie n'est pas ménagée. « Votre prévention et votre penchant pour ma personne, lui écrivait-elle, vous ont porté assez loin, puisque avec votre style sublime vous avez dit plus en deux mots de moi que ce qu'a dit Pline de Trajan dans son panégyrique. Heureux les princes qui auront le bonheur de vous intéresser dans leurs faits ! Votre plume suffit pour les rendre immortels[1]... » et Voltaire, faisant un retour sur sa situation et la défaveur où il était auprès des puissances, de s'écrier : « Je ne serais pas fâché que monsieur le garde des sceaux vît cette lettre, et qu'il sût que si je suis persécuté dans ma patrie, j'ai quelque considération dans les pays étrangers... » Et Thiériot, à qui cela s'adressait, recevait pleine autorisation de faire de la lettre du cardi-

1. Voltaire, *OEuvres complètes* (Beuchot), t. LII, p. 14, 15. Lettre d'Alberoni à Voltaire ; à Rome, le 10 février 1735.

nal et de la réponse du poëte l'usage qu'il croirait le plus propre *ad majorem rei litterariæ gloriam*[1]. On sait ce que cela voulait dire.

La petite colonie de Cirey se composait de madame du Châtelet, de Voltaire, du fils de la marquise et de son précepteur. Mesdames de la Neuville et de Champbonin y faisaient de fréquentes apparitions, cette dernière surtout, qui plus tard aura sa chambre au château. Nous avons vu le poëte retirer chez lui le paresseux Linant qui, assuré d'un bon lit et d'une table à l'avenant, ne sentait aucunement le besoin du travail et de l'étude. Il avait bien été question un instant d'une tragédie, *Sabinus ;* mais Voltaire trouva le sujet ingrat et en donna un autre plus dramatique auquel on ne mordit guère. Indolent et exigeant, Linant n'avait pas tardé à se mettre à dos les époux Demoulin qui avaient soin du ménage de Voltaire, et ce dernier dut s'employer à les raccommoder. Mais la paix ne fut pas de longue durée, et les chiffonneries recommencèrent de plus belle[2]. Voltaire se fatigue, il en écrit à Cideville et s'exprime avec amertume sur le sansfaçon et même le peu de reconnaissance de Linant : « Il est nourri, logé, chauffé, blanchi, vêtu, et je sais qu'il a dit que je lui avais fait manquer un bon poste de précepteur, pour l'attirer chez moi. Je ne l'ai cependant pris qu'à votre considération, et après que la dignité de précepteur lui a été refusée. Il ne tra-

---

1. Voltaire, *Œuvres complètes* (Beuchot), t. LII, p. 56. Lettre de Voltaire à Thiériot ; Cirey, 1735.

2. *Ibid.*, t. LI, p. 445. Lettre de Voltaire à Cideville ; à Paris, ce 27 octobre 1733.

vaille point, il ne fait rien ; il se couche à sept heures du soir, pour se lever à midi. Encouragez-le et grondez-le en général ; si vous le traitez en homme du monde vous le perdrez [1]. » Linant ne justifiait que trop ces plaintes. Après avoir feint durant deux ans de travailler à sa tragédie, il déclarait qu'il y renonçait comme au petit collet ; jusque-là il s'était appelé l'abbé Linant, il n'allait plus être que M. Linant. Chose plus grave, l'hospitalité de Voltaire lui paraît mesquine et insuffisante, et il le dit à qui veut l'entendre : « Écrivez, je vous prie, à Linant, mande derechef le poëte au jeune magistrat son ami, qu'il a besoin d'avoir une conduite très-circonspecte ; que rien n'est plus capable de lui faire tort que de se plaindre qu'il n'est pas assez bien chez un homme à qui il est absolument inutile, et qui, de compte fait, dépense pour lui seize cents francs par an [2]. » Rien n'était plus révoltant, en effet, qu'une pareille conduite, et Voltaire lui eût laissé toutes facultés, en le congédiant, de se conquérir des Mécènes plus magnifiques, qu'on n'eût pu l'en blâmer.

Mais rien n'égale la longanimité du poëte ; son indulgence ne se lasse pas et le coupable est sûr, le cas échéant, de le retrouver aussi affectionné, aussi zélé, aussi alerte à le servir. Durant l'orage qui força l'auteur des *Lettres philosophiques* à se cacher en Lorraine, Linant semble être retourné à Rouen ; il

1. Voltaire, *Œuvres complètes* (Beuchot), t. LI, p. 453. Lettre de Voltaire à Cideville ; Paris, le 6 novembre 1733.
2. *Ibid.*, t. LI. p. 472. Lettre de Voltaire à Cideville ; à Paris, ce 27 février 1734.

s'était enfin résolu à achever cette tragédie dont il devait le sujet à Voltaire. Aussitôt que le poëte a l'esprit plus tranquille et plus libre, il s'informe de *Ramsès*, fait dire à Linant qu'il a une grande impatience de voir sa pièce et le presse de la lui envoyer par le coche[1]. Mais il n'eut pas besoin de la lire en entier pour juger cette ébauche informe. Avant cela, il avait essayé de le placer chez madame de Bernières, qui ne s'y était pas plus prêtée que madame de Fontaine-Martel. Linant n'était pas de défaite facile : il avait la vue basse, était frappé d'un bégayement peu agréable et était médiocrement pourvu de latin. Cependant, Voltaire songe à le donner au fils de madame du Châtelet[2]; celle-ci y souscrit par condescendance pour son ami. Il faut encore le consentement du mari, qui, un peu sous l'influence des prêtres, veut un abbé[3]. Mais le marquis ne sera pas le plus fort : « Point de prêtres chez les Émilies ! » s'écrie Voltaire, et nous ne tarderons pas à voir notre Linant installé à Cirey à titre de précepteur, y prenant ses aises comme partout, se croyant un personnage, et très-disposé à user plus qu'indiscrètement des bontés qu'on aura pour lui. Ainsi, à peine arrivé et oubliant sa face ronde, son grasseyement ridicule, voilà Linant qui trouve madame de la Neuville de son goût, qui s'imagine qu'il n'a qu'à parler, et hasarde l'aventure ; et c'est encore

---

1. Voltaire, *OEuvres complètes* (Beuchot), t. LII, p. 12. Lettre de Voltaire à Cideville ; 6 février 1735.

2. *Ibid.*, t. LII, p. 24, 25. Lettre de Voltaire à Cideville ; ce 12 avril 1735.

3. *Ibid.*, t. LII, p. 32, 33. Lettre de Voltaire à Cideville ; à Paris, ce 6 mai 1735.

Voltaire qui se charge d'apaiser la comtesse justement indignée d'une pareille audace. Un madrigal d'un ton charmant, il est vrai, y suffit, et il ne paraît pas que cela eut d'autre suite.

Si Voltaire semblait relégué à l'autre bout du monde, en revanche, passait-il ses jours avec la belle Émilie, et rien ne pouvait, on l'eût cru, mélanger d'amertume cette vie de bonheur et d'enchantements. Hélas ! il était dans ses destinées de ne pas demeurer un instant sans chiffonneries, sans débats, sans luttes quelconques. Était-il débarrassé d'un côté, qu'il se voyait aux prises avec d'autres dificultés, moins par la malignité de son étoile, il faut le dire, que par ses étourderies et ses inqualifiables imprudences. Depuis longtemps, il avait dans ses cartons la *Mort de César*, un emprunt fait à Shakespeare dont il s'exagérait l'audace, pièce sans amour et sans femmes, et qu'il ne supposait nullement propre au théâtre. Mais, pour n'être pas jouée par messieurs du tripot tragique, était-elle condamnée à n'obtenir jamais cette seule consécration suffisante de toute œuvre dramatique, la représentation devant le public? Voltaire envoie sa pièce à l'abbé Asselin, proviseur du collége d'Harcourt, pour être jouée par ses élèves à la distribution des prix, le jeudi 11 août 1735[1]. Une tragédie nouvelle de M. de Voltaire interprétée par des collégiens, cela était assez piquant et du fruit assez exotique pour attirer un grand flot de gens de la cour et du meilleur monde. On a gardé le nom des six élèves auxquels incombait une si grave

---

1. Voltaire, *Œuvres complètes* (Beuchot), t. LII, p. 34. Lettre de Voltaire à l'abbé Asselin ; mai 1735.

responsabilité : c'étaient MM. Bernard, Leria de Berwick, de la Rivière, de Paris, Simon de Sandricourt et de Bérulle. « On fut extrêmement content de tous ces messieurs, dit le *Mercure*, mais MM. Bernard et de la Rivière s'y distinguèrent d'une manière particulière, et tout le monde convient qu'ils atteignirent la perfection de l'art, non comme des écoliers, mais comme les acteurs les plus parfaits[1]. » Si cette mention du *Mercure* était bien faite pour caresser l'amour-propre de ces artistes imberbes, elle ne fut pas leur récompense la plus flatteuse. « Je vous prie, écrivait quelques jours après le poëte à leur proviseur, de vouloir bien faire mes compliments aux deux acteurs dont on a été si content; le talent de bien réciter ne saurait être parfait, sans supposer de l'esprit et des qualités aimables qui doivent réussir dans le monde[2]. »

Ce succès, tout modeste qu'il fût, ne causa pas un médiocre plaisir à l'auteur. « Je ne suis plus qu'un poëte de collége; j'ai abandonné deux théâtres qui sont trop remplis de cabales, celui de la Comédie-Française et celui du Monde[3]. » Mais ce ravissement fut de courte durée; la pièce parut, presque sur-le-champ, imprimée sur une copie pleine de fautes grossières, de vers auxquels manquait jusqu'à la mesure. Voltaire désolé écrit à Thiériot, il écrit à

---

1. *Mercure* d'octobre 1735, p. 2259.

2. *Voltaire à Ferney* (Didier, 1860), p. 321. Lettre de Voltaire à l'abbé Asselin ; à Vassy, ce 24 août 1735.

3. Voltaire, *Œuvres complètes* (Beuchot), t. LII, p. 56, 57. Lettre de Voltaire à Thiériot; Cirey.

Desfontaines pour qu'il sussent bien que ce n'était là rien moins que son enfant intact. On a pensé que Desfontaines avait déjà fait son siége et qu'il n'y voulut rien changer : au moins ne tint-il aucun compte de la démarche de Voltaire. Les personnages se tutoient, et cela le choque. Brutus ne lui semble pas être le Brutus de l'histoire, c'est un quaker plutôt qu'un stoïcien. Quant à la dernière partie du troisième acte, elle est une espèce d'oraison funèbre de César en forme de controverse. « On y admire plusieurs pensées vives, mâles et neuves, et de forts beaux vers. Mais qu'il y en a de faibles et de durs ! que d'expressions vicieuses ! que de mauvaises rimes[1] ! » Ce qu'il y avait d'étrange, c'est qu'à la suite de cette critique, Desfontaines publiait la lettre même où Voltaire se plaignait de fautes, de transpositions, d'omissions considérables. Fallait-il supposer que celui-ci, gagné par le temps, en donnant cette lettre, eût voulu annihiler une critique qu'il ne pouvait supprimer? Le poëte ne vit là qu'un procédé inqualifiable; sa lettre était tout intime, et Desfontaines n'ignorait pas que, pour plus d'une raison de sûreté et de convenances relatives à la femme dont il avait accepté l'hospitalité, Voltaire devait tenir à ce qu'on ne divulguât point le lieu de son refuge. Aussi son indignation éclate-t-elle dans ses lettres à Thiériot, à Berger, à l'abbé d'Olivet, à Cideville, à l'abbé Asselin. Il était au mieux avec La Roque; il fit suivre l'analyse de sa pièce dans le *Mercure* de quelques lignes où il relevait la critique des *Observations*, toute-

---

1. *Observations sur les écrits modernes* (Paris, 1735), t. II, p. 270 à 274; ce 16 septembre 1735.

fois avec une modération à laquelle on était peu habitué[1]. Desfontaines, repentant, dans son numéro du 5 novembre, non-seulement insérait alors une lettre pleinement à la gloire de la *Mort de César* et où l'on démontrait l'injustice de ses propres critiques[2], mais encore faisait lui-même amende honorable, et de la façon la plus complète : il n'avait jugé que sur une copie défectueuse ; il s'était transporté depuis chez l'abbé Asselin, et il avait pu constater combien l'œuvre du poëte était différente de l'ébauche grossière qu'il avait eue sous les yeux.

Contrairement à ce qui se passe communément, la colère chez l'auteur de la *Henriade* grandissait avec le temps ; il s'exaltait, s'exaspérait dans la solitude et le silence, et finissait par lâcher la bride à une fureur que rien alors n'était capable de contenir. Au désespoir sans doute de s'être montré si modéré, et trouvant qu'il n'en avait pas assez dit, il envoie à La Roque une nouvelle note qui ranimait la guerre au moment même où l'ennemi déposait les armes et faisait la paix : « Il est bien injuste, lisait-on dans le *Mercure* de novembre, de juger un auteur quand on le voit ainsi défiguré ; il est étonnant qu'on lui impute des vers auxquels tout manque, souvent jusqu'à la mesure ; il est encore plus étonnant que les auteurs des *Observations* ayent voulu juger de la *Henriade*. Leurs critiques sont faites avec bien peu de

---

1. *Mercure* d'octobre 1735, p. 2272.
2. *Observations sur les écrits modernes* (Paris, 1735), t. II, p. 81 à 90. Lettre de M*** à l'auteur des *Observations* ; [5 novembre 1735.

goût¹... » La réparation accordée à Voltaire paraissait le 5 novembre, mais la note du poëte était déjà envoyée et publiée sans doute au *Mercure*, quand elle lui parvint; au moins n'était-il plus en son pouvoir de l'arrêter, ce qu'il n'eût pas manqué de faire. Desfontaines, qui croyait avoir fait au delà du nécessaire et s'être assuré à tout jamais la reconnaissance de l'auteur de la *Mort de César*, ne se posséda plus, lorsqu'il vit ces quelques lignes où lui étaient déniés le goût, l'autorité, le savoir. La lettre suivante, dans laquelle il donne toute licence à son emportement, est trop curieuse pour n'être pas reproduite presque intégralement. On la chercherait en vain, d'ailleurs, dans les *Observations*. Elle est à peu près perdue dans un recueil curieux à tous égards, mais où peu de personnes l'iraient trouver.

Comment, monsieur, vous imprimez des choses aussi peu honnêtes, après ce que j'ai fait en dernier lieu... Vous m'avez écrit en particulier beaucoup de sottises. Je vous les pardonne; mais il n'en sera pas de même lorsque vous me les direz en public. *Il est étonnant*, etc. Eh! pourquoi, monsieur, faites-vous des ouvrages? Est-ce pour avoir le suffrage des *sots de qualité*, qui préféreront *votre clinquant à tout l'or de Virgile*²? Qui vous jugera si vous nous récusez? Je veux bien que vous sachiez qu'en toutes sortes de matières, et même sur *vos ouvrages de poésie*, je suis en état de vous donner des conseils, ayant l'étude et le jugement nécessaires, et un goût qui passe pour être assez sûr...

Enfin, monsieur, le trait du *Mercure* sera à jamais entre nous *le libelle du divorce*³, si vous ne parlez autrement dans une lettre que vous aurez soin de faire imprimer dans le *Mercure* ou ailleurs, et incessamment...

1. *Mercure* de novembre 1735, p. 2285, 2286.
2. Boileau. Satire IX.
3. *Libellus repudii*. Expression biblique.

Je ne veux point avoir de querelle avec vous, ni vous donner lieu de me dire des injures grossières en public, ce qui seroit suivi de ripostes de ma part : il n'y auroit qu'à perdre pour nous deux. Cependant soyez persuadé que je viendrai à bout, par la justesse de mes raisonnemens et peut-être par quelque autre autorité que j'ai acquise dans notre république des lettres, de vous faire passer pour le *Claudien du siècle*...

Enfin, monsieur, il est honteux et contre toutes les règles de l'honneur d'avoir imprimé ces malhonnêtetés après ce qu'on a fait nouvellement pour vous justifier d'avoir fait une pièce contraire aux bonnes mœurs et construite en dépit du bon sens... Voilà bien des duretés que je vous dis; mais je suis bien en colère. Cependant ma fureur est toute renfermée dans cette lettre. Je ne me plaindrai à qui que ce soit, et il ne tiendra qu'à vous que je recommence à être de vos amis : car je n'en suis pas jusqu'à ce que vous m'ayez fait raison [1].

Si l'on ne connaissait pas Desfontaines, si l'on ne savait pas quel triste homme c'était sous tous rapports, cette lettre donnerait bonne idée de lui; sa colère est d'un homme qui se sent, d'une intelligence qui s'estime et qui prétend n'être pas contestée. Il y a du bon homme et de l'honnête homme furieux dans cette lettre, de l'homme qui n'entend pas qu'on lui marche sur le pied, et qui ne transige pas sur sa propre dignité. Malheureusement ni les mœurs, ni le caractère de l'abbé ne sont en rapport avec ces démonstrations; son esprit seul, sa valeur littéraire ont droit à se regimber et à se cabrer, et c'est, en effet, son amour-propre de bel esprit et d'homme de goût qui est en cause et s'emporte. Desfontaines était très-sensible aux traits que l'on décochait contre lui, et cette

---

1. *Revue rétrospective* (1834), t. II, p. 131, 132, 133. Lettre de l'abbé Desfontaines à M. de Voltaire; à Cirey, près de Vassy, en Champagne.

susceptibilité, remarque judicieusement l'abbé Trublet, lui fait une sorte d'honneur. Mais l'apparente indépendance, la liberté, l'osé parfois de ses arrêts, résultaient plus de sa nature impétueuse, de son humeur et de ses passions que de sentiments d'équité qu'il n'eut guère ; et lorsqu'il brise les vitres, contre toute prudence et tout intérêt propre, c'est à ces entraînements qu'il cède, et non aux mouvements de sa conscience. « Quand même il eût eu, ajoute Trublet, tout le *goût*, toute l'*intelligence*, toute la *finesse*, en un mot tout le *rare* mérite que le père *Berthier* lui attribue, avoit-il de l'équité, de la sincérité, de la bonne foi? Ne vouloit-il louer que le bon et censurer que le mauvais ? En un mot, le critique *étoit-il honnête homme* comme critique ? Il n'y a que la réponse de *Scaron* à faire : *Oh non* [1]. »

La rapide biographie que nous avons donnée de lui ne va guère au-delà de son retour de Rouen. Il paraîtrait que, pour passer le temps, il y avait achevé un libelle commencé à Bicêtre contre Voltaire. Cela est à peine croyable, et en dépit des assurances du poëte, il serait difficile d'admettre une pareille énormité, si Desfontaines ne s'était empressé lui-même de le communiquer à Thiériot, qui, indigné d'une ingratitude aussi monstrueuse, le força de livrer ce chef-d'œuvre aux flammes [2]. Trois lettres de ce dernier, la première

---

1. L'abbé Trublet, *Mémoires pour servir à l'histoire de la vie et des ouvrages de MM. Fontenelle et de La Motte* (2ᵉ édit., Amsterdam, 1759), p. 191, 193, 194.

2. Voltaire, *Œuvres complètes* (Beuchot) t. I, p. 172. *Vie de Voltaire*, par Condorcet ; t. XXXIX, p. 296. *Mensonges imprimés* ; t. XXXVII, p. 566, 567. *Le Préservatif*.

de mai 1726, la seconde de décembre 1738, la dernière de janvier 1739, certifiées par un notaire, viendront plus tard, malgré les faux-fuyants couards de Thiériot, rendre toute dénégation impossible.

Voltaire pardonne cependant. Il pardonne également une édition subreptice du poëme de *la Ligue*, faite sur une copie fautive et incomplète, dont l'abbé comble les lacunes par des épigrammes contre la Motte-Houdart, entre autres[1], et lui donne à traduire son *Essai on epic poetry* « pour pénitence d'avoir écrit un libelle contre lui au sortir de Bicêtre[2]. » Mais l'abbé ne se tira pas de son pensum à la parfaite satisfaction du poëte : « Il a confondu les Indes occidentales avec les Indes orientales. Il a traduit « les gâteaux que le jeune *Ascanius* dit avoir été « mangés par ses compatriotes, par la *faim dévo-* « *rante de Cacus;* » de sorte qu'il prend des assiettes et de la croûte de pâté pour un géant et un monstre[3]. » Il n'est rien de tel que de faire ses affaires soi-même, et il est assez étrange que Voltaire s'en fût remis à d'autres du soin de le traduire en français. Aussi bien dut-il prendre ce parti en dernier lieu, non sans blesser l'amour-propre de Desfontaines, qui renia impudemment cette traduction trop libre qu'il attribue au comte de Plelo[4].

1. Voltaire, *la Ligue ou Henri le Grand*, avec des additions et un recueil de pièces diverses (Amsterdam, Bernard, 1724), p. 72.
2. Voltaire, *Œuvres complètes* (Beuchot), t. LII, p. 341. Lettre de Voltaire à d'Argens ; à Cirey, le 19 novembre 1736.
3. Voltaire, *Pièces inédites* (Didot, 1820), p. 182. Lettre de Voltaire à Thiériot ; Wandsworth, 14 juin 1727.
4. Le comte de Bréhant de Plélo. Au moins Desfontaines n'avait

Desfontaines s'était fait son thème. Dans le *Nouvelliste du Parnasse*, il se montre l'admirateur de Voltaire, il ne lui marchande pas la louange; mais son admiration et son amitié ne peuvent l'empêcher de remplir ses devoirs de critique, et la censure se mêle à l'éloge. Le poëte n'admet pas que Desfontaines le discute ; il a sauvé Desfontaines de Bicêtre et de la Grève, partant Desfontaines doit être son thuriféraire et nullement son juge. Il ne dit pas cela, il ne l'avoue pas; mais aussitôt que l'abbé cesse d'être un écrivain servile, c'est un monstre d'ingratitude. Ce dernier, on le comprend, est loin de l'entendre ainsi et d'accepter un pareil rôle ; et pour prouver son indépendance et son impartialité il décoche son trait de temps à autre contre Voltaire : « Personne n'estime plus que moi les écrits de cet auteur, dira-t-il plus tard dans ses *Observations;* mais je crois aussi qu'on les peut critiquer[1]. » Voltaire enrage, il trépigne, il sent qu'il ne peut se plaindre, il lit dans le jeu de son adversaire et n'en est pas plus avancé; il se soulage dans sa correspondance par d'atroces allusions sur le faible de Desfontaines pour les petits Savoyards, ce qui ne l'empêche pas de lui sauver la Bastille que devait attirer à l'abbé, comme on l'a dit déjà, une préface un peu forte sur le père Girard et la Cadière.

Le *Nouvelliste du Parnasse* avait été brusquement suspendu par le ministère public (mars 1732). C'était

---

pas à redouter de démenti du comte, mort héroïquement sous les murs de Dantzig, le 27 mai 1734.

1. *Observations sur les écrits modernes*, t. 1, p. 44 ; 12 mars 1735.

condamner Desfontaines à la paille si sa cure de Thorigny n'eût pas été pour lui une vache à lait, bonne à traire même à distance. Les renseignements biographiques que nous donne l'abbé de Laporte sont non-seulement plus qu'insuffisants, mais de nature encore à nous égarer absolument. A l'entendre, Desfontaines se fût fait scrupule de toucher les revenus de sa cure sans la desservir. Il est bon de vérifier jusqu'à quel point est exacte cette insinuation charitable ; nous ne savons pas au juste quand le cardinal d'Auvergne fit avoir cette cure au rédacteur du *Nouvelliste*, mais il existe une lettre, peut-être adressée à cette Éminence, et dans laquelle il demande le bénéfice du prieuré de l'hôpital de Thorigny, qui n'était que de trois cents livres : « Quand un évêché est un peu faible de revenus, le roi y joint ordinairement une petite abbaye depuis que la pluralité des bénéfices est à la mode. Comme je ne suis point janséniste, je goûte fort cette mode, et je réunirai volontiers en ma personne, comme le cardinal Mazarin, trois évêchés et dix-sept abbayes [1]... » Cette épître est du 28 février 1732. La suppression du *Nouvelliste*, le mois suivant, en lui créant des loisirs, eût dû lui inspirer l'idée de les consacrer à ses paroissiens normands. S'il s'en avise, ce ne sera que deux ans plus tard, comme nous l'apprennent les *Nouvelles ecclésiastiques*.

M. Gyot Desfontaines, curé d'une paroisse de Thorigny dans

---

[1]. *L'Amateur d'autographes*, 1er janvier 1865, ive année, p. 7. Lettre de Desfontaines à Mgr ; Paris, 28 février 1732.

ce diocèse (le diocèse de Bayeux), mais qui n'y a point encore résidé, y est venu cette année pour la solennité de Pâques. M. l'évêque (Luynes) qu'il en avoit prévenu lui avoit fait une réponse fort obligeante, et lui avoit même offert un appartement quand il viendroit à Bayeux. Cependant au moment qu'il s'y attendoit le moins, il a vu arriver chez lui à Thorigny un ecclésiastique, pour y travailler dans la quinzaine de Pâques, non avec le consentement du curé, comme c'est l'usage, *de consensu parochi*; mais même malgré le curé, *etiam invito parocho*. M. l'abbé Desfontaines écrivit aussitôt à M. de B*** pour se plaindre de ce procédé; il lui représente quels sont, en pareils cas les droits de MM. les curés; il renvoie l'ecclésiastique avec défense de faire aucune fonction dans la paroisse; l'on a jugé ici que l'ouvrier surnuméraire n'avoit été envoyé dans cette petite ville, que parce que la bonne intelligence des pasteurs y procure une tranquillité qui déplaît aux esprits turbulents du diocèse [1].

On démêle les insinuations de la feuille convulsionnaire, qui eût bien voulu faire passer Desfontaines pour janséniste. Mais tout brouillé qu'il est avec les jésuistes, il est et demeurera jésuite, et ses plus intimes relations seront avec des membres de la société. Pour qui est au fait de cette nature volontaire, brutale, emportée, les événements s'interprètent eux-mêmes. Tout peu résident que soit l'abbé, il ne veut pas souffrir un mandataire du prélat, dépêché non sans motif dans cette petite ville infectée de l'hérésie, comme on disait alors, et qui fut pour son évêque le sujet de plus d'un souci. Il écrit *ab irato*, en termes peu ménagés selon son humeur, et chasse l'intrus sans se préoccuper autrement des conséquences. Ces conséquences, on les devine. Desfontaines se trouvait devers ses paroissiens dans une situation anormale et

1. *Nouvelles ecclésiastiques*, du 31 mai 1734, p. 94, 95.

contraire aux canons ; son évêque était en droit d'exiger et il exigea apparemment la résidence, et notre abbé aima mieux résigner que résider, mais non pas sans en garder rancune à M. de Bayeux, auquel, en 1743, il fera sentir son coup de griffe, lorsque celui-ci viendra recueillir, à l'Académie française, la succession du cardinal de Fleury [1].

Mais Desfontaines, l'année suivante (1735), retrouvait un nouvel organe périodique dans ses *Observations sur les écrits modernes*, qu'il entreprenait avec le concours de son collaborateur du *Nouvelliste*, l'abbé Granet ; et, dès les premiers numéros, il reprenait sa vieille tactique à l'égard de Voltaire, qui, à la fin, piqué au vif par la critique de mauvaise foi dont la *Mort de César* avait été l'objet, lâcha, lui aussi, mais inopportunément, son trait dans *le Mercure*. C'est là où nous en sommes restés.

Desfontaines a dépêché son *ultimatum* au poëte ; il demande, il exige une rétractation et des excuses dans le même *Mercure* ou tout autre périodique. Il faut qu'on lui fasse raison, sans quoi c'est l'inimitié, c'est la guerre. Que fera Voltaire? De l'humeur dont nous le connaissons, il est à croire qu'il n'aura pas lu jusqu'au bout cette insolente sommation sans bondir, sans pousser des cris de fureur. Mais les

---

[1]. *Lettre sur les derniers discours prononcés à l'Académie françoise*, p. 1 à 8. — Toutefois, s'il fallait prendre à la lettre une certaine conversation à la table de Fleury, entre le marquis d'Argenson, le prévôt des marchands et le cardinal ministre, Desfontaines eût été en pleine jouissance encore de sa cure, en février 1739. Voltaire, *OEuvres complètes* (Beuchot), t. LIII, p. 471. Lettre du marquis d'Argenson à Voltaire ; Paris, le 7 février 1739.

armes sont-elles bien égales? Voltaire sent, malgré sa colère, qu'il y a tout à perdre et rien à gagner pour lui dans une pareille lutte. Cet homme étrange, qui s'exalte jusqu'au paroxysme, sait parfois se calmer tout à coup et rentrer en possession de lui-même pour dissimuler sous une bienveillance miséricordieuse et presque tendre les sentiments qu'il a dans le cœur. Nous avons cherché, avec la parfaite certitude de ne l'y pas trouver, dans tous les numéros du *Mercure* de cette époque, la réparation qu'on exige de lui. Mais s'il n'a garde d'obéir à de semblables injonctions, il n'a garde davantage de relever le gant et d'accepter le combat. Il écrit à Desfontaines sans faire la moindre allusion à cette audacieuse épître, qu'il a dû certainement recevoir à cette date (14 novembre); il a eu connaissance enfin de l'espèce de rétractation du journaliste à propos de la *Mort de César*, et il a été sensible à un procédé très-capable sans doute de faire oublier ses précédents griefs.

> Si l'amitié vous a dicté, monsieur, lui écrit-il d'un ton doucereux et onctueux, ce que j'ai lu dans la feuille trente-quatrième que vous m'avez envoyée, mon cœur en est bien plus touché que mon amour-propre n'avait été blessé des feuilles précédentes. Je ne me plaignais pas de vous comme d'un critique, mais comme d'un ami; car mes ouvrages méritent beaucoup de censure; mais moi je ne méritais pas la perte de votre amitié...

Puis, laissant ou semblant laisser de côté toute question personnelle, il entre dans des développements et des considérations purement littéraires. Mais, s'il a commencé par les caresses et les flatteries, il a gardé le meilleur pour la péroraison.

Vous devez connaître, à la manière dont j'insiste sur cet article, que je suis revenu à vous de bonne foi, et que mon cœur, sans fiel et sans rancune, se livre au plaisir de vous servir, autant qu'à l'amour de la vérité. Donnez-moi donc des preuves de votre sensibilité et de la bonté de votre caractère. Écrivez-moi ce que vous pensez et ce que l'on pense sur les choses dont vous m'avez dit un mot dans votre dernière lettre (de quelle lettre entend-il parler?) La pénitence que je vous impose est de m'écrire au long ce que vous croyez qu'il y ait à corriger dans mes ouvrages dont on prépare en Hollande une très-belle édition; je veux avoir votre sentiment et celui de vos amis. Faites votre pénitence avec le zèle d'un homme bien converti, et songez que je mérite par mes sentiments, par ma franchise, par la vérité et la tendresse qui sont naturellement dans mon cœur, que vous vouliez goûter avec moi les douceurs de l'amitié et celles de la littérature [1].

Un mois après, Desfontaines répondait :

Lorsque nous serons réconciliés, je dirai comme Ménage : « J'ai fait la paix avec le R. P. Bouhours, c'est un très-bon « écrivain. »

J'oubliois de vous dire que vous avez imaginé que nous avons rabaissé la *Henriade*. Nous n'en avons fait aucune critique; j'en ai parlé plusieurs fois avec éloge en passant. En vérité, vous êtes bien injuste. Enfin, lorsque j'ai trouvé quelque chose à reprendre dans vos écrits, ma critique a toujours été marquée au coin de l'estime et de l'amitié, et si quelque chose vous a offensé, vous savez que cela a été réparé avantageusement [2]...

La paix était à peu près faite, au moins la trêve était-elle consentie, et l'abbé, qui n'oubliait pas ses feuilles, voulut profiter de ce rapprochement pour les enrichir de quelque nouvelle production du poëte.

---

1. Voltaire, *Œuvres complètes* (Beuchot), t. LII, p. 110, 111, 112. Lettre de Voltaire à Desfontaines; à Cirey, le 14 novembre 1735.

2. *Revue rétrospective* (1834), t. II, p. 134. Lettre de l'abbé Desfontaines à Voltaire; 17 décembre 1735.

Voltaire venait d'adresser au comte Algarotti, à propos du voyage que celui-ci devait faire avec Godin, Boughuier et La Condamine (et qu'en somme il ne fit point), une épître tout intime qui finissait ainsi :

> Cependant je vous attendrai,
> Tranquille admirateur de votre astronomie,
> Sous mon méridien, dans les champs de Cirey,
> N'observant désormais que l'astre d'Émilie.
> Échauffé par le feu de son puissant génie,
>   Et par sa lumière éclairé,
>   Sur sa lyre je chanterai
> Son âme universelle autant qu'elle est unique,
> Et j'atteste les lieux mesurés par vos mains,
> Que j'abandonnerais pour ses charmes divins
>   L'équateur et le pôle arctique [1].

Desfontaines demande à insérer cette jolie pièce dans le prochain numéro des *Observations*. Voltaire répond, au nom de M. et madame du Châtelet, qu'ils regarderaient cette impression comme une offense personnelle; c'était là une question de haute convenance, qu'il était à peine besoin d'indiquer. Mais l'abbé, dont ce refus ne faisait pas les affaires, passe outre et publie l'épître dans la feuille du 19 novembre [2]. M. du Châtelet se fâcha; madame du Châtelet, qui comprenait combien cette maudite épître prêtait à la médisance et à la malignité, fulmina; l'on parla d'en écrire au garde des sceaux, et même y eut-il un commencement d'exécution. Desfontaines s'attaquait à tout le monde sans

---

1. *Observations sur les écrits modernes* (Paris, 1725), t. III, p. 144. Épître de M. de Voltaire à M. Algarotti; à Cirey, près Vassy, le 15 octobre 1735.
2. Voltaire, *Œuvres complètes* (Beuchot), t. LII, p. 117. Lettre de Voltaire à Thiériot; à Cirey, le 30 novembre 1735.

regarder à la taille ; il lâchait dans le même temps un libelle contre l'Académie, comme si ce n'eût pas été se faire du même coup quarante ennemis. Il le désavoua bien, il est vrai ; mais il fut convaincu de l'avoir vendu trois louis à Ribou, et se vit condamner par la chambre de l'Arsenal[1]. M. et madame du Châtelet jugèrent avec raison que ce n'était pas l'heure de provoquer contre lui de nouvelles rigueurs, et se désistèrent. Voltaire se hâta d'écrire à l'abbé Asselin : « J'apprends que l'abbé Desfontaines est malheureux, et dès ce moment je lui pardonne. Si vous savez où il est, mandez-le-moi. Je pourrai lui rendre service, et lui faire voir, par cette vengeance, qu'il ne devait pas m'outrager[2]. » Nous ne doutons point qu'il ne fût sincère ; sa pitié, en somme, est médiocre pour cet ami avec lequel nous l'avons vu si tendre, bien qu'il ne néglige pas de prendre de ses nouvelles : « Qu'est devenu l'abbé Desfontaines ? Dans quelle loge a-t-on mis ce chien qui mordait ses maîtres ? Hélas ! je lui donnerais encore du pain, tout enragé qu'il est[3]. » Convenons-en, le pain eût été cher à ce prix, même pour un abbé Desfontaines.

Lorsque madame du Châtelet était partie pour Paris, à la fin de décembre 1734, son ami l'avait chargée de

---

[1]. Bibliothèque impériale. Manuscrits. *Correspondance du président Bouhier*, t. IX, f. 146 à 151. Lettre de l'abbé d'Olivet à Bouhier ; Paris, 29 janvier 1736. — Charles Nisard, *Les ennemis de Voltaire* (Amyot, 1853), p. 75, 76.

[2]. Voltaire, *OEuvres complètes* (Beuchot), t. LII, p. 177. Lettre de Voltaire à l'abbé Asselin ; à Cirey, le 29 janvier 1736.

[3]. *Ibid.*, t. LII, p. 182. Lettre de Voltaire à Berger ; à Cirey, février 1736.

remettre à d'Argental une nouvelle tragédie qu'il soumettait à son arbitrage. « Si, après l'avoir lue, vous la jugez capable de paraître devant ce tribunal dangereux, c'est une aventure périlleuse que j'abandonne à votre discrétion, et que j'ose recommander à votre amitié [1]. » Il eût bien voulu garder l'*incognito*; mais, comme toujours, il s'y était pris de façon à le rendre à peu près illusoire; Dufresne et Crébillon fils avaient eu ses confidences, et il n'était pas trop sûr qu'ils lui gardassent tous deux un secret qu'il n'avait pas su garder lui-même. Il s'agit de la tragédie d'*Alzire*, de ses « Américains », de ses « sauvages », comme il les appelle. Le sujet inquiétait un peu Voltaire; mais ces appréhensions devaient faire place à des ennuis d'une autre nature et qui l'occupèrent désagréablement quelque temps. Il apprend tout à coup que Le Franc de Pompignan, qui venait de débuter brillamment par sa *Didon*, avait apporté aux comédiens une tragédie sur le même sujet qu'*Alzire*, et que ceux-ci lui avaient donné la promesse de la représenter avant la sienne. Et Voltaire de crier au voleur. Le Franc s'était fait rendre compte de sa pièce; il avait fait causer celui-ci et celui-là, l'abbé de Voisenon, entre autres, peut-être bien Thiériot, et il s'était mis à bâtir sur ce fond, sans se soucier du peu de loyauté d'un tel procédé. Que résoudre? Si *Zoraïde*, la tragédie de Le Franc, est jouée avant *Alzire*, il n'y a plus qu'à retirer un sujet défloré dont le succès serait désormais plus que douteux. Il serait pourtant amer, après tous ses triomphes, de

---

1. Voltaire, *Œuvres complètes* (Beuchot), t. LI, p. 545. Lettre de Voltaire à d'Argental; décembre 1734.

battre en retraite devant un jeune homme de vingt-deux ans (il en avait vingt-six), qui, avant de lui voler sa tragédie, avait volé Métastase. Il se décida à écrire aux comédiens une lettre habilement motivée, et d'une modestie dont la sincérité paraîtra à bon droit plus que suspecte :

> Je ne doute pas, leur dit-il, que M. Le Franc, qui a au-dessus de moi les talents de l'esprit, et l'imagination que donne la jeunesse, n'ait embelli son ouvrage par des ressources qui m'ont manqué; mais il arriverait que, si la pièce était jouée la première, la mienne ne paraîtrait plus qu'une copie de la sienne; au lieu que, si sa tragédie n'est jouée qu'après, elle se soutiendra toujours par ses propres beautés... Votre intérêt s'accorde en cela avec le plaisir du public, qui applaudira toujours à M. Le Franc, en quelque temps que son ouvrage paraisse; et la justice exige que celui qui a inventé le sujet passe avant celui qui l'a embelli [1]...

Voltaire avait pris l'alarme un peu à la légère. Les comédiens avaient voulu avant de se prononcer sur *Zoraïde*, l'entendre une seconde fois [2]. Le Franc, tout engoué d'un premier succès, trouva fort étrange cette condition dictée à un homme comme lui, et en écrivit à ces histrions de façon à ce qu'ils ne récidivassent point.

> Je suis fort surpris, messieurs, que vous exigiez une seconde lecture d'une tragédie telle que *Zoraïde*. Si vous ne vous connoissez pas en mérite, je me connois en procédez, et je me souviendrai assez longtems des vôtres, pour ne plus m'occu-

---

1. Voltaire, *OEuvres complètes* (Beuchot), t. LII, p. 122. Lettre de Voltaire à messieurs les comédiens français au sujet de la tragédie d'*Alzire;* novembre 1735.

2. *Ibid.*, t. LI, p. 141. Lettre de Voltaire à Thiériot; à Cirey, 8 décembre 1735.

per d'un théâtre, où l'on distingue si peu les personnes et les talens. Je suis, messieurs, autant que vous méritez que je le sois, etc. ¹.

On pourrait croire cette lettre fabriquée à plaisir. Mais elle ne s'accorde que trop avec une outrecuidance dont Voltaire saura tirer le parti le plus diabolique. Nous disions plus haut que Le Franc pouvait tenir de Thiériot même le canevas d'*Alzire*. Thiériot, pour l'heure, était le commensal de la Popelinière. Le Franc, lui aussi, était un des habitués de l'hôtel du Palais-Royal, et il est d'autant moins étonnant qu'il eût contracté une certaine liaison avec Thiériot, que ce dernier était à même de lui rendre les meilleurs offices auprès du prince royal de Prusse. Frédéric, enthousiaste comme on l'est dans le premier âge, ne demandait qu'à battre des mains et à applaudir aux moindres succès. Il ne croyait pas déroger en écrivant aux savants et aux gens de lettres en renom; et, aussitôt après le succès de *Didon*, il honora Le Franc d'une épître. On conçoit qu'une telle distinction ne contribua point à rendre notre poëte plus modeste. Les *Adieux de Mars* étaient venus aussi corroborer la bonne opinion qu'il avait de lui-même, et il mandait à Thiériot, de Pompignan où il se trouvait : « Ce dernier ouvrage

1. *Le Pour et le Contre* (Paris, 1736), t. VIII, p. 41. Lettre de M. L. F. aux comédiens. — Voir aussi, comme un modèle d'arrogance, sa lettre à l'abbé Desfontaines où il s'indigne qu'on ait pu le croire l'auteur de la tragédie de *Pharamond*, qui était en réalité de Cahusac : « C'est me faire affront, s'écrie-t-il, de me soupçonner d'avoir eu la moindre part à cet ouvrage... » *Observations sur les écrits modernes* (à Paris, 1736), t. VI, p. 26. Lettre de M. Le Franc à M. L. D. F.; à Paris, ce 18 août 1736.

est écrit en aussi bons vers que je suis capable d'en faire, et la lecture n'en déplaira pas à ce prince qui me paroît avoir du goût pour notre poésie[1]... » Quant à son admiration pour M. de Voltaire, elle était restreinte, au moins à l'égard de son talent dramatique, et il écrivait dans le même temps, probablement à propos de *Zulime :* « Sa tragédie aura des beautés, peut-être même un succès brillant, mais après tout ce sera une tragédie de M. de Voltaire[2]. » Thiériot, homme de paix, de conciliation, ne demandant qu'à être l'ami de tout le monde, écoutait le mal comme le bien et ne se révoltait que de sorte aux méchancetés qu'il pouvait entendre contre Voltaire. Et, lorsque le salon de la Popelinière deviendra peu bienveillant à l'égard du poëte, il n'en mangera pas moins les dîners du fermier général. Mais on en sait assez sur Thiériot pour apprécier l'homme, et il n'était pas besoin de la triste lutte entre Desfontaines et Voltaire, dont nous ne sommes que trop rapprochés, pour être édifié sur le compte de ce pauvre diable, que Frédéric peindra avec une indulgence qu'on ne souhaiterait pas à l'égard de son plus grand ennemi.

Alzire fut représentée le 27 janvier 1736, et obtint le plus grand et le plus complet succès. Elle fut jouée vingt fois consécutivement, et la recette totale monta au chiffre peu commun de 53,640 livres. « On assure,

---

1. Laverdet, *Catalogue d'autographes*, du 11 mai 1861, p. 69, n° 517. Lettre de Le Franc de Pompignan à Thiériot ; Pompignan, 5 novembre 1735 (1737).

2. *Ibid.*, du 23 novembre 1861, p. 76, n° 348. Lettre de Le Franc de Pompignan à Thiériot ; Montauban, 23 juin 1737.

dit le *Mercure*, que M. de Voltaire, pour marquer aux comédiens sa satisfaction et récompenser leur zèle et leurs talents, vient de leur abandonner sa pièce, avec tous les profits des représentations suivantes[1]...» *Alzire* fut jouée à la cour à deux reprises, la première, le 21 février, la seconde au 15 mars, avec les mêmes applaudissements. Linant fit l'effort de rimer une ode sur ce succès, et l'aimable chantre de *Vert-Vert* adressa également un compliment poétique à l'auteur[2]. Desfontaines lui-même l'annonça avec de grands éloges pour la pièce et de vives protestations d'amitié à l'endroit du poëte. « La tragédie d'*Alzire*, par M. de Voltaire, a un très-grand succès. J'y prends toute la part possible, comme son admirateur et son ancien ami... Je serai le panégyriste de cet illustre écrivain, lorsque je croirai qu'il le mérite, c'est-à-dire que je le serai presque toujours. Pourrois-je jamais avoir la pensée de ternir la gloire d'un auteur qui contribue, en son genre, à celle de ce règne[2]?...»

On a reproché souvent à Voltaire de prendre, comme Virgile, son bien partout où il le trouvait; et l'on rencontre effectivement à chaque instant, dans ses tragédies, des réminiscences que nous n'avons aucune raison de ne pas croire involontaires. Mais cette sorte de larcin est commune aux plus grands poëtes, et Racine lui-même n'a pas dédaigné de soutirer au vieux Garnier un alexandrin qu'il met dans la bouche d'Ari-

---

1. *Mercure* de mars 1736, p. 539, 543; avril, p. 661, 662, 663.
2. *Observations sur les écrits modernes* (Paris, 1736), t. IV, p. 141, 142; ce 25 février 1736.

cie[1]. L'auteur du poëme de *la Religion* ignorait sans doute cette licence paternelle ; au moins ne se sentait-il pas d'humeur à être la victime résignée de pareils méfaits. Voisenon raconte qu'il se trouvait un jour chez Voltaire, à une lecture d'*Alzire*, avec Racine fils. Ce dernier crut y reconnaître un de ses vers, et répétait constamment entre ses dents : « Ce vers-là est à moi. » Impatienté de ce gémissement incessant, l'abbé s'approcha de Voltaire et lui dit à l'oreille : « Rendez-lui son vers, et qu'il s'en aille. » Cela est exquis. Mais Voisenon eût dû nous dire quel était ce vers.

1. Suard, *Mélanges de littérature* (Paris, 1804), t. IV, p. 82. Coup d'œil sur l'histoire de l'ancien Théâtre-Français.
2. Voisenon, *Œuvres complètes* (Paris, 1781), t. IV, p. 29. A part le spolié, qui serait en droit de se plaindre de ces larcins ? ne mettent-ils pas en lumière le plus souvent une perle que l'on n'irait pas chercher dans le fumier où elle est enfouie ? Voltaire trouve une expression heureuse dans une pièce de l'abbé du Jarry, si malmené par lui, et se l'approprie en deux rencontres, dans *Zaïre* (acte II, sc. II), et dans la *Mort de César* (acte I, sc. III). Du Jarry, *Poésies chrétiennes, héroïques et morales* (Paris, 1715, p. 6, vers 24). Mais ses vers n'ont qu'une vague ressemblance avec le vers de l'abbé, et l'on peut croire à un plagiat sans le vouloir. Il est plus malaisé d'admettre que Voltaire se soit cru de bonne foi le *premier* auteur de l'alexandrin fameux de la *Henriade*, d'une allure si française :

Et par droit de conquête et par droit de naissance

qui est de l'abbé Cassagnes (*Henri le Grand*, Paris, de l'imprimerie d'Antoine Vitré, 1661, p. 3, vers 6). A coup sûr, Voltaire avait lu tout ce qui avait été publié à la gloire d'Henri IV, et ce vers lui était resté dans la mémoire. Ce qui plaide en faveur de sa loyauté, c'est qu'il ne remania le début de son premier chant qu'à Londres, en 1727, sur les observations du smyrniote Dadiky, et qu'il ne devait pas avoir sous les yeux alors le poëme du pauvre Cassagnes, dont les destinées étaient d'être déshonoré par Boileau et détroussé par Voltaire.

III

AFFAIRE JORE. — LA CRÉPINADE. — LE MÉRITE VENGÉ.
VOLTAIRE EN HOLLANDE. — AMBASSADE A CIREY.

Que pouvait souhaiter Voltaire, si ce n'était la continuation de cette vie tranquille si nouvelle pour lui? Il commençait à oublier tous les ennuis que lui avait valu la publication des *Lettres philosophiques*, lorsqu'il reçut une lettre de Jore, qui lui mandait que le garde des sceaux s'était laissé fléchir et qu'il n'était pas éloigné de lui rendre sa maîtrise : il n'y mettait d'autre condition qu'une complète sincérité. Cependant, Jore ne voulait hasarder aucune démarche sans avoir reçu de lui ses instructions[1]. Voltaire, qui ne prévit pas le piége, lui répondit par une lettre « bien détaillée, bien circonstanciée, bien regorgeante de vérité, » où il faisait l'historique de cette succession d'incidents fâcheux dont il n'avait démêlé l'écheveau qu'à son dernier et rapide séjour à Paris[2]. Muni de cette pièce compromettante, Jore réclame à Voltaire la

[1]. Voltaire, *OEuvres complètes* (Beuchot), t. LII, p. 244, 245. Lettre de Voltaire à Cideville; ce 30 mai 1736.
[2]. *Ibid.*, t. LII, p. 219 à 232. Lettre de Voltaire à Jore; à Cirey, le 24 mars 1736.

somme de 1400 livres 6 sous (Voltaire dit 1000 écus[1]), qui représentaient ce que lui avait coûté l'édition des malheureuses *Lettres*. Jore était pressant, menaçant ; le poëte, qui n'en était plus à regretter sa lettre, se détermine à s'arracher aux délices de Cirey, et vient s'installer à Paris, rue et hôtel d'Orléans, vers la première quinzaine d'avril. Une entrevue a lieu, que le conseil du libraire normand raconte de façon à mettre en relief l'avarice de la partie adverse.

Pour réponse à la lettre que je lui écrivis à ce sujet (c'est Jore qu'on fait parler), il me fit dire de passer chez lui. Je ne manquai pas de m'y rendre, et suivant son usage, il me proposa de couper la dette par la moitié. Je lui répliquai ingénuement que je consentirois volontiers au partage, à condition qu'il seroit égal ; que j'avois été prisonnier à la Bastille pendant quatorze jours, qu'il s'y fît mettre sept, que l'impression de son livre m'avoit causé une perte de vingt-deux mille livres ; qu'il m'en payât onze ; qu'il me resteroit encore ma destitution de maîtrise pour mon compte. Ma franchise déplut au sieur de V***, qui cependant par réflexion poussa la générosité jusqu'à m'offrir cent pistoles pour solde de compte[2]...

Jore refusa et commença les hostilités par une assignation à la date du 5 mai, le jour même de l'entrevue. Voltaire eût mieux fait de s'arranger à tout prix que de s'exposer à des débats fâcheux dans lesquels son adversaire n'avait rien à perdre. S'il est vrai que d'Argental et ses autres amis le dissuadèrent de transiger, ils lui rendirent là un méchant service. Une sentence par défaut ayant été obtenue, frauduleuse-

---

[1]. Voltaire, *OEuvres complètes* (Beuchot), t. LII, p. 245. Lettre de Voltaire à Cideville ; ce 30 mai 1736.

[2]. *Voltariana* ou *Eloges amphigouriques de François-Marie Arouet* (Paris, 1748), p. 84.

ment selon Voltaire, elle fut signifiée le 16 mai au domicile de la rue du Long-Pont, où il n'habitait point, et suivie, le 21, d'une saisie-arrêt sur les biens du défendeur. Voltaire n'a garde de s'endormir, il agit, il fait agir ses amis. M. Hérault, à sa prière, tente de détourner Jore de publier son mémoire; mais le factum n'en est pas moins lancé le 9 juin, un factum habile, retors, qui décèle une plume et un esprit exercés. S'il était signé Bayle, il est à croire que derrière ce nom se cachaient des collaborateurs anonymes, Desfontaines plus que probablement. De ce mémoire nous connaissons déjà un fragment, le récit du séjour du poëte chez le libraire rouennais, tableau chargé, faux matériellement même en certains endroits, mais qui ne devait pas ranger les rieurs du côté de Voltaire. Jore l'accuse de la plus noire perfidie. Ce qu'il y a de réel, c'est que ce fut Voltaire qui, par la plus inconcevable imprudence, attira, sans s'en douter, sur l'éditeur et sur lui les rigueurs du ministre. Le poëte corrigeait toujours; l'ouvrage était complétement imprimé qu'il écrivait à Cideville : « Je vous supplie de lui dire (à Jore) d'envoyer sur-le-champ au messager, à l'adresse de Demoulin, deux exemplaires complets, afin que je puisse faire l'*errata*, et marquer les endroits qui exigeront des cartons[1]. » Voltaire prêta l'un de ces deux exemplaires à madame de ***, et l'autre, tout décousu, fut remis à François Josse qui se chargea de le faire relier. Josse, comme il l'eût dû prévoir, n'eut rien de plus pressé,

---

1. Voltaire, *OEuvres complètes* (Beuchot), t. LI, p. 399. Lettre de Voltaire à Cideville; 3 juillet 1733.

de complicité avec René Josse, que de copier l'ouvrage, de le faire imprimer clandestinement et de le répandre dans le public.

Voltaire s'attendait si peu à cette perfidie, que lorsque les *Lettres* parurent, il s'en prit à Jore et en écrivit à Cideville avec une indignation qui n'était que trop sincère. Voilà ce qu'il y a de vrai, et c'est assez déjà. Mais Jore profite de cela pour l'accuser lui-même d'être le provocateur ténébreux de cette édition. « Est-il vraisemblable, s'écrie-t-il, que pour relier un livre, V*** se soit adressé, non à son relieur, mais à un libraire? qu'il ait livré un ouvrage qui pouvoit causer ma ruine, qu'il devoit regarder comme un dépôt sacré, et dont il craignoit la *contrefaction*, qu'il l'ait livré, dis-je, à un libraire, et à un libraire non-seulement qui, par sa profession même, lui devenoit suspect, mais qu'il connoissoit si mal[1]? » Cette imputation, il ne faut que parcourir les lettres de Voltaire à cette date pour juger combien elle est peu soutenable. Il se mourait de peur, tout au contraire, que Jore, impatient d'écouler l'édition, ne transgressât un engagement qui lui était rappelé chaque jour. Mais c'était l'expiation méritée d'une étourderie dont les conséquences ne l'avaient pas frappé seul. Ce Mémoire, qui a une vingtaine de pages, est bien fait, mais le ton de moquerie qui y règne nuit au pathétique; ce qui fait dire à Voltaire que ces railleries ne sont assurément pas le langage d'un homme opprimé. « Une fin de non-recevoir, ajoute le demandeur dans sa

---

[1]. *Voltariana*, ou *Eloges amphigouriques de Fr.-Marie Arouet S. de Voltaire* (Paris, 1748), p. 79, 80.

péroraison, c'est donc là la défense familière du sieur de V***? C'est ainsi qu'il vient de payer un tailleur pauvre et aveugle, à qui, comme à moi, il a opposé une fin de non-recevoir. » On ne s'attendait pas à l'intervention de ce tailleur en pareille affaire, et nous nous hâtons de donner la parole à Voltaire pour se vider d'une inculpation aussi grave qu'elle était vague. « Jore, répondit-il, pense rendre sa cause meilleure, en citant un procès que fait au sieur de Voltaire la famille d'un tailleur pour de prétendues dettes de seize années. Ceux qui ont suscité toutes ces affaires au défendeur ont cru, en effet, l'accabler, parce qu'ils ont espéré qu'il aurait perdu toutes ses quittances dans ses fréquents voyages. Mais le sieur Dubreuil, ci-devant commis à la Chambre des comptes, vient heureusement de les retrouver. On a même recouvré un billet par lequel le tailleur devait au sieur de Voltaire de l'argent prêté, car le défendeur a prêté presque à tous ceux qu'il a connus et à Jore même, et il n'a guère fait que des ingrats [1]. »

A ce mémoire de Jore, Voltaire répond par un mémoire signé de l'avocat Robert. Il ne plaisante pas, lui. Il sent la nécessité de démontrer l'absurdité des accusations du libraire, et il le fait de son mieux. Jore se plaint qu'il a causé sa ruine. « Si on lui a saisi pour 22,000 livres de libelles contre le gouvernement, qu'est-ce que cette nouvelle faute si punissable a de commun avec un effet prétendu que Jore lui-même, en le grossissant, porte à 1,400 livres tout au plus? »

---

1. Léouzun-Leduc, *Etudes sur la Russie* (Amyot), p. 390.

Voltaire déclare d'ailleurs qu'il ne doit rien à Jore, qu'il l'a payé intégralement ; il espère même retrouver dans ses papiers un billet par lequel celui-ci est son débiteur. « M. d'Argental et le jeune Lamarre, témoins des procédés de Jore, savent très-bien que je ne lui dois rien. M. et madame du Châtelet, qui ont vu ici longtemps un billet de lui (malheureusement égaré), peuvent certifier qu'au contraire il m'était redevable[1]. » En réalité, était-il possible, était-il admissible que Jore, assez nécessiteux, et qui dans un certain moment (avril 1734) empruntait 1,500 livres au poëte, n'eût pas obtenu de bonne heure le remboursement de ses avances? Jore convient de ce prêt, qu'il déclare du reste avoir remboursé bien avant l'échéance ; mais on ne prête qu'aux gens auxquels on ne doit rien, il est donc logique de penser qu'alors Voltaire n'était d'aucune façon son débiteur. Il accepte les bienfaits du poëte, des dons d'argent, dont il le remercie humblement dans sa correspondance. Serait-il possible que Jore eût remercié humblement en 1736 celui qui le volait depuis 1730, et qui, même selon lui, aurait été son dénonciateur en 1734? Viennent à l'appui deux lettres, à la date des 6 et 14 février 1736, où le besoigneux Jore témoigne de sa reconnaissance pour un don de dix pistoles, plus un certificat de Demoulin déclarant lui avoir donné cent livres « par gratification et charité, attendu le besoin où il disait être (1er mai 1736) ; » et l'avocat de Voltaire d'ajouter :

---

[1]. Léouzun-Leduc, *Etudes sur la Russie* (Amyot), p. 403, 404. Lettre de Voltaire au lieutenant de police ; Cirey, ce 13 novembre 1738.

« Cette gratification est bien plus forte en faveur du sieur de Voltaire que ne serait une quittance ; car une quittance démontrerait seulement que Jore est un créancier de mauvaise foi, et la gratification démontre qu'il joint l'ingratitude à la méchanceté. »

Le lieutenant de police n'eût pas demandé mieux d'amener les deux adversaires à conciliation. Jore se roidit, encouragé dans sa résistance par les ennemis de Voltaire; Voltaire sent qu'il n'a rien à gagner à continuer cette lutte et voit en même temps combien il a à perdre à laisser les choses dans une lumière douteuse. Ce qui l'inquiète, c'est surtout la lettre que Jore lui a subtilisée et qui l'accuse auprès du ministre; aussi insiste-t-il auprès de M. Hérault pour la retirer des mains de son adversaire. Il s'adresse même à M. de Chauvelin pour implorer sa protection, malgré le peu d'appui qu'il doit en attendre. Il eût voulu, au prix de tout, étouffer cette fatale affaire, mais il était désormais trop tard : « Tout le monde me dit que je suis déshonoré si je m'accommode à présent : si la voix publique le dit elle a raison, car la chose dépend d'elle. »

Ces débats avaient déjà trop duré. C'était l'avis du garde des sceaux, c'était l'avis du lieutenant de police que les deux parties ne cessaient d'obséder. Le jugement qui vint les clore ne devait plaire ni au libraire ni au poëte. Si Jore était débouté de ses demandes, Voltaire, en revanche, était condamné à cinq cents livres d'aumônes. « Je passe dans Paris pour être condamné à l'aumône, écrit-il au ministre; ainsi je suis déshonoré sans gagner mon procès. Je vous demande en grâce, monsieur, que si on m'a rendu justice, je ne l'achète point, et que, si on m'a fait une faveur, on me la fasse entière. On a déjà fait des chansons et des calottes sur cette prétendue aumône. J'aimerais mille fois mieux plaider que de la payer[1]. » Et deux jours après, dans un billet qu'il va porter lui-même, quoique malade, chez le garde des sceaux (3 juillet 1736) : « C'est signer ma honte. » Mais il n'y avait plus qu'à se résigner. Il ne le fera pas sans lamentations[2]. Jore, dans son factum, le dit riche d'une fortune de vingt-huit mille livres de rentes, et la saisie-arrêt qu'il avait faite ne portait pas sur moins de dix-huit mille cinq cents livres de valeur[3]; cela prouvé, les cris de détresse de Voltaire perdaient infiniment de leur sérieux. Quoi qu'il en soit, il dut s'exécuter et faire verser par son notaire les cinq cents livres auxquelles il était condamné, heureux au fond et après examen d'acheter à ce prix le dénoûment d'une affaire mal comprise et mal vue du public. «Cette maudite lettre, écrivait-il à Cideville, faisait tout l'embarras : c'était une conviction que j'étais l'auteur des *Lettres philosophiques*. Rien n'était donc si dangereux que de gagner sa cause juridiquement contre Jore. Mais je vous avoue que, au milieu des remercîments que je dois à l'autorité, qui m'a bien servi en cette occasion, j'ai un petit remords, comme citoyen, d'avoir obligation au pou-

1. *Revue rétrospective* (1834), t. II, p. 136. Lettre de Voltaire au ministre; 1er juillet 1736.
2. Léouzun-Leduc, *Etudes sur la Russie* (Amyot), p. 397. Lettre de Voltaire au lieutenant de police.
3. *Voltariana* ou *Eloges amphigouriques de Fr.-Marie Arouet de Voltaire* (Paris 1748), p. 89.

voir arbitraire : cependant il m'a fait tant de mal, qu'il faut bien permettre qu'il me fasse du bien, une fois en ma vie [1]. » Ce regret louable, « ce petit remords, » fait sourire : à cette époque, l'on n'avait guère de ces scrupules, et ne criait contre l'arbitraire que quiconque n'en pouvait user pour soi contre ses ennemis. Nous allons bientôt voir, dans sa terrible lutte avec Desfontaines, l'auteur de la *Henriade* s'efforcer de gagner le ministre à sa cause, et il ne tiendra certes pas à lui de tourner contre son adversaire ces mêmes armes dont il déplore présentement l'emploi avec tant de candeur. Quant à l'autorité, il exagère la reconnaissance qu'il lui doit; mais il fallait paraître satisfait et faire contre fortune bon cœur, quitte à pester tout bas contre ce garde des sceaux, dont il se savait peu aimé, et M. de Maurepas auquel il n'était pas beaucoup plus sympathique.

Voltaire revint à Cirey dans les premiers jours de juillet; durant ce stage forcé à Paris, deux fauteuils se trouvèrent vacants à l'Académie et on allait procéder à l'élection de nouveaux immortels. Le scandale du procès de Jore, le mauvais effet qu'il avait produit sur le public [2], semblaient devoir interdire pour l'instant toute idée de candidature au poëte, qui s'en explique même dans ce sens avec La Chaussée : « On m'a parlé aujourd'hui d'une place à l'Académie fran-

---

1. Voltaire, *OEuvres complètes* (Beuchot), t. LII, p. 247, 248. Lettre de Voltaire à Cideville ; ce 2 juillet 1736.
2. Bibliothèque impériale. Manuscrits. *Correspondance du président Bouhier*, t. IV, f. 466, 469. Lettre de l'abbé Le Blanc à Bouhier; juin 1736.

çaise; mais ni les circonstances où je me trouve, ni ma santé, ni la liberté que je préfère à tout ne me permettent d'oser y penser[1]. » Rien au fond n'était moins sincère, et il comptait bien, au contraire, sur ses amis pour la plus prochaine vacance.

... Il avoit grande envie, mande l'abbé d'Olivet à Bouhier, de l'une des places vacantes[2], mais il n'a osé se mettre sur les rangs, parce que M. le garde des sceaux n'est pas encore tout à fait apaisé sur son sujet. Il va s'en retourner incessamment à la terre de madame la marquise du Châtelet. M. le duc de Richelieu et M. le duc de Villars me dirent hier qu'ils travailleroient pour lui auprès de M. le cardinal et M. le garde des sceaux, et qu'ils comptoient que moi de mon côté je travaillerois au dedans de l'Académie. Ainsi, selon toute apparence, voilà une élection toute faite pour la première place qui viendra à vaquer. Je ne serois pas surpris que ce fût celle du président Hénault votre parrain. Je ne sais quelle maladie il a, mais il ne lui reste que la moitié de son visage, c'est un squelette affreux, vous ne le reconnoîtriez pas[3].

Mais nulle de ces prévisions ne devaient se réaliser. Voltaire ne devait point entrer de sitôt à l'Académie, et, fort heureusement pour le président, d'Olivet ne tomba pas plus juste à son égard : Hénault ne mourait pas moins de trente-quatre ans après, en 1770.

Voltaire, qui n'oubliait que les coups qu'il portait, ne se souvenait que trop des griefs qu'il croyait avoir contre Rousseau; et il ne laissa pas échapper l'occa-

1. Voltaire, OEuvres complètes (Beuchot), t. LII, p. 240. Lettre de Voltaire à La Chaussée; à Paris, 2 mai 1736.
2. Celle de Mallet échue à l'évêque de Mirepoix et celle de Portail échue à La Chaussée
3. Bibliothèque impériale. Manuscrits. Correspondance du président Bouhier, t. IX, f. 159, 160. Lettre de l'abbé d'Olivet à Bouhier; Paris, 3 juin 1736.

sion de lui lancer un nouveau trait dans une édition de la *Mort de César* publiée à Amsterdam. Il y a là une « préface des éditeurs, » en réalité de Voltaire, où le lyrique est cruellement traité[1]; et, comme si ce n'eût pas été assez, les éditeurs y avaient joint l'*Épitre sur la Calomnie*, dont longtemps madame du Châtelet avait empêché la publicité. Le poëte sacré, tout bon chrétien qu'il était devenu, ne l'était pas encore à ce point de tendre la joue et de s'incliner sous l'insulte. Il ne haïssait pas moins qu'il était haï, il avait la rage dans le cœur; la réplique ne se fit pas attendre. Les auteurs de la *Bibliothèque françoise* reçoivent un pamphlet de Rousseau, mais envoyé par un ami de Rousseau qui ne se nomme pas et qui, c'en a tout l'air, n'est autre que Rousseau lui-même. En tout cas, cet ami est très au fait de sa vie; il était à La Haye, lorsque Voltaire y alla avec madame de Rupelmonde; Voltaire lui lut, à lui aussi, son *Épître à Uranie*, et l'ami anonyme lui en dit son sentiment « encore plus vivement que M. *Rousseau*[2]. » Le bout de l'oreille perce suffisamment, et Rousseau eût tout aussi bien fait d'envoyer purement et simplement son factum aux auteurs de la *Bibliothèque françoise*. Nous avons eu occasion de donner déjà une partie de cet écrit où la haine se distille sous des airs confits. Avant de frapper, Rousseau se signe, il ne déteste point Voltaire;

---

1. *La Mort de César* (Amsterdam, Jacques Desbordes, 1736). — Quérard, *Bibliographie voltairienne*, p. 37, n° 117.

2. *Bibliothèque françoise*, ou *Histoire littéraire de la France* (Amsterdam, du Sauzet, 1736), t. XXIII, p. 133 à 138. Lettre aux auteurs de la *Bibliothèque françoise*.

s'il le foudroie, peu s'en faut qu'il ne déclare que ce soit pour son bien. Ainsi, il dira, en parlant d'une lettre d'une écriture contrefaite, mais qui ne pouvait venir que de Voltaire, et où il était accommodé de toutes pièces :

> Je me contentai de répondre en huit lignes, qu'après la manière dont il avoit traité *Jésus-Christ*, je n'étois pas assez délicat pour m'offenser de ses injures... Mais il m'importe trop que le caractère d'un pareil ennemi soit connu, et il ne sauroit mieux l'être que par l'indignité et l'emportement de ses écrits. Dieu merci, ce n'est point là le caractère des miens (et ses Épigrammes donc!). Et si la nécessité m'a obligé de révéler une partie de ses turpitudes, au moins puis-je vous assurer que ce n'est point la colère qui m'a mis la plume à la main. C'est ce que j'ai assez fait entendre à cet ami inconnu qui m'offroit sa médiation, dont je me contenterai de le remercier, en l'assurant que je n'étois pas fâché contre V***, que ses injures ne m'ayant point fait de tort, elles ne m'avoient point fait de peine, et que je souhaitois seulement qu'il se montrât plus sage à l'avenir...

Ainsi Rousseau pardonne et n'a pas de peine à pardonner. S'est-il vengé? il n'a pas l'air de s'en douter. En tous cas, il n'est pas homme à suivre plus longtemps son adversaire sur un pareil terrain. Seulement, il a en main un recueil de tous les brocards, tant en vers qu'en prose, que l'auteur du *Temple du Goût* s'est attirés; il en a bien de quoi fournir deux bons volumes, et il ne renonce pas à en faire usage. « C'est la seule façon dont je puisse lui répondre avec honneur, sauf pourtant la faculté de le saluer en passant, quand l'occasion s'en présentera...[1] » Cette dernière

---

1. *Bibliothèque françoise* (Amsterdam, du Sauzet, 1736). t. XXIII, p. 138-154. Lettre de M. Rousseau à M***; à Enghien, ce 22 mai 1736.

menace, on la trouve déjà dans une lettre de Jean-Baptiste que nous avons citée; il tient à ce qu'on le croie honnête homme, mais il veut aussi qu'on sache bien ce qu'il peut, ce dont il est capable.

La lettre de Rousseau est du 22 mai 1736. Le 26 août suivant, c'est-à-dire trois mois après, les auteurs de la *Bibliothèque françoise* recevaient, en réponse à la publication du libelle, une lettre de Demoulin, qui pouvait bien être de Demoulin comme l'autre lettre était de l'ami anonyme. Demoulin fait observer qu'il se nomme ; mais cela ne prouve guère plus pour ceux qui savent ce qu'il est à Voltaire. Son épître n'est, en somme, qu'une longue glorification du poëte. « Je n'ai jamais vu un homme de lettres dans l'indigence refusé par lui, lorsque sa fortune était meilleure qu'elle n'est à présent. Il a perdu depuis une partie de son bien et il n'a été sensible à cette perte, que parce que cela lui a ôté pour un temps le moyen de continuer ses bienfaits... ; il a d'ailleurs toujours passé pour être aimable dans la société, d'une politesse très-noble et d'un entretien agréable. Je ne sais pourquoi le sieur Rousseau dit de lui qu'il a eu une mauvaise physionomie, il était au contraire dans sa jeunesse d'une figure séduisante...[1]. »

Voltaire, plus patient qu'il n'en a l'habitude, ne se décidera à répondre que le 20 septembre, cinq mois après le libelle de Rousseau. Mais l'ennemi n'aura rien perdu pour attendre, et s'il commence par se

---

[1]. *Bibliothèque françoise* (Amsterdam, du Sauzet, 1736), t. XXIII, p. 344-356. Lettre de Demoulin aux auteurs de la *Bibliothèque françoise* ; à Paris, ce 26 août 1736.

défendre, l'attaque se confond vite avec la défense. Nous avons dit plus haut que Voltaire avait désavoué l'*Epitre à Julie* et qu'il l'avait fait endosser à l'abbé de Chaulieu. Le pastiche était assez réussi pour qu'on pût prendre le change, et c'est en effet ce qui arriva pour bien des gens. « Quand je compare cette pièce avec les poésies de M. l'abbé de Chaulieu, écrit précisément un des rédacteurs de la *Bibliothèque françoise*, particulièrement avec celles qui traitent la même matière, j'y trouve le même dogme, la même poésie, la même expression et surtout ce même air de négligence heureuse et de facilité, caractère de M. de Chaulieu trop marqué pour s'y méprendre et trop naturel pour être imité...[1]. » En définitive, il y avait incertitude, et l'aplomb de Voltaire à repousser l'œuvre comme sienne avait convaincu le plus grand nombre. Rousseau n'ignorait pas ce qu'il faisait en le dénonçant comme l'auteur de cette profession déiste; il savait Voltaire en mauvaise odeur auprès du garde-des-sceaux, et, certes, cette découverte n'était pas de nature à le ramener. Ce dernier, qui sentit le coup, ne voulut pas être en reste de bons procédés; il dit à son tour que le lyrique lui avait récité, à lui et à madame de Rupelmonde, une allégorie contre le parlement de Paris, intitulée *le Jugement de Pluton*, dégorgeant d'invectives contre le procureur général et contre ses juges. La pièce existe, elle est bien de Rousseau, elle n'est que trop pleine de fiel, et elle ne sera pas la moindre cause de l'obstination de ce corps

---

1. *Bibliothèque françoise* (Amsterdam, du Sauzet, 1736), t. XXII, p. 51, 52.

dans des rigueurs que la misère du poëte ne saura désarmer.

Mais Voltaire ne s'arrête pas en si bon chemin ; il accuse Rousseau de la plus noire ingratitude envers ses protecteurs, envers M. Rouillé, envers le maréchal de Tallard, le baron de Breteuil et le duc de Noailles. Il rappelle la *Francinade*, toutes les charges qui pèsent sur la renommée de l'exilé, et finit en parodiant l'hypocrite longanimité de Rousseau à son égard.

> En vérité, il a grand tort de me vouloir du mal ; car, outre la liaison qui étoit entre mon père et lui (le père Rousseau était le cordonnier de M. Arouet), j'ai actuellement un valet de chambre qui est son proche parent, et qui est très-honnête homme. Ce pauvre garçon me demande tous les jours pardon des mauvais vers que fait son parent.
>
> Est-ce ma faute, après tout, si Rousseau a eu autrefois des coups de bâton du sieur Pécour, dans la rue Cassette, pour avoir fait et avoué des couplets qui sont mentionnés dans son procès criminel?... Est-ce ma faute s'il se plaignit d'avoir reçu cent coups de canne de M. de La Faye; s'il s'accommoda avec lui, par l'entremise de M. de Lacontade, pour cinquante louis qu'il n'eut point ; s'il calomnia M. Saurin ; s'il fut banni par arrêt à perpétuité ; s'il est en horreur à tout le monde ; si enfin (ce qui le fâche le plus) il a rimé longuement des fadaises ennuyeuses ; s'il a fait *les Aïeux chimériques*, *le Café*, *la Ceinture magique*, etc? Je ne suis pas responsable de tout cela[1].

Au milieu de ce torrent d'injures, de récriminations, de démentis outrageants, Voltaire tient à prouver et prouve que Rousseau l'a calomnié. Dans son factum, Jean-Baptiste faisait dire au duc d'Aremberg que lui,

1. *Bibliothèque françoise* (Amsterdam, du Sauzet, 1736), t. XXIV, p. 152-166. Lettre de M. de Voltaire à messieurs les auteurs de la *Bibliothèque françoise* ; à Cirey, en Champagne, ce 20 septembre 1736.

Voltaire, s'était échappé sur le compte du poëte sacré dans les termes les plus indignes ; il s'empresse d'écrire au duc pour lui demander de se prononcer sur ces allégations mensongères[1], et il obtient effectivement une réponse de M. d'Aremberg qu'il reproduit triomphalement dans son propre factum. Mais deux poëtes, et deux poëtes auxquels la satire coûte si peu, ne devaient pas se borner à échanger des mémoires. Rousseau publie trois épîtres (au père Brumoy, à Rollin, à *Thalie*), dans deux desquelles Voltaire est traité avec un dédain, un mépris de son talent qui manque le but en le dépassant, comme le démontrera surabondamment un *Utile examen des trois dernières épîtres de Rousseau*. L'auteur d'*OEdipe*, de *la Henriade*, de *Mariamne*, de *Brutus*, de *Zaïre* et d'*Alzire* n'est qu'un étourdi, un sourcilleux écolier, un rimeur de deux jours. C'est trop dire pour dire quelque chose. Voltaire ripostera par la *Crépinade*.

> Le diable, un jour, se trouvant de loisir,
> Dit : « Je voudrais former à mon plaisir
> Quelque animal dont l'âme et la figure
> Fût à tel point au rebours de nature,
> Que le voyant l'esprit le plus bouché
> Y reconnût mon portrait tout craché[2]... »

Et le reste à l'avenant. Saint Crépin, on le sait, est le patron des cordonniers; Rousseau est le fils d'un cordonnier qu'il est accusé d'avoir renié en plein théâtre. C'est là ce qui explique le titre énigmatique

---

1. Voltaire, *OEuvres complètes* (Beuchot), t. LII, p. 267, 268. Lettre de Voltaire à M. d'Aremberg; à Cirey, ce 30 août 1736.
2. *Ibid.*, t. XIV, p. 119. *La Crépinade*.

de cette satire, dont la lecture dut faire grincer des dents à un poëte maître en ce genre, mais qui se sentait dépassé et écrasé.

Durant l'hiver de 1735, mademoiselle Quinault cadette s'étant un soir aventurée dans un des jeux de la foire Saint-Germain, y vit représenter une ébauche informe, mais non sans un réel intérêt dramatique, qui avait pour titre *l'Enfant prodigue*. Rentrée chez elle, elle raconte avec animation cette pièce dont l'enveloppe grossière n'avait pu réussir à étouffer la donnée émouvante; elle ajoute qu'il y avait là une belle et bonne comédie, et qu'elle en parlerait à Destouches. Voltaire, qui était présent, ne souffla mot, mais le lendemain, de bonne heure, il frappait à la porte de l'actrice, qui demeurait rue d'Anjou-Dauphine : « Avez-vous parlé de l'*Enfant prodigue* à Destouches? » lui demanda-t-il en tirant de sa poche un chiffon de papier sur lequel il avait jeté à la hâte le plan de sa comédie. Mademoiselle Quinault, ravie, exhorte Voltaire à n'en pas rester là. Mais celui-ci y met pour condition qu'on lui gardera le secret le plus absolu et pendant les répétitions, et avant et après la représentation. Au bout de deux mois, la pièce était achevée; restait à la faire recevoir et à la faire jouer. Voltaire écrivait à la charmante actrice à la date du 16 mars : « Songez, mademoiselle, que c'est vous qui m'avez donné ce sujet très-chrétien, fort propre à la vérité pour l'autre monde; mais gare les sifflets de celui-ci! il n'y a rien à risquer, mademoiselle, si vous vous chargez de l'ouvrage; et, en vérité, vous le devez. C'est à vous à nourrir l'enfant que je vous ai fait. L'accouchement est secret ; il n'y a que madame la marquise du Châtelet qui ait assisté à l'opération[1]. » Pour dérouter les curieux, il ne reculera pas devant une petite supercherie dont il n'abusera d'ailleurs que trop dans la suite. « Vous et vos amis, au bout du compte, savez que cela est de Gresset. Je souhaite à ce Gresset, du meilleur de mon cœur, toute sorte de prospérité[2]. »

Enfin, malgré les alarmes et les alertes, le secret est gardé, et personne ne songe à Voltaire dont la pièce allait escamoter son entrée en ce monde d'une façon assez machiavélique. C'était le 10 octobre ; l'affiche portait *Britannicus*. Au moment de lever le rideau, on vient annoncer qu'une actrice se trouvant subitement indisposée, il était de toute impossibilité de jouer la tragédie de Racine ; l'on offrait au public, comme dédommagement, l'appât d'une comédie nouvelle en cinq actes et en vers. Le parterre accepta cette bonne fortune, et, s'il ne fut pas dupe de la finesse, il ne parut pas trop s'étonner du hasard qui réunissait à point nommé tous les interprètes de l'ouvrage nouveau. L'*Enfant prodigue* fut reçu avec de grands applaudissements, malgré l'étrangeté de la donnée et la nouveauté de vers de huit pieds substitués à l'alexandrin sacramentel. La pièce jouée, on attendit en vain le nom de l'auteur ; il voulait garder l'anonyme, et c'était

---

1. Voltaire, *Lettres inédites à mademoiselle Quinault, à M. d'Argental*, etc. (Renouard, 1822), p. 2, 3. Lettre de Voltaire à mademoiselle Quinault ; Cirey, 16 mars 1736.

2. *Ibid.*, p. 5. Lettre de Voltaire à mademoiselle Quinault ; Cirey, ce 26... 1736.

au public à trouver le mot de l'énigme. Quelques personnes pensèrent bien à Voltaire; mais les suppositions de la masse se divisèrent sur les trois ou quatre poëtes alors en possession de la scène. Ceux-ci crurent reconnaître la manière de Destouches, ceux-là Piron; d'autres La Chaussée, d'autres le marquis de Surgères (Larochefoucauld), homme de qualité et bel esprit, l'auteur d'une *École du monde* qui sera jouée en 1739, et auquel Voltaire, on se le rappelle, a consacré trois vers dans *le Temple du Goût*[1]. A la recommandation du poëte, le nom de Gresset avait été répandu habilement, et il figurait au nombre des accusés à son grand mécontentement, à ce qu'il paraîtrait. « On assure que M. Gresset est fort irrité contre ceux qui, pendant son absence, ont voulu faire accroire au public que *l'Enfant prodigue* est de lui pour obtenir par là plus d'indulgence pour les défauts de la pièce... M. de Voltaire a écrit ici plusieurs lettres pour désavouer formellement *l'Enfant prodigue*, et même il a prié l'auteur du *Mercure* de publier le désaveu modeste qu'il lui a envoyé[2]... » Voltaire pouvait bien réclamer ce petit service du rédacteur du *Mercure* avec lequel il était au mieux; le plaisant, c'est que La Roque, sur la foi de cette démarche, insérait, dans son numéro de décembre, une *Lettre de M. le chevalier de *** à madame la comtesse de *** sur*

---

1. Voltaire, *OEuvres complètes* (Beuchot), t. XII, p. 381. — *Lettres inédites d'Henri IV et de plusieurs personnages célèbres* (Paris, 1802), p. 173-180.

2. *Bibliothèque françoise ou Histoire littéraire de la France* (Amsterdam, du Sauzet, 1736), t. XXIV, p. 174, 175.

la comédie intitulée l'ENFANT PRODIGUE *ou* l'ÉCOLE DE LA JEUNESSE, qui était une critique fort dure de l'ouvrage anonyme [1]. Desfontaines, lui, ne se méprit point un instant [2]. Il parla de la pièce plus que favorablement, et quand le voile fut déchiré il ne retira pas ses éloges ; et tout en signalant les défauts, il applaudit de bonne grâce au pathétique qui y règne, à l'élégance des vers et à certains coups de maître qui s'y font sentir [3]. Aussi fera-t-il valoir en son lieu cette impartialité, malgré les griefs, dans une sorte de manifeste où, après avoir mis en relief sa modération, sa longanimité, il déclare rompue une amitié qu'il a tout fait pour conserver et qui se brise par la faute d'autrui.

Il a été question plus haut de l'indignation de M. et de madame du Châtelet contre Desfontaines, qui, en dépit du refus de Voltaire, publiait une épître à Algarotti, où le poëte s'exprimait sur le compte de la belle Émilie avec un complet abandon. Évidemment ces vers étaient faits pour la seule intimité, et l'abbé, en passant par dessus toute considération de réserve et de décence, méritait que le marquis, non moins intéressé que Voltaire et sa femme dans cette révélation inconvenante, réclamât du ministre une répression qu'on n'eût pu lui refuser. On a vu ce qui l'avait fait s'abstenir. Desfontaines avait eu à répondre ailleurs des méfaits de sa plume, et c'eût été accabler un

---

1. *Mercure* de décembre 1736, t. II, p. 2933 à 2941.
2. *Observations sur les écrits modernes*, t. IV, p. 312 ; 17 octobre 1736.
3. *Ibid.*, t. VII, p. 287, 288 ; 2 février 1737.

homme à terre; mais la haine de Voltaire n'était rien moins qu'apaisée. Ce dernier grief semblait avoir comblé la mesure, et malgré la peur qu'il avait de cette arme terrible déjà qui était aux mains du journaliste, il ne put se contenir davantage et décocha son *Ode sur l'Ingratitude*, où il traînait Desfontaines sur la claie avec une inexorable furie.

> C'est Desfontaines, c'est ce prêtre
> Venu de Sodome à Bicêtre,
> De Bicêtre au sacré Vallon [1]...

Soit qu'il eût cédé à des conseils amis, soit que la peur des représailles l'eût un instant retenu, il avait effacé ces terribles vers; mais, toute réflexion faite, il trouva que cette suppression faisait trou et il les remit à leur place. « J'avais ôté ce monstre subalterne d'abbé Desfontaines de l'*Ode sur l'Ingratitude*, mais les transitions ne s'accommodaient pas de ce retranchement, et il vaut mieux gâter Desfontaines que mon ode, d'autant plus qu'il n'y a rien de gâté en relevant sa turpitude [2]. » Qu'objecter à une pareille raison? Tandis que des copies de l'ode se transmettaient de main en main, un protégé de Voltaire, le chevalier de Mouhy, publiait une brochure, dont le but était de dévoiler les procédés odieux de ce forban littéraire, sans pudeur comme sans conscience. Le *Mérite vengé* était une satire virulente qui eût gagné à être mieux écrite et plus mo-

---

1. Voltaire, *OEuvres complètes* (Beuchot), t. XII, p. 417, 418. *Ode à M. le duc de Richelieu sur l'Ingratitude*; 1736

2. *Ibid.*, t. LII, p. 298. Lettre de Voltaire à Thiériot; Cirey, ce 23 septembre 1736.

dérée. Le chevalier n'a garde de ne pas relever la publication d'une critique anonyme de la *Mort de César*, venant dans les propres feuilles de Desfontaines donner tort à ce qu'il en avait dit lui-même. Tout le monde avait été frappé, en effet, de cette étrange inconséquence dont on se demandait la cause, et que Mouhy croit avoir trouvée. « La peur l'a saisi à peu près comme les criminels quand le crime est commis. Il n'y avoit plus de remède qu'en faisant une réparation authentique. Il a bien fallu s'y résoudre, quelque mortifiante que fût cette démarche[1]. » Au moins l'interprétation était plausible : on ne se donne pas volontairement un aussi complet démenti, et il fallait que Desfontaines eût été amené à cela par des considérations autres que celles de calmer le courroux de M. de Voltaire. L'attaque du chevalier ne pouvait demeurer sans réponse, et le mot de l'énigme nous sera donné par l'auteur des *Observations*, du ton de modération et même de tristesse de l'honnête homme méconnu et qui n'a rien fait pour s'attirer la haine qu'on lui témoigne.

Tout le monde sçait les liaisons que j'ai eues longtems avec M. de V*** et ma tendre amitié pour lui. Il m'honoroit d'une estime particulière, et celle qu'excitoit en moi la rareté de son génie et la sublimité de son talent, étoit si vive et si publique, que quelques personnes m'accusoient de partialité et d'une espèce d'enthousiasme à son sujet. Pourquoi suis-je aujourd'hui l'objet de sa haine et de sa fureur? Comment s'est fait ce changement subit? Quelques réflexions d'une critique douce et

---

1. *Le Mérite vengé* ou *Conversations littéraires et variées sur divers écrits modernes*, pour servir de Réponse aux *Observations* de l'abbé des F*** , par le chevalier de Mouhy (Paris, 1736), p. 255.

mesurée sur le *Temple du Goût* et sur la tragédie de *la Mort de César* m'ont originairement attiré cette disgrâce, dont mon amitié a plus souffert que mon honneur, malgré toutes les injures en prose et en vers que sa passion ne cesse de vomir contre moi depuis plus d'un an.

Dans le cours du mois d'octobre 1735, ayant appris de lui-même que quelques traits de critique sur la tragédie de *la Mort de César* l'avoient vivement piqué, j'eus recours à un ami commun, et je le priai de représenter à M. de V*** que je l'avois autrefois tant loué, qu'il avoit été raisonnable, et même de bon air de le critiquer un peu, dans une occasion où je n'avois pu lui donner des louanges, sans relever les défauts d'un ouvrage qui étoit censuré de tout le monde. Pour calmer son esprit irrité, nous nous avisâmes d'un moyen. Ce fut de concerter ensemble une lettre apologétique adressée à moi, qui seroit imprimée dans les *Observations*, et ensuite une approbation particulière de cette lettre. Cette approbation de ma part devoit, suivant notre plan, interpréter et excuser les endroits les plus répréhensibles de la tragédie; en sorte que, par cet innocent artifice, ma critique se trouvoit modifiée et beaucoup affoiblie. Les louanges, qu'on ne peut guères refuser à M. de V*** lors même qu'on le censure le plus vivement, ne furent pas épargnées. Voilà ce que, dans le livre du chevalier de Mouhy, on me reproche seulement, comme une honteuse *contradiction*, comme un *caprice*, comme une *légèreté*, après m'avoir prodigué les noms les plus indécens au sujet de cette prétendue variation [1].

Cet ami commun, auquel Desfontaines a recours et qu'il ne nomme pas, doit être l'abbé Asselin, le proviseur du collége d'Harcourt, dont les élèves avaient si brillamment interprété la *Mort de César*. Il existe trois lettres à M. Asselin pleines de récriminations et de plaintes amères contre l'auteur des *Observations*, où Voltaire s'étend sur ses griefs comme si celui auquel

---

1. *Observations sur les écrits modernes*, t. VIII, p. 57, 58, 59; le 9 mars 1737.

il s'en ouvre avait toute autorité sur Desfontaines[1]. Évidemment, le proviseur d'Harcourt s'entremit pour les rapprocher; mais il fallait, en effet, qu'il exerçât sur l'abbé un certain empire pour l'amener à insérer dans ses feuilles ce démenti très-net à ses propres jugements. Asselin, par sa place et par lui-même, était un protecteur qu'il était bon de ne pas s'aliéner, et ce fut sans doute ce qui rendit le journaliste plus coulant qu'on n'était en droit de s'y attendre.

Desfontaines couronnait sa réponse au libelle du chevalier de Mouhy par cette péroraison qui ne manquait pas d'éloquence.

Depuis le 5 novembre 1735, qui est la date de la feuille 34 des *Observations*, dont M. de V*** paroît ici très-satisfait[2], et qui sembloit avoir entièrement dissipé tous les nuages, je n'ai rien fait ni rien écrit contre lui[3]. J'ai parlé avantageusement de la tragédie d'*Alzire*, sur la foi de son succès, ne l'ayant pu voir représenter. J'ai depuis rendu justice à plusieurs beautés de l'*Enfant prodigue*. Je n'ai donné enfin à M. de V*** aucun sujet légitime de se plaindre. Cependant dès le mois de décembre de cette année 1735, il a commencé à se déchaîner publiquement contre moi, et à signaler sa haine par des invectives grossières et atroces, qui ne déshonorent que leur auteur passionné. A quoi attribuer cette disposition où il s'est trouvé tout à coup à mon égard, après sa lettre du 14 novembre 1735, qu'on vient de voir? Est-ce à l'influence de quelque astre?

---

1. Voltaire, *Œuvres complètes* (Beuchot), t. LII, p. 100, 107, 177. Lettres de Voltaire à l'abbé Asselin des 24 octobre, 4 novembre 1735, et 29 janvier 1736.

2. Il s'agit ici de la lettre de Voltaire du 14 novembre 1735, que Desfontaines insère tout au long dans ses feuilles.

3. Desfontaines ne paraît pas se douter qu'en publiant, contre la défense de Voltaire, l'épître à Algarotti, il compromettait gravement madame du Châtelet, ce que Voltaire était bien en droit de ne lui pas pardonner.

Est-ce à ma fatale destinée? Je me perds dans cet abime. Me hait-il, parce que je pense hautement, au sujet des talens d'un très-grand poëte (Rousseau), comme toute l'Europe, et que sur le témoignage certain de plusieurs personnes bien instruites, pleines de religion, et plus dignes de foi que des rivaux vindicatifs et furieux, j'estime en lui autant les qualités du cœur que celles de l'esprit? Si c'est là le motif du ressentiment de M. de V***, je ne regrette point son cœur : il me suffit de n'avoir rien à me reprocher à son égard. Cependant si dans la suite j'ai l'occasion de parler de ses ouvrages, il est lui-même trop équitable pour exiger de moi une éternelle contrainte : Ma patience a eu un assez long cours : le deuil que j'ai porté de son amitié est fini [1].

Et Voltaire devait bientôt connaître à quel ennemi il avait affaire. Cependant, quelques jours après, Desfontaines donnait des éloges à une nouvelle édition de la *Henriade* [2]; mais c'était là une rouerie dont l'intention se devine, et qui ne devait inspirer au poëte qu'une médiocre sécurité.

Cirey se transformait à vue d'œil. Madame du Châtelet se consacrait avec tout l'emportement de sa nature à embellir ce temple de l'amour et de l'amitié où le poëte et elle devaient passer leurs plus beaux jours. « Émilie a presque achevé ce dont vous parlez, écrit Voltaire à Thiériot; mais la lecture de Newton, des terrasses de cinquante pieds de large, des cours en balustrades, des bains de porcelaine, des appartements jaune et argent, des niches en magots de la Chine, tout cela emporte, bien du temps [3]. » Cirey était dé-

---

1. *Observations sur les écrits modernes*, t. VIII, p. 63, 64, 65; le 9 mars 1737.
2. *Ibid.*, t. VIII, page 162 à 168; ce 30 mars 1737.
3. Voltaire, *Œuvres complètes* (Beuchot), t. LII, p. 327. Lettre de Voltaire à Thiériot; 21 octobre 1736.

sormais en état de recevoir des amis ; le Vénitien Algarotti y avait séjourné quelque temps et s'y était fait aimer. Les voyageurs de qualité qui traversaient la Champagne n'avaient garde de passer franc et sollicitaient la faveur de rendre leurs hommages à la marquise et à son poëte. Ceux-ci, de retour à Paris, n'avaient rien de plus pressé que de raconter ce qu'ils avaient vu ; les descriptions circulaient de salon en salon, se modifiant, s'altérant, mais allant toujours grossissant. On écrit à la marquise que le chevalier de Villefort, qui s'était présenté à Cirey en novembre, en disait des choses incroyables. Ces commérages, auxquels madame du Châtelet fait allusion, nous les trouvons tout au long dans une lettre de l'abbé Le Blanc. Comme cette pièce est curieuse et qu'elle est inédite, nous avons cédé à la tentation de la reproduire ici :

... Il faut que je vous fasse part d'un conte ou d'un fait (car je n'en sais pas la vérité) qui court Paris. On dit que M. le chevalier de Villefort, qui est attaché à M. le comte de Clermont, et dont je vous ai parlé à Dijon, passant près de *Sirey*, voulut voir madame *du Châtelet*.

Après avoir traversé les cours du château, un domestique de livrée le conduisit au premier antichambre. Il fallut sonner longtems avant que la porte s'ouvrît ; enfin la porte mystérieuse s'ouvre, une femme de chambre paroît la lanterne à la main, quoiqu'il ne fût que quatre heures du soir, toutes les fenêtres étoient fermées ; il demanda à voir madame la marquise, on le laissa là pour l'aller annoncer. On revint et on le fit passer par plusieurs pièces où il ne put rien connoître attendu la foible lueur de la lanterne. Il parvint enfin au séjour enchanté dont la porte s'ouvrit à l'instant ; c'étoit un sallon éclairé de plus de vingt bougies. La divinité de ce lieu étoit tellement ornée et si chargée de diamans qu'elle eût ressemblé aux Vénus de l'Opéra, si, malgré la mollesse de son attitude et la riche parure de ses habits, elle n'eût pas eu le coude appuyé sur des papiers barbouillés d'XX et sa table couverte d'instrumens et de livres de mathématiques. On fit à l'étranger une demi-inclination, et, après quelques questions réciproques, on lui proposa d'aller voir M. de Voltaire. Un escalier dérobé répondoit à l'appartement de cet enchanteur : on le monte, on frappe à sa porte. Mais inutilement. Il étoit occupé à quelques opérations magiques et l'heure de sortir de son cabinet ou de l'ouvrir n'étoit pas venüe ; cependant la règle fut enfreinte en faveur de M. de Villefort. Après une demi-heure de conversation une cloche sonna c'étoit pour le souper. On descend dans la salle à manger, salle aussi singulière que le reste de ce château ; il y avoit à chaque bout un tour, comme ceux des couvens de religieuses, l'un pour servir l'autre pour desservir. Aucun domestique ne parut on se servoit soi-même : la chère fut merveilleuse, le souper long; à une certaine heure la cloche de nouveau se fit entendre. C'étoit pour avertir qu'il étoit tems de commencer les lectures morales et philosophiques, ce qui se fit avec la permission de l'étranger. La cloche au bout d'une heure avertit qu'il faut s'aller coucher. On y va. A quatre heures du matin on va éveiller l'étranger pour savoir s'il veut assister à l'exercice de poésie et de littérature qui vient de sonner, complaisance ou curiosité, il s'y rend. Je n'aurois jamais fait si je vous racontois tout ce qui se dit des merveilles et des occupations de *Sirey*. J'ajouterai seulement que le lendemain Vénus et Adonis dans un char, et l'étranger à cheval furent manger des côttelettes au coin d'un bois et *toujours les livres en laisse suivant*. On demande ce que fait le mari pendant tout ce tems-là et personne n'en sait rien. Au reste, vous prendrés, vous laisserés ce que vous voudrés de ce conte, je vous le donne tel que je l'ai reçu, tel qu'il court Paris[1].

1. Bibliothèque impériale. Manuscrits. *Correspondance du président Bouhier*, t. IV, f. 576, 577. Lettre de l'abbé Le Blanc à Bouhier. Cette lettre est sans date ; mais comme l'abbé dit quelque part qu'elle fut écrite le lendemain de la mort de madame de Vérue, et que madame de Vérue mourut le 18, cette lettre est du 19 novembre 1736. — « Je reçois, écrivait à ce propos madame du Châtelet, dans le moment des lettres de Paris, on me mande que M. de Villefort, qui est venu ici, en a fait des descriptions que l'on a brodées et dont on a fait un conte de fées. Ce qu'on me mande n'a ni tête, ni queue, ni rime, ni raison... » *Lettres inédites de madame la marquise du*

Nous aurons lieu, dans la suite, de nous faire une idée moins fantastique de ce poétique intérieur. Quant à cette paix, quant aux délices de cette vie, c'est ce dont le visiteur de passage n'eût pu se rendre un compte exact, du moins est-ce ce qu'affirme Voltaire subjugué : « Je défie M. de Villefort d'avoir dit et même d'avoir connu combien on est heureux à Cirey. » Il allait pourtant falloir de nouveau s'arracher à ces enchantements et reprendre la vie de fugitif et de proscrit. A peine ses affaires étaient accommodées avec le garde des sceaux, que l'apparition du *Mondain* venait, de nouveau, le brouiller avec ce terrible M. de Chauvelin et le parti des dévots. « Savez-vous bien que le *Mondain* a été traité d'ouvrage scandaleux, et vous douteriez-vous qu'on eût osé prendre ce misérable prétexte pour m'accabler encore? Dans quel siècle vivons-nous! et après quel siècle! faire à un homme un crime d'avoir dit qu'Adam avait les ongles longs, traiter cela sérieusement d'hérésie [1]. » Voltaire avait envoyé cette pièce à l'abbé de Bussi, l'évêque de Luçon; elle fut trouvée chez ce mondain prélat après sa mort (3 novembre 1736), et ce fut le président Dupuy qui se chargea d'en distribuer des copies dans le monde [2]. Le poëte fut averti qu'il avait

---

Chastelet à d'Argental (Paris, 1806), p. 20; 30 décembre 1734 (1736). Toutes les lettres de la marquise, vers ce temps, portent le millésime fautif de 1734. Mais les éditeurs, avec un peu de connaissance de l'époque, eussent dû s'apercevoir de l'impossibilité de maintenir une pareille date.

1. Voltaire, *OEuvres complètes* (Beuchot), t. LII, p. 361. Lettre de Voltaire à Cideville; à Cirey, ce 8 décembre 1736.

2. *Ibid.*, t. LII, p. 344, 362. Lettres de Voltaire à Thiériot et au

tout à craindre, et les deux amis sentirent l'urgence d'une séparation qui n'eut point lieu sans hésitations, sans larmes, sans s'y reprendre à deux fois[1]. Un autre motif concourait à nécessiter ce départ. Certains membres puritains ou simplement malveillants de la famille affectaient de trouver scandaleux ce tête-à-tête à Cirey sans M. du Châtelet, qui était à l'armée, et paraissaient disposés à s'en expliquer nettement avec le mari : l'on comprend les transes de sa femme, qu'une pareille démarche pouvait perdre.

Mais où le fugitif portera-t-il ses pas? Le prince royal de Prusse, épris de sciences, de poésie et de belles-lettres avec cette ardeur ingénue du premier âge, suppliait Voltaire de venir près de lui, et de pareilles instances étaient de nature à singulièrement chatouiller la vanité de l'auteur de *Zaïre*. Mais c'était à quoi madame du Châtelet ne voulait pas entendre. Une sorte d'instinct lui faisait pressentir un rival et un ennemi secret dans le futur héros, et elle eût cru son bonheur mis en péril par ce voyage en Allemagne. « Le prince royal n'est pas roi ; quand il le sera, nous irons le voir tous deux ; mais jusqu'à ce qu'il le soit il n'y a nulle sûreté. Son père ne connoît d'autre mérite que d'avoir dix pieds de haut ; il est soupçonneux et cruel ; il hait et persécute son fils ; il le tient sous un joug de fer ; il croiroit que M. de Voltaire lui don-

---

comte de Tressan, des 24 novembre et 9 décembre 1736. — *Lettres inédites de madame du Chastelet à d'Argental* (Paris, 1806), p. 79.

1. Voltaire, *OEuvres complètes* (Beuchot), t. LII, p. 373. Lettre de Voltaire à d'Argental; ce dimanche, à quatre heures du matin, décembre.

neroit des conseils dangereux ; il est capable de le faire arrêter dans sa cour ou de le livrer au garde des sceaux[1]. » C'est en Hollande que Voltaire ira. On fait une édition complète de ses œuvres à Amsterdam, il la surveillera ainsi que l'impression de son *Essai sur la philosophie de Newton.* Sa santé exige tous ses soins, il ira consulter le savant Boërhaave, et utilisera, pour sa propre conservation comme pour sa renommée, un voyage dont on a reconnu l'urgence.

Voltaire partit vers la fin de décembre. Bien des inquiétudes devaient assaillir la pauvre marquise qui ne recevait point de lettres. « Il y a quinze jours que je n'ai eu de ses nouvelles, » s'écrie-t-elle avec détresse[2]. Contrairement à ses prévisions, il n'avait passé qu'une nuit à Bruxelles, peut-être pour n'être pas exposé à rencontrer Rousseau, et il s'embarquait le 13 à Anvers, sur les canaux, pour Amsterdam. Durant cela, la marquise travaillait sans relâche à faciliter son retour ; elle s'adressait aux amis, implorait leurs bons offices auprès du rigide M. de Chauvelin qui ne se laissait arracher qu'à regret une parole rassurante. « Le garde des sceaux sait les chaînes qui nous lient ; il sait que l'envie de vivre avec moi le contiendra : quel plaisir trouve-t-il à remplir notre vie d'amertume[3]. » C'était là parler résolûment et sans trop se soucier de l'opinion ; mais qu'on n'oublie pas dans quel étrange siècle nous sommes transportés.

1. *Lettres inédites de madame la marquise du Chastelet à d'Argental* (Paris, 1806), p. 6 ; décembre 1734 (1736).
2. *Ibid.*, p. 28 ; janvier 1735 (1736).
3. *Ibid.*, p. 37 ; janvier (1737).

Voltaire, de son côté, semblait s'entendre avec ses ennemis dans leur zèle à le perdre. Tandis que des copies du *Mondain* couraient Paris, l'on y parlait de la *Pucelle* déjà ébauchée à cette heure, un beau prétexte à déclamation contre lui. Rien n'était plus difficile que de museler cette verve intarissable et d'empêcher ce terrible étourdi de se compromettre sans retour. « Il faut à tout moment le sauver de lui-même, et j'emploie plus de politique pour le conduire, que tout le Vatican n'en emploie pour retenir la chrétienté dans ses fers [1]. »

Autres alarmes, autres sujets de colère, d'indignation, presque de désespoir. Il n'est question que du rappel de Rousseau, et l'on a choisi l'instant où Voltaire est exilé pour lui rouvrir la France ! Voudrait-on pousser jusque-là l'envie d'humilier l'auteur de la *Henriade*, qui a déclaré mille fois qu'il partirait de France le jour où Rousseau y rentrerait ? C'étaient les jésuites qui s'intéressaient à ce retour et allaient en préparer les voies. « C'est le payement de la mauvaise épître au père Brumoy. » Madame du Châtelet avance que quelques efforts avaient été tentés pour faire oublier le passé à ces deux rivaux que rien sans doute ne pouvait apaiser. « Les jésuites, ajoutait-elle, ont voulu se mêler de la réconciliation de notre ami et de Rousseau ; on lui a même fait des propositions ; mais cette haine et cette réconciliation sont également indignes de lui. Je donnerois dix pintes de mon sang,

---

1. *Lettres inédites de madame la marquise du Chastelet à d'Argental* (Paris 1806), p. 43 ; mardi, janvier (1737).

et qu'il n'en eût jamais parlé[1]. » A la bonne heure, et c'est là s'exprimer en véritable amie de Voltaire. Celui-ci accuse Rousseau, à la nouvelle de son passage à Bruxelles, d'avoir mis en jeu les manœuvres les plus noires pour lui nuire en Hollande comme à Paris : ainsi l'auteur de l'*Épître à Uranie* ne fût venu en Hollande que pour y prêcher l'athéisme[2]. Jean-Baptiste eût en outre répandu le bruit d'une dispute publique à Leyde avec S'Gravesande sur l'existence de Dieu, calomnie que Voltaire fait démentir par le savant dans une lettre dont l'emploi fut laissé à la discrétion du duc de Richelieu[3]. Quoi qu'il en soit, ce voyage du lyrique, qui semble si fort indigner la marquise, ne devait s'effectuer qu'un an plus tard; et encore, s'il eut lieu, ce ne fut pas en triomphateur, mais sous un nom dérobé, en proscrit qui se cache et n'a que trop de raisons de détourner l'attention de lui.

C'était aussi sous un autre nom que Voltaire errait en Hollande. Il se faisait écrire sous celui de « Révol », négociant, et élisait domicile pour sa correspondance à Amsterdam chez MM. Ferrand et d'Arty, négociants; et à Leyde, chez un banquier, M. Hellin[4]. Mais les

---

1. *Lettres inédites de madame la marquise du Chastelet à d'Argental* (Paris, 1806), p. 61 ; février (1737).
2. Voltaire, *OEuvres complètes* (Beuchot), t. LII, p. 396. Lettre de Voltaire à Thiériot; le 28 janvier 1737.
3. *Ibid.*, t. LII, p. 430, 590. Lettres de Voltaire à d'Argental ; à Cirey, mars 1737. Et à Cideville; Cirey, ce 23 décembre 1737.
4. Voltaire, *Lettres inédites* (Didier, 1857), t. I, p. 77. Lettre de Voltaire à Thiériot; 24 décembre 1736. — *Lettres inédites de madame du Chastelet à d'Argental* (Paris, 1806), p. 57 ; février (1737).

plus agréables surprises venaient consoler cet esprit inquiet et agité, dont le plus grand ennemi était en lui. « Le jour qu'il a passé à Bruxelles, on y jouoit *Alzire*, ses lauriers le suivent partout. Mais à quoi lui sert tant de gloire? un bonheur obscur vaudroit bien mieux. *O vanas hominum mentes! o pectora cœca*[1]!... » s'écrie la marquise qui, dans ses plus grands troubles, avait au besoin une maxime latine à son service. En pareil cas, un incognito était malaisé à garder, et bientôt le séjour de Voltaire en Hollande fut connu de tous. On venait le voir en foule à Leyde, et il reçut la visite de vingt Anglais de la suite du roi d'Angleterre. Il crut devoir alors expliquer son voyage de façon à ne pas accroître l'irritation du garde des sceaux, et il fit insérer quelques lignes à ce sujet dans la *Gazette d'Utrecht* du 12 février (1737). A Amsterdam, Ledet l'avait forcé d'accepter un appartement chez lui; l'enseigne du libraire était sous l'invocation de cet étrange patron, et les témoignages d'estime et d'admiration affluaient de tous côtés[2]. « On me fait ici plus d'honneur que je n'en mérite; un magistrat d'Amsterdam a traduit la *Mort de César*, on va la jouer, et il me l'a dédiée[3]... » Dès 1733, le *Brutus* du poëte avait eu l'honneur en Angleterre d'une traduction en vers[4], et, deux ans après, un riche habitant

1. *Lettres inédites de la marquise du Chastelet à d'Argental* (Paris, 1806), p. 85; février (1735).
2. Voltaire, *Œuvres complètes* (Beuchot), t. LII, p. 386, 387. Lettre de Voltaire à Thiériot; à Leyde, le 17 janvier 1737.
3. Voltaire, *Lettres inédites à mademoiselle Quinault* (Paris, Renouard, 1822), p. 16; Amsterdam, ce 18 janvier, 1737.
4. *Le Pour et le Contre* (Paris, Didot), t. I, p. 137; 1733. —

de Londres, M. Bond, passionné pour *Zaïre*, ne pouvant réussir à la faire représenter à Drury-Lane, avait pris l'héroïque parti de louer, à grands frais, la salle des *Yorck-Buildings* et de la représenter en public avec le concours d'amis non moins enthousiastes. Comme M. Bond avait soixante ans, il choisit le rôle de Lusignan qu'il joua avec tant d'âme et de sensibilité, qu'au moment où il reconnaissait sa fille, il tomba foudroyé. On le releva ; à peine jeta-t-il un regard éteint autour de lui, et expira dans les bras de Châtillon, de Nerestan et de Zaïre. Un tel événement était fait pour disperser la troupe d'amateurs. Mais celle-ci déclara qu'elle jouerait le lendemain même, et le rôle de Lusignan, si funeste à M. Bond, fut accepté, comme un legs d'honneur, par un des amis intimes du défunt qui, dans un prologue enthousiaste, manifesta ses regrets de n'avoir pas tout ce qu'il fallait pour être capable d'une fin si glorieuse [1].

Une grande compensation à cette vie d'exil, c'était la faculté, qui lui avait toujours été refusée, de surveiller l'impression de ses livres. Les *Eléments de la philosophie de Newton* étaient sous presse, et il s'était bien promis de ne retourner à Cirey que l'ouvrage composé. Mais madame du Châtelet ne l'entendait pas ainsi ; et cela donna lieu à une lutte qui ne fut pas sans aigreur des deux parts.

L'auteur de cette traduction, un M. Duncomb, qui, en la donnant au théâtre et en la faisant ensuite imprimer, se garda bien de citer Voltaire. *Ibid.*, t. VI, p. 237 ; (1735).

1. *Le Pour et le Contre* (Paris, Didot), t. VII, p. 93-96 ; (1735).

Je vous dis qu'il l'a dans la tête, écrit la marquise désolée, mais il se perdra ; du moins que ce soit en connaissance de cause. Je vous demande à genoux de lui mander durement que, s'il s'obstine et s'il ne revient pas, il est perdu sans retour, et je le crois bien fermement. Si le bonheur ou le malheur de sa vie dépendent, comme vous le dites, de sa sagesse présente, il ne faudroit pas le perdre de vue un moment. Si vous aviez vu sa dernière lettre, vous ne me condamneriez pas ; elle est signée, et il m'appelle *Madame*. C'est une disparate si singulière, que la tête m'en a tourné de douleur [1].

Mais il céda, laissa les *Eléments de la philosophie de Newton* à moitié imprimés et revint, vers la fin de février, à Cirey, se faire pardonner, à force d'amabilité et de charmes, les inquiétudes qu'il avait causées et les griefs qu'on avait contre lui.

Sa sûreté était d'y faire le mort, d'y paraître enseveli. Il crut même devoir répandre le bruit de son départ pour l'Angleterre [2]. Dans cette retraite absolue, son activité avait plus d'un emploi. Une chose qui d'ordinaire chez un poëte est assez négligée, le soin de la fortune, l'occupait fort, et nous avons, à cette date, des témoignages multipliés de la sollicitude que lui causait la sienne. Il s'était lié avec un chanoine de Saint-Merry, l'abbé Moussinot, homme aimable, intègre, tolérant, qui, phénomène trop rare, était l'ami de tout le monde. Son chapitre lui avait confié sa caisse, les jansénistes le firent dépositaire de la leur ; il ne lui manquait plus que d'être trésorier d'un philoso-

1. *Lettres inédites de la marquise du Chastelet à d'Argental* (Paris, 1806), p. 83 ; février (1737).
2. Bibliothèque impériale. Manuscrits. F. R. 15208. *Lettres originales de Voltaire à Moussinot*, f. 30, 41, 50, 54 ; 18 mars, 20 avril, 24 mai, 5 juin 1737.

phe. Il fut plus qu'utile à l'auteur de *Zaïre* qui le mettait un peu à toutes les sauces, lui et les siens, sans jamais lasser sa complaisance. Les petits secours du poëte aux gens de lettres passaient par ses mains. C'était lui qui faisait les placements d'argent, qui opérait les rentrées, et avait la mission, peu souriante, de rappeler à l'exactitude des créanciers tels que le duc de Richelieu, le duc de Villars, M. de Brézé, le marquis de Lezeau, M. d'Estaing, le « janséniste de frère », *et tutti quanti*. L'abbé brocantera pour lui des tableaux, il achètera les livres, les instruments de physique, les ustensiles de chasse, les cadeaux que Voltaire fera à la marquise et à ses nièces. Ce n'est pas le tout d'être zélé, il faut de l'adresse, une rouerie innocente à l'occasion, et Moussinot réunit tout cela. Voltaire lui écrit un petit billet où il veut être compris à demi-mot et où il ne se cache de lui que par pur procédé oratoire. Ce billet le voici :

> Jay oublié, mon cher amy, parmy tous les plaisirs que je vous ai demandez, celui de me faire savoir quel est le sujet du prix proposé cette année par l'Académie des sciences. Je m'adresse a vous de peur que si jecrivois a quelque academicien on ne pensast que je veux composer pour les prix, c'est une chose qui ne convient ny a mon age ni a mon peu d'érudition. Je suis chargé de savoir quel est le sujet du prix par un amy, qui demande un secret inviolable. Je ne connois point d'homme plus secret que vous, aussi ce sera vous, s'il vous plait, qui nous rendrez ce service[1].

Cet ami de Voltaire n'est autre que Voltaire, on l'a

1. Bibliothèque impériale. Manuscrits. F. R. 15208. *Lettres originales de Voltaire à Moussinot*, f. 20 ; ce 3 auguste 1736.

compris. S'il ne se croit pas aussi ignorant qu'il le dit, il a parfois des doutes ; il voudrait bien savoir le sentiment des gens de profession. Il envoie le chanoine de Saint-Merry rendre visite à M. de Fontenelle et le questionner le plus longuement qu'il pourra sur ce qu'on entend par la *propagation du feu*. Est-ce tout ?

> Transportez-vous chez votre voisin, le sieur Geofroy, apothicaire de l'Académie des sciences. Liez conversation avec luy, au moyen d'une demi-livre de quinquina que vous luy acheterez, et que vous m'enverez... Vous êtes un négociateur très-habile. Vous saurez aisément ce que M. Geofroy pense de tout cela, et vous m'en manderez des nouvelles, le tout sans me comettre le moins du monde[1].

Il l'expédiera ensuite chez M. Boulduc, bon chimiste, et chez M. Gross, un autre chimiste qui demeurait dans la même maison[2]. Et l'abbé de s'en tirer avec esprit, intelligence et savoir. Tout cela était menaçant. On avait voulu sortir Voltaire de sa poésie, et il se faisait savant avec l'ardeur, l'emportement qu'il savait mettre en toute chose. Madame du Châtelet écrivait quelques mois auparavant à Maupertuis : « Il y a longtemps que vous avez envie de faire un philosophe du premier de nos poëtes, et vous y êtes parvenu, car vos conseils n'ont pas peu contribué à le déterminer[3]. » Et Voltaire n'était pas d'humeur à être savant pour lui seul : il fallait de toute nécessité qu'il s'épanchât,

---

1. Bibliothèque impériale. Manuscrits. F. R. 15208. *Lettres originales de Voltaire à Moussinot*, f. 60 ; ce 18 juin 1737.
2. *Ibid.*, p. 65 ; 29 juin 1737.
3. Bibliothèque impériale. Manuscrits. Supp. Fr. 2288. *Originaux des lettres de madame la marquise du Chastelet à M. de Maupertuis*, f. 62 ; Cirey, le 1er octobre 1736.

qu'il rayonnât, et il vient de nous apprendre lui-même quelle thèse il se préparait à soutenir.

Le poëte, précisément alors, était relancé à Cirey par un ambassadeur, un ambassadeur dont toute la mission était de lui apporter les compliments et les présents d'un jeune prince qui devait être un grand roi. A cette date Frédéric, encore adolescent, était dans l'enthousiasme des choses de l'esprit : il ne rêvait que belles-lettres et poésie, avec la candeur, la bienveillance universelle de cet âge. Sa première lettre à Voltaire est du 8 août 1736 : il avait alors vingt-deux ans. Il n'a pas assez de termes élogieux pour exprimer son admiration envers l'auteur de la *Henriade*. Les œuvres du poëte l'enchantent, le ravissent; il le supplie de les lui faire passer. Il fait un appel à sa confiance, et lui demande la confidence des œuvres que le besoin de sa sûreté pourrait l'empêcher de rendre publiques. « Je sais malheureusement que la foi des princes est un objet peu respectable de nos jours; mais j'espère néanmoins que vous ne vous laisserez pas préoccuper par des préjugés généraux, et que vous ferez une exception à la règle en ma faveur [1]. » Le prince finissait en témoignant son vif désir de le voir, de jouir de sa présence, de ses entretiens et de ses leçons.

L'on ne résiste guère à de telles avances. La réponse de Voltaire est tout ce qu'on devait attendre de cet esprit caressant comme pas un quand il ne mord point; toutefois, à l'égard de la présence réelle, il a le courage de ne pas laisser d'espérance à son auguste

---

[1]. Voltaire, *OEuvres complètes* (Beuchot), t. LII, p. 260. Lettre du prince royal à Voltaire; Berlin, 8 auguste 1736.

correspondant. « Je regarderais comme un bonheur bien précieux celui de venir faire ma cour à votre Altesse royale. On va à Rome pour voir des églises, des tableaux, des ruines et des bas-reliefs. Un prince tel que vous mérite bien mieux un voyage ; c'est une rareté plus merveilleuse. Mais l'amitié, qui me retient dans la retraite où je suis, ne me permet pas d'en sortir. Vous pensez sans doute comme Julien, ce grand homme si calomnié, qui disait que les amis doivent toujours être préférés aux rois [1]. » On peut penser que la divine Émilie n'était pas loin lorsqu'il formulait cette philosophique sentence ; il était toutefois très-sincère, et ce qu'il écrivait au prince il l'écrivait également à Berger [2]. Mais aurait-il toujours cette constance, cette fermeté d'âme ; et la femme aimée serait-elle toujours la plus forte ?

Frédéric prélude dans la voie des cadeaux par le don d'un petit buste de Socrate formant une pomme de canne en or [3]. Le buste de Socrate à Voltaire ! Frédéric ne plaisantait pas ; la malignité eût pu, sans trop de peine, tourner le présent en épigramme ; mais Voltaire ne vit que l'intention et ne s'avisa même point de supposer qu'il y eût là matière à raillerie. Le prince faisait des vers français, des vers d'écolier ; et qui fait des vers, mauvais ou bons, pour les garder sous mille clés ? A la quatrième lettre, il n'y tenait plus, et ri-

---

[1]. Voltaire, *OEuvres complètes* (Beuchot), t. LII, p. 266, 267. Lettre de Voltaire au prince royal ; à Paris, le 26 août 1736.

[2]. *Ibid.*, t. LII, p. 281. Lettre de Voltaire à Berger ; à Cirey, le 10 septembre 1736.

[3]. *Ibid.*, t. LII, p. 332. Lettre du prince royal à Voltaire ; à Remusberg, ce 7 novembre 1736.

maillait une trentaine de vers dont l'intention était bonne, mais qui ne se recommandaient pas autrement. Il avoue ingénument qu'il n'a pu résister à cette fureur que l'on a de produire ses premiers ouvrages; mais il appelle sur eux la critique la plus franche et la plus sévère. Une fois ce pas franchi, il n'y aura plus à le retenir, et les épîtres, les essais poétiques de toute nature afflueront à Cirey. L'enthousiasme du jeune prince fait sourire. Pour lui Voltaire est plus grand qu'un homme, c'est un demi-dieu. « Si jamais je vais en France, la première chose que je demanderai ce sera : Où est M. de Voltaire? Le roi, sa cour, Paris, Versailles, ni le sexe, ni les plaisirs, n'auront part à mon voyage; ce sera vous seul [1]. » Aussitôt qu'il le sait hors de France, fugitif, il lui dépêche le comte de Borck, l'ambassadeur du roi son père près de Sa Majesté Britannique, pour lui offrir sa maison de Londres, s'il songeait, comme le bruit en avait couru, à se retirer en Angleterre [2]. Voltaire manifeste-t-il le désir d'avoir le portrait d'un prince si rare, Frédéric lui écrit qu'il l'a commandé « sur l'heure » à un de ses gentilshommes, M. de Knobelsdorf : aussitôt achevé, il le lui enverra par un de ses amis intimes, le baron de Kaiserling. « Je vous prie, monsieur, de vous confier à lui. Il est chargé de vous presser vivement au sujet de la *Pucelle*, de la *Philosophie de Newton*, de l'*Histoire de Louis XIV*, et de tout ce qu'il pourra

---

1. Voltaire, OEuvres complètes (Beuchot), t. LII, p. 406. Lettre du prince royal à Voltaire; Remusberg, 8 février, 1737.

2. *Ibid.*, t. LII, p. 386. Lettre de Voltaire à Thiériot; à Leyde, le 17 janvier 1737.

vous extorquer¹. » Voltaire n'est pas en reste de politesse. Ce régime de flatteries l'accommode assez, et il ne fait rien, on le pense, pour s'aliéner cette amitié précieuse. Il appelle Frédéric « Salomon du Nord, » comme plus tard il appellera la grande Catherine « Semiramis. »

Mais *Césarion* (M. de Kaiserling) est parti ; il se dirige vers Cirey. « En prenant congé de mon petit ami, je lui ai dit : Songez que vous allez au paradis terrestre, à un endroit mille fois plus délicieux que l'île de Calypso ; que la déesse de ces lieux ne le cède en rien à la beauté de l'enchanteresse de Télémaque ; que vous trouverez en elle tous les agréments de l'esprit, si préférables à ceux du corps ; que cette merveille occupe son loisir pour la recherche de la vérité²... » Il fallait bien brûler un peu d'encens aux pieds de l'Égérie du poëte ; et Frédéric le fera en vers comme en prose, mais toujours d'une façon contrainte. Émilie, qu'il ne connaît pas, lui est antipathique, par la raison qu'elle est un obstacle à son rêve, celui d'attirer Voltaire auprès de lui. « Marquez, je vous prie, à madame la marquise du Châtelet, qu'il n'y a qu'elle seule à la qu'elle je puisse me résoudre de céder M. de Voltaire, comme il n'y a qu'elle seule aussi qui soit digne de vous posséder³. » Au fond, il ne lui pardonnait point de tenir en laisse le premier poëte du

---

1. Voltaire, *Œuvres complètes* (Beuchot), t. LII, p. 440. Lettre du prince royal à Voltaire ; Remusberg, le 7 d'avril 1737.

2. *Ibid.*, t. LII, p. 488, 489. Lettre du prince royal à Voltaire ; à Ruppin, le 6 juillet 1737.

3. *Ibid.*, t. LII, p. 428. Lettre du prince royal à Voltaire ; Remusberg, 6 mars 1737.

monde. La marquise, par cet instinct qui ne trompe pas, malgré ces politesses, ces compliments parfois un peu gauches, était de son côté plus effrayée que flattée de ces avances dont elle pressentait le but et le péril. Voltaire, durant son voyage à Bruxelles, avait songé à se rendre près du prince, et nous avons vu combien elle redoutait une pareille détermination et combien énergiquement elle s'y opposa. Mais qui l'assurait que l'on ne finirait pas tôt ou tard par tourner à l'ennemi ?

Le baron de Kaiserling réussit à la cour de Cirey. S'il avait le malheur d'être Courlandais (son père était maréchal de la cour du duc de Courlande), il était, selon les termes mêmes de Frédéric, le Plutarque de cette Béotie moderne : il était petit, goutteux plus souvent qu'à son tour, très-aimable et d'une vivacité, d'une loquacité excessives. La margrave de Bayreuth nous le peint comme fort honnête homme, « mais grand étourdi et bavard, qui faisoit le bel-esprit et n'étoit qu'une bibliothèque renversée[1]. » Son portrait par Pollnitz ne s'éloigne pas sensiblement du crayon de la spirituelle sœur de Frédéric : « Kaiserling étoit plus vif, plus turbulent qu'un Gascon, il avoit une volubilité de langue qui étonnoit, il parloit toutes les langues, souvent à la fois ; sa mémoire lui tenoit lieu d'esprit, il étoit superficiel en tout ; mais rien ne surpassoit la bonté de son cœur. » En somme, et toute compensation faite, les qualités l'emportaient sur les défauts, et encore avait-il avec ses qualités propres l'apparence de

---

1. *Mémoires de la margrave de Bareith* (Paris, 1811), t. I, p. 167.

celles que lui contestaient les gens plus perspicaces, plus observateurs ou moins bienveillants. Il fut accueilli avec toute la considération que méritait son personnage d'ambassadeur, et les deux amis le traitèrent de leur mieux. « Nous avons reçu celui-ci comme Adam et Ève reçoivent l'ange dans le paradis de *Milton;* à cela près qu'il a fait meilleure chère, et qu'il a eu des fêtes plus galantes[1]. » On lui donna la comédie, un feu d'artifice, une illumination dont les lumières dessinaient les chiffres et le nom du prince royal avec cette devise : *A l'espérance du genre humain*[2]; « enfin, des choses qu'il n'y a que des *fées* ou *Voltaire* qui puissent les faire dans un endroit comme celui-ci[3]. » Son séjour fut court, toutefois; et il emporta, en échange des présents qu'il laissait à Cirey, tout ce qu'il y avait d'ébauché de l'*Histoire de Louis XIV*, avec des boisseaux de vers et quelques morceaux de philosophie. « J'aurais bien voulu joindre *la Pucelle* au reste du tribut : votre ambassadeur vous dira que la chose est impossible. Ce petit ouvrage est, depuis près d'un an, entre les mains de la marquise du Châtelet, qui ne veut pas s'en dessaisir[4]... » Bien que Voltaire allègue les meilleures raisons, Frédéric les goûta médiocrement[5]; mais il n'en témoigna rien aux châte-

1. Voltaire, *OEuvres complètes* (Beuchot), t. LII, p. 548. Lettre de Voltaire à Thiériot; à Cirey, le 3 novembre 1737.
2. *Ibid.*, t. LII, p. 50. Mémoires pour servir à la vie de M. de Voltaire, écrits par lui-même.
3. Madame de Grafigny. *Vie privée de Voltaire et de madame du Châtelet* (Paris, 1820), p. 26, 27.
4. Voltaire, *OEuvres complètes* (Beuchot), t. LII, p. 497. Lettre de Voltaire au prince royal; juillet 1737.
5. *OEuvres de Frédéric le Grand* (Berlin, Preuss.), t. XXV, p. 485.

lains de Cirey et se montra aussi affectueux que devant à l'égard de madame du Châtelet.

La description que Césarion lui avait faite, à son retour, de ce paradis de Cirey, l'avait transporté : « Si j'étais envieux, je le serais de Césarion. » Toutefois, n'était-il pas heureux déjà de vivre dans le siècle qui avait produit un Voltaire? On sourit, et il dut sourire, par la suite, de cette admiration sans bornes, de cette passion, de cet amour qui tenaient du culte, pour le Virgile de la France. La nouvelle de l'évacuation de l'Italie lui arrive; mais il se soucie bien de ces billevesées que les politiques nomment affaires d'État! Il n'est sensible qu'à ce qui regarde Voltaire, il s'embarrasse peu du reste, comme il l'écrit en toutes lettres à M. de Manteuffel[1]. Cette correspondance le ravit, mais elle ne lui suffit plus. « Mon bonheur ne peut être parfait, mande-t-il au poëte, si je ne vous possède, et si je n'ai la satisfaction de vous voir un jour[2]. » Mais madame du Châtelet n'était pas d'humeur à laisser aller Voltaire en Prusse; elle s'en était déjà nettement expliquée, on s'en souvient : « Le prince royal n'est pas roi; quand il le sera, nous irons le voir tous les deux[3]. » Cette idée de la Prusse et du prince royal vaudra à la pauvre marquise plus d'une nuit blanche.

Lettre de Frédéric au comte de Manteuffel; Rheinsberg, le 23 ou je ne sais combien d'août 1736 (ce doit être 1737).

1. *OEuvres de Frédéric le Grand* (Berlin, Preuss.), t. XXV, p. 489. Lettre de Frédéric au comte de Manteuffel; Reinsberg, 23 septembre 1736.

2. Voltaire, *OEuvres complètes* (Beuchot), t. LII, p. 508, 509. Lettre du prince royal à Voltaire; à Remusberg, le 27 auguste 1737.

3. *Lettres inédites de la marquise du Châtelet à d'Argental* (Paris, 1806); p. 6; décembre 1734 (1736).

IV

LES NIÈCES DE VOLTAIRE. — LA MALCRAIS-MAILLARD.
UN COMPLOT SCIENTIFIQUE. — LE PRÉSERVATIF.

Quelque place que la marquise occupât dans le cœur du poëte, il y en avait encore une assez large pour sa famille, pour les filles de sa sœur, qui venaient de perdre leur père. Voltaire voudrait les voir et les avoir près de lui, surtout l'aînée, celle qui sera bientôt madame Denis. Il a pour cette dernière des préférences paternelles ; elle est aimable, elle a l'esprit orné ; comme sa mère[1], elle est musicienne, c'est une élève de Rameau[2]. Il se chargera d'autant plus volontiers de l'établir qu'il a ou croit avoir le fait de mademoiselle Mignot : c'est le fils de madame de Champbonin qui, elle aussi, serait ravie d'une telle alliance. Il y a dans ces projets une petite arrière-pensée personnelle très-concevable et qui s'accommode parfaitement avec l'affection la plus réelle : en la mariant au fils Champbonin, il la fixait près de lui

---

1. Inventaire de M. Arouet, janvier 1724, cote 69. Il y est fait mention de quittances de sommes payées « pour maistres de clavecin de ladite d° Mignot, sa fille. » La dernière de ces quittances est en date du 5 septembre 1708.

2. Voltaire, Œuvres complètes (Beuchot), t. LII, p. 549. Lettre de Voltaire à Thiériot ; à Cirey, le 3 novembre 1737.

et assurait l'avenir contre l'isolement morose du célibat. « Au bout du compte, je n'ai réellement de famille qu'elles; je serai très-aise de me les attacher, il faut songer qu'on devient vieux, infirme, et qu'alors il est doux de retrouver des parents attachés par la reconnaissance[1]. » Ce fut Thiériot qu'il chargea de sonder la jeune fille. Mais celle-ci ne se laissa pas séduire par l'appât de « huit bonnes mille livres de rentes » et d'un mariage avec un homme de condition « très-galant homme; » et Voltaire dut renoncer à la réalisation de projets qui lui souriaient singulièrement, ce qu'il fit, sans colère, sans la moindre humeur. « Assurez-la de ma tendre amitié, recommande-t-il à Moussinot, dans les termes les plus forts. Vous me ferez plaisir de luy faire un peu sentir la différence de mon caractère et de celuy d'Arouet... »

Il a été peu question jusqu'ici de ce personnage avec lequel nous savons Voltaire assez mal, et sans autres rapports que ceux du créancier avec son débiteur. Par leurs arrangements, Arouet faisait une rente à son cadet, rente qu'il servait, entre parenthèses, assez mal[2]. Sa vie

---

1. Voltaire, OEuvres complètes (Beuchot), t. LII, p. 586. Lettre de Voltaire à Thiériot; à Cirey, le 21 décembre 1737.
2. Bibliothèque impériale. Manuscrits F. R. 15,208. Lettres originales de Voltaire à l'abbé Moussinot, f. 112; Cirey, 4 janvier 1738. Duvernet donne à cette lettre la date du 4 janvier 1739. Mais c'est chez lui un système, ou plutôt une monomanie de transpositions et d'altérations, dont on cherche en vain la cause; car, si on conçoit qu'il veuille adoucir ou même retrancher certaines choses qui lui semblent compromettantes, on se demande la nécessité de mettre au haut d'une lettre ce qui était au bas, d'emprunter tel fragment à telle lettre pour le reporter dans une autre, quand, chose plus grave, il n'introduit pas dans le texte des passages entiers de sa façon, ce qui

était celle d'un maniaque et d'un fou. Il existe même de lui un recueil manuscrit de convulsions, que possédait Voltaire et qui doit être, à l'heure qu'il est, à Saint-Pétersbourg dans la bibliothèque de l'Hermitage[1]. Il poussait la fureur du sectaire aussi loin que possible, si ce que raconte le poëte à cet égard n'est pas pur badinage. « Il nous parla de son frère le janséniste qui avait, dit-il, un si beau zèle pour le martyre, qu'il disait un jour à un ami qui pensait comme lui, mais qui ne voulait pas qu'on se permît rien qui exposât à la persécution : « Parbleu, si vous n'avez point envie d'être « pendu, au moins n'en dégoûtez pas les autres[2] ! » On l'appelait l'abbé Arouet[3]; il hantait fort les églises. On raconte même qu'un soir, revenant de la Bastille, il entra aux Jésuites de la rue Saint-Antoine pour y faire sa prière, et s'y oublia si bien que, lorsqu'il voulut se retirer, les portes en étaient fermées. Il n'y était pas seul, une trentaine de dévotes s'étaient laissé, comme lui, claquemurer, peut-être volontairement, dans le but d'entendre quelque instruction particulière ou de se confesser à quelque jésuite de la maison professe,

lui arrivera, entre autres, pour Demoulin, en deux rencontres. On dirait une gageure.

1. Longchamp et Wagnières, *Mémoires sur Voltaire* (Paris, 1826), t. I, p. 24.

2. Suard, *Mélanges de littérature* (Paris, 1803), t. II, p. 17. Lettre de madame Suard à son mari; Genève, juin 1775. Voltaire disait ailleurs : « J'avais autrefois un frère janséniste ; ses mœurs féroces me dégoûtèrent du parti... » *OEuvres complètes* (Beuchot), t. LVI, p. 154, 155. Lettre de Voltaire au marquis d'Argens; 1752.

3. Il était clerc tonsuré, comme le constate l'acte de mariage de sa sœur, madame Mignot. Archives de la ville. *Registre des baptêmes, mariages et sépultures de la paroisse Saint-Barthélemy*, année 1709; le 28 janvier, p. 7.

innocent complot, auquel notre janséniste, cela va de source, ne devait être nullement participant[1]. Il était galant, assure-t-on; mais encore ne faisait-il point de mauvais choix, et prenait-il ses maîtresses parmi les plus jolies convulsionnaires[2]. Il occupait à la Chambre des comptes le même appartement que son père, et sa maison était devenue un vrai repaire de jansénistes. On avait essayé de lui faire entendre que sa position l'obligeait à beaucoup de prudence, et, à propos d'un marquis de Blaru[3], grand fanatique, qu'il logeait chez lui, ses chefs naturels lui adressèrent des représentations qu'il n'écouta point. « M. de Nicolaï et M. le premier président l'ont envoyé prier de ne pas garder cet homme chez lui; mais il les a refusés avec constance, disant que cette affaire était d'une trop grande importance pour lui comme pour tout le monde, pour ne pas devoir en éclaircir la vérité, quand même il devrait y sacrifier ses charges et ses biens[4]... »

Il s'en fallut de peu que cette fâcheuse éventualité ne se réalisât. Précisément à l'époque où nous sommes, le samedi 26 octobre 1737, le jour de la Saint-Simon, entre deux et trois heures après minuit, le feu prenait à la Chambre des comptes, dans une pièce où personne n'habitait la nuit, par un vent violent et glacial qui

---

1. Buvat, *Journal de la Régence* (Plon, 1865), t. I, p. 320, 321; mai 1718.
2. Voltaire, *OEuvres complètes* (Beuchot), t. LII, p. 579.
3. Peut-être Gillet de Blaru, avocat au parlement, sur le compte duquel les *Nouvelles ecclésiastiques* ne tarissent point. Voir la *Table analytique*, première partie, p. 85.
4. *Revue rétrospective* (1836), t. V, p. 9. *Journal de la Cour et de Paris*; Paris, le 28 novembre 1732.

n'aida pas médiocrement au désastre. Cet incendie, auquel on ne laissa que trop le loisir de se développer, dura trois jours et n'eut d'autre terme que la ruine et l'écroulement des bâtiments situés du côté de l'hôtel du premier président. La plus grande partie des titres et des archives fut consumée, et ce fut là une perte irréparable pour l'histoire administrative du pays, dont s'aperçoivent ceux qui abordent cette matière si considérable. Quoi qu'il en soit, après ces trois jours de labeur et de lutte, l'eau étant venue à bout du feu auquel, il est vrai, il ne restait rien à dévorer, l'on n'eut plus qu'à constater le sinistre, à ensevelir ses victimes et aussi à en rechercher l'origine. On se demanda comment le feu avait pu prendre dans une pièce inhabitée. Était-ce le résultat d'un crime, et quels en étaient alors les auteurs? On se souvint que le feu s'était déclaré à l'Hôtel-Dieu d'une façon aussi inexplicable, trois jours après l'enlèvement de M. de Mongeron; et l'incendie de la Chambre des comptes avait également eu lieu dans le mois de la translation de ce personnage dans une abbaye près d'Avignon. Quelles conséquences tirer de ces deux faits, si ce n'était que le coup venait des jansénistes? L'évidence sautait aux yeux. Quant à Arouet, qui ne pouvait manquer d'être mêlé à tout cela, voici ce que dit un chroniqueur contemporain, l'avocat Barbier :

> M. Arouet, receveur des épices de la Chambre des comptes, demeure dans l'emplacement de la Chambre. Il est grand janséniste; il est très-honnête homme; mais cela ne fréquente que des jansénistes; et il y a tel prêtre qu'il regarde comme un saint, et qui est un cerveau brûlé, capable d'une telle méchanceté. Pour moi, j'aurois fait arrêter tous ceux qui demeurent et logent dans l'enceinte de la Chambre, buvetiers, concierges,

domestiques et autres, et j'aurois su tous ceux qui seroient entrés la veille du feu dans l'intérieur [1].

Barbier, qui dans le récit assez détaillé de ce sinistre, fait inopinément intervenir Arouet, et qui parle d'incarcérer tout le monde, n'indique pourtant pas que ce dernier fut inquiété. Mais une note manuscrite du président Bertin du Roncheret dit positivement qu'il fut arrêté [2]. En somme, sa captivité fut courte, et n'eut pas d'autre conséquence. On le laissa paisiblement retourner à ses fonctions de payeur des épices de la Chambre qu'il remplit jusqu'en 1745, époque de sa mort. Voltaire fait allusion à cette triste aventure dans une lettre à l'abbé Moussinot, auquel il demande des détails. On lui avait dit que les meubles de son frère avaient été brûlés, son logement consumé; il apprenait avec plaisir qu'il n'en était rien. Le bruit d'un mariage secret d'Arouet avait couru, et Moussinot avait été chargé de s'assurer du fait près de ses connaissances : « Cela m'est d'autant plus important, que je suis prest de marier une de mes nièces [3]. » Voltaire et ses nièces en furent pour l'appréhension; si Armand songeait à se marier, ce projet-là n'aboutit point, et il mourut garçon.

Il semblait difficile que mademoiselle Louise Mignot contractât une alliance également agréable aux deux oncles. Dans l'impossibilité de contenter à la fois tout

1. Barbier, *Journal* (Charpentier), t. III, p. 103, 104, 105; octobre 1737.
2. Bibliothèque impériale. Manuscrits. Cabinet généalogique. Dossier de Voltaire.
3. Bibliothèque impériale. Manuscrits. F. R. 15,208. *Lettres originales de Voltaire à l'abbé Moussinot*, f. 105; 14 décembre 1737.

son monde, la jeune fille n'écouta que l'entraînement de son cœur. Elle avait vingt-six à vingt-sept ans, elle était dans l'âge où l'on sait ce que l'on veut et où l'on veut résolûment; elle crut faire un bon choix, et, chose assez rare, sa raison ne fut pas en désaccord avec le penchant qu'elle ressentait pour l'honnête homme qu'elle allait associer à sa vie. C'était un commissaire ordinaire des guerres, d'abord officier au régiment de Champagne, appelé M. Denis, garçon d'esprit, presque aussi jeune que sa femme, d'un commerce agréable, qui avait conquis l'estime et l'affection de ceux avec lesquels il vivait. Celle-ci ne parle de son mari qu'avec un enthousiasme dont on lui sait bon gré. « Je me suis liée, écrit-elle à Thiériot, avec un caractère extrêmement aimable, joint à beaucoup d'esprit; nous avons tous deux les mêmes goûts, nous nous aimons réciproquement, et je ne changerois pas mon sort pour une couronne[1]. » Bien que M. Denis ne fût pas janséniste, Arouet ne semble pas avoir vu d'un trop mauvais œil le mariage de sa nièce, auquel il assista[2]. Voltaire pa-

---

1. Voltaire, *Pièces inédites* (Didot, 1820), p. 290. Lettre de madame Denis à Thiériot; de Landau, 10 mai 1738.

2. Le mariage eut lieu le mardi 25 février 1738, à la paroisse Saint-Germain-l'Auxerrois sur la quelle mademoiselle Mignot ne demeurait que depuis trois mois, rue des Deux-Boules; ce qui nécessita une publication de bans à Saint-Paul, son ancienne paroisse. Nous ne savons ce qui décida les deux sœurs à quitter un quartier où elles avaient leurs parents. Leur frère Mignot, correcteur de la Chambre des comptes, habitait, sans doute avec elles, la rue Cloche-Perche, chez leur oncle et tuteur, M. Mignot de Montigny, président trésorier de France. Archives de la ville. *Registre des mariages de la paroisse Saint-Germain-l'Auxerrois*, année 1738, p. 24. Dans cet acte, Mignot, leur père, y est désigné sous la qualification d'écuyer. On sait

raît préoccuppé du cadeau qu'il fera à la mariée. « Savez-vous ce que Quesnel-Arouet, demande-t-il à Thiériot, a donné à mon aimable nièce? dites-moi cela, car je veux lui disputer son droit d'aînesse[1]. » Il y revient quelques jours après[2]. Nous ignorons ce que l'oncle Armand donna; au moins le sentiment de madame du Châtelet est-il qu'il ne lésina pas. « Je ne trouve point le présent de M. *Arouet* vilain pour un présent. M. de *Voltaire* a doté sa nièce ; cela est tout différent, et n'est pas commun. J'aurais bien voulu, quand je me suis mariée que chacun de mes oncles et de mes tantes m'eussent fait un aussi beau présent que celui de M. *Arouet*[3]. »

désormais quel cas on doit faire de l'absurde assertion de Clément. Si Voltaire est parfois injuste envers Despréaux, c'est que celui-ci a traité d'empoisonneur son *grand oncle* Mignot. Dans tous les cas, le grand-père de son beau-frère n'eût été rien à Voltaire. « Cette vengeance est assez bizarre et assez petite, ajoute l'honnête Clément ; mais c'est pour cela même que nous nous croyons fondés à penser qu'elle a dicté ces vers. » *Quatrième lettre à M. de Voltaire* (la Haye, 1773), p. 83. Loin de descendre du pâtissier Mignot, les Mignot appartenaient à une famille anoblie depuis le commencement du dix-septième siècle, et qui avait toujours occupé des places dans la magistrature. C'est à elle que l'on serait redevable de la première des manufactures de draps de Sedan. *Lettres inédites de Voltaire, de madame Denis et de Colini, adressées à M. Dupont* (Paris, Mongie, 1821), p. 165.

1. Voltaire, *OEuvres complètes* (Beuchot), t. LIII, p. 79. Lettre de Voltaire à Thiériot; à Cirey, le 22 mars 1738.

2. *Ibid.*, t. LII, p. 91. Lettre de Voltaire à Thiériot; le 28 mars 1738.

3. Voltaire, *Pièces inédites* (Didot, 1820), p. 271, 272. Lettre de madame la marquise du Châtelet à Thiériot; Cirey, 3 avril 1735 (lisez 1738). — A en croire madame de Graffigny, la dot que Voltaire constitua à sa nièce fut de trente mille francs. Il faut bien qu'il eût conçu quelque dépit des refus de mademoiselle Mignot, car lors des

Les deux époux furent invités à venir passer quelques jours à Cirey, et ils surent l'un et l'autre se faire goûter[1]. La jeune femme, tout en répondant de son mieux à l'hospitalité de la marquise, ne voyait pas sans un dépit profond une affection qui n'était que trop absorbante.

> Je suis désespérée, je le crois perdu pour tous ses amis : il est lié de façon qu'il me paroît presque impossible qu'il puisse briser ses chaînes. Ils sont dans une solitude effrayante pour l'humanité. Cirey est à quatre lieues de toute habitation, dans un pays où l'on ne voit que des montagnes et des terres incultes; abandonnés de tous leurs amis, et n'ayant presque jamais personne de Paris.
> Voilà la vie que mène le plus grand génie de notre siècle; à la vérité, vis-à-vis une femme de beaucoup d'esprit, fort jolie, et qui emploie tout l'art imaginable pour le séduire.
> Il n'y a point de pompons qu'elle n'arrange, ni de passages des meilleurs philosophes qu'elle ne cite pour lui plaire. Rien n'y est épargné. Il en paroît plus enchanté que jamais, il se construit un appartement assez beau, où il y aura une chambre noire pour des opérations de physique. Le théâtre est fort joli; mais ils ne jouent point la comédie faute d'acteurs. Tous les comédiens de campagne, à dix lieues à la ronde, ont ordre de se rendre au château. On a fait l'impossible pour tâcher d'en avoir pendant le temps que nous y avons été; mais il ne s'est trouvé que des marionnettes fort bonnes. Nous y avons été reçus dans la grande perfection. Mon oncle aime tendrement M. *Denis* : je n'en suis pas étonnée, car il est fort aimable[2]...

Mais il y avait encore une fille à marier, Élisabeth

projets d'union avec le fils Champbonin, il avait parlé de quatre-vingt mille francs, et de douze mille francs de vaisselle d'argent. Madame de Grafigny, *Vie privée de Voltaire et de madame du Châtelet* (Paris, 1820), p. 13.

1. Voltaire, *Œuvres complètes* (Beuchot), t. LIII, p. 107. Lettre de Voltaire à Thiériot; Cirey, jeudi 23 avril 1738.

2. Voltaire, *Pièces inédites* (Didot, 1820), p. 289, 290. Lettre de madame Denis à Thiériot (déjà citée); de Landeau, 10 mars 1738.

Mignot, la cadette, qui était en âge, elle aussi, que l'on songeât à son établissement. Son tour ne devait pas tarder à venir, et moins de quatre mois après, elle épousait Nicolas-Joseph de Dompierre, seigneur de Fontaine-Hornoy, président trésorier de France au bureau des finances d'Amiens. Thiériot, l'intermédiaire officieux entre l'oncle et ses nièces, avait été prié d'aborder la délicate question des générosités. « Père Mersenne, lui répondit Voltaire, je reçois votre lettre du 9. Il faut d'abord parler de notre grande nièce, car son bonheur doit marcher avant toutes les discussions littéraires, et l'homme doit aller avant le philosophe et le poëte. Ce sera donc du meilleur de mon cœur que je contribuerai à son établissement; et je vais lui assurer les vingt-cinq mille livres que vous demandez. Bien fâché que vous ne vous appeliez pas M. de Fontaine, car, en ce cas, je lui assurerais bien davantage[1]. » Prenons ces derniers mots pour une simple politesse. Tout en l'utilisant, disons même, tout en l'aimant d'une très-réelle affection, le poëte connaissait trop son Thiériot pour souhaiter sérieusement un tel mari pour sa nièce. Le mariage se fit sans lui; Armand y assista comme il avait assisté à celui de l'aînée[2]. Voltaire n'avait garde de sacrifier les délices de Cirey à ces solennités

---

1. Voltaire, Œuvres complètes (Beuchot), t. LIII, p. 147. Lettre de Voltaire à Thiériot ; à Cirey, juin. Comme il est question du mariage futur de madame de Fontaine, qui eut lieu le lundi 9 juin 1738, cette lettre dut être antérieure à juin ; probablement est-elle de la première quinzaine de mai, puisqu'elle est une réponse à une lettre à Thiériot du 9 (mai).

2. Archives de la ville. *Registre des mariages de la paroisse Saint-Germain-l'Auxerrois*, de l'année 1738, p. 42. Lundy, 19 juin.

bourgeoises qu'il connaissait trop bien : « Assemblées de parents, quolibets de noces, plates plaisanteries, contes lubriques qui font rougir la mariée et pincer les lèvres aux bégueules, grands bruits, propos interrompus, grande et mauvaise chère, ricanements sans avoir envie de rire, lourds baisers donnés lourdement, petites filles regardant tout du coin de l'œil ; voilà les noces de la rue des Deux-Boules, et la rue des Deux-Boules est partout[1]. »

A entendre madame Denis, Cirey était au bout du monde, et l'on y était à peu de choses près abandonné de ses amis, de ses amis parisiens tout au moins. Cela ne pouvait manquer à une époque où voyager, même dans sa chaise et en grand seigneur, ne laissait pas d'être encore une tâche assez rude, qui allait parfois jusqu'au péril. Mais, malgré les lenteurs de la poste et l'imperfection du service, les livres, les papiers publics, les brochures, les lettres venaient initier les deux ermites à ce qui se passait si loin d'eux. Le chevalier de Mouhy leur envoyait deux fois par semaines les petites nouvelles, et Voltaire n'était que trop au courant de ce qui se disait et se tramait contre lui dans Paris. Pour le moment, on le jouait bel et bien, et l'on riait à ses dépens tous les soirs à la Comédie française. On a deviné qu'il est ici question de la *Métromanie*, de Piron. L'anecdote qui y donna lieu était déjà vieille et datait de quelques années. Dans le courant de 1730, du fond d'une petite ville de Bretagne, une muse se révélait tout à coup et venait révo-

---

1. Voltaire, *Œuvres complètes* (Beuchot), t. LIII, p. 138. Lettre de Voltaire à Thiériot ; le 5 juin 1738.

lutionner toutes les têtes de poëtes. Les vers tombaient comme grêle et allaient à tout le monde. Ainsi Destouches[1], ainsi Lamotte, ainsi Voltaire, ainsi Fontenelle[2] recevaient les hommages rimés de mademoiselle de Malcrais de la Vigne. Le vieux berger, qui n'était plus dans l'âge des illusions, fit le mort; du moins ne nous est-il rien resté des témoignages de sa gratitude. En revanche, Destouches répondit par une déclaration fort tendre; Lamotte, auquel la demoiselle avait adressé une ode en prose, ce qui pouvait le plus le flatter au monde, rima pour elle les quatre derniers vers qui devaient sortir de sa veine, car il expirait peu après[3]. Voltaire, aussi soigneux de sa renommée qu'aucun d'eux et déterminé par système à ne point décourager la louange, de quelque part qu'elle vînt, se hâta de payer sa dette par l'envoi de la *Henriade* et de *Charles XII*, auxquels il joignit, bien entendu, une épître, singulièrement émondée et transformée dans ses œuvres, et qui commençait ainsi :

> Toi dont la voix brillante a volé sur nos rives,
> Toi, qui tiens dans Paris nos muses attentives[4]....

1. *Galerie de l'ancienne Cour* ou *Mémoires anecdotes pour servir à l'histoire des règnes de Louis XIV et de Louis XV*, t. IV, p. 30, 31.
2. *Mercure* de septembre 1732, p. 1241-1953. Idylle à M. de Fontenelle, par mademoiselle Malcrais de la Vigne; du Croisic, en Bretagne.
3. *Les Amusemens du cœur et de l'esprit* (Paris, 1741), t. X, p. 127. Lettre à M. de B***, sur les poésies qui ont paru sous le nom de mademoiselle *de Malcrais de la Vigne*, et sous celui d'une *Nymphe de la mer métamorphosée en berger du pays d'Astrée;* au Croisic, en Bretagne, le 27 décembre 1736.
4. *Mercure* de juillet 1732, p. 1511, 1512; et de septembre 1732, p. 1887 à 1891. La réponse de Voltaire « à une dame ou soi-disant

Mademoiselle Malcrais, malgré ces éloges, ces adorations poétiques, s'opiniâtra longtemps à ne pas sortir de son obscurité. Mais il y avait en cela plus de manége que de sincérité. Lorsqu'elle crut que sa réputation était suffisamment établie, lorsqu'elle eut suffisamment compromis les dispensateurs de la renommée, elle jeta le masque et le jupon aux orties. Mademoiselle de Malcrais était un nom d'emprunt sous lequel se cachait un fils d'Apollon qui, médiocrement accueilli tant qu'il s'était appelé Desforges-Maillard, avait vu tout changer de face, en changeant de sexe. Ce nom de Malcrais était, nous apprend-il lui-même, le nom de quelques vignes faisant partie de la petite fortune de sa famille[1]. Le tour était plaisant et de bonne guerre, et les rieurs furent du côté du poëte breton. Les victimes de cette petite mystification en rirent des premiers, et Voltaire, pour ne parler que de lui, ne parut pas se formaliser autrement de cette petite irrévérence. Il ne revint pas sur les éloges donnés à mademoiselle de la Vigne, et se montra des plus affables pour cet aventurier poétique.

« Votre changement de sexe, monsieur, n'a rien altéré de mon estime pour vous : la plaisanterie que vous avez

---

telle » est du 15 août 1732. Au reste, ce fut un croassement général à étourdir tout le sacré vallon : un M. Carrelet d'Hautefeuille; un anonyme de Blois; un M. Pesselier, de la Ferté-sous-Jouarre; un M. Chevage, auditeur à la Chambre des comptes de Bretagne, gens fort honorables plus que poëtes illustres, au milieu desquels l'auteur de la *Henriade* fait une étrange mine. *Mercure*, janvier 1732, p. 75-80; février, p. 265-274; novembre, p. 2327-2329; décembre, p. 2594-2597.

1. *Les Amusemens du cœur et de l'esprit* (Paris, 1741), t. X, p. 124. — Alexis Piron, *OEuvres complètes* (Paris, 1776), t. II, p. 256, 257, 258; préface de la *Métromanie*.

faite est un des bons tours dont on se soit avisé, et cela serait auprès de moi un grand mérite, mais vous en avez d'autres que celui d'attraper le monde; vous avez celui de plaire, soit en homme, soit en femme[1]... » Il ne se borne pas à ces paroles polies, il lui fait offre de ses bons services auprès du contrôleur général et ne lui ménage pas, dans tous les cas, les conseils prudents et affectueux[2]. Restait un certain dépit de s'être laissé prendre au piége. « Je suis bien aise, écrivait-il à Thiériot, que Piron gagne quelque chose à me tourner en ridicule. L'aventure de la Malcrais-Maillard est assez plaisante. Elle prouve au moins que nous sommes très-galants; car, quand Maillard nous écrivait, nous ne lisions pas ses vers; quand mademoiselle de la Vigne nous écrivit, nous lui fîmes des déclarations[3]. »

Cette mystification était du ressort de la comédie, et il n'est pas étonnant que Piron s'en soit emparé. Ce qui étonna davantage c'est le parti qu'il en sut tirer. Avec beaucoup d'esprit, de saillie, Piron, d'ailleurs aventuré dans une voie funeste pour son talent, n'avait laissé concevoir à personne l'espérance d'un chef-d'œuvre. A part quelques scènes dans *Callisthène* et *Gustave*, l'on ne peut constater, dans ces deux ouvrages si chers à son auteur, qu'une grande facilité à faire de mauvais vers. Aussi Piron eut-il besoin de l'intervention de

---

1. Voltaire, OEuvres complètes (Beuchot), t. LIII, p. 15. Lettre de Voltaire à Desforges-Maillard; à Vassy, en Champagne, le ... février 1735.

2. Ibid., t. LII, p. 30, 36, 37. Lettres de Voltaire à Desforges-Maillard; avril et juin 1735.

3. Ibid., t. LIII, p. 23. Lettre de Voltaire à Thiériot; à Cirey, le 25 janvier 1738.

Maurepas pour amener les comédiens français à le jouer[1]. Ceux qui le connaissaient le mieux, lorsqu'ils apprirent le bruit que faisait la *Métromanie*, ne purent croire à un succès de bon aloi ; et, pour sa part, le compatriote de Piron, le président Bouhier, qui avait médiocrement applaudi au mérite littéraire de *Gustave*[2], écrivait de Dijon, qu'il avait bien peur que ce comique-là ne fût pas celui de la bonne comédie[3]. Voltaire, écrivait, de son côté, à Thiériot : « Je n'ai point vu la *Métromanie* ; mais on peut hardiment juger de l'ouvrage par l'auteur[4]. » La lecture devait toutefois modifier l'opinion du poëte et lui arracher un demi-aveu. « J'ai vu la *Piromanie :* cela n'est pas sans esprit ni sans beaux vers ; mais ce n'est un ouvrage estimable en aucun sens. Il ne doit son succès passager qu'à Le Franc et à moi[5]... » C'était par trop s'abuser : la *Métromanie* est une comédie d'un genre très-élevé, la seule comédie, avec *Turcaret* et *le Méchant*, dont puisse s'honorer, jusqu'au *Mariage de Figaro*, la scène française au XVIIIe siècle. Ce succès, il est vrai, ne devait pas plaire à l'auteur de l'*Enfant prodigue*, dont le goût, au fond, ne se méprit pas sur la différence des deux œuvres et la distance qui existait entre elles. Mais c'est la der-

---

1. Alexis Piron, *OEuvres complètes* (Paris, 1776), t. VII, p. 145.
2. Girault, *Lettres inédites de Buffon, J.-J. Rousseau, Voltaire, Piron* (Paris, 1819), p. 70. Lettre du président Bouhier à M. de Ruffey ; Dijon, le 21 février 1733.
3. Laverdet, *Catalogue d'autographes*, du 24 avril 1862, p. 21, n° 167. Lettre de Bouhier à M. ; Dijon, 22 février 1738.
4. Voltaire, *OEuvres complètes* (Beuchot), t. LIII, p. 68. Lettre de Voltaire à Thiériot ; à Cirey, le 8 mars 1738.
5. *Ibid.*, t. LIII, p. 78. Lettre de Voltaire à Thiériot ; à Cirey, le 22 mars 1738.

nière chose qu'on avoue et que l'on est disposé à pardonner. Revenons à Cirey.

Là comme ailleurs, et quelque réglée qu'elle fût, la vie avait ses agitations, voire ses chiffonneries. Nous avons vu Voltaire introduisant le paresseux Linant dans la place, malgré la connaissance qu'il avait de l'humeur du personnage. Linant lui plaisait, bien qu'il eût eu à se plaindre de lui, et son envie de lui être utile lui fit perdre de vue tout le reste. On l'a dit, notre homme, pour ses débuts, s'était posé en adorateur de madame de la Neuville, que ses attentions n'avaient nullement flattée, et Voltaire avait dû réparer ses sottises par un madrigal qui apaisa l'offensée. Madame du Châtelet, moins indulgente, ne parut pas disposée à tolérer les airs ridicules du personnage. Elle s'aperçut vite qu'il ne manquait au précepteur de son fils, pour lui enseigner le latin, que de le savoir lui-même, et elle se chargea de le lui apprendre[1]. Il avait une sœur qui mourait de faim et à laquelle il envoyait de petits secours, aidé en cela par Voltaire; il se mit en tête de l'introduire à Cirey et importuna tellement le poëte que celui-ci, toujours accommodant, pressa la docte Uranie de prendre mademoiselle Linant, sur le compte de laquelle pourtant il avait peu d'illusions. « J'ai vu de ses lettres; elle écrit comme une servante. Si avec cela elle pense en reine, je ne vois pas ce qu'on pourra faire d'elle[2]. » L'ennemi n'en est pas moins

---

1. Voltaire, *OEuvres complètes* (Beuchot), t. LII, p. 53. Lettre de Voltaire à Cideville; ce 3 août, à Cirey, par Vassy (1735).
2. *Ibid.*, t. LII, p. 200. Lettre de Voltaire à Cideville; ce 22 février 1736.

introduit dans la place, malgré les répugnances très-accusées de la marquise, qui en avait assez et trop déjà du frère. « Enfin, voilà toute la famille Linant placée dans nos cantons. La mère, le fils, la fille, tout est devers Cirey[1]... » Deux mois après, Voltaire écrivait à son ami : « Je crois qu'ils sont l'un et l'autre (le frère et la sœur) dans la seule maison et la seule place où ils pussent être. L'extrême paresse de corps et d'esprit est l'apanage de cette famille[2]. »

A ce compte, eussent-ils dû s'appliquer à ne point compromettre ce doux *far niente*. Madame du Châtelet pouvait avoir des moments difficiles; mais avec de la discrétion, des égards, une tenue convenable, surtout des discours réservés, rien n'empêchait le frère et la sœur de vivre et de vieillir sous le toit protecteur des châtelains de Cirey. Voltaire s'exprime vaguement sur les causes qui amenèrent l'expulsion des Linant. Il paraîtrait, toutefois, que ce serait à la sœur qu'il la faudrait attribuer.

> Vous savez que le démon d'écrire en prose avait tellement possédé la sœur, que madame du Châtelet a été dans la nécessité absolue de renvoyer la sœur et le frère. Ils ont grand tort l'un et l'autre; ils pouvaient se faire un sort très-doux, et se préparer un avenir très-agréable. Linant aurait passé sa vie dans la maison avec une pension... Que pouvait faire de mieux un paresseux comme Linant... que de s'attacher à cette maison? Je crois qu'il se repentira plus d'un jour; mais il ne me convient pas de conserver avec lui le moindre commerce. Mon de-

---

1. Voltaire, *OEuvres complètes* (Beuchot), t. LII, p. 302. Lettre de Voltaire à Cideville; à Cirey, ce 29 septembre 1736.

2. *Ibid.*, t. LII, p. 360. Lettre de Voltaire à Cideville; à Cirey, ce 8 décembre 1736.

voir a été de lui faire du bien quand vous et M. de Cideville me l'avez recommandé. Mon devoir est de l'oublier, puisqu'il a manqué à madame du Châtelet[1].

Il ne l'oubliera pas, pourtant, et ne cessera point d'être bienveillant pour ce gros enfant gâté dont, en somme, il aura moins à se plaindre que de bien d'autres. Il apprend que Linant n'est pas heureux ; il lui fait remettre cinquante livres par Prault. « J'ai donné ma parole d'honneur, mandait-il à Thiériot, de ne point lui écrire, et je ne lui écrirai point ; mais je ne l'ai pas donnée de ne le point secourir, et je le secours : passez chez Prault fils, et priez-le de donner encore cinquante livres à M. Linant. » Cette mesure de rigueur n'avait pas été de son goût et dans son for intérieur il ne l'avait point approuvée. Il eût souhaité qu'une démarche de Linant lui rouvrît les portes de Cirey : « Vous devriez engager M. Linant à écrire, sans griffonner, une lettre respectueuse, pleine d'onction et d'attachement à M. le marquis du Châtelet et autant à madame. Ce devoir bien simple pourrait opérer une réconciliation peut-être nécessaire à la fortune de M. Linant[2]. » Ce conseil fut suivi : Linant écrivit à la marquise, qui en fait part à d'Argental, et répond que ce n'est là que la moitié de la démarche et qu'il faut qu'il écrive aussi à M. du Châtelet[3] ; mais, s'il fut pardonné, il ne fut point réintégré dans ses fonctions.

1. Voltaire, *OEuvres complètes* (Beuchot), t. LII, p. 394, 395. Lettre de Voltaire à Formont ; à Cirey, le 23 décembre 1737.
2. *Ibid.*, t. LIII, p. 359. Lettre de Voltaire à madame Demoulin ; à Cirey, décembre 1738.
3. *Lettres inédites de madame la marquise du Châtelet à d'Argental* (Paris, 1806), p. 149 ; janvier 1739.

Éperonné par la pauvreté, cet indolent s'était mis à l'œuvre et était enfin accouché d'une tragédie, qu'il avait soumise à d'Argental. « Les trois premiers actes, écrivait-il à Voltaire, à son avis et par conséquent au mien, peuvent être soufferts tels qu'ils sont, et il y a à retrancher aux derniers ; c'est ce que je fais maintenant. Je ne quitterai point la chambre que je n'en sois un peu content, ou plutôt que vous ne le soyés vous-même. Vous ignorés sans doute que je vous consulte, cela est vrai au pied de la lettre. Vous m'êtes si présent que je crois souvent avoir l'honneur de vous parler, vous m'avés fait recommencer plus de trois fois la même scène, et je vous dois depuis deux mois presque autant de vers passables que vous m'avés rendus de services essentiels depuis que j'ai eu le bonheur de vous connaître[1]. » Algarotti fait l'éloge de l'ouvrage, un peu à l'italienne : « J'ai assisté hier (sans doute chez d'Argental) à une lecture d'une pièce de de M. Linant : ce Prométhée a dérobé quelques rayons au soleil, et la statue commence à s'animer[2]. » Apparemment est-il question ici d'*Alzaïde*, qui ne devait être représentée toutefois qu'en décembre 1744, et avec un médiocre succès ; car *Vanda* lui est postérieure, et ne fut jouée qu'en mai 1747, tout aussi obscurément[3]. Mais Linant, en attendant que les comédiens voulussent bien interpréter ce chef-d'œuvre, s'avisa de

1. Laverdet, *Catalogue d'autographes* du 23 novembre 1861, p. 80, n° 366. Lettre de Linant à Voltaire ; 17 février 1738.
2. Lettre inédite du comte Algarotti *au premier des Émiliens* ; à Paris, ce 27 ... 1738.
3. Léris, *Dictionnaire portatif des théâtres* (Paris, 1763), p. 16, 445.

chercher le succès dans des luttes d'un autre genre, et l'y rencontra. Il composa un poëme que l'Académie française couronna : *les Progrès de l'éloquence sous le règne de Louis-le-Grand;* ét Voltaire de battre des mains : « Il m'a envoyé son discours dans lequel j'ai trouvé de très-bonnes choses, et surtout, ce qui caractérise l'écrivain d'un esprit au-dessus du commun, images et précision... S'il travaille et s'il est honnête homme, je lui rends toute mon amitié[1]... » Nous nous sommes plus étendu sans doute sur le personnage qu'il ne semblait le mériter par sa valeur propre; mais ces infiniment petits que Voltaire traîne à sa suite, Thiériot, Linant, d'Arnaud, Lamarre, Mouhy et les autres, aident à le connaître, à l'apprécier, et révèlent les côtés généreux, bons, voire ingénus, de ce terrible enfant, comme Diderot l'appellera un jour, qui aima véritablement ses amis, leur pardonna avec une mansuétude peu ordinaire, et s'obstina en dépit de tout à n'écouter que le penchant qui l'attirait vers eux.

Voltaire avait suspendu l'impression de ses *Éléments de philosophie* qui se faisait à Amsterdam; il espérait les publier en France, et M. Pitot, qui trouvait ce « *petit cathéchisme de la foi newtonienne* assez

---

1. Voltaire, *OEuvres complètes* (Beuchot), t. LIII, p. 653. Lettre de Voltaire à Cideville; à Paris, le 5 septembre 1739. Linant, encouragé par ce premier succès, tenta deux autres fois la fortune : en 1740, par un poëme ayant pour titre *les Accroissemens de la Bibliothèque du roi;* en 1744 par un dernier, *les Progrès de la comédie sous le règne de Louis-le-Grand,* qui furent également couronnés. *Recueil de Harangues prononcées par Messieurs de l'Académie françoise* (1731-1734), t. V, p. 457 à 461. — Quérard, *la France littéraire,* t. V, p. 313.

orthodoxe » s'était chargé de solliciter le privilége. Mais le chancelier ne crut pas devoir donner l'attache du ministère de France. Il n'y avait pourtant là d'autres libertés que des libertés scientifiques, auxquelles la Sorbonne n'avait pas à prendre garde. Mais toute innovation était en mauvaise odeur même dans le champ vaste et abstrait de la science, et il y avait alors encore une sorte d'impiété à discuter Descartes. « Apparemment, s'écrie Voltaire, que de dire que l'attraction est possible et prouvée, que la terre doit être aplatie aux pôles, que le vide est démontré, que les tourbillons sont absurdes, etc., cela n'est pas permis à un pauvre Français[1]. » Cependant les libraires poussaient l'impression. Comme ils n'avaient pas la fin du manuscrit, l'auteur, tranquille de ce côté, croyant « que cela les contiendrait[2], » ne s'était préoccupé que des obstacles qu'il rencontrait en France et qu'il espérait lever. Mais Ledet et ses associés, à bout de patience, ne reculèrent point devant une fraude inqualifiable que Voltaire n'apprit que plus tard. Ils firent achever l'ouvrage par un mathématicien du pays; et, pour rendre ces matières d'un débit plus facile, ils ne crurent rien de mieux que de joindre ces mots en sous-titre : *mis à la portée de tout le monde*[3]. « Ils ont fait un carton pour cette belle équipée, car cela n'étoit point dans les premières feuilles que M. de V...

---

1. Voltaire, *OEuvres complètes* (Beuchot), t. LIII, p. 30. Lettre de Voltaire à Maupertuis; à Cirey, janvier 1738.
2. *Lettres inédites de la marquise du Châtelet à d'Argental* (Paris, 1806), p. 91; 1er mai 1738.
3. *Mercure* de février 1737; p. 342.

rapporta d'Hollande l'année passée, écrivait madame du Châtelet à Maupertuis[1]. » Cette sotte édition ne devait pas échapper aux faiseurs de quolibets. On dit qu'il y avait dans le titre une faute d'impression et qu'il fallait lire : *mis à la porte de tout le monde*. Pour être injuste, cela n'en était pas moins plaisant, et eut du succès.

Quant à cette édition d'une œuvre qui cessait d'être l'œuvre de Voltaire, elle prêtait le flanc à plus d'une attaque et à plus d'une réplique, qu'il faut aller chercher dans les écrits périodiques du temps[2]. La première édition avouée par l'auteur et qui parut en France, mais sous la rubrique de Londres, est de 1744, et c'est la plus complète; car celles de 1748 et 1756 subirent des modifications et des retranchements dont il donne la raison, dans cette dernière, quand il arrive aux chapitres supprimés. Quoi qu'il en soit, en dépit des fautes, des interpolations frauduleuses, et aussi des dédains des savants en *us*, à peine parus, les *Éléments* furent dans toutes les mains; le prix n'arrêta personne, on se les enleva, on se les arracha. Bien plus tard, Fréron prétendait que Fontenelle avait dit à

---

1. Bibliothèque impériale. Manuscrits. Supp. Fr. 2288. *Originaux des lettres de la marquise du Châtelet à M. de Maupertuis* de 1734 à 1741, f. 83; 9 mai 1738. Il n'est pas inutile de faire remarquer toutefois que Voltaire, dans une lettre à d'Argens, du 19 novembre 1736, dit en parlant de *la philosophie de Newton* qu'il l'a *mise à portée du public*.

2. *Bibliothèque françoise* ou *Histoire littéraire de France* (Amsterdam, du Sauzet, 1738), t. XXVII, p. 161 à 165, 166, 170, 171, 172. — Quérard, *Bibliographie voltairienne*, p. 21, 129, n⁰ˢ 80, 685, 686, 687. — Voltaire, *Œuvres complètes* (Beuchot), t. LIII, p. 231 à 236. Lettre de Voltaire au rédacteur de la *Bibliothèque françoise*.

Voltaire, après avoir lu ses *Éléments,* qu'il lui fallait encore trois ans d'étude pour entendre l'auteur anglais[1]. Le mot peut être piquant, mais manque, à coup sûr, de justesse et d'équité. Nous n'en voulons d'autre réfutation que ce que disent, de leur côté, les journalistes de Trévoux.

Rien ne prouve mieux l'efficacité tranchante de la parole et la supériorité d'un homme qui sçait la manier. Newton, le grand Newton fut, dit-on, vingt-sept ans enterré dans *l'abîme,* dans la boutique du premier libraire qui avoit osé l'imprimer. Newton avoit mesuré, calculé, pesé; Newton n'avoit point parlé. La géométrie est-elle un langage? Mille sçavants anglois, allemands, hollandois, moscovites, étoient descendus dans *l'abîme,* avoient percé les *ténèbres,* avoient commenté, déchiffré, expliqué sçavamment Newton. Leurs travaux sont admirables, et il y en a tel qui y a montré un génie peut-être aussi fort que celui de Newton. Mais tous ces grands hommes n'avoient point parlé, ou, ce qui va au même, n'avoient parlé que sçavamment aux sçavants. Newton étoit un secret, qu'on se disoit comme à l'oreille, encore y falloit-il de bons entendeurs...

M. de Voltaire parut enfin, et aussitôt Newton est entendu ou en voye de l'être; tout Paris retentit de Newton, tout Paris bégaye Newton, tout Paris étudie et apprend Newton[2]...

---

1. *Année littéraire,* 1761, t. VIII, p. 90, 91; ce 3 décembre 1761.

2. *Mémoires pour l'histoire des sciences et des arts;* août 1738, art. 91, p. 1673, 1674. Ce sont absolument les mêmes idées, et presque le même tour, dans une lettre sur les *Éléments* que publia le *Journal des Sçavants,* un mois après : « Il semble qu'il ne manquoit à la gloire de M. Newton que d'être plus connu. La plus grande partie du monde sçavant lui avoit rendu depuis longtems ses hommages; mais la philosophie, hérissée de calculs et d'algèbre, étoit une espèce de mystère auquel les seuls initiés avoient droit de particper; et M. de *Pemberton,* qui a voulu rendre Newton accessible au commun des lecteurs en Angleterre, est souvent aussi difficile à entendre que Newton même. Cette espèce de miracle étoit réservé à M. de V. La philosophie newtonienne, la seule digne d'être étudiée, parce qu'elle est la seule prouvée, mise par lui, non pas *à la portée de tout le monde,* comme les libraires hollandois l'annonçoient, mais à la portée de tout

On ne saurait mieux définir et le mérite de l'œuvre et le génie de l'écrivain. Voltaire n'invente et n'inventera rien en physique pas plus qu'en métaphysique. Il s'assimilera les connaissances acquises, verra le juste et le vrai avec une rectitude d'esprit sans seconde : voilà son lot, sa mission et sa gloire. « Voltaire, a dit M. Cousin, c'est le bon sens superficiel [1], » l'homme, en un mot, qui convient aux foules, qui leur révèle tout ce qui leur est donné de comprendre, sans demander jamais à leur intelligence des efforts disproportionnés et impossibles. Tous les yeux ne sont pas faits pour ces profondeurs; et, à ceux qui ne peuvent s'édifier par eux-mêmes, il faut des interprètes singulièrement sagaces, parlant de la science sans pédanterie, avec cette lucidité triomphante devant laquelle il n'est pas d'obscurité. Tel est le vulgarisateur dans son type le plus parfait. Est-ce là un rôle complétement indigne de l'ambition d'un grand esprit? Et, si l'estime et l'admiration même doivent être mesurées à l'importance des services, est-ce donc peu les mériter que d'apprendre à tout un peuple des vérités qui jusque-là n'avaient été accessibles qu'à quelques-uns?

---

lecteur raisonnable et attentif, va nous découvrir un nouvel univers. » *Journal des Sçavants* (Paris, Chaubert); septembre 1738, p. 534. *Lettre sur les Éléments de la philosophie de Newton*. Cela n'est pas signé, mais l'abbé Trublet, alors l'un des rédacteurs du *Journal des Sçavants*, nous dit que madame du Châtelet en est l'auteur; elle en convint, du reste, dans une lettre postérieure au même abbé Trublet. *Mémoires pour servir à l'histoire de la vie et des ouvrages de MM. de Fontenelle et de La Motte* (2ᵉ édit., Amsterdam, 1759), p. 134.

1. Cousin, *La Philosophie sensualiste au dix-huitième siècle* (5ᵉ éd., Didier, 1867), p. 44.

Nous avons vu Voltaire, en juin 1737, s'informer du sujet de prix proposé cette année-là par l'Académie des sciences, dépêcher Moussinot à Fontenelle, lui donner mission de faire causer adroitement le voisin Geoffroi, l'apothicaire de l'Académie, l'envoyer ensuite chez le chimiste Boulduc, et un autre encore, M. Gross. L'auteur des *Éléments de Newton*, malgré les raisons qui eussent dû l'en dissuader, avait souri à l'idée de se mêler aux combattants et de leur disputer le prix. Ce projet aussitôt conçu, il se mit à l'œuvre avec son ardeur accoutumée, et le chanoine de Saint-Merry se vit accablé de courses, de renseignements à prendre, d'achats et d'envois. Ce qu'il y eut de curieux, c'est que la marquise, elle aussi, éprouva la même tentation, non pas qu'elle songeât à entrer en lutte avec son ami, mais pour le plaisir d'essayer ses ailes, et sans penser d'abord à envoyer son mémoire. C'est pourtant ce qu'elle finit par faire, à l'insu de Voltaire, mais autorisée par M. du Châtelet, comme elle s'en explique dans une lettre à Maupertuis, trop curieuse pour ne pas être reproduite ici.

Cirey, 21 juin 1738.

Ie crois que vs avés été bien étonné que iaye eü la hardiesse de composer un mémoire pour l'Académie, jay voulu essayer mes forces à l'abri de l'incognito, car ie me flattois bien de n'être iamais connüe, M. du Chastelet étoit le seul qui fut dans ma confidence, et il m'a si bien gardé le secret qu'il ne vs en a rien dit à Paris. Ie n'ay pu faire aucune expérience, parce que ie travaillois à l'inscu de M. de Voltaire et que ie n'aurois pu les lui cacher : ie ne m'en avisai qu'un mois avant le tems auquel il falloit que les ouvrages fussent remis, ie ne pouvois travailler que la nuit, et ietois toute neuve dans les matières, l'ouvrage de M. de Voltaire qui étoit presque fini avant que ieusse commencé le mien me fit noître des idées et l'envie de courir la même carrière me prit, ie me mis à travailler sans savoir si ienverrois mon mémoire, et ie ne le dis point à M. de Voltaire, parce que ie ne voulus pas rougir à ses ieux, d'une entreprise que i'avois peur qui lui déplût, de plus ie combattois presque toutes ses idées dans mon ouvrage, ie ne le lui avouai que quand ie vis par la Gazette que ni lui ni moi n'avions part au prix. Il me parut qu'un refus que ie partageois avec lui devenoit honorable, i'ai lu depuis que son ouvrage et le mien avoient été du nombre de ceux qui avoient concouru et cela a ranimé mon courage. M. de Voltaire, au lieu de me savoir mauvais gré de ma réserve, n'a songé qu'à me servir et ayant été assez content de mon ouvrage, il voulut bien se charger d'en demander l'impression, ie suis dans l'espérance de l'obtenir surtout si vous voulez bien en escrire un mot à M. du Fey et à M. de Réaumur, M. de Voltaire a escrit à tous les deux, M. de Réaumur a répondu avec une politesse extrême, il m'a paru par sa lettre que l'Académie désiroit avoir mon consentement pour l'impression et i'ai escrit une lettre à M. de Réaumur par laquelle ie l'assure que ie mets ma gloire à publier l'homage que ie lui ai rendu. Ie ne suis point étonnée que le mémoire de M. de Voltaire vous ait plu, il est plein de vües, de recherches, d'expériences curieuses, il n'y a rien de tout cela dans le mien, et il est tout simple que vous n'en ayez pas d'idée[1]...

Madame de Grafigny, qui était alors à Cirey, est d'une opinion toute contraire, et donne la palme à la docte Emilie. Reste à décider jusqu'où allait sa compétence en pareille matière. « J'ai lu aussi le discours de *Voltaire* sur le feu, il n'est pas digne de l'autre... Il est bien vrai que quand les femmes se mêlent d'écrire, elles surpassent les hommes : quelle prodigieuse différence ! mais combien de siècles faut-il pour faire une

---

[1]. Bibliothèque impériale. Manuscrits. Supp. Fr. 2288. *Originaux des lettres de la marquise du Châtelet à M. de Maupertuis*, f. 91; 92 ; Cirey, 21 juin 1738.

femme comme celle-là? et comment a-t-elle fait ce discours? La nuit, parce qu'elle se cachait de *Voltaire*, elle ne dormait qu'une heure ; accablée de sommeil elle se mettait les mains dans de l'eau à la glace, se promenait en se battant les bras, et puis écrivait les raisonnements les plus abstraits avec un style à se faire lire pour lui-même; elle a passé huit nuits de suite de cette façon[1]. » Quoi qu'il en soit, Voltaire et la marquise furent enveloppés dans un même échec ; les pièces couronnées furent celles du géomètre Euler, du jésuite Lozerande de Fiesc et du comte de Créqui-Canaple. Ce qui constituait la supériorité du mémoire d'Euler et fixa les suffrages de l'Académie, fut une formule de la vitesse du son que Newton avait vainement recherchée, hors-d'œuvre là, mais un de ces éclairs qui font trace non-seulement dans la vie d'un homme, mais dans les progrès de la science. Les mémoires des deux autres concurrents avaient pour eux d'être orthodoxes, s'ils étaient médiocres ; orthodoxes ici veut dire anti-newtoniens. Il ne faisait pas bon alors être newtonien à l'Académie des sciences; et Maupertuis, d'ailleurs taillé pour cette lutte et la provoquant même, savait à quoi s'en tenir à cet égard. Les mémoires de Voltaire et d'Émilie étaient supérieurs, et de beaucoup, aux derniers ; il y avait des idées neuves, des hypothèses ingénieuses et qui se sont trouvées par suite des vérités. Ainsi madame du Châtelet avance que « les rayons différemment colorés ne donnent pas un égal degré de chaleur, »

---

[1]. Madame de Grafigny, *Vie privée de Voltaire et de madame du Châtelet*; (Paris, 1820), p. 141.

phénomène démontré depuis par les expériences répétées de l'abbé Rochon[1].

La pièce de Voltaire, lisons-nous dans l'avertissement des éditeurs de Kehl, est la seule pièce qui contienne quelques expériences nouvelles; il y règne cette philosophie modeste, qui craint d'affirmer quelque chose au delà de ce qu'apprennent les sens et le calcul; les erreurs sont celles de la physique du temps où elle a été écrite; et, s'il nous était permis d'avoir une opinion, nous oserions dire que si l'on met à part la formule de la vitesse du son, qui fait le principal mérite de la dissertation d'Euler, l'ouvrage de Voltaire devait l'emporter sur ses concurrents; et que le plus grand défaut de sa pièce fut de n'avoir pas assez respecté le cartésianisme, et la méthode d'expliquer qui était alors encore à la mode parmi ses juges.

L'arrêt de l'Académie fut ressenti vivement à Cirey. « Nous avons été au désespoir, écrit la marquise à Maupertuis, en voyant le jugement de l'Académie : il est dur que le prix ait été partagé, et que M. de V. n'ait pas eu part au gâteau. Sûrement ce M. Euller, qui est nommé est un leibnitzien et par conséquent un cartésien; il est fâcheux que l'esprit de parti ait encore tant de crédit en France[2]. » Pour elle-même elle était plus modeste; l'indépendance de ses idées l'excluait du prix. Toutefois, elle s'attendait à un accessit, et c'était toute son ambition. « Je sentois à merveille que la hardiesse de mes idées me l'interdisoit sans compter toutes les autres raisons d'exclusion, mais come iétois peu au fait des choses ie croyois que l'Académie do-

1. Voltaire, *Œuvres complètes* (édition de Kehl), t. XXXI, p. 16. Avertissement des éditeurs.
2. Bibliothèque impériale. Manuscrits. Supp. Fr. 2288. *Originaux des lettres de la marquise du Châtelet à Maupertuis*, f. 88, 89 ; Cirey, ce 2 mai 1738.

noit des *accessit*, et i'en espérois un... Je connois tous les défauts de mon ouvrage et ie puis dire que si i'en avois eu meilleure opinion i'y en aurois moins laissé, mais ie n'espérois me tirer de la foule, et me faire lire avec quelque attention par les commissaires, que par la hardiesse et la nouveauté de mes idées et c'est iustement ce qui m'a cassé le cou[1]...' » Voltaire, lui aussi, attribue son échec à ses irrévérences anti-cartésiennes. « Vous m'avouerez, écrit-il de son côté à Maupertuis leur ami commun, que l'événement est singulier. Il est bien cruel que de maudits tourbillons l'aient emporté sur votre élève[2]. » Mais, au-dessus de ce dépit tout personnel, il y a le ressentiment de l'injustice dont est victime sa docte amie. « Quant au *Mémoire sur le feu*, que madame du Châtelet a composé, il est plein de choses qui feraient honneur aux plus grands physiciens, et elle aurait eu un des prix, si l'absurde et ridicule chimère des tourbillons ne subsistait pas encore dans les têtes. » Le comble du bonheur eût sans doute été de partager le prix entre eux. En somme, l'Académie les associera dans l'éloge qu'elle fera des deux mémoires écartés. Voltaire écrivit à M. de Réaumur et à M. Dufay pour leur apprendre que la pièce n° 6 était de madame du Châtelet et les prier de la faire imprimer ; il en avait écrit précédemment à Maupertuis qui, par

---

1. Bibliothèque impériale. Manuscrits. Supp. Fr. 2288. *Originaux des lettres de la marquise du Châtelet à Maupertuis*, f. 132 ; Cirey, premiers jours de décembre 1738.
2. Voltaire, *OEuvres complètes* (Beuchot), t. LIII, p. 151. Lettre de Voltaire à Maupertuis ; Cirey, le 15 juin 1738. — *Lettres inédites* (Didier, 1857), t. I, p. 93, 94. Lettre de Voltaire à M. Pitot ; 18 mai 1738.

malheur, partait pour Saint-Malo et ne pouvait guère, à cette distance, leur être d'une grande utilité[1]. M. de Réaumur répondit avec galanterie : « Il faut absolument que le public sache que parmi les pièces qui ont concouru pour le prix proposé sur la nature du feu, il y en a une d'une jeune femme. » Il était, toutefois, dans les usages de l'Académie, de ne publier les mémoires non couronnés que sur la demande des auteurs.

Sur cela j'écrivis une lettre à M. de Réaumur ou ie lui marquois combien ie me trouvois honorée que l'Académie voulût bien imprimer mon ouvrage. M. de Réaumur, en le proposant à l'Académie, lut l'article de ma lettre où i'en parlois, et l'Académie eut la politesse de décider que mon mémoire et celui de M. de Voltaire seroient imprimés à la suite de ceux qui ont partagé le prix, avec un avertissement conçu en ces termes, *les auteurs des deux pièces suivantes s'étant fait connoitre à l'Académie et ayant désiré qu'elles fussent imprimées l'Académie y a consenti avec plaisir, quoiqu'elle ne puisse approuver l'idée que l'on donne dans l'une et l'autre de ces pièces de la nature du feu, et elle y a consenti parce que l'une et l'autre supposent une grande lecture, une grande connoissance des meilleurs ouvrages de physique, et qu'ils sont remplis de faits, et de vūe, d'ailleurs le n° 6 est d'une dame d'un haut rang, de madame du Chastelet, et la pièce n° 7 est d'un des meilleurs de nos poëtes.* ie vous le transcris mot à mot, M. de Réaumur a accompagné cela d'une lettre très-galante, ie suis assurément mieux traitée que ie ne mérite... l'ay demandé en grâce qu'on ne me nomast point, i'ay mille raisons pour l'exiger, et ie crois devoir ce respect au public, i'espère que l'Académie m'aprouvera de le désirer, et ne me refusera pas, il est bien triste que cela se passe pendant que vous estes à Saint-Malo[2]...

---

1. Voltaire, *OEuvres complètes* (Beuchot), t. LIII, p. 136. Lettre de Voltaire à Maupertuis; Cirey, le 25 mai 1738.

2. Bibliothèque impériale. Manuscrits. Supp. Fr. 2288. *Originaux des lettres de la marquise du Châtelet à Maupertuis*, f. 95, 96:

On ne s'expliquerait point de pareilles répugnances, si on ne savait pas combien peu on pardonnait à une femme de qualité ces sortes de faiblesses. Mais, depuis longtemps, madame du Châtelet appartenait à la science, à la publicité; rien ne pouvait la préserver à l'occasion d'une critique malveillante, ou, ce qui est pire, de louanges gauches et ridicules.

Il y a quinze jours ou environ qu'un prieur de Sorbonne, devant une assemblée composée d'évêques et de tout ce qu'il y a de plus respectable, prononça l'éloge de Newton et de la nouvelle philosophie, mais ce qui vous étonnera le plus, c'est qu'il y ajouta celuy de Voltaire et de madame du Châtelet. Il les peignit tous les deux sous l'emblème de Thésée et d'Arianne. Le système de Newton est le labyrinthe où M. de Voltaire est descendu à l'aide du fil que la moderne Arianne luy a remis entre les mains : d'autant plus louables l'un et l'autre que le Thésée et l'Arianne de la fable ne brûloient que d'un feu matériel et qui n'en vouloit qu'aux sens, au lieu que le Thésée et l'Arianne du Nouveau Testament, dit le docteur de la Sorbonne, n'ont l'un pour l'autre qu'un amour spirituel et qui n'admet rien d'impur[1].

On eût voulu assister à pareille séance.

L'on n'a pas oublié les ennuis que le procès Jore avait causés à Voltaire. En somme, tant bien que mal, l'affaire était arrangée, et le poëte avait droit d'espérer que tout était bien fini de ce côté. Il n'était pas tranquille pourtant. Jore, en faisant cet éclat, n'avait obéi qu'à des influences étrangères : c'était une nature aisée à entraî-

---

Cirey, 7 juillet 1731. Voir les deux mémoires dans le *Recueil des pièces qui ont remporté les prix de l'Académie royale des sciences* en 1738 (Paris, 1752), t. IV, p. 87-170; 171-219.

1. Bibliothèque impériale. Manuscrits. *Correspondance du président Bouhier*, t. IV, f. 507. Lettre de l'abbé Le Blanc au président; de Paris, ce 26 décembre 1738. Cela se passa donc vers le 10 du mois.

ner, et que les ennemis de Voltaire n'avaient pas eu de peine à tourner contre lui. Et ce qu'il avait fait déjà, rien ne garantissait qu'il ne le répétât sous la pression de ceux qui l'avaient mis en jeu une première fois. Pour plus de sûreté, l'auteur des *Lettres anglaises* eût souhaité avoir dans les mains le désistement du libraire et les autres pièces probantes du procès, et nous le voyons écrire un billet à ce sujet à M. Hérault, dès le 21 février 1738. Huit mois après, nouvelle lettre, très-pressante celle-là, justifiée par les démarches et les menées de Jore.

> Étant sur le point de prendre un établissement assez avantageux, et ayant toujours compté sur vos bontés, je vous demande une grâce qui dépend entièrement de vous et dont mon repos et mon honneur dépendent.
> Jore est connu de vous. Vous savez que, malgré vos ordres, il publia sous le nom de factum un libelle injurieux contre moi. Ce libelle, que vous avez eu la bonté de supprimer, est renouvelé aujourd'hui par des personnes qui veulent traverser mon établissement. Si vous vouliez bien, monsieur, exiger deux lignes de Jore par lesquelles il désavouerait son factum, je vous aurais une satisfaction éternelle. Je vous demande en grâce de daigner me donner cette marque de vos bontés et d'exercer, en faveur d'un ancien serviteur, ce zèle avec lequel vous avez obligé tant de personnes [1]...

Un établissement avantageux, qu'entend-il par là ? Voltaire, surtout alors, ne songeait à rien moins qu'au mariage, et, dans la position où il se trouvait, nous ne voyons quel établissement pouvait lui convenir; mais c'était une façon de donner du poids et une sorte d'urgence à sa requête. Il avait tant importuné déjà le ma-

---

[1]. Leouzun-Leduc, *Études sur la Russie* (Amyot), p. 402, 403; 27 octobre 1738.

gistrat, qu'il croyait sans doute nécessaire de s'étayer d'une raison de premier ordre. Dix jours après cette lettre, le 7 novembre, un troisième billet est décoché de Cirey : Voltaire supplie M. Hérault avec la dernière insistance de lui faire obtenir le désaveu de Jore, et se dépite du peu d'effet de ses supplications : « J'ai écrit deux fois à M. Hérault, pour avoir le désaveu du libraire; il m'est essentiel; comment faire pour l'obtenir? qu'il est aisé de nuire! que le mal se fait promptement! qu'on est lent à faire le bien[1]. » Toutefois, Jore est mandé par le magistrat qui l'engage à désavouer par écrit son factum; mais c'est à quoi celui-ci se refuse. Alors Voltaire sollicite pour qu'on le laisse poursuivre en justice et demander réparation. Soit remords, soit détresse, soit intimidation, l'éditeur finit par se rendre et consent à un désaveu si complet et tellement bien comme on le devait souhaiter qu'on peut croire sans trop de présomption que d'autres que lui y mirent la main. Dans l'intervalle de six jours, Jore écrivait à l'auteur de la *Henriade* deux lettres où il convenait humblement de ses torts, torts qu'il n'eût pas commis sans les perfides conseils des ennemis de Voltaire.

> Monsieur, j'ai déjà eu l'honneur de vous écrire, le 20 du présent mois, dans l'amertume de mon cœur, pour vous demander pardon, et pour vous marquer le sincère repentir que j'éprouve du procès injuste que votre ennemi (que vous connaissez) m'avoit engagé de vous intenter. Je vous ai déjà marqué mon respect, et l'horreur que j'ai d'avoir attaqué si cruellement celui qui étoit mon bienfaiteur. Je vous disois que j'avois reconnu

---

[1]. Voltaire, *OEuvres complètes* (Beuchot), t. LIII, p. 349. Lettre de Voltaire à d'Argental; ce 6 décembre 1738.

l'erreur où l'on m'avoit mis. Soyez sûr, monsieur, que mon affliction est égale à ma faute. Daignez, monsieur, pousser votre générosité jusqu'à m'accorder le pardon que j'ose vous demander. Je désavoue le factum injuste et calomnieux que l'on a mis sous mon nom, et que j'ai eu le malheur de signer. J'étois aveuglé : on m'a séduit[1]...

Pourquoi cela ne serait-il pas concluant? Nous savons bien ce que l'on nous dira et ce que l'on a déjà objecté. Jore était sans existence, sans ressources; Voltaire aura employé près de lui le meilleur agent pour l'amener à résipiscence. N'est-ce pas assez évident? Il lui fit une pension, dont le chiffre nous est inconnu, sans détriment de secours que celui-ci sollicitait de temps à autre dans des suppliques que les éditeurs de Voltaire ont eu soin de reproduire, à titre de démenti au mémoire calomnieux de Jore : une première fois, c'est trois cents francs que Voltaire lui fait passer; une autre fois, vingt-cinq sequins de Florence; une autre encore, huit louis qui viennent en aide à une misère sur laquelle le brave Jore n'a nulle répugnance à s'étendre[2]. Mais cette pension, ces secours, que Voltaire continuait en 1773, trente-cinq ans après ces débats, n'avaient servi qu'à acheter la conscience du libraire, qu'à payer son désistement. Nous le voulons bien; pourtant, il faut s'entendre. On peut à la rigueur consentir à se taire; mais se déclarer coupable

---

1. Voltaire, *OEuvres complètes* (Beuchot), t. I, p. 334, 335. Lettres du libraire Jore à M. de Voltaire ; à Paris, 20 et 30 décembre 1738.
2. *Ibid.*, t. I, p. 336, 337, 338. Lettres de Jore à M. de Voltaire; Paris, 3 juin 1742. — Milan, 20 octobre 1768. — Milan, 23 avril 1769. — Milan, 25 septembre 1773.

de la plus noire calomnie, signer son déshonneur, retourner la calomnie sur son propre camp, et désigner trop nettement, quoique sans le nommer, celui qui a poussé à cette prétendue infamie! Quel homme nous faites-vous de Jore? et, s'il a pu jouer un tel rôle pour tirer quelque argent de Voltaire, pourquoi ne pas supposer, ce qui est vrai et ce dont on a la preuve, que, dès le début, Jore n'eut d'autre visée que de faire *chanter* le poëte, comme on dirait de nos jours? Ne se souvient-on pas qu'avant d'en venir à un éclat, il déclara ses exigences, et que la guerre n'eut lieu que parce que l'auteur des *Lettres philosophiques* lésina sur le chiffre? Mais c'en est assez sur ce maussade épisode de la vie de Voltaire.

Dans les lettres de ce temps à l'abbé Moussinot, le nom de Demoulin est mêlé à celui de Jore; c'était encore là un coupable qui était venu à résipiscence. On sait que Demoulin était le factotum, l'agent, le prête-nom de Voltaire. C'était par lui que Voltaire spéculait sur les grains. Ce commerce ne laissait pas d'être fructueux. Un soir, au retour d'une représentation de *Brutus*, froidement reçu du parterre, le poëte apprend qu'un bâtiment nommé aussi *Brutus*, chargé pour son compte et qu'il pensait perdu, était arrivé à Marseille. « Puisque le *Brutus* de Barbarie est retrouvé, dit-il à Demoulin, consolons-nous du peu d'accueil qu'on fait au *Brutus* de l'ancienne Rome. Il viendra peut-être un temps où on lui rendra justice [1]. » Voltaire faisait tenir son petit ménage par Demoulin et sa

---

1. Duvernet, *la Vie de Voltaire* (Genève, 1786), p. 74.

femme, qui étaient en réalité à ses gages, bien qu'il les traitât avec égard. Quand il se retira à Cirey, Demoulin, probablement trop au large dans la maison de la rue du Longpont, quitta le voisinage de Saint-Gervais pour la vieille rue du Temple, vis-à-vis le cul-de-sac d'Argenson [1]. Par la nature des services qu'il rendait, il avait le maniement de fonds assez considérables : cette latitude avait bien ses écueils, si elle était inévitable ; et un beau jour il se trouvait avoir dissipé vingt-quatre mille livres des deniers du poëte [2]. Il avait les secrets de ce dernier; il crut, sans doute, en l'intimidant, neutraliser toute revendication. Duvernet fait dire à Voltaire dans une lettre à Moussinot : « Parlez à Demoulin avec bonté ; il doit bien rougir de son procédé envers moi ; il m'emporte vingt mille francs et veut me déshonorer. En perdant vingt mille francs, il ne faut pas acquérir un ennemi [3]. » L'abbé aura pris cela sous son bonnet. Voltaire, qui lisait dans le jeu de Demoulin et comprenait qu'il l'embarrassait dans ces tracasseries pour l'empêcher de lui faire rendre compte, était, au contraire, décidé à le poursuivre en toute rigueur. Apparemment ce dernier pressentit que les choses finiraient par tourner contre lui, et il fit écrire

1. Voltaire, *Lettres inédites* (Didier, 1857), t. I, p. 69. Lettre de Voltaire à Prault ; ce 27 octobre 1736.
2. Voltaire, *OEuvres complètes* (Beuchot), t. LIII), p. 358. Lettre de Voltaire à madame Demoulin ; à Cirey, décembre 1738. Voltaire, comme on va le voir, dit ailleurs vingt mille francs (Lettres à Moussinot et à Cideville). Demoulin accuse vingt-sept mille francs, dans sa reconnaissance.
3. *Lettres de Voltaire à l'abbé Moussinot* (La Haye, 1781), publiées par l'abbé D*** (Duvernet), p. 16 ; Cirey, 1737.

sa femme au poëte pour le fléchir. Mais Voltaire dicta ses conditions. Il fut coulant et plus que coulant sur la question d'argent, comme on va le voir. Mais il avait été outragé, calomnié ; il voulut que Demoulin lui demandât pardon « de l'insolence qu'il a eue de me menacer d'un mémoire !. » Le coupable s'exécuta dans une lettre plus qu'humble où il dit à Voltaire que, malgré tout ce qui est arrivé, jamais amant n'a aimé plus tendrement une maîtresse qu'il ne l'a toujours aimé [2]. Celui-ci feignit de croire à la sincérité de son repentir. « Je vous rends à l'un et à l'autre mon amitié, écrivait-il au mari et à la femme ; je vois par vos démarches qu'en effet vous ne m'avez point trahi, et que quand vous m'avez dissipé vingt-quatre mille francs d'argent, il y a eu seulement du malheur et non de mauvaise volonté. Je vous pardonne donc de tout mon cœur, sans qu'il me reste la moindre amertume dans le cœur. » Et cet homme, d'une avarice si sordide, restreignait une dette que Demoulin avouait de vingt-sept mille livres à la somme de trois mille, sur lesquelles trois mille il ne toucha que deux mille deux cent cinquante livres. Ces sacrifices étaient moins douloureux pour Voltaire qu'on ne le pense. Les sacrifices qui en valaient la peine ne lui coûtaient point ; il n'était petit que dans les petites choses.

1. Bibliothèque impériale. Manuscrits. F. R. 15208. *Lettres originales de Voltaire à Moussinot*, f. 99, 155, 158 ; 17 novembre 1737, 21 juillet et 2 août 1738.

2. Voltaire, *Œuvres complètes* (Beuchot), t. LIII, p. 225. Lettre du sieur Demoulin à M. de Voltaire ; à Paris, le 12 d'auguste 1738. Tout cela résulte du billet de Demoulin, signé à la date de janvier 1743.

Mais à peine était-il sorti d'un embarras, que d'autres embarras survenaient et perpétuaient cet état de fièvre et de surexcitation qui eût tué tout autre. S'il n'avait pas oublié Desfontaines, Desfontaines, lui aussi, ne dormait point, bien résolu à ne laisser échapper nulle occasion de faire sentir au poëte ce dont il était capable. On a vu plus haut (4 novembre 1736) Voltaire contraint de quitter brusquement Cirey pour échapper aux poursuites que le *Mondain* allait lui susciter. Il dut ces persécutions, s'il faut l'en croire, à l'abbé Desfontaines, qui le dénonça à un prêtre nommé Couturier[1] en crédit auprès du cardinal de Fleury. L'œuvre en elle-même était plus que vénielle; mais l'auteur des *Observations* eût usé avec le *Mondain* du même procédé qu'avec la *Ligue* : falsification et intercalation perfide de vers fabriqués dans le but d'attirer la foudre sur la tête du poëte. Ce que ce dernier avait osé une première fois dans le fort des services, il pouvait bien l'avoir répété pour assouvir sa haine et son besoin de vengeance. Disons toutefois que Voltaire affirme sans pièces à l'appui, et que rien ne vient, que nous sachions, confirmer une aussi grave accusation[2]. Lorsque parurent les *Eléments de philosophie de Newton*, Desfontaines n'eut garde de ne pas dire son mot sur un livre dont la prétention était de vulgariser une doctrine qui était une hérésie pour la généralité de la France savante. Nous avons cité le quolibet relatif au sous-titre du livre :

---

1. L'abbé Couturier était supérieur général de Saint-Sulpice.
2. Voltaire, *Œuvres complètes* (Beuchot), t. XIV, p. 131. *Le Mondain*, note des éditeurs de Kehl.

« *mis à la porte de tout le monde ;* » on le prêtait à l'abbé, et Voltaire, dans sa haine, ne demande pas mieux d'avoir contre lui ce nouveau grief. En somme, ce n'était là qu'une saillie, dont pouvait rire tout le premier celui qui en était l'objet ; mais il en était différemment de cette appréciation malveillante, impertinente, de l'homme et de l'œuvre.

Il seroit ridicule, ce semble, qu'un philosophe renonçât à la philosophie dans un âge un peu avancé, afin de s'adonner à la poésie ; mais il sied, au contraire, à un poëte de renoncer aux vers à cet âge pour devenir philosophe. *Turpe senex vates.* Je ne suis donc pas de ceux qui trouvent mauvais que M. de Voltaire se soit à la fin dégoûté d'emprisonner ses pensées et de mesurer des mots, et qu'il ait voulu donner un noble essor à son esprit, en l'élevant aux sublimes objets de la philosophie... C'est dommage qu'il ait donné dans le newtonianisme qui est une mauvaise physique, réprouvée de tous les bons philosophes de l'Europe... Il faut d'ailleurs être né géomètre ou physicien pour réussir dans la géographie et dans la physique, comme il faut être né poëte pour acquérir de la gloire sur le Parnasse moderne. M. de Voltaire a incontestablement reçu de la nature le talent de la poésie ; mais la nature est-elle si prodigue de ses dons, et n'y a-t-il pas quelque incompatibilité avec le génie des vers et le génie de la philosophie ? Les premiers progrès qu'on fait dans quelque science ont coutume de flatter l'amour-propre. On travaille avec ardeur, on lit avec assiduité, on écrit pour soi-même et on conclut aisément que ce qu'on écrit pour s'instruire peut servir à instruire les autres ; tels sont, selon les apparences, les motifs qui ont porté M. de Voltaire à écrire sur le newtonianisme, et à publier ensuite ce qu'il a écrit [1]. »

On voit d'ici Voltaire, trépigner, se cabrer sur son fauteuil, bondir à travers la chambre, gesticulant, s'exclamant, serrant les poings, à la lecture de ces lignes d'une suprême insolence, où on le félicitait, à qua-

---

1. *Observations sur les écrits modernes*, t. XV, p. 49, 73.

rante-quatre ans, de renoncer à faire des vers, cette vanité qu'il faut abandonner à la jeunesse; où, par contre, on lui déclarait que la philosophie n'était pas son fait; où, après l'avoir traité de vieillard, on le montrait comme un écolier se passionnant ingénument pour ses premières surprises, et considérant ses devoirs comme autant de découvertes dont la publication allait être un bienfait pour la science et pour l'humanité ! Desfontaines eût été là qu'il l'eût poignardé. Mais il ne devait pas lui échapper. Voltaire fouilla dans toute l'œuvre de l'abbé, le *Dictionnaire néologique*, le *Nouvelliste du Parnasse*, les *Observations sur quelques écrits modernes*. Tout en flagellant les autres, Desfontaines n'était pas sans péché lui-même, et son ennemi n'eut que l'embarras du choix. Mais ce qui est plus grave et moins pardonnable que l'ignorance, c'est la mauvaise foi, la déloyauté des jugements et des arrêts : ce n'était rien de prouver que Desfontaines était un homme sans goût et sans savoir, si l'on ne prouvait qu'il était un coquin, et c'est à quoi visait ce pamphlet, dont la modération n'était pas le défaut, et qui se produisit sous le titre du *Préservatif*. Mais ce libelle, par plus d'une raison, ne devait pas être de Voltaire; parce que d'abord on y prenait le parti de Voltaire contre le folliculaire, et parce qu'ensuite on y introduisait la lettre qui va suivre, lettre que l'auteur putatif du *Préservatif* disait avoir reçue de l'auteur de la *Henriade*, en réponse aux questions qu'il avait pris la liberté de lui adresser lui-même.

Je ne connais l'abbé Desfontaines que parce que M. Thiériot

l'amena chez moi en 1724, comme un homme qui avait été ci-devant jésuite, et qui, par conséquent, était un homme d'étude ; je le reçus avec amitié, comme je reçois tous ceux qui cultivent les lettres. Je fus étonné au bout de quinze jours de recevoir une lettre de lui, datée de Bicêtre, où il venait d'être renfermé. J'appris qu'il avait été mis trois mois auparavant au Châtelet pour le même crime dont il était accusé, et qu'on lui faisait son procès dans les formes[1]. J'étais alors assez heureux pour avoir quelques amis très-puissants que la mort m'a enlevés[2]. Je courus à Fontainebleau, tout malade que j'étais, me jeter à leurs pieds ; je pressai, je sollicitai de toutes parts ; enfin j'obtins son élargissement, et la discontinuation du procès où il s'agissait de sa vie : je lui fis avoir la permission d'aller à la campagne chez M. le président de Bernières mon ami. Il y alla avec M. Thiériot. Savez-vous ce qu'il y fit ? un libelle contre moi. Il le montra même à M. Thiériot, qui l'obligea de le jeter au feu ; il me demanda pardon, en me disant que le libelle était fait un peu avant la date de Bicêtre. J'eus la faiblesse de lui pardonner, et cette faiblesse m'a valu en lui un ennemi mortel, qui m'a écrit des lettres anonymes, et qui a envoyé vingt libelles en Hollande contre moi. Voilà, monsieur, une partie des choses que je peux vous dire sur son compte, etc.[3].

Ce fut le chevalier de Mouhy, l'auteur d'une première attaque contre Desfontaines, qui accepta la responsabilité de ce pamphlet. Le chevalier était un de ces aventuriers de lettres, affamés, qu'on peut avoir quelque embarras à avouer, au moment où ils sont le plus utiles. Voltaire lui donnait des secours et le pensionnait pour qu'il lui rapportât les commérages de

1. Au lieu de trois mois, c'est un peu plus de quatre mois qu'il faut noter entre ces deux détentions, d'ailleurs très-réelles, comme on l'a vu.
2. Maisons, et Villars surtout qui ne refusa pas son concours au poëte dans cette démarche en tous cas fort méritante, que l'accusation fût plus ou moins fondée.
3. Voltaire, *OEuvres complètes* (Beuchot), t. XXXVII, p. 566, 567. *Le Préservatif.*

la Cour, de la ville et du Parnasse. « Voulez-vous bien vous charger d'envoyer ce paquet au chevalier de Mouhy (fort probablement le *Préservatif*), rue des Moineaux, dans votre quartier. Un commerce avec le chevalier de Mouhy vous étonne ; mais je n'en ai point avec ses ouvrages[1]. » Mouhy accepta donc la paternité du libelle, en tête duquel se trouvait une estampe représentant Desfontaines à Bicêtre, à genoux, recevant le fouet d'un drôle qui n'y allait pas de main morte[2]. Quelque cuirassé contre tout outrage que fût Desfontaines, il ressentit celui-ci profondément. C'était une guerre à mort et sans merci des deux parts qui s'engageait, guerre inégale où Voltaire, dans l'hypothèse la plus favorable, n'avait rien à gagner ; car l'opinion n'était plus à faire sur Desfontaines, et il n'apprenait rien à personne. Ce n'était peut-être pas là le sentiment de l'abbé, et c'est apparemment parce qu'il conservait quelques illusions sur le sentiment du public à son égard, qu'il jura une haine implacable au véritable auteur du *Préservatif*.

Voltaire eut vent assez vite des projets de vengeance de l'ennemi, et il commença à regretter d'avoir cédé à son premier emportement. Il écrivait à Thiériot, à la date du 6 décembre : « Si on m'avait cru, on aurait plus poli, plus aiguisé cette critique. Il était nécessaire de réprimer l'insolente absurdité avec laquelle ce gazetier attaque tout ce qu'il n'entend point ; mais je ne

---

1. Voltaire, *Lettres inédites* (Didier, 1857), t. I, p. 102. Lettre de Voltaire à Thiériot ; 11 septembre 1738.
2. Voltaire, *Œuvres complètes* (Beuchot), t. LIII, p. 541. Lettre de Voltaire à d'Argental ; 2 avril 1739.

puis être partout, et je ne peux tout faire¹. » Ainsi, ostensiblement, le *Préservatif* n'est pas de Voltaire, et c'est ce qu'il faut que Thiériot sache et dise bien. Il lui avait écrit déjà : « Vous pouvez assurer que je n'ai d'autre part au livre très-fort qui vient de paraître contre lui, que d'avoir écrit, il y a deux ans, à M. Maffei, la lettre qu'on vient d'imprimer. Assurez-le d'ailleurs que j'ai en main de quoi le confondre et le faire mourir de honte, et que je suis un ennemi plus redoutable qu'il ne pense². » Voltaire faisait comme les poltrons, qui chantent quand ils ont peur. Il eût bien voulu intimider Desfontaines, au point de lui tenir bouche close ; mais l'auteur des *Observations* n'était pas homme à s'effrayer aisément. Il savait que Voltaire avait de puissants appuis; mais ses ennemis étaient non moins puissants et non moins nombreux, et il pouvait compter sur leur aide, ouverte ou cachée. Et ne valait-il pas, à lui seul, une armée? On s'étonne que Thiériot, « le père Mersenne, » comme Voltaire affectait de l'appeler, ne soit pas dans la confidence, et qu'on s'efforce de lui donner le change. Cela pouvait n'être fait que pour qu'il lui fût loisible, à l'occasion, de produire les lettres où le poëte rejetait la paternité du pamphlet. Mais Voltaire avait d'autres motifs, on le verra bientôt, de jouer jeu serré avec cet ancien camarade, qui n'était rien moins que digne de l'amitié et de la confiance qu'on lui avait longtemps témoignées.

1. Voltaire, *OEuvres complètes* (Beuchot), t. LIII, p. 348. Lettre de Voltaire à Thiériot; le 6 décembre 1738.
2. *Ibid.*, t. LIII, p. 327. Lettre de Voltaire à Thiériot; le 24 novembre 1738.

Le *Préservatif* n'était pas la seule machine de guerre que l'on comptait faire mouvoir contre Desfontaines. Voltaire ménageait une autre surprise à celui-ci. Il avait fait un comédie en vers, intitulée l'*Envieux*, dont il songeait à doter le théâtre français. Le héros de la pièce était un certain *Zoïlin*, un drôle de sac et de corde, un monstre de scélératesse, un fourbe, un calomniateur et quelque chose de pis encore ; et il y a quelque part une allusion au vice dont était plus que soupçonné l'original [1]. Madame du Châtelet, qui ne professait pas une profonde admiration pour cette dernière œuvre, eût souhaité qu'on ne la jouât point [2]. Au reste, en fut-elle quitte pour la peur ; car l'*Envieux* fut écarté par les comédiens, qui ne soupçonnaient pas, si nous en exceptons mademoiselle Quinault, à qui ils faisaient cette injure [3]. Comme le *Préservatif*, l'*Envieux* eût eu un endosseur, l'abbé de Lamare, qui n'avait rien à perdre et y eût gagné quelques louis. Dans la suite, Voltaire sera plus heureux contre l'héritier de Desfontaines, et le scandale de l'*Écossaise* le vengera de l'échec ignoré de son *Envieux*.

[1]. Voltaire, *OEuvres complètes* (Beuchot), t. IV, p. 369, 370. *L'Envieux*, acte II, scène 1.

[2]. *Lettres inédites de madame du Châtelet à d'Argental* (Paris, 1806), p. 102, 103 ; 25 décembre 1738.

[3]. *Ibid.*, p. 112 ; 29 décembre 1738.

V

LA VOLTAIROMANIE. — LA DÉIFICATION DU DOCTEUR
ARISTARCHUS. — DÉSAVEU DE DESFONTAINES.

Ce fut le 12 décembre que parut chez Chaubert,
« en réponse au libelle du sieur de Voltaire » la *Voltairomanie ou Lettre d'un jeune avocat*. Il va sans
dire que le jeune avocat était l'auteur de cette œuvre
enragée comme le chevalier de Mouhy l'était du *Préservatif*. La supercherie eût été grossière, si Desfontaines eût tenu sérieusement à donner le change. Mais
ce qu'il voulait, tout au contraire, c'est qu'on ne doutât pas qu'il en fût le vrai père. Et partout où il allait,
il avait le pamphlet dans sa poche, tout disposé à en
donner lecture, pour peu qu'on semblât l'y autoriser.

> Je me souviens que cet écrit n'étoit pas encore public, lorsque
> le marquis de Loc-Maria se proposa de donner un grand diner
> à divers gens de lettres qui ne s'aimoient pas : il y avoit entre autres l'abbé *Desfontaines*, l'abbé *Prévost*, *Marivaux*, M. de
> *Mairan*. Il m'invita à ce repas, en me disant : Je suis curieux
> de voir comment mon diner finira.
> Je me rendis chez le marquis, où je trouvai une grande assemblée ; l'abbé Desfontaines nous proposa, avant le diner, d'entendre une lecture qui, disoit-il, nous feroit grand plaisir. On agréa
> sa demande ; il nous lut la *Voltairomanie*, qui, loin de nous
> faire plaisir, fut regardée comme un libelle très-grossier ; lui

seul s'applaudissant, après avoir fini sa lecture, dit ces propres paroles, avec le ton brutal que la nature lui avoit donné, et que l'éducation n'avoit pas corrigé : « Voltaire n'a plus d'autre parti à prendre que s'aller pendre [1]. »

Dans la brochure du chevalier, la pièce capitale est la fameuse lettre à Maffei; dans la *Voltairomanie*, bien que l'on n'épargne ni la *Henriade*, ni le *Temple du Goût*, ni les *Eléments de Newton*, la critique littéraire n'est que secondaire, c'est l'homme qui est vilipendé, honni, traîné dans la boue. Le plus pressé était de laver l'abbé de toutes les calomnies dont on l'avait noirci, et c'est en effet par quoi l'on commence. Le jeune avocat s'y emploie de son mieux, et ce n'est pas sa faute si ses efforts ne sont point couronnés d'un plein succès. Les injures, les outrages, les calomnies affluent. L'on sait son Voltaire par cœur, l'on connaît les endroits vulnérables, et c'est là qu'on frappe à coups redoublés, n'ayant d'autre peur que celle de ne pas frapper assez fort. Auprès du lecteur éclairé et sans passion, l'exagération est trop manifeste et enlève tout poids et toute autorité à l'attaque. Qu'importe, si l'on arrache à celui que l'on a en vue des cris de douleur et de rage? Au moins, à cet égard, ne s'était-on point mépris, et la sensibilité de Voltaire dépassera-t-elle et l'attente de ses ennemis et la crainte de ses amis. Madame du Châtelet, dans les mains de laquelle la *Voltairomanie* tombe à Cirey, épouvantée de l'effet qu'elle doit produire sur son hôte alors très-souffrant, s'em-

---

[1]. *Lettre de M. de Burigny à M. Mercier, abbé de Saint-Léger*, sur les démêlés de M. de Voltaire avec M. de Saint-Hyacinthe (Londres, 1780), p. 7, 8.

presse de la faire disparaître et fait tout ce qu'elle peut pour lui en cacher jusqu'à l'existence[1]. Cependant, fallait-il laisser sans réponse ces monstrueuses accusations qu'un public ignorant était capable d'accueillir sans plus de critique? N'eût-ce pas été trahir et déserter sa cause que de le mettre dans l'impossibilité de se défendre et de démontrer victorieusement l'ignominie d'un misérable qui n'avait su reconnaître ses bienfaits que par la plus noire ingratitude?

> Il est nécessaire, écrivait-elle à d'Argental, pour la santé et pour la tranquillité de votre ami, que je tâche de lui dérober la connaissance de l'indigne libelle de l'abbé Desfontaines; mais je crois aussi nécessaire pour son honneur d'y répondre. C'est trahir votre ami que de laisser croire au public qu'il a avancé un fait dont il prend M. Thiériot à témoin, et que M. Thiériot désavoue... Dans cette dure extrémité, je me suis résolue à faire la réponse. Je me flatte que j'y mettrai plus de modération que lui, si je n'y mets pas tant d'esprit... Car enfin il ne faut pas livrer son ami au déshonneur pour vouloir le servir. Ma plus grande fureur, je vous l'avoue, est contre Thiériot, et il n'y a rien que je ne fasse pour l'obliger à un désaveu qu'il doit également à l'honneur de son ami et au sien... Je lui ai écrit sur cela de la bonne encre; mais s'il ne fait pas à M. de Voltaire la réparation la plus authentique, je le poursuivrai au bout de l'univers pour l'obtenir[2]...

Ces plaintes contre Thiériot ont besoin d'être expliquées. Qu'a fait Thiériot, cet ami si choyé, si caressé, pour mériter et cette indignation et ces menaces? On en sait assez du caractère de ce dernier pour n'en rien attendre d'héroïque, et l'on peut décider en toute assu-

---

1. *Lettres inédites de madame du Châtelet à d'Argental* (Paris, 1806), p. 108; 26 décembre 1738.
2. *Ibid.*, p. 115 à 118; 30 décembre 1738.

rance qu'il n'eût pas été homme à courir les risques de se noyer pour sauver un bienfaiteur. C'était une nature négative, égoïste, sans consistance et sans courage, à laquelle il eût été imprudent de beaucoup demander dans une crise difficile. Voltaire, on l'a vu, dans sa lettre à Maffei reproduite par le *Préservatif*, prend Thiériot à témoin des perfidies de Desfontaines. En cette circonstance, son témoignage était tout, puisque Voltaire ne savait les faits que par lui. Que fait l'abbé, qui avait conservé des rapports avec Thiériot? il le circonvient, l'assiége, l'effraye dans son repos tant et si bien qu'il lui arrache quelque chose comme un désaveu; après quoi, il jette à l'ennemi cet impudent défi :

> M. Tiriot est un homme aussi estimé des honnêtes gens que Voltaire en est détesté. Il traine, comme malgré lui, les restes honteux d'un vieux lien, qu'il n'a pas eu encore la force de rompre entièrement. Or, on a demandé à M. Tiriot, qui est cité ici pour témoin, si le fait étoit vrai : et M. Tiriot a été obligé de dire qu'il n'en avoit aucune connoissance. On propose ici un défi à Voltaire. Le séjour à la campagne, chez M. le président de Bernières, est dans les vacances de 1725. Si un libelle imprimé cette année, contre Voltaire, existe, qu'on le montre. S'il répond que l'abbé Desfontaines l'a jeté lui-même au feu, qu'il cite des témoins. Car assurément il ne doit point être cru sur sa parole. *M. Tiriot*, dit-il, *l'obligea de le jetter au feu*. Et voilà M. Tiriot qui déclare la fausseté du fait. Le sieur Voltaire est donc le plus hardi et le plus insensé des menteurs[1].

Madame du Châtelet mandait à d'Argental qu'elle lui envoyait une réponse au libelle écrite par elle, et qu'elle attendrait son avis avant de prendre un parti.

1. *La Voltairomanie*, p. 20, 21.

Elle ne pouvait guère espérer, toutefois, cacher éternellement à son ami l'existence des attaques furibondes dont il était l'objet. Une chose touchante se passait entre eux et démontre ce qu'il y avait alors de tendre et de charmant dans leur commerce. La marquise, qui croyait tromper Voltaire, était pourtant sa dupe : il savait tout et dissimulait pour ne pas la désoler. « Toutes mes précautions ont été vaines, écrit-elle à son correspondant habituel ; ce malheureux libelle est parvenu jusqu'à notre ami ; il me l'a avoué, mais il ne me l'a pas montré. J'ai vu même que tout ce qu'il craignoit étoit que je ne le visse [1]... » La marquise n'avait plus désormais qu'à renfermer son mémoire, qui ne parut point. Il n'est pas perdu pour nous, toutefois, et c'eût été dommage : bien que la modération n'y soit pas aussi grande qu'elle se le figure, il est habile, d'une argumentation serrée, allant au but et frappant dru sur l'ennemi. La *Voltairomanie* y est discutée victorieusement, et il est à regretter pour Voltaire que cette réponse ne vît point alors le jour. Nous parlions de modération, le début n'en annonce guère ; en revanche, il est plein de mouvement et d'une éloquence qui n'est pas ordinaire chez madame du Châtelet ; car la forme l'inquiète peu, et, dans tout ce qu'elle écrit, elle n'est guère préoccupée que du fond.

Les naturalistes recherchent avec soin les monstres que la nature produit quelquefois, et les recherches qu'ils font sur leurs causes n'est qu'une simple curiosité qui ne peut nous en garantir ; mais il est une autre sorte de monstres dont la recherche

---

1. *Lettres inédites de madame du Châtelet à d'Argental* (Paris, 1806), p. 121 ; 3 janvier 1739.

est plus utile pour la société, et dont l'extirpation seroit bien plus nécessaire. En voici une d'une espèce toute nouvelle; voici un homme qui doit l'honneur et la vie à un autre homme, et qui se fait une gloire, non-seulement d'outrager son bienfaiteur, mais même de lui reprocher ses bienfaits. Par malheur pour la nature humaine, il y a eu de tous temps des ingrats, mais il n'y en a peut-être jamais eu qui aient fait gloire de l'être. Ce comble de crimes était réservé à l'abbé *Desfontaines*[1]...

La marquise prouvait ensuite que Thiériot n'avait pas pu jouer le rôle qu'on lui prêtait; et, dans le cas où il se serait rendu coupable d'une pareille infamie, de quelle autorité pouvait être dès lors son témoignage? Ce fait du libelle montré par Desfontaines à Thiériot durant l'exil du premier à la Rivière-Bourdet, Voltaire n'en avait eu connaissance que par ledit Thiériot, qui était si loin de songer à le nier jamais, que dans son dernier voyage encore, il le racontait à Cirey, devant plusieurs personnes dignes de foi, et avec l'indignation qu'une telle horreur devait inévitablement inspirer. En effet, celui-ci était venu passer en Champagne une partie du mois d'octobre, et, de retour, en défaisant ses malles, il avait trouvé dans l'une d'elles un rouleau de cinquante louis, que le poëte y avait glissé sans qu'il le vît. Ce procédé lâche d'un homme qui lui devait tout, dans une circonstance capitale, peina encore plus qu'il ne révolta Voltaire. Il lui adressa une lettre pleine de tristesse et de mansuétude; il connaissait son Thiériot et savait jusqu'où son dévouement pouvait aller. « Si vous

---

[1]. Longchamp et Wagnière, *Mémoires sur Voltaire* (Paris, 1826), t. II, p. 423, 424. Réponse à une lettre diffamatoire de l'abbé Desfontaines, par madame la marquise du Châtelet.

m'aviez écrit avec amitié, lui dit-il, et tout uniment comme à l'ordinaire, je n'aurais point eu à me plaindre. Personne ne vous a jamais demandé de lettre ostensible ; mais, moi, je demandais à votre cœur des marques de votre amitié, et j'ai eu la mortification de n'en recevoir aucune, pendant que les plus indifférents m'écrivaient les choses les plus fortes et les plus touchantes, et m'offraient les plus grands services[1]. » Madame du Châtelet, à la lecture de la *Voltairomanie*, avait dépêché à l'ancien clerc de M⁰ Allain une lettre très-forte, très-pressante, à laquelle il avait bien fallu répondre. Placé entre deux feux, le pauvre diable ne savait comment en sortir : sa réponse, en date du 31 décembre, peint bien son embarras. Nous avons cette lettre avec les observations de la marquise, qui ne prend pas le change sur aucune de ses petites ruses.

... J'ai essuyé, dit-il, beaucoup de questions sur la vérité de ce fait (le libelle de l'abbé Desfontaines qu'il avait forcé celui-ci de brûler), et voici quelle a été ma réponse, *que je me souvenois simplement du fait, mais que, pour les circonstances, elles m'étoient si peu restées dans la mémoire, que je ne pouvois en rendre aucun compte;* et cela n'est pas extraordinaire après tant d'années.

De là l'auteur de la *Lettre d'un avocat* a pris occasion d'avancer et de me faire dire que je ne savois ce que c'étoit, et d'en conclure que le fait étoit imaginaire. C'est ainsi qu'il a abusé d'une réponse générale et très-sincère ; et c'est ainsi qu'il a mérité le démenti de ses impostures et le mépris que je fais de ses éloges.

Tout l'éclaircissement que je puis donc vous donner, madame, c'est qu'il fut question à la Rivière-Bourdet, en ces temps-là, d'un écrit contre M. *de Voltaire*, qui, autant que je puis m'en

1. Voltaire, *Œuvres complètes* (Beuchot). t. LIII, p. 366. Lettre de Voltaire à Thiériot ; Cirey, le 24 décembre 1738.

souvenir, étoit un cahier de quarante à cinquante pages. L'abbé Desfontaines me le fit voir, et je l'engageai à le supprimer. Quant à la date et au titre de cet écrit (circonstances très-importantes au fait), je proteste en honneur que je ne m'en souviens pas, non plus que des autres [1]...

On voit, et c'est ce que madame du Châtelet ne manque pas de relever, tout l'effort de Thiériot pour ménager et désintéresser l'abbé Desfontaines, même dans les faits qu'il est contraint de reconnaître. Ainsi, l'abbé Desfontaines lui fit voir un libelle; mais il n'est nullement question que ce libelle fût de Desfontaines. Et, en déclarant qu'il en ignore et la date et le titre (circonstances très-importantes au fait, s'empresse-t-il de remarquer), il ôte toute valeur aux aveux qu'on lui arrache. En revanche, force protestations d'amitié, de zèle, de dévouement. Voltaire ne l'a-t-il pas également trouvé dans les temps heureux comme dans les passes difficiles? a-t-il laissé à d'autres, lui Thiériot, tant que le danger dura, le soin de veiller au chevet de son ami mourant, sans se préoccuper des risques qu'il y avait pour lui-même? Mais tout ce verbiage ne devait lui être compté que pour peu. L'on avait des lettres de lui où l'histoire du libelle était relatée, et Voltaire lui en cite une, à la date du 16 août 1726, des moins équivoques et des plus précises : « Il avait fait contre vous (Desfontaines) un ouvrage satirique, dans le temps de Bicêtre, que je lui fis jeter dans le feu, et c'est lui qui a fait une édition du poëme de *la*

---

1. Longchamp et Wagnière, *Mémoires sur Voltaire* (Paris, 1826), t. II, p. 432, 433. Lettre de Thiériot à madame la marquise du Châtelet; de Paris, le 31 décembre 1738.

Ligue, dans laquelle il a inséré des vers satiriques de sa façon[1]... » Entre autres, les vers contre Lamothe-Houdart que nous avons cités plus haut. Ce fragment est catégorique, et l'oublieux Thiériot, qui proteste présentement n'avoir que des souvenirs confus, donne là les détails les plus satisfaisants et les plus complets.

Cette lettre à madame du Châtelet avait produit le plus mauvais effet à Cirey; Voltaire, toujours faible envers son ancien camarade, l'en reprend doucement et lui laisse entrevoir ce que de tels procédés ont de fâcheux pour lui-même. « ... Au nom de notre amitié, écrivez-lui quelque chose de plus fait pour son cœur. Vous connaissez la fermeté et la hauteur de son caractère ; elle regarde l'amitié comme un nœud si sacré, que la moindre ombre de politique en amitié lui paraît un crime... paraître reculer, se rétracter avec elle, c'est un outrage. Hélas! c'en serait un de ne pas engager le combat pour son ami. Que sera-ce de fuir dans la bataille! Des amis de deux jours brûlent de prendre ma défense, et vous m'abandonnerez, tendre ami de vingt-cinq ans!... Mais, mon ami, n'est-on fait que pour souper? ne vit-on que pour soi? n'est-il pas beau de justifier son goût et son cœur, en justifiant son ami[2]. » L'attitude équivoque de Thiériot, l'homme-lige de Voltaire, était trop significative contre ce dernier, pour que l'on n'usât pas même de

---

1. Voltaire, *Œuvres complètes* (Beuchot), t. LIII, p. 378. Lettre de Voltaire à Thiériot; le 2 janvier 1739.

2. *Ibid.*, t. LIII, p. 385, 386. Lettre de Voltaire à Thiériot; 7 janvier 1739.

moyens énergiques pour le rappeler à son devoir. M. du Châtelet, qui n'était pas un épistolier, intervint en cette circonstance, et lui écrivit une lettre où il le prenait de très-haut, avec une politesse qui n'empêchait pas l'injonction d'être très-formelle et très-impérative. « ... Je suis persuadé, lui marquait-il, que vous ne balancerez pas à faire ce qu'exigent de vous les lois de la société et les devoirs d'un honnête homme. Il est donc nécessaire que vous vouliez bien m'écrire une lettre à peu près dans le goût du canevas ci-joint. Vous savez bien qu'il ne contient que la plus exacte vérité, et je laisse à votre zèle d'y ajouter ce que votre cœur et la reconnaissance que j'ai toujours, monsieur, reconnue en vous, vous dicteront. Vous êtes engagé plus que personne à défendre la réputation d'un homme que l'abbé *Desfontaines* accuse de rapine, et qui cependant (vous le savez) a passé sa vie à faire plaisir à ses amis, et qui est aussi connu par ses générosités que par ses ouvrages[1]. » Cette dernière phrase avait sa portée, et Thiériot, pour en faire l'application directe, n'avait pas besoin de regarder autour de lui. Six jours après, autre lettre de madame de Champbonin, qui n'était pas moins pressante : « Aujourd'hui nous recevons une lettre de madame la présidente de Bernières... elle dit ormellement que, loin que M. de *Voltaire* fût nourri et logé par charité chez M. de Bernières, comme l'ose dire un calomniateur si punissable[2], il louait un loge-

---

1. Longchamp et Wagnière, *Mémoires sur Voltaire* (Paris, 1826), II, p. 435, 436. Lettre du marquis du Châtelet à Thiériot ; à Cirey, ce 10 janvier 1739.

2. *Ibid.*, t. II, p. 438, 439. Lettre de madame de Champbonin à Thiériot ; à Cirey, le 16 janvier 1739.

ment chez elle, pour lui et pour vous, payant sa pension et la vôtre; elle le dit, monsieur, et vous laissez calomnier votre ami! et quel ami! un homme qui a hasardé le bonheur de sa vie, et qui porte encore la peine de ces malheureuses *Lettres philosophiques*, qui n'ont été imprimées qu'à votre profit, et dont vous avez reçu deux cents guinées; et c'est vous, monsieur, qui laissez dire que M. de *Voltaire* est accusé de rapines! »

Voltaire, à son retour d'Angleterre, n'avait pas revu les époux de Bernières. Le ménage était passablement troublé, et cette désunion était de nature à éloigner plus qu'à attirer les amis communs. Cependant il rencontre un jour la présidente, et sa vue lui rappelle un temps qui n'est plus et ne peut plus revenir, mais dont le souvenir n'est pas sans charme. « J'ai vu, écrit-il à Cideville, la présidente de Bernières. Est-il possible que nous ayons dit adieu pour toujours à la Rivière-Bourdet? Qu'il serait doux de nous y revoir! ne pourrions-nous point mettre le président dans un couvent, et venir manger ses canetons chez lui[1]? » Pour bien comprendre ce cri de convoitise, il faut savoir que la Rivière-Bourdet appartient au canton actuel de Duclair, et que Duclair est la terre classique de ces canetons si vantés, auxquels Rouen a imposé son nom. L'antipathie et le désaccord entre M. de Bernières et sa femme parvinrent à ce point qu'ils durent se séparer. Le mari faisait à celle-ci deux mille écus de pension, dont, à ce qu'il paraît, il enrageait fort. Il fit mieux ou pis; il alla

---

1. Voltaire, *OEuvres complètes* (Beuchot), t. LI, p. 432. Lettre de Voltaire à Cideville; ce 15 septembre 1733.

de vie à trépas (18 octobre 1734) et laissa la présidente parfaitement libre de convoler à de nouvelles noces, ce dont elle n'eut garde de ne point se passer la fantaisie. « La veuve vient de me mander, écrit encore le poëte à l'aimable conseiller normand, qu'elle ne gardera point la Rivière-Bourdet. Il serait pourtant bien doux, mon cher ami, que nous pussions être un peu les maîtres de sa maison. Mais il sera dit que nous passerons notre vie à faire le projet de vivre ensemble... Il vaudrait un peu mieux, mon cher ami, ajoute-t-il se ravisant, se rassembler chez Émilie que chez la veuve de *Gilles*. Ce n'est pas que je n'aie pour notre présidente tous les égards d'une ancienne amitié; mais franchement, vous conviendrez, quand vous aurez vu Émilie, qu'il n'y a point de présidente qui en approche[1]. » Voltaire était trop épris pour penser sérieusement à renouer avec celle-ci, qui n'allait pas tarder d'ailleurs à échanger son nom contre celui d'un garde du corps appelé Prud'homme, et il fallut ce déplorable procès pour amener entre eux deux l'échange de quelques lettres. Voltaire n'eut qu'à se louer d'elle dans cette circonstance. Elle fit tout ce qu'il souhaita, et dans les termes les plus catégoriques et les plus forts : on ne pouvait pas dire plus et donner un démenti plus formel et plus accentué à Desfontaines[2]. Cette lettre de la présidente ne s'est pas retrouvée; mais le contentement du poëte prouve qu'elle n'avait pas nagé entre

---

1. Voltaire, *Œuvres complètes* (Beuchot), t. LI, p. 552. Lettre de Voltaire à Cideville; décembre 1734.

2. *Ibid.*, t. LIII, p. 452, 453. Lettre de Voltaire à Helvétius; janvier.

deux eaux, comme Thiériot, et qu'elle avait appelé un chat un chat. « Mon Dieu, la bonne Bernières! s'écrie de son côté madame du Châtelet. Je l'aime de tout mon cœur. Que Thiériot voie sa lettre¹. »

Thiériot devait à Voltaire d'être le correspondant du prince royal de Prusse auquel depuis 1736 il dépêchait tous les rogatons parisiens; il n'en est pas moins soupçonné à Cirey d'avoir envoyé la *Voltairomanie* à Frédéric. L'on n'est pas toujours fâché de rire aux dépens de ses meilleurs amis, et l'honnête Thiériot croyait faire sa cour en envoyant toutes les brochures que « les insectes du Parnasse et de la littérature » faisaient contre l'auteur de la *Henriade*. Madame du Châtelet, très-portée à grossir les torts de celui que Voltaire appelait son « père Mersenne, » bâcle, dans le fort de la colère, une lettre à l'Altesse prussienne, où Thiériot est traité comme la dernière des créatures.

On me mande que Thiériot a envoyé en dernier lieu à V. A. R. un nouveau libelle de l'abbé Desfontaines, intitulé la *Voltairomanie*. Comme il y est question du sieur Thiériot, je crois qu'il est bon de faire connoître à V. A. R. quel est l'homme au nom duquel on ose donner dans ce libelle un démenti à M. de Voltaire, et qui ose l'envoyer à V. A. R.

Quand le sieur Thiériot ne devroit à M. de Voltaire que ce que les devoirs les plus simples de la société exigent, la façon dont on parle de lui par rapport à M. de Voltaire dans cet infâme libelle devroit le révolter, et il ne devroit pas laisser subsister un moment le doute qu'il eût démenti ses lettres et ses discours pour un scélérat généralement méprisé, tel que l'abbé Desfontaines.

Mais que V. A. R. pensera-t-elle quand elle saura que le

1. *Lettres inédites de madame du Châtelet à d'Argental* (Paris, 1806), p. 184, 185; mars 1739.

même Thiériot, qui veut aujourd'hui affecter la neutralité entre
M. de Voltaire et son ennemi, n'est connu dans le monde que
par les bienfaits de M. de Voltaire; qu'il n'est jamais entré dans
une bonne maison que comme son portefeuille, comme un
homme qui le répétoit quelquefois[1]; que M. de Voltaire, dont la
générosité est bien au-dessus de ses talents, l'a nourri et logé
pendant plus de dix ans; qu'il lui a fait présent des *Lettres philosophiques,* qui ont valu à Thiériot, de son aveu même, plus de
deux cents guinées, et qui ont pensé perdre M. de Voltaire; et
qu'il lui a enfin pardonné des infidélités, ce qui est plus que des
bienfaits? Que penserez-vous, Monseigneur, d'un homme qui,
ayant de telles obligations à M. de Voltaire, loin de prendre
aujourd'hui la défense de son bienfaiteur et de celui qui vouloit bien le traiter comme son ami, affecte de ne plus se souvenir des choses qu'il a écrites plusieurs fois, et dont M. de
Voltaire a les lettres, et qu'il a répétées encore devant moi,
ici, cet automne, et craint de se compromettre comme si un
Thiériot pouvoit jamais être compromis, et comme si il y avoit
une façon plus ignominieuse de l'être que d'être accusé de manquer à tant de devoirs et à tant de liens, et de les trahir tous
pour un Desfontaines...

Vous savez, monseigneur, que les personnes publiques dépendent des circonstances; ainsi, quelque singulier qu'il soit
que la conduite de Thiériot puisse porter quelque coup, cependant il seroit désirable pour M. de Voltaire qu'il rendît publiquement dans cette occasion ce qu'il doit à la vérité et à la

---

1. Thiériot, que Le Sage, dans sa comédie du *Temple de mémoire* (1725) appelle M. *Prône-Vers,* avait une mémoire surprenante,
« une mémoire cruelle » qu'il consacrait à propager dans les salons les
poésies de Voltaire, sans détriment du reste de tout ce qu'il ramassait sur son chemin. « Il s'est mis à nous réciter des vers de tous
les poëtes du monde, écrit Diderot à mademoiselle Voland, et il était
près de neuf heures quand il nous a quittés. » *Mémoires et Correspondance* (Paris, 1841), t. I, p. 220; à Paris, le 11 novembre 1760.
Mais cette faculté, loin de le servir, l'avait annihilé. C'était une machine montée, fonctionnant régulièrement; ce n'était pas un homme
qui pense et qui discute. « Il aurait assez d'esprit s'il savait moins,
dit encore Diderot. Il a tout retenu. Au lieu de dire d'après lui, il
cite toujours; ce qui fatigue et déplaît. » *Ibid.*, t. I, p. 230; à Paris,
25 novembre 1760.

reconnoissance, et je suis persuadée qu'un mot de V. A. R. suffira pour le faire rentrer dans son devoir...

Quelque méprisable que soit l'auteur de l'infâme libelle dont j'ai parlé à V. A. R. dans cette lettre, il est, je crois, du devoir d'un honnête homme de repousser publiquement des calomnies publiques. M. du Châtelet, moi, tous les parents et tous les amis de M. de Voltaire lui ont donc conseillé de publier le mémoire que j'envoie à V. A. R. Il n'est pas encore imprimé, mais le respect de M. de Voltaire pour V. A. R. lui fait croire qu'il ne peut trop tôt lui envoyer la justification d'un homme qu'elle honore de tant de bontés [1].

La réponse de Frédéric est curieuse. Il fait bon marché de Thiériot; c'est un sot, un important, une pauvre cervelle; ce n'est pas un mauvais diable. « Il m'écrit quelquefois des lettres, où il paraît brouillé à jamais avec le bon sens; il n'a jamais le rhume, que je n'en sois informé par un galimatias de quatre pages. Mais il se surpasse surtout dans le jugement et la critique qu'il fait des ouvrages d'esprit, et il escalade le superlatif lorsqu'il refond en son style les pensées de M. de Voltaire ou de quelque homme d'esprit... Indépendamment de ces défauts, Thiériot est un bon garçon. Son exactitude, et le désir qu'il a d'être utile le rendent estimable [2]... » En somme, Thiériot, en envoyant au prince toutes ces turpitudes littéraires, ne faisait qu'obéir : « J'ai fait écrire à Thiériot, dit Frédéric en réponse à une seconde lettre de la marquise tout aussi emportée que la première, que je voulais avoir ce libelle, quelque

1. *OEuvres de Frédéric le Grand* (Berlin, Preuss.), t. XVII, p. 10, 11. Lettre de la marquise du Châtelet à Frédéric; Cirey, 12 janvier 1739.

2. *Ibid.*, t. XVII, p. 14. Lettre de Frédéric à madame du Châtelet; Berlin, 23 janvier 1739.

affreux qu'il pût être; mais il ne me l'a pas envoyé encore. Lorsqu'on s'intéresse autant à quelqu'un que je le fais à M. de Voltaire, tout ce qui peut le regarder, d'une manière relative ou directe, devient intéressant; et quelque répugnance que j'aie à lire ces écrits qui sont l'opprobre de l'humanité et la honte des lettres, je me suis néanmoins imposé cette pénitence... Autant que j'en puis juger, Thiériot n'est point malicieux; mais s'il biaise, ce n'est que par faiblesse et par timidité. Vous verrez par la copie de ce que je lui ai fait écrire, que je lui ai fait sentir quels sont les devoirs d'un honnête homme, et que la probité et la reconnaissance sont des vertus si indispensables, que, sans elles, les hommes seraient pires que les monstres les plus affreux. Thiériot s'amendera, madame; il ne fallait que lui montrer ses devoirs[1]... » A cela répondait l'inexorable logicienne : « Je ne doute point que la lettre que V. A. R. lui a fait écrire ne le fasse rentrer dans son devoir, et j'ose assurer qu'il en avoit besoin. Il est vrai que c'est une âme de boue; mais quand la faiblesse et l'amour-propre font faire les mêmes fautes que la méchanceté, ils sont aussi condamnables[2]. »

On demandait à Thiériot un désaveu éclatant, mais il croyait avoir fait bien au delà de ce qu'on pouvait réclamer de lui dans sa lettre du 31 décembre à madame du Châtelet. Il la colportait dans tous les lieux où il était admis, la lisait à qui voulait l'entendre. « Il

1. *Œuvres de Frédéric le Grand* (Berlin, Preuss.); t. XVII, p. 18. Lettre de Frédéric à madame du Châtelet; Berlin, 23 février 1739.
2. *Ibid.*, t. XVII, p. 21. Lettre de madame du Châtelet à Frédéric; Cirey, 27 février 1739.

l'a montrée à plus de deux cents personnes, » s'écrie cette dernière, outrée. Les châtelains de Cirey sont avertis qu'il songe même à la publier dans le *Pour et Contre*, de l'abbé Prévost. La marquise pâlit à cette nouvelle. « Qu'il ne s'avise pas de cela, écrit-elle à d'Argental : je vous demande en grâce, mon cher ami, de l'en empêcher; il n'y a point d'extrémités où M. du Châtelet et toute ma famille ne se portât. Vous sentez bien tout ce que mon nom, une fois prononcé dans cette indigne querelle, entraîne [1]... » Voltaire, le même jour, écrit à Thiériot de ne pas réaliser un projet qui serait le plus cruel outrage à madame du Châtelet et aux siens [2]. La lettre ne parut point, et l'on en fut quitte pour la peur, grâce sans doute à d'Argental. Quant à Thiériot, l'embarras où il se trouvait, joint à sa paresse native, le rendait fort sobre dans sa correspondance, et il fut un mois sans répondre au poëte dont la longanimité, l'indulgence, l'affection eussent dû le faire rentrer en lui-même. S'il sort de son silence, c'est pour griffonner quelque impertinence ou quelque sottise, dans le goût de celles auxquelles le prince royal fait allusion. « Thiériot écrit aujourd'hui une lettre à M. de Voltaire, qui commence ainsi : *J'étois enfermé avec un évêque et un ministre étranger, quand madame de Chambonin est venue pour me voir* [3]. » Il sentit à la fin la nécessité de prendre un

---

1. *Lettres inédites de madame du Châtelet à d'Argental* (Paris, 1826), p. 143, 144 ; 19 janvier 1739.

2. Voltaire, *Œuvres complètes* (Beuchot), t. LIII, p. 424. Lettre de Voltaire à Thiériot ; le 19 janvier 1739.

3. *Lettres inédites de madame du Châtelet à d'Argental* (Paris, 1806), p. 163 ; 12 février 1739.

parti ; et il se joindra aux amis de Voltaire, lorsque ceux-ci présenteront leur requête. Cette démarche eut pour effet d'apaiser la marquise, qu'il s'efforça d'ailleurs de regagner par des soumissions auxquelles elle ne fut pas insensible [1]. Aussi put-il répondre triomphalement au prince royal qui le sommait de se raccommoder avec le poëte, que, pour se raccommoder il faudrait être brouillé, et qu'ils n'avaient jamais cessé de s'aimer. « Tout Paris sait la continuation de notre amitié et de notre correspondance ; je fais même voir dans cette intention-là celles de ses lettres qui peuvent se montrer. Il me charge tous les jours de commissions auprès de ses protecteurs et de ses amis. Enfin, Monseigneur, je porte au doigt son portrait, dont il vient de me faire présent, et je l'ai embelli de plus de deux cents écus de diamans. Ainsi, V. A. R. voit que nous ne sommes ni brouillés ni ne passons pour l'être [2]... » Et cela était à peu près vrai, grâce à l'étrange facilité de Voltaire, dont les lettres ne cessent point d'être sur un ton de tendresse que l'impénitence de Thiériot ne réussissait pas à modifier [3].

1. *Lettres inédites de madame du Châtelet à d'Argental* (Paris, 1806) p. 181 ; mars 1739. Nous lisons dans une lettre de l'abbé d'Olivet : « Tiriot, ami de Voltaire, a semé plusieurs copies d'une lettre qui détruit un des mensonges de la *Voltairomanie*, » sans désigner quelle lettre c'était. Au moins ressort-il nettement de ce fait que Thiériot avait fini par se ranger à son devoir. Bibliothèque impériale. Manuscrits. *Correspondance du président Bouhier*, t. IX, f. 219. Lettre de l'abbé d'Olivet au président ; 14 février 1739.

2. Longchamp et Wagnière, *Mémoires sur Voltaire* (Paris, 1826), t. II, p. 444. Lettre de Thiériot au prince royal de Prusse ; à Paris, le 4 mai 1739.

3. Au moment même où Thiériot témoigne tant de tiédeur, Voltaire songe à lui adresser un de ses Discours sur l'homme, ce qui est même

Le poëte était bien déterminé à poursuivre Desfontaines à toute outrance. Moussinot est chargé de faire publier un monitoire, d'acheter le pamphlet chez Chambert, en présence de deux témoins, et d'en faire dresser secrètement procès-verbal chez un commissaire[1]. André, Procope, qui figure dans la *Voltairomanie* sous la désignation peu flatteuse de *Thersite de la faculté*[2], tous les deux médecins, Pitaval, avocat, l'abbé Seran de la Tour, Duperron de Castera, par haine de Desfontaines, dont ils ont plus ou moins à se plaindre, consentent à se mettre en avant et à présenter requête au chancelier. « Je prie mon neveu d'ameuter quelques-uns de mes parents pour se joindre à lui[3], » écrit Voltaire à Moussinot. Il attachait avec raison

l'objet de vifs débats entre lui et la marquise qui s'indigne et s'y oppose à toute outrance. « Peut-être mon crédit l'emportera-t-il, mande-t-elle à d'Argental ; mais Thiériot est un terrible adversaire... » *Lettres de madame du Châtelet à d'Argental* (Paris, 1806), p. 100, 105 ; 15 et 25 décembre 1738. Madame de Graffigny, qui était sur cela de l'avis de la marquise et l'aida à le dissuader, nous dit de son côté : « Il est étonnant l'amitié qu'il a pour cet homme. » *Vie privée de Voltaire et de madame du Châtelet* (Paris, 1820), p. 72.

1. Bibliothèque impériale. Manuscrits, F. R. 15208. *Lettres originales de Voltaire à l'abbé Moussinot*, f. 194 ; 5 janvier 1739. — Voltaire, *Lettres inédites* (Didier, 1857), t. I, p. 105. Lettre de Voltaire à d'Argental ; à Cirey, 12 mai 1739.

2. « Le médecin Procope est un très-vilain monsieur, il est tout bossu, tout contrefait et a le visage d'un singe. Il a quelque réputation d'esprit... » écrit l'abbé Le Blanc qui se donne la peine de donner, dans cette lettre même, la clef de la *Voltairomanie*. Le *petit Cyclope*, c'est Boissy ; l'auteur des *Œuvres mêlées*, l'abbé Nadal. Toute cette épître est à lire. Bibliothèque impériale. Manuscrits. *Correspondance du président Bouhier*, t. IV, f. 536, 537. Lettre de l'abbé Le Blanc au président, du 13 janvier 1739.

3. Bibliothèque impériale. Manuscrits. F. R. 15208. *Lettres ori-*

une grande importance à une intervention des siens :
« Il ne faut pas que ma famille se taise quand les indifférents éclatent[1]. » D'Arnaud est à Vincennes; on lui écrira de venir. Petits comme grands sont caressés, pressés, émoustillés. Il y va de plus que la vie, il y va de l'honneur. Rien n'est et ne sera négligé auprès des puissances, et madame du Châtelet, dans une de ses lettres à d'Argental, parle d'un chevreuil que doit avoir reçu M. de Maurepas, médiocrement l'ami de Voltaire[2]. « Je me flatte, lui marque également celui-ci, que M. de Pont-de-Veyle a bien voulu parler fortement à M. de Maurepas. J'ai écrit à Barjac, mon ami[3]; au curé de Saint-Nicolas, ami de M. Hérault; à M. Dufay, qui le voit souvent; à madame la princesse de Conti, accusée de protéger Desfontaines; à M. de Loc-Maria, soupçonné de pareille horreur; à Silva, à M. de Lezeau et à M. d'Argenson. Je mourrai ou j'aurai justice[4]. » Quant à d'Argental, c'est la cheville ouvrière, c'est la providence, c'est l'*ange*. Ce dernier, qui est un esprit modéré, voudrait bien que l'on n'allât pas aux extrémités; mais lui, de bondir à cette pensée seule. « Je persiste dans l'idée de faire un procès criminel à l'abbé

---

ginales de Voltaire à l'abbé Moussinot. f. 212; ce 8 février 1739. — *Correspondance du président Bouhier*, t. IV, f. 519, 520, 521. Lettres de l'abbé Le Blanc au président; des 9 février et 4 mars 1739.

1. Voltaire, *Œuvres complètes* (Beuchot), t. LIII, p. 395. Lettre de Voltaire à d'Argental; 9 janvier 1739.

2. *Lettres inédites de madame du Châtelet à d'Argental* (Paris, 1806), p. 135; 12 janvier 1739.

3. Premier valet de chambre du cardinal de Fleury.

4. Voltaire, *Lettres inédites* (Didier, 1857), t. I, p. 108. Lettre de Voltaire à d'Argental; ce 16 janvier 1739.

Desfontaines. Mon cher ange gardien, vous me connaissez. Les gens à poëme épique et à *Eléments de Newton* sont des gens opiniâtres. Je demanderai justice des calomnies de Desfontaines jusqu'au dernier soupir [1]... » Cela n'empêche pas toutefois les démarches conciliatrices. Les jésuites, eux-mêmes, parlent d'un accommodement [2]. Voltaire bouillait de se sentir enchaîné à Cirey, quand tant d'intérêts, et de si graves, l'appelaient à Paris; mais madame du Châtelet ne veut pas qu'il parte, et il obéit, non sans révoltes. A chaque instant, la pauvre femme a peur qu'il ne lui échappe. « Je passe mes journées à essuyer des combats sur le voyage de Paris, dont il meurt d'envie. Je vous demande à genoux d'écrire qu'il feroit très-mal [3]... »

Il supplée à l'éloignement par une activité dévorante. Il ne néglige aucun moyen d'arriver à la vengeance. C'est un prétendu avocat qui a écrit la *Voltairomanie*; Voltaire s'adresse à un vieil ami de son père, M. Denyau, pour obtenir du bâtonnier et des anciens de l'ordre qu'ils protestassent contre cet infâme libelle. Qui savait si, de la sorte, on ne parviendrait pas à le faire brûler? « Il me semble qu'il y en a eu des exemples [4]. » Il songeait, en même

---

1. Voltaire, *Œuvres complètes* (Beuchot), t. LIII, p. 430. Lettre de Voltaire à d'Argental; 20 janvier 1739.

2. *Ibid.*, t. LIII, p. 439. Lettre de Voltaire à d'Argental; 27 janvier 1739.

3. *Lettres inédites de la marquise du Châtelet à d'Argental* (Paris, 1806), p. 142, 143; 19 janvier 1739.

4. Voltaire, *Lettres inédites* (Didier, 1857), t. I, p. 112. Lettre de Voltaire à M. Denyau, avocat; à Cirey, ce 5 février 1739.

temps, à faire supprimer les *Observations*, au moyen de la plainte adressée au chancelier par MM. André, Pitaval, Ramsai, et autres maltraités. « Et ce seroit cela, dit la marquise de son côté, qui seroit un coup de parti; je l'aimerois mieux que le procès-criminel[1]. » Le pauvre Moussinot avait fort à faire pour répondre à tant de soins; il courait de chez le neveu Mignot, rue Cloche-Perche, au café Procope, dont le père de Procope-Couteaux était le propriétaire; de chez le libraire Chambert chez son confrère Cavélier, pour s'entendre avec André et Pitaval; puis c'étaient des copies du mémoire de Voltaire qu'il fallait remettre à MM. de Maurepas, d'Argenson, Hérault, d'Aguesseau[2]. Tout cela semblait ne devoir pas demeurer infructueux. Le marquis d'Argenson écrivait à Voltaire, à la date du 7 février : « N'appréhendez point de n'avoir pas les puissances pour vous. Une fois il m'arriva, en dînant chez monsieur le cardinal, d'avancer la proposition qu'il était curé (Desfontaines) d'une grosse cure en Normandie; je révoltai toute l'assistance contre moi. Son Éminence me le fit répéter trois fois[3]. » Dans la même lettre, il l'assurait de la bienveillance du chancelier, qui devait, du reste, bientôt recevoir deux lettres de Voltaire, portant la même date[4] : l'abbé Desfon-

1. *Lettres inédites de madame du Châtelet à d'Argental* (Paris, 1806), p. 142, 143; 19 janvier 1739.
2. Bibliothèque impériale. Manuscrits. F. R. 15208. *Lettres originales de Voltaire à l'abbé Moussinot*, f. 195; ce 18 janvier 1733.
3. Voltaire, *Œuvres complètes* (Beuchot), t. LIII, p. 471. Lettre du marquis d'Argenson à Voltaire; Paris, le 7 février 1739.
4. *Ibid.*, t. LIII, p. 473, 474. Lettre de Voltaire au chancelier d'Aguesseau; Cirey, ce 11 février 1739. — *Lettres inédites* (Didier

taines serait mandé pour déclarer si les libelles en question étaient de lui, et pour signer l'affirmatif ou le négatif, sinon être contraint. Mais le poëte n'avait pas affaire qu'à Desfontaines.

Si la *Voltairomanie* était bien de Desfontaines, tout n'était pas de Desfontaines dans la *Voltairomanie*. Il l'avait enrichie de prose et de vers dont les auteurs étaient fort connus pour leur haine contre Voltaire. Ainsi, eut-il soin de ne pas omettre une lettre de Rousseau, dans laquelle se trouve enchâssée une épigramme où l'auteur de la *Henriade* était traité de « petit rimeur anti-chrétien » et de « petit vaurien[1]. » Disons à ce propos, qu'il n'avait tenu qu'à Voltaire, cinq ou six mois auparavant, de se réconcilier avec le poëte sacré. Ce dernier lui avait envoyé une ode, avec un billet poli et douceureux ; mais il ne se laissa pas fléchir par cette démarche méritoire, si elle était sans arrière-pensée[2].

Il faut que je vous dise une singulière nouvelle, écrit-il à

1867), t. I, p. 445, 446. Lettre de Voltaire au chancelier d'Aguesseau ; 11 février 1739.

1. *La Voltairomanie*, p. 29, 30. Fragment d'une lettre de M. Rousseau à M. l'abbé D. F., datée du 4 novembre 1738.

2. Cette démarche ne s'accorde guère avec ce que Rousseau écrivait de Bruxelles, le 17 novembre 1739, à Racine fils : « Vous m'exhortez très-chrétiennement, monsieur, à me reconcilier avec M. de Voltaire ; mais je crois que le mieux pour l'un et pour l'autre est de rester comme nous sommes. Un accommodement peut me devenir funeste. Je sçais ce qu'il m'en a coûté pour m'être autrefois reconcilié avec La Motte. » *Lettres de Rousseau sur différents sujets* (Genève, 1750), t. I, p. 258, 259 ; Bruxelles, 17 novembre 1739. A moins, toutefois, ce qui nous semble plus que probable, que l'indication de l'année soit fautive et qu'il s'agisse, par exemple, de l'année 1737 au lieu de 1739.

Cideville. Rousseau vient de me faire envoyer une ode de sa façon, accompagnée d'un billet dans lequel il dit que c'est par humilité chrétienne qu'il m'adresse son ode; qu'il m'a toujours estimé, et que j'aurais été son ami si j'avais voulu. J'ai fait réponse que son ode n'est pas assez bonne pour me raccommoder avec lui; que, puisqu'il m'estimait, il ne fallait pas me calomnier; et que, puisqu'il m'a calomnié, il fallait se rétracter; que j'entendais peu de choses à l'humilité chrétienne, mais que je me connaissais très-bien en probité, et pas mal en odes; qu'il fallait enfin corriger ses odes et ses procédés pour bien réparer tout. Je vous envoie son ode, vous jugerez si elle méritait que je me réconciliasse. Il est dur d'avoir un ennemi; mais quand les sujets d'inimitié sont si publics et si justes, il est lâche de se raccommoder, et un honnête homme doit haïr le malhonnête homme jusqu'au dernier moment[1]...

Le ton de cette lettre est choquant; la plaisanterie y est déplacée, et, dans les raisons qu'on pouvait avoir de décliner de pareilles avances, l'ode de Rousseau n'avait rien à faire. Voltaire, autre part, s'explique plus sérieusement et dit à quelles conditions il comprend une réconciliation, hors lesquelles elle n'est admissible ni possible.

La démarche du sieur Rousseau envers moi, écrit-il à une personne qui semblait s'intéresser à leur réconciliation (Racine fils) et sa modération tardive ne peuvent me satisfaire; il ne peut encore être content lui-même, s'il se repent en effet de sa conduite passée. On ne doit rien faire à demi. Il parle *d'humilité chrétienne et de devoirs*, à la vue du tombeau, dont sa dernière maladie l'a approché; nous sommes tous sur le bord du tombeau; un jour plus tôt, un jour plus tard, ce n'est pas grande différence.

S'il veut donc se réconcilier de bonne foi, il faut qu'il avoue que la chaleur de sa colère lui a grossi les objets, et a trompé

---

1. Voltaire, *OEuvres complètes* (Beuchot), t. LIII, p. 199. Lettre de Voltaire à Cideville; à Cirey, le 14 juillet 1738. Même langage et dans les mêmes termes, dans la lettre à Thiériot, du 21 mai 1738.

sa mémoire; qu'il a cru les brouillons qui ont réussi à nous rendre ennemis, et à nous faire le jouet des lecteurs... En un mot, étant l'agresseur envers moi, comme il l'a été envers tant de personnes qui ont plus de mérite que moi, m'ayant publiquement attaqué, il doit publiquement me rendre justice. C'est moi qui lui ai donné l'exemple, il doit le suivre. J'ai recommandé, il y a un an, aux sieurs Ledet et Desbordes, de retrancher de la belle édition qu'ils font de mes ouvrages les notes diffamantes qui se trouvaient contre mon ennemi; il ne reste qu'une épître sur la calomnie, où il est cruellement traité. Je suis prêt de changer ce qui le regarde dans cet ouvrage, s'il veut, par une réparation publique, réparer tout le passé[1].

C'était en demander plus que n'en eût accordé Rousseau, qui, oubliant vite la prescription du pardon des injures, écrivait, quelques mois après, cette lettre envenimée que Desfontaines se hâta de joindre à son fumier de la *Voltairomanie*, et qui attira à son auteur, dans la réponse même au libelle, une réplique tout aussi haineuse et bien autrement habile.

Je ne me résous à rapporter ce qui va suivre que comme un exemple fatal de cette opiniâtreté malheureuse qui porte l'iniquité jusqu'au tombeau. Ce même homme prend enfin le parti de vouloir couvrir tant de fautes et de disgrâces du voile de la religion ; il écrit des *Epîtres morales et chrétiennes* (ce n'est pas le lieu d'examiner ici si c'est avec succès). Il sollicite enfin son retour à Paris et sa grâce ; il veut apaiser le public et la justice ; on le voit prosterné aux pieds des autels ; et, dans le même temps, il trempe dans le fiel sa main moribonde. A l'âge de soixante et douze ans, il fait de nouveaux vers satiriques; il les envoie à un homme qui tient un bureau public de ces horreurs; on les imprime... Un pareil exemple prouve bien que quand on n'a pas travaillé de bonne heure à dompter la perversité de ses penchants, on ne se corrige jamais; et que les

---

[1]. Voltaire, *Œuvres complètes* (Beuchot), t. LIII, p. 165, 166. Lettre de Voltaire à M. R***, qui lui avait envoyé une ode de M. Rousseau sur sa paralysie; Cirey, ce 20 juin 1738.

inclinations vicieuses augmentent encore à mesure que la force d'esprit diminue [1].

Voltaire fait là allusion au voyage secret de Rousseau à Paris. On a prétendu qu'il avait songé à le faire arrêter, ce qui eût été d'autant moins impossible que le lyrique demeurait toujours sous le coup de la condamnation contumace : « J'ai, je tiens, lui disait, bien des années après, Clément, un mémoire écrit de votre propre main où vous consultiez un avocat, pour savoir si vous pouviez impliquer Rousseau dans une accusation que vous alliez intenter à l'abbé Desfontaines, au sujet de la *Voltairomanie*. « *Peut-on*, demandiez-« *vous, assigner Jean-Baptiste Rousseau, à l'arche-*« *vêché, où il est déguisé sous le nom de Richer? Le* « *procès étant au Châtelet, peut-on dénoncer ce mi-*« *sérable, comme n'ayant pas gardé son ban; et le* « *dénonçant au procureur général, l'affaire ne va-*« *t-elle pas toujours son train au Châtelet* [2] ? » Voilà qui est formel. Clément possède un mémoire écrit de la propre main de Voltaire, dans ce cas adressé, sans doute, à M. Bégon, son procureur, ou bien encore à Pitaval. Le poëte était assez en colère pour songer à envelopper Rousseau dans la vengeance qu'il voulait tirer de Desfontaines. Mais l'assertion de Clément est celle d'un adversaire acharné qui a d'autant moins droit à être cru sur parole qu'il était fort capable de publier cette pièce s'il l'avait possédée. Rien qui ait

1. Voltaire, *OEuvres complètes* (Beuchot), t. XXXVIII, p. 340, 341. *Mémoire sur la Satire*.
2. Clément, *Première lettre à M. de Voltaire* (La Haye, 1773), p. 42.

trait à cela dans la correspondance intime de Voltaire
avec ses hommes d'affaires, avec l'abbé Moussinot, et
pas davantage dans les lettres de madame du Châtelet à
d'Argental; et, à coup sûr, il en eût été question dans
les épîtres de cette dernière, n'eût-ce été que pour empêcher son ami de mettre à exécution un pareil projet.
Contrairement à ce qu'appréhendait la marquise, la
présence de Rousseau en France ne fit pas sur lui
toute l'impression qu'elle redoutait. « M. de Voltaire,
mande-t-elle à d'Argental, a pris le retour de Rousseau fort paisiblement, et j'espère qu'il le laissera
mourir en repos[1]. » Il y a plus. Les ennemis du poëte
sacré, émus de son retour, songèrent à l'inquiéter,
peut-être à cause de ce que ce retour avait de menaçant
pour eux-mêmes, Saurin particulièrement; et la marquise d'ajouter : « A l'égard de Rousseau, je serois
ravie pour Saurin qu'il ne signât rien; mais je regarde
Rousseau comme mort, et heureusement votre ami
pense de même[2]. » En tous cas, Clément ne parle que
d'informations prises par Voltaire auprès de son conseil; il n'y a pas là même un commencement d'exécution : mais dans cette tête volcanique, irritable jusqu'à
la frénésie, que de partis violents conçus, qui demeurèrent à l'état de projet, et que fit abandonner le temps
ou un mot conciliant d'un ami !

Quelque outrageante que fût cette lettre de Rousseau, reproduite par Desfontaines, dans la *Voltairomanie*, elle semblait effacée par une pièce d'un tout

1. *Lettres inédites de madame du Châtelet à d'Argental* (Paris, 1806), p. 122; 3 janvier 1739.
2. *Ibid.*, p. 124 ; 3 janvier au soir 1739.

autre genre, d'un style bizarre et imagé, ayant trait à l'un des épisodes les plus fâcheux de la jeunesse de Voltaire. On n'a pas oublié le guet-apens dont il fut l'objet, en 1722, sur le pont de Sèvres, et toute l'activité qu'il employa pour obtenir vengeance de Beauregard. Cette aventure, que Voltaire eût voulu oublier lui-même, est racontée et grotesquement travestie par Saint-Hyacinthe, dans son *Chef-d'œuvre d'un inconnu*, sous le titre de : *Déification du docteur Aristarchus Masso*. Il faut bien la joindre ici comme une pièce capitale du procès.

Un officier françois, nommé Beauregard, s'entretenoit avec quelques personnes, que la curiosité avoit comme moi attirées au pié de la double montagne. Un poëte de la même nation, portant le nez au vent, comme un cheval houzard, vint effrontément se mettre de la conversation, et partant à tors et à travers, s'abandonna à quelques saillies insultantes, que l'officier désapprouva. Le poëte s'en mit peu en peine, et continua. L'*officier* s'éloigna alors, alla dans un détour, par où il sçavoit que ce *poëte* devoit passer pour aller parler à un comédien. Il y vint en effet, accompagné d'un homme à qui il récitoit des vers, et qu'il ne croioit pas devoir être le témoin de ses infortunes. Car l'*officier* arrêtant le poëte par le bras, *j'ai toujours oüi dire que les impudens étoient lâches*, lui dit-il, *j'en veux faire l'épreuve; voïons, monsieur le bel-esprit, si vous vous servirez bien de cette épée que vous portez, je ne sçai pourquoi; ou préparez-vous à recevoir de cette canne le châtiment de votre insolence*. Telle qu'une catin pâlit et s'effraie aux éclats redoublés du tonnerre, tel le *poëte* pâlit au discours de l'*officier*, et la frayeur lui inspirant avec le repentir des sentimens d'humilité et de prudence :

> J'ai péché, lui dit-il, et je ne prétends pas
> Emploier ma valeur à défendre mes fautes,
> J'offre mon échine et mes côtes
> Au juste châtiment que prépare ton bras.
> Frappe, ne me crains point, frappe, je te pardonne;
> Ma vie est peu de chose, et je te l'abandonne.
> Tu vois en ce moment un poëte éperdu,

Digne d'être puni, content d'être battu,
N'opposer nul effort à ta valeur suprême.
Beauregard n'aura point de vainqueur que lui-même.

« *Ces beaux discours ne servent ici de rien,* dit l'officier, *défendez-vous ou prenez garde à vos épaules.* Le poëte n'ayant pas la hardiesse de se défendre, l'*officier* le chargea de quantité de coups de bâton, dans l'espérance que l'outrage et la douleur lui inspireroient du courage, puisqu'ils en inspirent au plus lâche; mais la prudence du poëte redoubla, à proportion des coups qu'il reçut; ce qui fit que l'homme qui l'avoit accompagné, s'écria, en s'adressant à l'officier :

Arrêtez, arrêtez, l'ardeur de votre bras !
Battre un homme à jeu sûr n'est pas d'une belle âme,
Et le cœur est digne de blâme
Contre les gens qui n'en ont pas.

L'*officier* alors, après avoir disposé ainsi le poëte à ses remontrances : « *Sectateur des muses,* lui dit-il, *apprenez qu'il est plus important d'être sage, qu'il n'est nécessaire d'être poëte, et que si les lauriers du Parnasse mettent à couvert de la foudre, ils ne mettent point à l'abri des coups de bâton.* » En disant ces mots, il jeta dans un champ celui qu'il avoit en main. Mais, ô prodige! ce bâton devint dans l'instant même un arbre[1]...

L'auteur de cette facétie, Saint-Hyacinthe, était un homme de lettres, que son humeur, l'absence de toute fortune avaient jeté dans une vie d'aventures et d'expédients. On connaît ce roman absurde du mariage secret de Bossuet avec mademoiselle de Mauléon[2] : il eût été le fruit de cette union cachée. L'extrait de baptême de Saint-Hyacinthe[3] vient donner un démenti trop facile à cette fable, que ses ennemis

1. *La Voltairomanie*, p. 31, 32, 33.
2. Nous renverrons, toutefois, à l'étrange récit de l'abbé Le Gendre, qui avait connu la demoiselle. *Mémoires de Louis Le Gendre,* abbé de Clairfontaine (Charpentier, 1863), p. 264, 265.
3. *Registres des baptêmes de la paroisse Saint-Victor d'Orléans*; mardi 26 septembre 1684.

l'accusent d'avoir accréditée[1], et lui restitue ses véritables parents, Jean-Jacques Cordonnier sieur de Belair, porte-manteau de Monsieur, frère du roi, et dame Marie Mathé. Comme sa biographie ne nous importe que pour ce qui regarde Voltaire, disons seulement que ses connaissances, un livre où l'érudition la plus réelle se marie à une raillerie piquante dont l'unique tort est de trop durer, lui avaient fait une certaine réputation et conquis d'honorables relations. Voltaire et lui commencèrent ensemble par les politesses. Un soir, à une représentation d'*Œdipe*, Saint-Hyacinthe, que le hasard avait placé près du poëte, lui disait, en lui montrant la foule qui encombrait le théâtre : « Voilà un éloge bien complet de votre tragédie. » Et Voltaire de répondre, avec la même courtoisie : « Votre suffrage, monsieur, me flatte plus que celui de toute cette assemblée. » Ils se retrouvaient en Angleterre, en 1726, et ne tardaient pas à se brouiller. Quel fut l'objet de leur rupture, c'est ce que M. de Burigny ne dit pas, et devait dire; car, en pareille matière, les réticences cessent d'être de la discrétion et ressemblent fort à de la calomnie, les sous-entendus n'ayant d'autre effet que de mener l'imagination bien au delà souvent du point où gît la vérité.

> M. de Saint-Hyacinthe m'a dit et répété plusieurs fois, que M. de Voltaire se conduisit très-irrégulièrement en Angleterre; qu'il s'y fit beaucoup d'ennemis, par des procédés qui ne s'accordoient pas avec les principes d'une morale exacte : il est même entré avec moi dans des détails que je ne rapporterai point, parce qu'ils peuvent avoir été exagérés.

1. Burigny, *Vie de Bossuet* (Bruxelles-Paris, Debure, 1761), p. 93 et suiv.

Quoi qu'il en soit, il fit dire à M. de Voltaire que s'il ne changeoit de conduite, il ne pourroit s'empêcher de témoigner publiquement qu'il le désapprouvoit, ce qu'il croyoit devoir faire pour l'honneur de la nation françoise, afin que les Anglois ne s'imaginassent pas que les François étoient ses complices et dignes du blâme qu'il méritoit[1].

On se demande ce qu'entendait Saint-Hyacinthe par une conduite irrégulière et des procédés qui ne s'accordaient pas avec une morale exacte. Que Voltaire ait fait preuve d'irréligion, et qu'il ait pu choquer par la légèreté et l'audace de ses propos; soit. Mais qu'est-ce qu'une morale exacte, si ce n'est l'honnêteté? et qu'eut-on à reprocher à Voltaire, durant son séjour à Londres, qui semblât exiger une désapprobation publique de ses compatriotes? Qu'encore le chantre d'*Henri* ait eu maille à partir avec des écrivains anglais, que les torts aient été de son côté, nous y consentons; cela engage-t-il l'honneur de la France en général et celui de Saint-Hyacinthe en particulier? Voilà de bien grandes phrases, très-creuses et passablement ridicules, et dangereuses même pour celui qui les a laissées échapper. Voltaire en dira bien d'autres, lui, sur le compte de l'auteur du *Chef-d'œuvre d'un inconnu*, et il ne spécifiera que trop, s'il ne se préoccupe pas davantage de joindre les preuves à l'appui. « C'est un de ceux, écrit-il à Berger, qui déshonorent le plus les lettres et l'humanité. Il n'a guère vécu à Londres que de mes aumônes et de ses libelles. Il m'a volé, et il a osé m'outrager. Escroc public, plagiaire, qui s'est attribué le

---

1. *Lettre de M. de Burigny* à M. Mercier, abbé de Saint-Léger (à Londres, 1780), p. 4, 5.

Mathanasius de Sallengre et de S'Gravesande; fait pour mourir par le bâton et par la corde, je ne dis rien de trop[1]. » Voilà bien les exagérations de Voltaire, qui n'est que trop porté à faire de ses ennemis des gueux, des voleurs, de plats coquins! Il nous faut en prendre notre parti, et, jusqu'au dernier jour, le poëte ne sera ni plus modéré, ni plus équitable envers ses adversaires. Quant à ce Saint-Hyacinthe, au moins a-t-il tous les torts de l'attaque, même de l'aveu des détracteurs les plus acharnés de Voltaire[2]. Durant son séjour à Londres, il annonce des *Lettres critiques sur la Henriade*, dont une seule parut, celle qui a trait au premier chant du poëme (28 avril 1728). Nous avons parcouru cette pièce, tellement rarissime, que Burigny doutait de son temps même, qu'il y eût d'autre exemplaire à Paris que le sien[3], et nous y avons trouvé aussi peu d'élévation que de bienveillance. En somme, il était bien le maître de dire son opinion sur la *Henriade*, tout comme un autre; mais comment M. de Burigny excusera-t-il cette allusion haineuse à un odieux guet-apens moins propre à faire sourire les honnêtes gens qu'à les révolter? N'y a-t-il pas dans cette composition, plus étrange que spirituelle, la bonne envie et l'attente trop accusée de faire saigner à nouveau une blessure cruelle, de rappeler un de ces outrages dont le souvenir reste aussi poignant que le

---

1. Voltaire, *Œuvres complètes* (Beuchot), t. LIII, p. 540. Lettre de Voltaire à Berger; Cirey, le 29 mars 1739.

2. Sabattier, *Tableau philosophique de l'esprit de M. de Voltaire* (Genève, 1772), p. 101.

3. *Lettre de M. de Burigny* à M. Mercier, abbé de Saint Léger (à Londres, 1780), p. 5.

premier jour? Et il faut bien qu'il en soit ainsi pour que Desfontaines aille dénicher ces pages insérées, depuis six ans, à la suite du *Chef-d'œuvre d'un inconnu.*

Comme le livre avait été publié à La Haye et que, d'ailleurs, le poëte n'est pas nommé, cette malice semble avoir passé ignorée même de Voltaire qui ne la connut que par la *Voltairomanie.* La rage de ce dernier fut à son comble. Cela le toucha plus que toutes les ignominies réunies du pamphlet : il faut, au prix de tout, que ce Saint-Hyacinthe désavoue ces horreurs. Il en écrit à Berger[1]. Tous ses amis sont chargés d'agir, Helvétius, entre autres, qui s'était mis pleinement à sa disposition, mais dont les démarches eurent peu d'effet. Et Voltaire de s'écrier : « Ne profanez pas votre vertu avec ce monstre. C'en est trop, mon cœur est pénétré de vos soins. Si vous saviez ce que c'est que ce Saint-Hyacinthe, vous auriez eu horreur de lui parler. Je ne l'ai connu qu'en Angleterre, où je lui ai fait l'aumône; il la recevait de qui voulait; il prenait jusqu'à un écu. Il s'était échappé de la Hollande, où il avait volé le libraire Catuffe, son beau-frère... Il se servit à Londres de l'argent de mes charités, et de celui que je lui avais procuré, pour imprimer un libelle contre la *Henriade;* enfin mon laquais le surprit me volant des livres, et le chassa de chez moi avec quelques bourrades. Je ne l'ai jamais revu, jamais je n'ai proféré son nom. Je sais seulement qu'il a volé, en der-

---

[1]. Voltaire, *OEuvres complètes* (Beuchot), t. LIII, p. 416. Lettre de Voltaire à Berger; le 18 janvier 1739.

nier lieu, feu madame de Lambert[1], et que ses héritiers en savent des nouvelles[2]... » On sent là un homme auquel la colère monte à la tête, qu'elle aveugle, qui n'est plus maître de lui, et qu'il ne faut pas prendre au sérieux. Mais où il a raison, c'est quand il s'écrie avec une amertume trop légitime : « Je suis donc un homme bien méprisable, je suis donc dans un état bien humiliant, s'il faut qu'on ne me considère que comme un bouffon du public, qui doit, déshonoré ou non, amuser le monde à bon compte, et se montrer sur le théâtre avec ses blessures! La mort est préférable à un état si ignominieux[3]!... » Cette fois, il est dans le vrai. Aussitôt que le plus vil coquin peut impunément couvrir de boue l'homme qui sera la gloire de sa nation, au grand contentement de la galerie, à quoi bon le génie, à quoi bon le travail opiniâtre? Toutefois, s'il souffre de ces inqualifiables attaques, est-il bien sûr, lui aussi, de ne s'être pas servi de ces tristes armes, et peut-il répondre de n'être point allé, dans ses élans de rage sauvage, bien au delà d'une vengeance acceptable? Mais fait-on jamais de ces retours sur soi-même, et s'avise-t-on de se dire que le plus souvent ce que l'on endure

---

1. Il répète cette accusation, notamment dans sa lettre à Lévesque de Pouilli (27 février 1739). Les rapports de Saint-Hyacinthe avec la marquise étaient des meilleurs, à en juger par une lettre de cette femme distinguée, dont le salon, pendant plus d'un quart de siècle, abrita et la haute société et la société lettrée de son temps. *Lettres de madame la marquise de Lambert* (Lausanne, 1748), p. 422, 443, 444 ; le 29 juillet 1729.

2. Voltaire, *Œuvres complètes* (Beuchot), t. LIII, p. 431, 432. Lettre de Voltaire à Helvétius ; à Cirey, 21 janvier 1739.

3. *Ibid.*, t. LIII, p. 470. Lettre de Voltaire à d'Argental ; 6 février 1739.

n'est que l'application stricte de la peine du talion ?

Quoi qu'il en soit, il n'en restera pas là. Il doit exiger une réparation, et c'est aussi l'avis de madame du Châtelet[1]. Il envoie à mademoiselle Quinault un modèle de certificat à faire signer aux comédiens par lequel ceux-ci déclaraient que rien n'était plus faux que les allégations de la *Voltairomanie*, et sur cette « affaire prétendue avec lui et un officier[2]. » Si décrié que le représente Voltaire[3], Saint-Hyacinthe a des relations qui le relèvent. Il connaît Helvétius, il connaît le chevalier d'Aidie qu'on lui dépêche pour l'amener à résipiscence. Nous avons vu l'affection que lui portait Burigny[4] ; le poëte s'adresse au frère de ce dernier,

---

1. *Lettres inédites de la marquise du Châtelet à d'Argental* (1806), p. 154 ; 2 février 1739.

2. *Lettre de Voltaire à mademoiselle Quinault* (Paris, Renouard, 1832), p. 26, 27. Lettres des 6, 2, 18 (février) 1739. — *Œuvres complètes* (Beuchot), t. LIII, p. 479. Lettre de Voltaire à d'Argental ; 12 février 1739.

3. Madame du Châtelet dit qu'il donnait à jouer.

4. Cette affection de Burigny pour Saint-Hyacinthe allait jusqu'à l'aveuglement et le fétichisme ; et Dacier, dans son *Eloge de Burigny*, nous en a donné un exemple attendrissant. « Une personne d'un rang élevé parloit un jour très-mal de M. de Saint-Hyacinthe, dans un cercle nombreux ; M. de Burigny, qui étoit présent, fit tous ses efforts pour défendre son ami ; mais, pressé de plus près, et pénétré de douleur de ne pouvoir détruire les imputations dont on le chargeoit : *Monsieur*, s'écria-t-il en fondant en larmes, *je vous demande grâce, vous me déchirez l'âme; M. de Saint-Hyacinthe est l'un des hommes que j'ai le plus aimé; vous le peignez d'après la calomnie, et je proteste sur mon honneur, qu'il n'a jamais ressemblé au portrait que vous en faites.* Il est inutile d'ajouter que ces paroles retentirent dans tous les cœurs, et que le triomphe de M. de Burigny fut complet. » *Mélanges publiés par la société des Bibliophiles français* (Paris, 1829), t. VI, p. 2. Mais, en bonne justice, les assertions d'une amitié aussi passionnée ne sauraient avoir un grand poids.

Lévesque de Pouilli[1], et le supplie de s'interposer entre eux pour éviter des extrémités qui ne sont pas dans ses idées mais auxquelles pourraient se porter ses parents. « Il est bien étrange et bien cruel que M. de Saint-Hyacinthe veuille partager l'opprobre et les fureurs de l'abbé Desfontaines, contre lequel la justice procède actuellement. Que lui couterait-il de réparer tant d'injustices par un mot? Je ne lui demande qu'un désaveu. Je suis content s'il dit qu'il ne m'a point en vue; que tout ce qu'avance l'abbé Desfontaines est calomnieux; qu'il pense de moi *tout le contraire de ce qui est avancé dans le libelle en question :* en un mot, je me tiens outragé de la manière la plus cruelle par Saint-Hyacinthe, que je n'ai jamais offensé, et je demande une juste réparation[2]. » Tout ce qu'on put obtenir de celui-ci, après bien des allées et venues, ce fut une lettre à M. de Burigny, où, faisant allusion incidemment à la *Voltairomanie* et au passage à lui emprunté, il déclarait que, n'ayant nommé personne, il n'avait entendu peindre personne en particulier, et que ce hors-d'œuvre ne devait être pris que pour une de ces généralités « applicables à tous les savants qui peuvent tomber dans ces défauts. »

Quand je vis de quelle manière l'écrivain de la *Voltairomanie* décidoit de mon intention, je vous avoue, monsieur, que je fus extrêmement surpris que celui qu'on en disoit l'auteur pût ainsi manquer à tous les égards; ma surprise égala mon indi-

---

1. Ils étaient trois frères : Levesque de Pouilli, Burigny, et Champeaux, les associés de Saint-Hyacinthe au journal de l'*Europe sçavante* (La Haye, 1818-1820), 12 volumes.
2. Voltaire, *OEuvres complètes* (Beuchot), t. LIII, p. 507. Lettre de Voltaire à Levesque de Pouilli; à Cirey, le 27 février 1739.

gnation et sa témérité, pour ne pas me servir d'un terme plus dur. Il est vrai que, par la nature de l'ouvrage, on doit s'attendre à tout.

J'appris que M. de Voltaire méprisoit cette pièce au point de n'y pas répondre. Il fait à merveille : le sort de ces sortes d'ouvrages est de périr en naissant; c'est les conserver que d'en parler. M. de Voltaire a quelque chose de mieux à faire. Cultivant à présent les *Musas severiores*, il apprend d'elles à s'élever dans les régions tranquilles où les vapeurs de la terre ne s'élèvent point : *Sapientium templa serena* [1].

Madame du Châtelet mandait à d'Argental, cinq jours après : « Saint-Hyacinthe a enfin écrit une lettre à M. de Saint-Marc sur cette horrible calomnie insérée dans la *Voltairomanie*, dont je suis assez contente. Je ne sais quand elle sera publique [2]... » Mais ce désaveu devait-il paraître suffisant au principal intéressé ? Voltaire, sans être nommé, avait été le but d'une satire qu'il n'était pas plus au pouvoir de son auteur d'effacer du souvenir de l'offensé que de soustraire désormais à la publicité qui lui avait été faite; et il n'était pas homme, en pareille circonstance, à oublier, à pardonner. Ainsi, cinq ans après, dans les *Conseils à un journaliste*, glissait-il le paragraphe suivant à l'article : « Anecdotes. »

Il y a surtout des anecdotes littéraires sur lesquelles il est toujours bon d'instruire le public, afin de rendre à chacun ce qui lui appartient. Apprenez, par exemple, au public que *le*

1. Voltaire, *OEuvres complètes* (Beuchot), t. I, p. 348. Lettre de Saint-Hyacinthe à M. de Burigny; à Belleville, le 2 mai 1739.

2. *Lettres inédites de la marquise du Châtelet* (Paris, 1806), p. 214; 7 mai 1739. Il y a là confusion de la part de la marquise qui fait adresser la lettre de Saint-Hyacinthe à M. de Saint-Marc (Rémond de Saint-Mard), autre ami de l'auteur du *Chef-d'œuvre d'un inconnu*, que du reste Voltaire avait également prié de s'entremettre.

Chef-d'œuvre d'un inconnu ou *Mathanasius*, est de feu M. de Sallengre, et d'un illustre mathématicien consommé dans tout genre de littérature, et qui joint l'esprit à l'érudition, enfin de tous ceux qui travaillaient à la Haye au *Journal littéraire*, et que M. de Saint-Hyacinthe fournit la chanson avec beaucoup de remarques. Mais si on ajoute à cette plaisanterie une infâme brochure digne de la plus vile canaille, et faite sans doute par un de ces mauvais Français qui vont dans les pays étrangers déshonorer les belles-lettres et leur patrie, faites sentir l'horreur et le ridicule de cet assemblage monstrueux[1].

Quoique Saint-Hyacinthe ne signât point ses ouvrages, il avait trop endossé dans le monde la paternité de ce dernier pour qu'il lui fût indifférent que l'on bornât son apport à la chanson et à des notes. On taxait en outre la *Déification* d'infâme brochure, digne de la plus vile canaille ; et on le présentait lui-même comme un de ces mauvais Français qui déshonorent les lettres et leur pays. Il riposta par une épître où les injures, cela va sans dire, se mêlaient aux raisons. Le *Chef-d'œuvre d'un inconnu* était bien de lui, personne ne l'ignorait, et Voltaire tout le premier ; et il n'était pas difficile de démontrer que M. de Sallengre n'y était pour rien, pas plus que les autres collaborateurs du *Journal littéraire*. Quant à la nature de l'épisode incriminé, il repousse avec emportement la qualification outrageante dont on voudrait le flétrir.

Comment osez-vous dire que la *Déification d'Aristarchus Masso* est une *infâme* brochure ? Que signifie *infâme*, je vous prie, a

1. Voltaire, *OEuvres complètes* (Beuchot), t. XXXVII, p. 382, 383. *Conseils à un journaliste*. — Quoi qu'en dise une note du tome premier des *Nouveaux mélanges*, cette pièce parut pour la première fois dans *le Mercure* de novembre 1744. Quérard, *Bibliographie voltairienne*, p. 50, nº 169.

l'égard d'une pièce où on ne prêche assurément pas la débauche, et où il ne s'agit de rien qui en approche?... C'est une fiction inventée pour représenter les défauts auxquels des gens de lettres se laissent aller... La pièce peut être mal imaginée, mal exécutée, mal écrite. La critique peut n'y pas être judicieuse, mais cela ne s'appellera jamais une *infâme* brochure par quelqu'un qui sait le françois, à moins que quelque passion ne lui fasse outrer la signification des termes...

Vous dites ensuite que cette *infâme brochure, digne de la plus vile canaille, est faite sans doute par un de ces mauvais François qui vont dans les pays étrangers déshonorer les belles-lettres et leur patrie.* Ceci me regarde personnellement, car vous savez très-bien, monsieur, que je suis l'auteur de la *Déification*... Vous le savez, dis-je, et comment avez-vous l'imprudence d'en parler, d'en parler en des termes qui seroient injurieux s'ils ne venoient pas d'un homme comme vous et qu'ils ne s'adressassent pas à un homme comme moi. Ne savez-vous pas que celui qui ne peut être injurié ne peut injurier personne? Cette réflexion devroit vous guérir du plaisir que vous avez à dire des choses offensantes, de même que de celui que vous avez à en inventer [1].

Pour le coup, cela est trop fort, et l'opposition « d'un homme comme vous à un homme comme moi » est quelque chose d'assez plaisant. Sans doute, il ne s'agit point ici de célébrité, mais d'honorabilité; et Saint-Hyacinthe aurait raison, si Voltaire eût usé contre lui du procédé outrageant dont il s'est servi contre Voltaire sans la moindre agression de sa part, et par pur plaisir de l'attaquer. Qui a provoqué de l'auteur de la *Henriade* ou de l'auteur du *Chef-d'œuvre d'un inconnu?* Est-ce Voltaire ou Saint-Hyacinthe? Toute cette lettre a ce ton de supériorité et d'emphase que rien ne justifie et qui fait hausser les épaules. Nous

---

1. *Bibliothèque françoise*, t. XL. Lettre de M. de Saint-Hyacinthe à M. de Voltaire; à Geneken, ce 16 mai 1745.

l'avons vu déclarer à Burigny qu'il n'avait eu personne en vue dans la *Déification;* mais les *Conseils à un journaliste* lui laissant ses coudées franches, il ne faisait plus difficulté d'avouer l'allusion et même de la commenter de la façon la plus outrageante.

... Depuis lors, dit-il en parlant des coups de cannes du pont de Sèvres, on a appelé des V***, les cannes fortes, pour les distinguer des cannes de roseau; et on dit *voltairiser*, au lieu de cette longue et vilaine circonlocution, donner des coups de bâton, ou donner des coups de canne. Ainsi cet honnête homme de poëte aura enrichi notre langue de deux mots, dont en effet elle avoit besoin, on m'a même fait voir une épigramme qui commence:

> Pour une épigramme indiscrète,
> On *voltairisoit* un poëte, etc.

Ce qu'il falloit savoir pour bien entendre l'aventure, dont la narration a excité la bile de M. de V***[1].

Revenons à Desfontaines. Les billets, les supplications, les encouragements aux amis pleuvent de Cirey. C'est toujours la même ténacité, la même soif de vengeance. Le poëte reçoit des lettres de M. de Maurepas, du fils de M. d'Aguesseau, qui le payent de belles paroles en se débarrassant de l'ennui de se mêler de sa querelle. Ils lui donnent le conseil de renoncer au Châtelet et d'assigner Desfontaines au tribunal de la commission de M. Hérault. Voltaire n'y voit pas d'inconvénient, tout au contraire; cela sera plus expéditif[2].

---

1. *Voltariana, ou éloges amphigouriques de Fr.-Marie Arouet* (Paris, 1748), p. 242, 243. Extrait d'une lettre de feu M. de Saint-Hyacinthe à un de ses amis, écrite de Geneken, près de Breda, le 10 octobre 1745.

2. Bibliothèque impériale. Manuscrits. F. R. 15208. *Originaux*

Madame du Châtelet, plus perspicace, ne partage pas le sentiment de son ami. « Voilà l'affaire renvoyée à M. Hérault. On aura beau solliciter dorénavant M. le chancelier, M. d'Argenson, M. de Maurepas ; ils répondront : *l'affaire est renvoyée à M. Hérault*[1]. » Mais ce qui domine toutes ses craintes, c'est l'idée que Voltaire ne déserte Cirey, de gré ou contraint : « Vous empêcherez sans doute que votre ami reçoive de M. Hérault un assigné pour être ouï ; car vous savez bien que je ne pourrois me résoudre à le quitter sans mourir[2]. » Ainsi le procès va se poursuivre criminellement par devant le lieutenant de police, ce qui ne plaît que médiocrement au discret d'Argental. Voltaire tout aussitôt d'envoyer au magistrat, escorté d'une lettre pathétique, un placet ayant pour titre *Requête du sieur de Voltaire*, où ses griefs sont énumérés en neuf paragraphes foudroyants[3]. Le lendemain même (21 février), nouvelle lettre, nouvelles supplications et nouvelles caresses : « Je vous parle, monsieur, et comme au juge qui peut le punir selon les lois, et comme au protecteur des lettres, au pacificateur des citoyens, et au père de la ville de Paris[4]... » — « Vous êtes un homme de lettres » lui dit-il dans un autre billet.

Le 2 mars, il lui écrit de rechef, et s'efforce d'in-

---

des lettres de Voltaire à l'abbé Moussinot, f. 215, 216 ; Cirey, ce 22 février 1739.

1. *Lettres inédites de madame du Châtelet à d'Argental* (Paris, 1806), p. 174 ; 21 février 1739.
2. *Ibid.*, p. 170 ; 20 février 1739.
3. Léouzun-Leduc, *Etudes sur la Russie* (Amyot), p. 425 à 428. Lettre de Voltaire à M. Hérault ; Cirey, 20 février 1739.
4. *Ibid.*, p. 428.

téresser son amour-propre par un antagonisme de juridiction et de personnes.

> J'aurai d'ailleurs l'honneur de vous avertir que l'abbé Desfontaines, agissant puissamment auprès de M. le procureur du roi, prétend que vous ne pouvez pas être son juge.
> Mais moi, monsieur, tout ce que je souhaite, tout ce que je demande, c'est que cette affaire se termine par votre autorité, soit de juge, soit d'homme du roi, chargé du repos et de l'honneur des citoyens[1].

Ce que Voltaire exigeait c'était un désaveu de Desfontaines, mais un désaveu qui fût une réparation et non un accommodement. Madame du Châtelet entend que l'abbé reconnaisse d'abord les obligations qu'il a au poëte, qu'il déclare n'avoir jamais eu l'intention de l'offenser, et que tout ce que contenait la *Voltairomanie* était faux et calomnieux[2]. Mais ce n'était pas sur ce pied-là que l'autre comptait traiter : il désavouerait la *Voltairomanie*, à la condition que Voltaire désavoue le *Préservatif*. Cela avait une apparence d'équité qui convainquit M. Hérault. Mais à une pareille proposition, Voltaire pousse un cri d'indignation et de révolte. « J'aime mieux encore succomber sous le libelle de Desfontaines que de signer un compromis qui me couvrirait de honte. Je suis plus indigné de la proposition que du libelle[3]. » Sans doute le *Préservatif* n'était pas de lui, et le chevalier de Mouhy s'en

---

1. Léouzun-Leduc, *Etudes sur la Russie* (Amyot), p. 432. Lettre de Voltaire à M. Hérault ; ce 2 mars 1739.

2. *Lettres inédites de madame du Châtelet à d'Argental* (Paris, 1806), p. 192 ; 7 mars 1739.

3. Voltaire, *Œuvres complètes* (Beuchot), t. LIII, p. 540. Lettre de Voltaire à d'Argental ; 2 avril 1739.

était déclaré l'auteur; mais, dans ce *Préservatif*, avait été insérée, bien à son insu, une lettre qui était tout l'historique des rapports du poëte avec l'auteur des *Observations*, et de la monstrueuse ingratitude de celui-ci envers son bienfaiteur. Désavouer un écrit qui contenait cette lettre, c'était signer son déshonneur. Si c'est là le sentiment de Voltaire, ce n'est pas moins celui de la marquise. « Je vous avoue, écrit-elle à d'Argental, que j'ai pour toute espèce de réciprocité avec ce scélérat, une si terrible répugnance, qu'elle surpasse peut-être encore celle de votre ami[1]. » Et, dans sa lettre suivante : « J'aime mieux que votre ami sorte de France, que de signer un écrit double avec l'abbé Desfontaines, et je ne faiblirai jamais sur cela. Mais je ne vois pas pourquoi on l'exigerait. Nous avons demandé une réparation; on nous dénie la justice; nous n'en voulons plus; cela me paraît tout simple[2]. »

Voltaire remaniait sans cesse son *Mémoire,* il en adoucissait les traits et le fortifiait, autant qu'il pouvait, de considérations d'ordre général. Tout cela ne durait que depuis trop longtemps, tout le monde était également las, et M. Hérault, qui avait à satiété de ce conflit, lui aussi, fit comprendre à Desfontaines qu'il ne pouvait se soustraire à l'obligation d'un désaveu. Cet acte était d'ailleurs, depuis le 4 avril, dans les mains du magistrat qui n'avait pas cru impossible d'en

---

1. *Lettres inédites de madame du Châtelet à d'Argental* (Paris, 1806), p. 196; 2 avril 1739.
2. *Ibid.*, p. 198; 6 avril 1739.

obtenir un autre de Voltaire relatif au *Préservatif*[1]. L'abbé, après avoir combattu de toutes armes, vit bien qu'il était inutile de lutter davantage, et, en désespoir de cause se résigna à subir l'humiliation d'un désaveu qui ne trompait personne. « M. Hérault a pris ma défense, que j'abandonnais, l'a fait comparaître à la police, et, après l'avoir menacé du cachot l'a fait signer la rétractation que vous avez pu voir dans les papiers publics[2], » écrivait Voltaire au marquis d'Argens, à la date du 21 juin. La voici dans son intégrité :

> Je déclare que je ne suis point l'auteur d'un libelle imprimé qui a pour titre : *la Voltairomanie*, et que je le désavoue en son entier, regardant comme calomnieux tous les faits qui sont imputés à M. de Voltaire dans ce libelle; et que je me croirois déshonoré si j'avois eu la moindre part à cet écrit, ayant pour lui tous les sentiments d'estime dus à ses talents, et que le public lui accorde si justement. Fait à Paris, ce 4 avril 1739. Signé *Desfontaines*. »

Cette pièce, minutée de la main du marquis d'Argenson, était copiée et signée par Desfontaines, qui

---

1. Ce désaveu existe, nous l'avons eu sous les yeux, il est écrit de la main même de Voltaire ; le voici : « J'ay toujours désavoué le *Préservatif* et je nay eu aucune part à la collection des pièces qui sont dans ce petit écrit, parmy les quelles il y en a qui n'étaient point destinées à être publiques ; à Cirey, ce 2 may 1739. Voltaire. » Voltaire se garde bien de qualifier le *Préservatif* de « libelle » et ne le désigne que sous le terme anodin de « petit écrit. » Il a d'ailleurs le soin de faire ses réserves à l'égard de la lettre de Maffei. Si Desfontaines eut connaissance de cette pièce, ce qui est douteux, il n'en eut ni communication, ni copie. Comparé aux duretés qu'on le contraignait à se dire, le désaveu de Voltaire est dérisoire et n'eût pu être qu'une piètre arme dans les mains de l'ennemi.

2. Voltaire, *OEuvres complètes* (Beuchot), t. LIII, p. 611. Lettre de Voltaire au marquis d'Argens ; à Bruxelles, 21 juin 1739.

avait à l'avance cherché à atténuer le coup par une brochure sans nom d'auteur, intitulée *le Médiateur* [1]. Voltaire ne pouvait pas être satisfait; mais il partageait la lassitude commune et sentait d'ailleurs que M. Hérault n'irait pas au delà. Tout médiocrement content qu'il soit du lieutenant-général de police, il lui adresse, de Reims, deux billets où il lui témoigne chaleureusement toute sa gratitude [2]. C'était de sa part un acte de haute prévoyance. Madame du Châtelet disait à d'Argental : « Je pourrois bien, dans l'intervalle de quelques délais, retourner à Valenciennes pendant que M. Hérault y sera : c'est une connaissance très-utile à faire [3]. » Cela est plaisant. La marquise connaissait son Voltaire, et n'était pas sans prévoir dans l'avenir de nouvelles tracasseries et de nouveaux orages.

Voltaire avait demandé (et c'était logique, aussitôt que l'on croyait lui devoir une réparation) que cette rétractation parût dans l'un des numéros des *Observations*, mais il fut convenu qu'elle demeurerait secrète dans les mains du lieutenant de police, et l'on conçoit, dès lors, que Voltaire se trouvât mal vengé. Par malheur pour cette clause restrictive, le poëte avait donné copie du désaveu au chevalier de Mouhy, et il était fort à craindre que ce dernier ne la répandît dans tout Paris. Madame du Châtelet, lorsqu'elle en eut connaissance,

---

1. *Nouveaux Amusemens du cœur et de l'esprit* (à la Haye, 1742), t. III, p. 345 à 359. *Le Médiateur*, lettre à M. le marquis de ***; à Toulouse, le 10 janvier 1739.

2. Léouzun-Leduc, *Etudes sur la Russie* (Amyot), p. 441, 442.

3. *Lettres inédites de madame du Châtelet* (Paris, 1806), p. 218; 1er juin 1739.

écrivit au chevalier de se bien garder d'en faire usage ; mais, en lui désobéissant, Mouhy savait qu'il ne ferait que se conformer aux vœux du poëte, et cette considération n'était pas de nature à le rendre circonspect[1]. Cette pièce devait faire du chemin en peu de temps. A la date du 28 mai, le marquis d'Argenson écrivait à son ancien camarade de Louis-le-Grand, qu'il l'avait lue dans la *Gazette d'Amsterdam*. Grand étonnement, grande stupéfaction de Voltaire qui n'était sûrement pas capable d'avoir envoyé clandestinement le désaveu à une feuille étrangère. Cependant M. Hérault pouvait l'en soupçonner, et il était important qu'il ne doutât pas à cet égard de sa parfaite innocence[2]; mais d'Argenson se hâte de le rassurer et de lui mander qu'il a trouvé le magistrat plein de bonne volonté pour lui :

> Vivez bien tranquille, mon cher ami, laissez tous ces damnés dans leurs ténèbres et leurs grincemens de dents, et le *Rousseau* et le *Desfontaines*, et pareils vilains... J'ai lu, ajoute-t-il, les trois odes dont vous me parlez. L'homme au recueil que je vous ai dit a jusqu'au moindre chiffon que vous ayez jamais écrit. Je ne sais pas comment il a fait. Mandez-moi s'il est flatteur d'être ainsi suivi par des inconnus. J'ai donc bien grossi mon portefeuille, et relu avec délices ces anciennetés de vous, que j'avois commencé à mettre en portefeuille à part : le *Loup moraliste*, la *Tabatière saisie*, les *Étrennes à Monseigneur*. Nous étions bien petits alors[3].

On le voit, le marquis d'Argenson n'oubliait pas

---

1. *Lettres inédites de la marquise du Châtelet à d'Argental* (Paris, 1806), p. 210, 211 ; 27 avril 1739.
2. Voltaire, *OEuvres complètes* (Beuchot), t. LIII, p. 600. Lettre de Voltaire au marquis d'Argenson ; à Beringhen, ce 4 juin 1739.
3. Marquis d'Argenson, *Mémoires* (Jannet), t. IV, p. 361, 362. Lettre du marquis d'Argenson à Voltaire ; Paris, ce 20 juin 1739.

qu'ils avaient été camarades de Louis-le-Grand, et il ne tint point à lui que le triomphe de Voltaire ne fût pas plus complet. Desfontaines n'était pas dans les bonnes grâces des deux frères; et, appelé devant le cadet qui avait sous M. de Chauvelin le bureau des affaires contentieuses de la librairie et de l'imprimerie, il aurait eu à endurer un de ces mots d'un mépris écrasant qui tueraient un honnête homme. « On demandait, il n'y a pas longtemps, dit Voltaire, à un homme qui avait fait je ne sais quelle mauvaise brochure contre son ami et son bienfaiteur, pourquoi il s'était emporté à cet excès d'ingratitude. Il répondit froidement : *Il faut que je vive*[1]. » — « Je n'en vois pas la nécessité » eût répliqué le comte. Voltaire ne cite pas cette repartie qui en vaut pourtant bien la peine; cela inspirerait quelques doutes sur son authenticité. Au moins n'eût-ce été qu'une réminiscence; car le mot existait, et de vieille date, et doit en toute équité être restitué à Tertullien[2]. M. de Buri-

---

1. Voltaire. *OEuvres complètes* (Beuchot), t. IV, p. 157. Discours préliminaire d'*Alzire*. En tous cas, Desfontaines demandait-il son pain aux lettres, et c'était à elles de le lui donner d'une façon ou d'autre. « L'abbé Desfontaines, écrivait l'abbé Bonardy à Bouhier, en 1729, avoit déjà donné une brochure contre ce roman, mais c'étoit peu de chose. Il en va lâcher une nouvelle au premier jour, car il luy en faut cinq ou six par an pour le nourrir... » Bibliothèque impériale. Manuscrits. *Correspondance du président Bouhier*, t. I, f. 106. Lettre de l'abbé Bonardy au Président; à Paris, le 6 mars 1729.

2. Ce mot de Tertullien à un statuaire fabricateur d'idoles, se trouve dans son *Traité de l'idolâtrie*, ch. xiv. Il met en principe qu'il n'est pas moins condamnable de fabriquer des idoles que de les adorer; et, supposant ensuite qu'un statuaire lui fasse cette réponse : « Mais mon métier est d'en faire, et je n'ai pas d'autre moyen de vivre. — Eh ! quoi ! mon ami, réplique-t-il, est-il nécessaire que tu

gny veut que cette semonce ait eu lieu à l'occasion même de la *Voltairomanie*[1]. Mais Voltaire y fait allusion dans le discours préliminaire d'*Alzire*, publié en 1735, à un moment où le poëte, et avec lui l'Académie, eurent à se plaindre des étranges procédés de l'auteur des *Observations*.

Trois mois après ces débats scandaleux, Desfontaines croyait devoir entretenir ses lecteurs des mémoires sur le feu de Voltaire et de sa docte amie, et s'étendait, avec une admiration dont l'arrière-pensée se devine, sur celui de la marquise, qu'il déclarait supérieur à celui du poëte. Cependant, et c'est l'habileté, il ne dissimule pas ce qu'il peut y avoir d'individuel et de neuf dans l'*Essai sur le feu*, et ne fait pas difficulté d'indiquer même les parties où son auteur a raison contre madame du Châtelet[2]. Après les horreurs de *la Voltairomanie*, la modération, l'impartialité relative de ces critiques, la sorte d'apaisement qui y règne, sont à signaler. Si le volcan n'est pas éteint, il ne lancera plus de flammes, et, pour le coup, nous en avons bien fini avec l'abbé Desfontaines.

vives? *Jam illa objici solita vox : non habeo aliquid quo vivam. Districtius repercuti potest*, *VIVERE ERGO HABES?* » *Notes and queries* (London, 1863), t. III, p. 419.

1. *Lettre de M. de Burigny à M. l'abbé Mercier, abbé de Saint-Léger* (Londres, 1780), p. 8.

2. *Observations sur les écrits modernes*, t. XVIII, p. 170, 250 ; 25 juin et 8 août 1739.

VI

MADAME DE GRAFIGNY A CIREY. — SOUPÇONS. — SCÈNE ÉPOUVANTABLE. — DÉPART POUR BRUXELLES

Au plus fort de ces tristes débats, Voltaire écrivait à l'abbé d'Olivet : « Ne vous imaginez pas que la vie occupée et délicieuse de Cirey, au milieu de la plus grande magnificence et de la meilleure chère, et des meilleurs livres, et, ce qui vaux mieux, au milieu de l'amitié, soit troublée un seul instant par le croassement d'un scélérat qui fait, avec la voix enrouée du vieux Rousseau, un concert d'injures méprisées de tous les esprits, et détestées de tous les cœurs[1]. » Et c'était vrai. Un témoin de leur existence d'alors nous a laissé un journal minutieux des moindres incidents de cette vie si bien remplie, et, par des indiscrétions qui n'étaient destinées, il est vrai, qu'à des amis bien chers, elle nous aura fait pénétrer dans ce docte et curieux intérieur, dont, à cette époque déjà, on colportait, comme on l'a pu voir, les plus fantastiques récits. C'est, en effet, toute une révélation que ces lettres de madame de Grafigny à son « cher Panpan »; elles

---

1. Voltaire, *OEuvres complètes* (Beuchot), t. LIII, p. 425, 426. Lettre de Voltaire à l'abbé d'Olivet; à Cirey, ce 19 janvier 1739.

nous ouvrent le sanctuaire, nous promènent dans les moindres coins du temple, et ses commérages ne nous font grâce ni d'une parole ni d'un geste. Après tout, si le ton n'est pas des meilleurs, l'imagination, l'enthousiasme, l'émotion, la sincérité, l'esprit, bien qu'un peu vulgaire, abondent, et c'est là l'essentiel.

L'existence de madame de Grafigny fut tout un roman douloureux. « Il y a dans le paradis terrestre de Cirey, écrivait Voltaire à Richelieu, durant le séjour de celle-ci chez madame du Châtelet, une personne qui est un grand exemple des malheurs de ce monde et de la générosité de votre âme; c'est madame de Grafigny. Son sort me ferait verser des larmes si elle n'était pas aimée de vous...[1]. » Née à Nancy, le 13 février 1695, d'une famille distinguée, mademoiselle d'Issembourg d'Happoncourt[2], petite nièce par sa mère du célèbre Callot[3], devint fort jeune la femme et la proie d'un exempt des gardes du corps, chambellan du duc Léopold, M. Huguet de Grafigny, homme violent, presque

---

1. Voltaire, *OEuvres complètes* (Beuchot), t. LIII, p. 406. Lettre de Voltaire au duc de Richelieu ; à Cirey, le 12 janvier 1739.

2. Elle était fille de François-Henri d'Issembourg-d'Happoncourt, lieutenant des gardes-du-corps, sous-lieutenant des chevau-légers, et major de la gendarmerie du duc de Lorraine et de Marguerite Callot. M. d'Issembourg, quoique Allemand, avait servi en France dans sa jeunesse. Il avait été aide de camp du maréchal de Boufflers au siège de Namur. Il s'attacha depuis à la cour de Lorraine et mourut gouverneur de Boulay.

3. « J'ai entendu dire à madame de Grafigny que sa mère, ennuyée d'avoir chez elle une grande quantité de planches en cuivre gravées par Callot, fit venir un jour un chaudronnier, et les lui donna toutes pour lui en faire une batterie de cuisine. Madame de Grafigny gémissait de l'ignorance de sa mère qui avait laissé perdre un trésor si précieux. » Fréron, *Année littéraire* 1759, t. 1, p. 327.

féroce, avec lequel elle courut plus d'une fois risque de sa vie et que l'on finit par enfermer. Cette existence n'était pas tenable, comme ne le témoignaient que trop la fréquence et l'excès des atrocités de ce furieux; et l'on peut juger de son état par ces quelques mots à M. d'Issembourg : « Mon cher père, je suis obligée dans l'extrémité ou ie me trouve de vous suplier de ne me point abandoner et de m'envoier au plus vite chercher par M. de Rarecour, car je suis en grand danger et suis toute brise de coups; ie me jete à votre miséricorde et vous prie que se soit bien vite; il ne faut dire que cest dautre que moy qui vous lon mandé, car tout le monde le sais[1]... » Orthographe à part, cela est navrant. Enfin elle fut soustraite juridiquement à son bourreau. Mais, si elle cessa d'avoir à craindre pour ses jours, son existence ne fut guère plus heureuse et moins troublée. Nature pleine d'élan, de sensibilité, de franchise, elle eut à lutter avec toutes les nécessités de la vie et dut se plier à toutes les servitudes qu'imposent le manque de fortune et presque la misère; car ses ressources consistaient, à peu de chose près, dans la pension très-bornée que lui faisait Madame Royale; d'ailleurs, sans beaucoup de calcul et d'ordre, toujours en retard avec ses fournisseurs, la pauvre femme était souvent bourse vide, et s'étonnait fort elle-même lorsqu'il lui arrivait d'avoir à disposer de quelques centaines de francs[2].

1. *Isographie des hommes célèbres* (1828-1830), t. I. Lettre de madame de Grafigny à son père ; sans date.
2. Madame de Grafigny, *Vie privée de Voltaire et de madame du Châtelet* (Paris, 1820), p. 94, 209.

Les soulagements les plus effectifs à sa triste existence, elle les trouvait dans les épanchements de l'amitié. Elle chérissait ses amis avec une passion, une franchise, une familiarité, un débraillé, dirons-nous, tout masculin. Son cœur leur était ouvert, elle pensait tout haut avec eux, elle les tutoyait, leur donnait les surnoms les plus étranges, ce qui, soit dit en passant, rend assez ardue la tâche de l'historien, auquel il faut deviner que *panpan, maroquin*, le *petit saint*, ne sont autres que Devaux, Desmarets et Saint-Lambert. M. Devaux et madame de Grafigny avaient été élevés ensemble; aussi était-ce entre eux un de ces attachements à toute épreuve sur lesquels ne peuvent ni le temps ni l'absence. Panpan (ou Panpichon), tempérament un peu sauvage et timide, avait besoin que l'on prît avec lui de ces licences qui le mettaient à l'aise, et les disparates de leurs deux natures ne furent pas sans doute les moindres causes de durée d'une affection que la mort seule devait rompre. Les parents de M. Devaux le destinaient à la magistrature; mais la toge n'était guère le fait de cet esprit léger et frivole qui se fût mieux accommodé du commerce des muses. On voulut persuader à Stanislas qu'il ne pouvait se dispenser d'un lecteur, et l'ami de madame de Grafigny fut attaché, avec un traitement de deux mille écus, à la personne de Sa Majesté polonaise. « Que ferai-je d'un lecteur? s'était écrié plaisamment celui-ci lorsqu'on lui en parla; ce sera comme le confesseur de mon gendre. » C'est, à peu de chose près, la réponse que fit le prince de Conti à l'abbé Prévost, son chapelain. Devaux n'eut pas de peine à se faire goûter de cette

petite cour où sa politesse, sa douceur, son caractère
charmant, ses talents poétiques, ne pouvaient manquer d'être appréciés. L'abbé Porquet, l'aumônier de
Stanislas, a tracé un portrait de Panpan que nous citerons aussi comme spécimen de la poésie de ce digne
précepteur du futur auteur d'*Aline*.

> Le ciel te prodigua tous les défauts qu'on aime ;
> Tu n'as que les vertus qu'on pardonne aisément ;
> Ta gaieté, tes bons mots, tes ridicules mêmes,
>   Nous charment presque également.
> Bel esprit à la cour, et commère à la ville,
> Qui, comme toi, d'un air agréable et facile,
> Sait occuper autrui de son oisiveté,
> Minauder, discuter, composer vers ou prose,
> Et, nécessaire enfin par sa frivolité,
>   Par des riens valoir quelque chose ?

Mais ce portrait-là ne convenait pas moins à l'abbé
Porquet qu'à Devaux. A une époque où la galanterie
était aussi outrée, est-il bien étrange que madame de
Grafigny ait cherché dans l'amour l'oubli de ses infortunes passées et de sa lamentable vie ? Sa liaison avec
Léopold Desmarets, le fils du musicien, un lieutenant
de cavalerie au régiment d'Heudicourt, est trop connue,
elle en fait trop peu de mystère elle-même dans sa correspondance, pour qu'on songe à cacher des relations
où se développent toutes les qualités tendres de son
cœur. Le *Docteur*, *Cliphan*, *Gros chien* et *Gros chien
blanc*, sont autant de noms d'amitié qu'elle donne à
son amant et que l'on retrouve jusqu'à satiété dans ses
lettres à Panpan, leur commun ami. Madame de Grafigny était loin d'être belle, et elle n'était plus jeune
alors ; mais cette âme tout amour, qui souffrait des

douleurs des autres comme des siennes propres[1], appelait à elle, et, à un certain moment, nous la voyons malheureuse et honteuse des poursuites folles d'un jeune officier qu'elle est forcée de congédier; ce qui ne la sauve pas des transports de jalousie du Docteur, *la deffience en chause et en pourpoint.* « Je maudit lamour, mais cela ne me guérit de rien ; je crois quelquefois que cest un reve, car j'ay toutes les peine du monde à convenir qu'à mon age, de ma figure, je puisse faire tourner la tête à quelqu'un[2]... » M. de Grafigny n'existait plus, et elle eût bien voulu épouser Desmarets, mais sa mère s'opposa à son mariage avec l'*amour*, soit qu'elle ne le trouvât pas assez bien né, soit que leur peu de fortune semblât à madame d'Issembourg un obstacle trop réel[3]; et, faute de mieux, ils continuèrent à s'aimer avec une vaillance que l'on voudrait moins complète[4]. Mais si cela adoucissait les privations, les embarras, les gênes qu'on devine, encore fallait-il vivre, et la pauvre femme se trouva heureuse d'accepter la position qui lui fut faite près de mademoiselle de Guise, au moment où se conclut, par

---

1. Voir sa désolation en apprenant par Bagard, un médecin célèbre de Nancy, qu'un de leurs amis a le ver solitaire : « Je voudrois être morte, s'écrie-t-elle, mon cœur se rebute de souffrir de tant de façons. » Lettre de madame de Grafigny à M. Devaux; Nancy, ce jeudi soir. *Catalogue Montigny*, 30 avril 1860, p. 213, n° 1271.

2. Charavay, *Catalogue d'autographes* du 7 avril 1864, p. 43, n° 289. Lettre de madame de Grafigny à M. Devaux ; à Nancy.

3. *Ibid.*, *Catalogue* du 8 mars 1862, p. 10, n° 77. Lettre de madame de Grafigny à M. Devaux ; 5 mars.

4. « Aime-nous bien, l'amour et moi, et envoie faire lolote tous les mauvais propos, » dit-elle à l'ami Panpan, dans cette lettre du 5 mars.

l'entremise de Voltaire, le mariage de cette princesse avec M. de Richelieu (avril 1734). Cette situation n'était pas d'ailleurs une de ces chaînes étroites dont le poids ne se fait que trop sentir à qui les porte, et madame de Grafigny n'était pas tellement indispensable à la jeune duchesse, qu'elle ne pût parfois faire d'assez notables absences, comme celle qu'elle accomplissait en ce moment au profit des châtelains de Cirey, et qu'il ne dépendait que d'elle de prolonger jusqu'au retour de la duchesse à Paris, au mois d'avril de l'année suivante.

Ce fut le 4 décembre 1738 qu'elle posa le pied dans Cirey, à deux heures de nuit, après un voyage horrible, dans des boues où sa chaise à tout instant menaçait de s'effondrer. Bien reçue par la *Nymphe*, elle est accueillie on ne peut mieux par le poëte qui apparaît, un petit bougeoir à la main, comme un moine. Il lui fait mille caresses ; il semble si aise de la voir que ses démonstrations vont jusqu'au transport ; il lui baise dix fois les mains[1]. Avec madame de Grafigny, les portraits, les descriptions affluent ; tout la frappe, et sa plume est toujours au service de la moindre impression. Ainsi, dès sa première lettre, elle nous fera un croquis piquant de madame du Châtelet. « ... J'oubliais qu'elle m'a d'abord parlé de ses procès sans autre cérémonie. Son caquet est étonnant, je ne m'en souvenais plus. Elle parle extrêmement vite, et comme je parle quand je fais *la Française*. Tu vois que je corrige ce mot-là ; ce serait un solécisme ici de l'écrire autre-

---

1. Madame de Grafigny, *Vie privée de Voltaire et de madame du Châtelet* (Paris, 1820), p. 3 ; Cirey, ce jeudi 4 décembre 1738.

ment. Elle parle comme un ange, c'est ce que j'ai reconnu ; elle a une robe d'indienne et un grand tablier de taffetas noir : ses cheveux noirs sont très-longs, ils sont relevés par derrière jusqu'au haut de la tête, et bouclés comme ceux des petits enfants ; cela lui sied fort bien... » A la bonne heure, voilà qui doit ressembler et qui ne ressemble point à l'infernal portrait de madame du Deffand. L'auteur futur des *Lettres d'une Péruvienne* a peur d'en oublier, car tout lui paraît digne d'être relevé. Est-ce que Voltaire, est-ce que la *Nymphe* peuvent faire et dire des choses vulgaires ? et puis, elle parle à des amis, et elle sait très-bien qu'elle ne saurait les ennuyer ; bref, rien n'est omis. Elle nous dira jusqu'à la couleur des papiers et le nombre des bûches que l'on brûlait chaque jour. La bonne dame nous introduit d'abord dans l'appartement de Voltaire, et nous en donne une description qu'il faut bien reproduire, malgré son étendue.

Sa petite aile tient si fort à la maison, que la porte est au bas du grand escalier. Il a une petite antichambre grande comme la main ; ensuite vient sa chambre, qui est petite, basse et tapissée de velours cramoisi ; une niche de même avec des franges d'or : c'est le meuble d'hiver. Il y a peu de tapisserie, mais beaucoup de lambris, dans lesquels sont encadrés des tableaux charmans ; des glaces, des encoignures de laque admirables ; des porcelaines, des marabouts, une pendule soutenue par un marabout d'une forme singulière, des choses infinies dans ce goût-là, chères, recherchées, et surtout d'une propreté à baiser le parquet ; une cassette ouverte où il y a une vaisselle d'argent ; tout ce que le superflu, chose si nécessaire, a pu inventer. Et quel argent ! quel travail ! il y a jusqu'à un baguier où il y a douze bagues de pierres gravées, outre deux de diamants. De là on passe dans la petite galerie, qui n'a guère que trente ou quarante pieds de long. Entre ses fenêtres sont deux petites statues fort belles, sur des piédestaux de vernis des Indes : l'une est cette *Vénus-Farnèse*, l'autre *Hercule*. L'autre côté des fenêtres est partagé en deux armoires; l'une de livres, l'autre de machines de physique; entre les deux, un fourneau dans le mur, qui rend l'air comme celui du printemps; devant se trouve un grand piédestal, sur lequel est un Amour assez grand qui lance une flèche. Cela n'est point achevé; on fait une niche sculptée à cet Amour, qui cachera l'apparence du fourneau, la galerie est boisée et vernie en petit jaune. Des pendules, des tables, des bureaux, tu crois bien que rien n'y manque. Au delà est la chambre obscure, qui n'est pas encore finie, non plus que celle où il mettra ses machines. C'est pour cela qu'elles sont encore toutes dans la galerie. Il n'y a qu'un seul sopha et point de fauteuils commodes, c'est-à-dire que le petit nombre de ceux qui s'y trouvent sont bons, mais ce ne sont que des fauteuils garnis : l'aisance du corps n'est pas sa volupté, apparemment. Les panneaux des lambris sont des papiers des Indes fort beaux; les paravents sont de même; il y a des tables à écrans, des porcelaines, enfin tout est d'un goût extrêmement recherché. Il y a une porte au milieu qui donne dans le jardin; le dehors de la porte est une grotte fort jolie. Je pense que tu seras bien aise d'avoir une idée du temple de ton *idole*, puisque tu ne saurais le voir [1].

Une chose que madame de Grafigny oublie ici et qu'elle mentionne ailleurs, c'est qu'en ouvrant la porte de la chambre de Voltaire, on voyait dire la messe. « C'est de là qu'on l'entend. » C'était, comme on le pense, plutôt une servitude pour lui qu'une commodité. Quand le froid se faisait sentir, il s'abritait derrière un paravent, tandis que le château assistait à l'office divin [2]. Passons à l'appartement de la marquise.

1. Madame de Grafigny, *Vie privée de Voltaire et de madame du Châtelet* (Paris, 1820), p. 14, 15, 16 ; ce samedi, à cinq heures du soir (6 décembre 1738).
2. *Ibid.*, p. 143 ; ce jeudi soir.

Celui de *Voltaire* n'est rien en comparaison de celui-ci. Sa chambre est boisée et peinte en vernis petit jaune, avec des cordons bleu pâle; une niche de même, encadrée de papiers des Indes charmans. Le lit est en moiré bleu; et tout est tellement assorti que, jusqu'au panier du chien, tout est jaune et bleu : bois de fauteuil, bureau, encoignures, secrétaire. Les glaces et cadres d'argent, tout est d'un brillant admirable. Une grande porte vitrée, mais de glace-miroir, conduit à la bibliothèque, qui n'est pas encore achevée. C'est une sculpture comme une tabatière : rien n'est joli comme tout cela. Il y aura des glaces, des tableaux de *Paul Véronèse*, etc. D'un côté de la niche, est un petit boudoir; on est prêt à se mettre à genoux en y entrant. Le lambris est en bleu, et le plafond est peint et vernis par un élève de *Martin*[1], qu'ils ont ici depuis trois ans. Tous les petits panneaux sont remplis par des tableaux de *Watteau*. Ce sont les cinq Sens; puis les deux contes de *Lafontaine*, le *Baiser pris et rendu*, dont j'avais les deux estampes, et les *Oies du père Philippe*. Ah! quelles peintures! les cadres sont dorés en filigranes sur le lambris. On y voit trois Grâces, belles et aussi jolies que la mère des tendres Amours. Il y a une cheminée en encoignures de *Martin*, avec de jolies choses dessus, entre autres une écritoire d'ambre que le prince de Prusse lui a envoyée avec des vers... Pour tout meuble, un grand fauteuil couvert de taffetas blanc et deux tabourets de même; car, grâce à Dieu, je n'ai pas vu une bergère dans toute la maison. Ce divin boudoir a une sortie par sa seule fenêtre, sur une terrasse charmante, et dont la vue est admirable. De l'autre côté de la niche est une garde-robe divine, parée de marbre, lambrissée en gris de lin, avec les plus jolies estampes. Enfin, jusqu'aux rideaux de mousseline qui sont aux fenêtres sont brodés avec un goût exquis. Non, il n'y a rien au monde de si joli[2]!

Mais, puisque nous avons tant fait, nous serions impardonnable de négliger l'appartement des bains.

1. Fameux vernisseur. Voltaire l'a célébré en plus d'une rencontre. *OEuvres complètes* (Beuchot), t. XII, p. 48; XIII, p. 80.
2. Madame de Grafigny, *Vie privée de Voltaire et de madame du Châtelet* (Paris, 1820), p. 18, 19, 20 ; ce samedi, à cinq heures du soir.

Ah! quel enchantement que ce lieu! l'antichambre est grande comme ton lit, la chambre des bains est entièrement de carreaux de faïence, hors le pavé qui est de marbre; il y a un cabinet de toilette de même grandeur, dont le lambris est vernissé d'un vert céladon clair, gai, divin, sculpté et doré admirablement; des meubles à proportion, un petit sopha, de petits fauteuils charmans, dont les bois sont de même façon, toujours sculptés et dorés; des encoignures, des porcelaines, des estampes, des tableaux et une toilette; enfin le plafond est peint, la chambre est riche, et pareille en tout au cabinet; on y voit des glaces et des livres amusans sur des tablettes de laque. Tout cela semble être fait pour des gens de Lilliput. Non, il n'y a rien de si joli! Tout ce séjour est délicieux et enchanté! si j'avais un appartement comme celui-là, je me serais fait réveiller la nuit pour le voir. Je t'en ai souhaité cent fois un pareil, à cause de ton bon goût pour les petits nids. C'est assurément une jolie bonbonnière, te dis-je, tant ces choses sont parfaites. La cheminée n'est pas plus grande qu'un fauteuil ordinaire, mais c'est un bijou à mettre en poche[1].

Il est vrai que l'ameublement du reste du château ne répondait guère à toute cette somptuosité devant laquelle cette pauvre madame de Grafigny demeure émerveillée; et, pour sa part, elle n'a pas trop à se louer de son logement particulier. Dans la description qu'elle nous en donne, son enthousiasme a fait place à la mauvaise humeur : elle gèle, elle grelotte; elle aurait moins froid sur la grande place de Nancy.

Je voudrais bien être hors du bâtiment, mais il faut que tu saches comment est faite ma chambre. C'est une halle pour la hauteur et la largeur, où tous les vents se divertissent par mille fentes qui sont autour des fenêtres, et que je ferai bien étouper, si Dieu me prête vie. Cette pièce immense n'a qu'une seule

---

1. Madame de Grafigny, *Vie privée de Voltaire et de madame du Châtelet* (Paris, 1820), p. 49, 50.

fenêtre coupée en trois, comme du vieux temps, ne portant rien que six volets. Les lambris, qui sont blanchis, diminuent un peu la tristesse dont elle serait, eu égard au peu de jour et au peu de vue, car une montagne aride que je toucherais quasi de la main la masque entièrement. Au bas de cette montagne est une petite prairie qui peut avoir cinquante pieds de large, et sur laquelle on voit serpenter une petite rivière qui fait mille détours. Rentrons, il fait vilain à la fenêtre. La tapisserie est à grands personnages à moi inconnus et assez vilains. Il y a une niche garnie d'étoffes d'habits très-riches, mais désagréables à la vue par leur assortiment. Pour la cheminée, il n'y a rien à en dire; elle est si petite que tout le sabat y passeroit de front: l'on y brûle environ une *demi-corde* de bois par jour sans que l'air de la chambre en soit moins crû [1]. Des fauteuils du vieux temps, une commode, une table de nuit pour toute table, mais en récompense une belle toilette de découpure. Voilà ma chambre, que je hais beaucoup, et avec connaissance de cause; hélas! on ne saurait avoir à la fois tous les biens en ce monde. J'ai un cabinet tapissé d'indienne qui n'empêche pas de voir l'air à travers les coins des murs. J'ai une très-jolie petite garde-robe sans tapisserie, fort à jour aussi, afin d'être assortie à tout le reste. Enfin je te dis, mon ami, rien ne me manque. *Dubois* (sa femme de chambre) est mieux que moi, hors qu'elle n'a de jour que sur son corridor, encore y a-t-il un escalier assez beau à monter, mais difficile parce qu'il est du vieux temps. Au demeurant, tout ce qui n'est point l'appartement de la dame et de Voltaire est d'une saloperie à dégoûter. Les jardins m'ont paru beaux par la fenêtre. Sauve-toi par là [2].

Si madame du Châtelet ne se refusait aucune jouissance, elle y regardait d'un peu plus près, lorsqu'il s'agissait des autres. Prodigue pour elle, elle se rattrapait en lésinant sur les gages et la nourriture de ses gens. A Paris, elle mangeait rarement chez elle et

1. Madame de Grafigny dit, autre part, que l'on brûlait six cordes de bois par jour dans tout le château.
2. Madame de Grafigny, *Vie privée de Voltaire et de madame du Châtelet* (Paris, 1820), p. 22, 23.

donnait plus rarement à souper; et, lorsque cela arrivait, c'était toujours à un petit nombre, avec peu de plats et encore moins de vins. Elle n'avait pas de cave. Elle prenait chez son marchand par deux douzaines de bouteilles à la fois, dont moitié rouge qu'il appelait du *bourgogne*, et qui était des crus de Paris ; et l'autre moitié blanc, que l'on qualifiait de *champagne*. Les domestiques n'étaient point nourris. Elle donnait à son cocher, à ses deux laquais, et à sa cuisinière vingt sous par jour. Son suisse, sa femme de chambre, et Longchamp, auquel nous devons tous ces détails mais qui n'entrera que plus tard au service de madame du Châtelet (1746), avaient trente sous [1]. Cela était pourtant fort honnête, comparé à ce que, soixante-sept ans auparavant, mesdames de Montespan et de Maintenon donnaient à leurs domestiques. « Je compte 4 sous en vin pour vos quatre laquais et vos deux cochers, écrivait cette dernière à son frère ; madame de Montespan donne cela aux siens ; et si vous aviez du vin en cave, il ne vous en coûteroit pas trois. Je mets six sols pour votre valet de chambre [2]... » Quinze francs par jour devaient nourrir dix personnes, maîtres et livrée. Mais le temps avait marché, la valeur de l'argent était loin d'être la même; et, en donnant infiniment moins à leurs gens, mesdames de Montespan et de Maintenon pouvaient être infiniment plus généreuses. La marquise, il est vrai, avait besoin de

1. Longchamp et Wagnière, *Mémoires sur Voltaire* (Paris, 1826), t. II, p. 121.
2. Madame de Maintenon, *Correspondance générale* (Charpentier, 1865), t. II, p. 67. Lettre de madame de Maintenon au comte d'Aubigné ; à Versailles, ce samedi soir (25 septembre 1679).

compter avec elle-même. Les du Châtelet n'étaient pas riches, surtout avant le gain de leur procès; et il fallait bien, pour mettre bout à bout, se rattraper de quelque côté. Elle le faisait sur les gages de ses domestiques, qui le supportaient malaisément, quand ils ne s'entendaient pas pour déserter tout d'une fois, comme cela arrivera à un voyage de Fontainebleau, entraînant dans leur défection les domestiques de Voltaire, traités par son conseil sur le même pied[1].

Mais c'est ici le lieu de donner l'emploi d'une journée qui avait toute la régularité, si elle n'en avait pas l'austérité, de la vie monastique. La marquise et Voltaire étaient d'étranges moines, à coup sûr, mais c'étaient des moines, au moins dans une acception du mot. Vous veniez de vous lever, vous étiez renfermé dans votre chambre, soit à votre toilette, soit à écrire, soit à lire, ou tout simplement à vous ennuyer; entre dix heures et demie et onze heures et demie, les domestiques avertissaient tout le monde pour le café, qui se prenait dans la galerie de Voltaire. Cela durait une heure, cinq quarts d'heure, rarement davantage. A midi sonnant, les cochers allaient dîner. Mais savez-vous ce qu'on appelait les cochers, à Cirey? Ces cochers étaient M. du Châtelet, la bonne madame de Chambonin et son fils, dont mademoiselle Mignot n'avait pas voulu pour mari. Tout ce qui n'était pas classé au rang des cochers demeurait, le repas pris, une demi-heure à causer avec Voltaire et la marquise. On parlait

---

[1]. Longchamp et Wagnière, *Mémoire sur Voltaire* (Paris, 1826), t. II, p. 123.

géométrie, littérature, procès, ou tout autre chose, ainsi que cela se trouvait; après quoi Voltaire se levait, faisait une grande révérence à la société, et la mettait à la porte sans plus de précaution. Au reste, on était fait à ce cérémonial, auquel la marquise se soumettait la première, et l'on se retirait chez soi jusqu'au souper, qui avait lieu à neuf heures. Il arrivait parfois que, sur les quatre heures, l'on se réunissait pour prendre un léger goûter; mais c'était accidentel, et vous n'étiez pas toujours convié à ce repas supplémentaire; peut-être même eût-il été indiscret de s'y rendre de son chef. « Je n'y vais guère qu'on ne me fasse appeler, » dit madame de Grafigny.

Le seul repas sérieux était le souper, repas moins copieux que recherché. Lésine à part, madame du Châtelet aimait la table, et elle en convient avec une franchise qui frôle de près le cynisme.

... J'ai un très-bon tempérament, mais je ne suis point robuste. Il y a des choses qui sûrement détruiroient ma santé; tel est le vin, par exemple, et toutes sortes de liqueurs : je me les suis interdits dès ma première jeunesse. J'ai un tempérament de feu; je passe les matinées à me noyer de liquides. Enfin, je me livre souvent à la gourmandise dont Dieu m'a douée; mais je répare ces excès par des diètes rigoureuses que je m'impose à la première incommodité que je sens, et qui m'ont toujours évité des maladies. Ces diètes ne me coûtent pas, parce que, dans ces temps-là, je reste chez moi à l'heure des repas[1].

---

1. *Lettres inédites de madame du Châtelet à d'Argental* (Paris, 1806), p. 345. *Réflexions sur le Bonheur*. Ce traité est d'un genre étrange, et quelles que fussent l'indépendance et l'audace que l'on mît alors dans la discussion de tous les sujets, on s'étonne de la franchise avec laquelle la marquise, en abordant cette matière, parle d'elle-même et de son hygiène. Saint-Lambert, propriétaire du manuscrit, fit tout

Ce que madame de Grafigny dit de la recherche des mets contrarie sensiblement ce que nous avons rapporté plus haut des soupers de la marquise à Paris. Mais Longchamp peut bien avoir chargé le tableau, en qualité de maître d'hôtel de la docte Émilie; car il n'appartint à Voltaire qu'après avoir figuré parmi le domestique de madame du Châtelet. L'anecdote du marchand de vin serait toutefois moins invraisemblable : la marquise n'en buvant pas, ne devait point attacher la même importance à la cave, et se préoccuper infiniment de cet accessoire.

A table, Voltaire était charmant. Mais il fallait l'arracher de son secrétaire, et l'on avait dîné aux trois quarts quand il arrivait. Alors son valet de chambre se plantait derrière sa chaise et n'en bougeait pas; les laquais lui passaient les plats comme les pages aux gentilshommes du roi. Le poëte ne perdait pas un instant de vue la divine Émilie, mettant dans la moindre prévenance une grâce exquise. « Et qu'on ait bien soin de madame, » était le complément obligé du moindre ordre qu'il donnait. M. du Châtelet n'était point fort encombrant; il dormait aussitôt qu'il ne mangeait pas, ne soufflait mot, et avait l'amabilité de se retirer avec le couvert. C'est alors que la conversation commen-

ce qu'il put pour en empêcher l'impression; il écrivit en conséquence à Suard pour qu'il ne réunît point à ses autres pièces une esquisse indigne d'elle, pensée librement, et qui, quoique sans indécence, ferait pour plus d'une raison tort à sa mémoire. « Et puis, monsieur, ajoutait l'auteur des *Saisons*, ce manuscrit n'a été donné qu'à moi, et si ceux à qui je l'ai prêté avoient été aussi fidèles qu'ils auroient dû l'être, il ne seroit pas entre vos mains... » Laverdet, *Catalogue d'autographes*, du 7 décembre 1854, p. 108, n° 811.

çait; et quelle conversation, lorsque Voltaire n'était pas préoccupé ou ne boudait pas! Cela ne se décrit point. Si la causerie de Buffon désillusionnait un peu, celle de Voltaire avait tout le brillant, tout l'atticisme, toute la facilité gracieuse de son style. Le grand homme ne se montrait pas trop, il avait fait place à l'homme du monde qui se contente d'être spirituel sur toutes matières, qui fait bon marché de ce qu'il dit, et évite autant la profondeur et le pédantisme que la monotonie. Il savait bien qu'il ne parlait qu'à des femmes ou à des grands seigneurs légers, frivoles, dont il ne fallait pas blesser l'amour-propre. Voltaire était trop vain pour n'avoir pas un grand respect pour la vanité d'autrui, et il avait trop de tact pour ne point discerner ce qui était de nature à la froisser, ne fût-ce qu'imperceptiblement. Aussi, ses seuls ennemis, les rencontrait-il parmi les gens de lettres auxquels sa supériorité était odieuse. La haute noblesse, le haut clergé même furent ses appuis constants.

Madame du Châtelet n'était pas moins laborieuse que son ami. Elle passait toutes ses nuits à écrire ou à lire. A cinq heures seulement, parfois à sept, elle se mettait au lit et le quittait à neuf, dix heures au plus tard, de façon à ne pas y demeurer plus de deux heures. Le reste du temps, les repas exceptés, s'écoulait à son secrétaire d'où elle ne bougeait, non plus que Voltaire du sien, qu'à toute extrémité. Ce dernier se croyait-il obligé de vous rendre visite, il avait bien garde de s'asseoir, objectant invariablement « que c'est une chose affreuse que le temps qu'on perd à parler; qu'on ne devrait pas perdre une minute; que la plus grande dépense que l'on puisse faire est celle du temps. » C'est là l'oraison des trente jours! s'écrie madame de Grafigny, que dépite bien un peu cette hospitalité étrange.

La marquise faisait de longues promenades à cheval sur sa jument *l'Hirondelle,* tandis que l'auteur de *Zaïre,* qui digérait fort mal et avait besoin de prendre plus d'exercice, chassait le chevreuil dans les bois de Cirey. Il avait, en conséquence, commandé à l'abbé Moussinot tout un équipage de chasse : une jolie gibecière avec appartenances, marteaux d'armes, tire-bourre[1]. Mais Voltaire, on se l'imagine, devait être un médiocre Nemrod, et, si le ménage d'Argental n'eût mangé que du gibier abattu par lui, les envois eussent sans doute été peu fréquents.

Cette vie si uniformément réglée avait pourtant ses jours d'exception, jours de fêtes, de perturbation, de sens dessus-dessous, de remue-ménage. Dans tous les temps, Voltaire eut et aura le goût du théâtre, et, comme son époque, la fureur du théâtre à domicile, du théâtre de société. Cirey avait sa salle de spectacle et ses acteurs; et des acteurs qui en valaient bien d'autres. « Le théâtre est fort joli, mais la salle est petite; un théâtre et une salle de marionnettes. Oh! c'est drôle! mais qu'y a-t-il d'étonnant? Voltaire est aussi aimable enfant que sage philosophe. Le fond de la salle n'est qu'une loge peinte, garnie comme un sofa, et le bord sur lequel on s'appuie est garni aussi. Les dé-

---

1. Bibliothèque impériale. Manuscrits. F. R. 15208. *Originaux des lettres de Voltaire à l'abbé Moussinot,* f. 62 ; 23 juin 1737.

corations sont en colonnades avec des pots d'orangers entre les colonnes¹... » Ce théâtre se trouvait au fond d'une galerie. Des tonneaux vides, sur lesquels on avait établi un plancher, des coulisses de chaque côté, revêtues de vieilles tapisseries, un lustre, quelques violons jouant dans les entr'actes faisaient, en réalité, tous les frais de ces soirées charmantes et d'une si franche gaieté². Veut-on un compte rendu des travaux et des divertissements de telle semaine? Lundi, mardi, répétitions, et les marionnettes; mercredi, l'*Enfant prodigue;* jeudi, *Boursouffle.* Et madame de Grafigny et madame de Champbonin, de faire faire, les raffinées, par M. de Champbonin fils, que la marquise avait élevé au grade très-fatigant de son copiste, un placard qui devait être affiché à la porte de Voltaire et de madame du Châtelet. « Il est dans le style des placards de Paris, on y annonce l'ouverture du théâtre; une actrice qui débute dans le rôle de madame de Croupillac, et un acteur dans l'autre pièce, qui est le fils de cette dame; il vient de me le faire voir, il est en grandes lettres rouges et bleues; j'y fais mettre au bas l'affiche que nous avons faite, sur l'air de la curiosité²... » L'*Enfant prodigue* était ce qui se jouait le plus, peut-être parce qu'il était plus aisé de jouer une comédie bourgeoise que *Mérope* (du fruit neuf) et *Zaïre* qui avaient pourtant bien leur tour. Joignez au répertoire de Voltaire, mais rarement, une comédie de Re-

---

1. Madame de Grafigny, *Vie privée de Voltaire et de madame du Châtelet* (Paris, 1820), p. 97, 98.

2. Longchamp et Wagnière, *Mémoires sur Voltaire* (Paris, 1826), t. II, p. 172.

gnard ou de Dufresny, *la Sérénade*, *l'Esprit de contradiction*, entre autres, auxquelles les marionnettes et les sauteurs de corde faisaient une rude concurrence.

Je sors de marionnettes qui m'ont beaucoup divertie; elles sont très-bonnes; on a joué la pièce où la femme de polichinelle croit faire mourir son mari, en chantant *fagnana! fagnana!*... C'était un plaisir ravissant d'entendre Voltaire dire sérieusement que la pièce est très-bonne; il est vrai qu'elle l'est autant qu'elle peut l'être par de tels gens.

Mais voici qui est mieux.

... Après souper, il nous a montré la lanterne magique avec des propos à mourir de rire. Il a fourré la coterie de M. le duc de Richelieu, l'histoire de l'abbé Desfontaines, et toutes sortes de contes, toujours sur le ton savoyard. Non, il n'y avait rien de si drôle! Mais à force de tripoter le goupillon de la lanterne, qui était remplie d'esprit-de-vin, il le renverse sur sa main, le feu y prend, et la voilà enflammée. Ah! dame, il fallait voir comme elle était belle! mais ce qui n'est pas beau, c'est qu'elle est brûlée. Cela troubla un peu le divertissement qu'il recontinua un moment après. »

C'étaient des improvisations perpétuelles. Il y avait tel jour où, dans les vingt-quatre heures, il avait été répété et joué trente-trois actes, tant tragédies, opéras que comédies. Nous parlons d'opéras; l'opéra était aussi du ressort de la troupe. La marquise, nous le savons, était excellente musicienne, et les enchantait à Cirey, *de sa voix divine*. « Après souper, madame du Châtelet chantera un opéra entier, » écrivait madame de Grafigny à son ami Panpichon. L'on comprend que ce brouhaha, cette fermentation, ce tumulte n'avaient lieu que quand la petite et exiguë colonie se trouvait grossie de quelques visiteurs, ce qui arrivait plus rarement qu'on ne l'eût voulu, mais ce qui arrivait cependant de temps à autre. A la tête de ceux-ci, nous placerons le propre frère de la dame, l'abbé de Breteuil, garçon aimable, spirituel, qui reconnaissait pleinement, et sans en être écrasé, la supériorité de sa sœur. On cite une repartie de lui qui annonce de l'à-propos et de la bonhomie, comme les plus gens d'esprit n'en ont pas toujours devant une de ces grosses sottises qu'on n'a pu prévoir. Il se trouvait un jour en compagnie de quelques étrangers; le hasard amena la conversation sur un ouvrage de madame du Châtelet, ce qui donna lieu d'apprendre à ceux-ci en présence de qui ils étaient. « Comment! monsieur, s'écria l'un d'eux, tout ébahi, vous êtes le frère de madame la marquise du Châtelet? vous appartenez, monsieur, à cette femme si spirituelle, si digne de tout éloge! — Oui, monsieur, répondit l'abbé de Breteuil, *j'ai cet esprit-là*[1]. » Il faisait des contes et luttait de verve, à table, avec Voltaire. C'était, en somme, un abbé très-mondain, que son titre de grand-vicaire de Sens ne préoccupait que de reste, bien qu'il eût songé un instant à être le conclaviste du cardinal de Tencin, et que la marquise et le poëte eussent fait pour cela des démarches qui n'aboutirent point.

Madame du Châtelet, dans la correspondance de laquelle nous avons fait de si larges emprunts, tourmente Maupertuis pour venir passer quelques jours à Cirey. Mais Cirey était bien loin de Paris et de la rue Sainte-

---

1. Dutens, *Mémoires d'un voyageur qui se repose* (Paris, 1806), t. II, p. 202, 203.

Anne, ce qui n'eût pas dû être une raison pour un aussi intrépide voyageur. La jeune femme se plaint, se dépite, et n'obtient que des excuses et de vagues promesses. Toutefois, Maupertuis finit par prendre son parti, et annonce qu'il viendra pour les étrennes. Il débarque, en effet, le 12 janvier, mais pour n'accorder que quatre jours, durant lesquels il fut très-aimable et très-gai[1]. C'était alors *Archimède*-Maupertuis. Qui se fût douté qu'Archimède se transformerait en docteur Akakia? Quelque temps après, ce fut le tour de Clairaut, « un des meilleurs géomètres de l'univers, et sans contredit aussi un des plus aimables hommes » qui venait tâter de l'hospitalité de Cirey[2]. Plus tard, nous verrons Voltaire le trouver trop aimable. Mais ce n'était pas pour eux que l'on mandait les violons et que la comédie se donnait : « M. de Maupertuis est ici... écrivait Voltaire à M. de Mairan, les matières que nous traitons ici ne font que redoubler notre estime pour vous. Il y a surtout une certaine impulsion, un choc des corps qui pourrait bien être de première nécessité[3]... » Nous passons le reste. Durant le séjour d'Archimède à Cirey, madame de Grafigny fut très-souffrante et garda la plupart du temps la chambre, elle ne le vit qu'à souper. C'était sans doute ce qu'elle avait de mieux à faire.

1. *Lettres inédites de madame du Châtelet à d'Argental* (Paris, 1806), p. 133 ; 12 janvier 1739. — Madame de Grafigny, *Vie privée de Voltaire et de madame du Châtelet* (Paris, 1820), p. 202, 203.
2. Voltaire, *Œuvres complètes* (Beuchot), t. LIII, p. 538. Lettre de Voltaire à Thiériot; le 24 mars 1739.
3. Voltaire, *Lettres inédites* (Didier, 1857). t. I, p. 106, 107. Lettre de Voltaire à Mairan; à Cirey, 14 janvier 1739.

Cette dernière était arrivée à Cirey avec des trésors d'amour et d'admiration, et ses premières lettres ne tarissent point en louanges. Mais elle ne tarda pas à s'apercevoir que cette vie était quelque peu moins réjouissante qu'elle ne se l'était imaginée. Ces demi-dieux sont, après tout, des hommes, avec toutes les imperfections, toutes les faiblesses inhérentes à notre misérable espèce. Les deux amis, malgré un mutuel attachement, n'étaient pas constamment d'accord, et l'impétuosité de leur caractère ne leur permettait pas toujours de cacher à leurs hôtes des scènes qui, si elles n'étaient pas durables, allaient parfois jusqu'à la violence. Comme on parlait anglais des deux parts, le plus fréquemment les injures échappaient à l'auditoire, et la mimique seule pouvait édifier sur la nature du dialogue. C'était toujours autant de sauvé. Un rien faisait naître un orage. Le ciel se couvrait tout à coup, et il y en avait souvent pour la soirée.

... Voltaire arrive; la fantaisie prend à la *dame* de lui faire mettre un autre habit; il est vrai que le sien n'était pas beau; mais il était bien poudré, il avait de belles dentelles. Il dit beaucoup de bonnes raisons pour n'en rien faire, que cela le refroidissait et qu'il s'enrhumait de rien; enfin il eut la complaisance d'envoyer chercher son valet de chambre pour avoir un habit; il ne se trouva pas là dans l'instant; il crut en être quitte, point du tout, la persécution recommença : la vivacité prend à *Voltaire*, il lui parle vivement en anglais, et sort de la chambre; on envoie un moment après l'appeler, il fait dire qu'il a la colique, et voilà *Mérope* au diable. J'étais furieuse; la *dame* me pria de lire tout haut les dialogues de M. *Algarotti*, je lus et je ris comme le matin. Enfin arriva un monsieur du voisinage; je me levai en disant que j'allais voir *Voltaire*; la *dame* me dit de tâcher de le ramener. Je le trouvai avec la dame qui est ici (madame de Champbonin), qui, par parenthèse, m'a l'air d'être sa confidente; il était de fort bonne humeur, il pensa oublier qu'il avait la colique. Nous causions déjà depuis un moment, lorsque la *dame* nous envoya appeler. Enfin, il revint; et cet homme, qui venait de rire avec nous, reprit de l'humeur en rentrant dans la chambre, sous le prétexte de la colique; il se mit dans un coin et ne dit mot. Quelque temps après, le seigneur *châtelain* sortit, les boudeurs se parlèrent en anglais; et la minute d'après *Mérope* parut sur la scène. Voilà le premier signe d'amour que j'aie vu, car ils se conduisent avec une décence admirable. *Mais elle lui rend la vie un peu dure* [1].

Voltaire, ce grand enfant, boudait à tout propos; c'était sa manière de punir les gens, et cette manière était excellente, car il était merveilleux quand il était en gaieté, et le contraste rendait le châtiment et la vengeance fort sensibles.

Hier, après souper, il y eut une scène charmante : *Voltaire* boudait à cause d'un verre de vin du Rhin que la *dame* l'empêcha de boire; il ne voulait plus lire *Jeanne* qu'il nous avait promise, il était dans la haute mauvaise humeur. Le *frère* et moi, à force de plaisanteries, nous vînmes à bout de le faire revenir; la dame, qui boudait aussi, n'y put pas tenir, tout cela devint une scène de plaisanteries délicieuses qui dura longtemps, et qui finit par un chant de *Jeanne* qui ne valait pas mieux [2].

C'était pourtant à cette *Jeanne* que la pauvre femme, enchantée de cette vie malgré ses passagères bourrasques, allait devoir un de ces réveils terribles, une de ces horribles scènes à rendre folles des natures moins

1. Madame de Grafigny, *Vie privée de Voltaire et de madame du Châtelet* (Paris, 1820), p. 42, 43, 44.
2. *Ibid.*, p. 83. Mais, parfois, les choses allaient à un degré de violence que l'on répugne à croire. On sait que madame du Châtelet aimait médiocrement les vers. On la plaisantait, un jour, sur son peu

sensibles. Le 29 décembre, le souper achevé, une demi-heure après s'être retirée, elle voit arriver Voltaire, l'air effaré, et qui lui dit qu'il est perdu et qu'elle a sa vie dans les mains. « Eh! mon Dieu! comment cela? » lui demande-t-elle. Il lui apprend alors qu'il court vingt copies de son poëme de *Jeanne* (*la Pucelle*); qu'il n'a que le temps de se sauver en Hollande et qu'il faut qu'elle écrive à *Panpan* pour qu'il s'évertue à retirer au plus tôt ces copies. Madame de Grafigny, qui ne comprend pas trop ce que cela signifie, dit pourtant qu'elle va le faire; mais Voltaire, se dressant furieux du siége où il était tombé, s'écrie : « Point de tortillage, madame, c'est vous qui l'avez envoyé. » Elle a beau se débattre, assurer que l'accusation est si étrange, si imprévue, si odieuse, qu'elle ne sait qu'y répondre; le trouble, que le cœur le plus honnête éprouve devant une inculpation infâme, semble à l'es-

---

de disposition pour la poésie. Elle fit alors ce sixain à l'adresse de madame de Luxembourg :

> Pour vous chanter, aimable Madelon,
> Je n'ai pas besoin de leçon.
> Mais sans faire tort aux Apôtres,
> Tous les jours où je vous voi
> Sont des jours de fêtes pour moi
> Qui me font oublier les autres.

Quand Voltaire survint, on était à table. Madame du Châtelet lui montra ses vers. « Ils ne sont pas de vous, lui dit-il. » La marquise répondit à ce doute désobligeant par un mot aigre, qui en attira un plus aigre; l'on s'échauffe, on s'irrite, on s'exalte, au point que Voltaire, hors de lui, et la menaçant avec son couteau, lui crie : « Ne me regarde pas tant avec tes yeux hagards et louches ! ! !... » Et cette scène se passait entre l'homme le plus poli, et une très-grande dame, chez cette duchesse de Luxembourg qui donnait le ton à la haute société de son siècle.

prit prévenu de celui-ci une confirmation de ses doutes : il crie, il se lamente, il injurie, il pleure, se plaignant qu'après avoir fait le mal on ne voulût pas en convenir, ni faire ce qu'il fallait pour y remédier. « Eh! fi! madame, il faut de la bonne foi, quand il y va de la vie d'un pauvre malheureux comme moi. » Mais quelque longue (elle ne dura pas moins d'une heure), quelque violente qu'elle fût, cette scène ne devait être que le prélude d'une autre dont on ne saurait lire les détails sans une immense pitié pour madame de Grafigny, et, par contre, sans une véritable indignation contre cette femme altière qui abusait de toutes ses supériorités pour écraser une infortunée que son isolement et ses malheurs eussent dû protéger, même contre un ressentiment mérité.

Survient la marquise. Elle s'élance vers elle, et, lui mettant sous le nez une lettre qu'elle avait tirée de sa poche : « Voilà, voilà, lui dit-elle, la preuve de votre infamie ; vous êtes la plus indigne des créatures ; vous êtes un monstre que j'ai retirée chez moi, non pas par amitié, car je n'en eus jamais; mais parce que vous ne saviez où aller ; et vous avez l'infamie de me trahir! de m'assassiner! de voler dans mon bureau un ouvrage pour en tirer copie!... » Ce n'était plus une femme, c'était une furie. Voltaire dut la prendre par le corps et l'éloigner, « car elle me disait tout cela dans le nez et avec des gestes dont j'attendais les coups à chaque instant. » Elle se mit alors à aller et venir dans la chambre, en accablant sa victime des épithètes les plus odieuses. Un peu revenue à elle-même, madame de Grafigny demande à voir la lettre, mais on refuse de la lui donner. Elle finit par comprendre qu'on la suppose coupable d'une noirceur dont elle ne méritait pas le soupçon. On avait lu, dans une lettre de l'ami Panpichon interceptée par les peu scrupuleux châtelains, une phrase relative à la *Jeanne* et qui leur avait fait croire au moins à une indiscrétion. Madame de Grafigny donna à cet égard quelques éclaircissements qui semblèrent convaincre le plus intéressé. Mais la *Mégère*, comme elle l'appelle, ne se laissa pas désarmer pour si peu. Voltaire lui adresse la parole en anglais sans rien obtenir. Pourtant, il vient à bout de la calmer. On exige de la pauvre femme qu'elle écrive à son ami de lui renvoyer sa lettre, qui témoignerait de son innocence plus que tout ce qu'elle pourrait dire. Et ils ne la quittèrent qu'après lui avoir arraché cette promesse. Cette épouvantable scène avait duré jusqu'à cinq heures du matin.

Ils la laissèrent, comme on l'imagine bien, dans un état horrible. Rester un instant de plus, après de tels outrages, c'était presque reconnaître qu'ils étaient mérités. Les pieds devaient brûler à l'infortunée, qui était bien loin, hélas! de ces premiers jours où, pour elle, Cirey n'était qu'enchantements. « Mon Dieu! dans quel état je me trouvais!... Je passai mon temps jusqu'à midi à me désespérer, et vous n'en serez pas surpris, si vous envisagez la situation où j'étais : *Sans chez moi*, sans argent, et insultée dans une maison d'où je ne pouvais m'éloigner : madame de *** était à Commercy ; n'ayant pas un sou pour me faire conduire dans le premier village, où j'aurais été mieux couchée sur la paille que dans une chambre que je ne pouvais plus voir qu'avec horreur!... » Ne sent-on pas des larmes venir aux yeux à ce cri de détresse d'une pauvre créature forcée de dévorer l'affront, parce qu'elle est sans le sou? N'est-ce pas là le comble du malheur, et est-il quelque chose de plus affreux que cette impuissance de fuir, que cette nécessité de demeurer, de courber le front sous l'insulte, de se taire? Voltaire, vers midi, vint la voir; il parut vraiment touché du pitoyable état dans lequel elle se trouvait et le lui témoigna autant qu'il put.

Après les premiers emportements, on finit par comprendre tout l'odieux de pareilles violences. Aussi dépêcha-t-on M. du Châtelet et madame de Champbonin pour reconforter l'infortunée, que sa condition précaire condamnait inexorablement à la longanimité et à la patience. Madame du Châtelet prit même sur elle de lui adresser des semblants d'excuse qui n'étaient pas de nature à passer l'éponge sur ces souvenirs trop récents. « Ah! j'oubliais que le même soir, sur les huit heures, la *Mégère* vint avec toute sa suite; et, après une courte révérence et d'un ton fort sec, me dit : — Madame, je suis fâchée de ce qui s'est passé cette nuit; et puis elle parla d'autre chose, avec la grosse dame et son mari, aussi tranquillement que quelqu'un qui sort de son lit. » Les châtelains de Cirey n'en étaient plus à sentir qu'ils avaient fait une école. Cette histoire répandue, revue et augmentée, n'eût fait d'amis à la dame ni à Voltaire, qui, pour sa part, avait assez de Desfontaines et consorts. Ils tentèrent l'impossible pour faire oublier des torts qu'on n'oublie guère, alors même qu'on les pardonne. Celle-ci devait partir pour

Paris, et l'on redoutait ce voyage : on comprend trop pourquoi. La fière Émilie s'humanisa, elle fit plus, elle devint caressante et presque obséquieuse ; elle admit la pauvre victime dans ses promenades en calèche.

> Elle a voulu être en tête-à-tête, apparemment pour me donner meilleure opinion de son âme par les discours qu'elle m'a tenus et l'intérêt qu'elle feint même de prendre à ma situation. Mais elle a beau faire, elle ne me touche pas, et rien n'est plus amusant pour moi que ces tête-à-tête, dont le refrain est toujours : Qu'est-ce qu'on dira si je vais à Paris avant le départ de la duchesse qui n'aura lieu qu'au mois d'avril ! Je puis t'assurer qu'elle a plus parlé depuis trois jours, que je ne l'ai entendue parler en tout depuis deux mois... Enfin ils sont comme des gens qui commencent à sentir leur imprudence, qui craignent qu'on ne l'ait répandue dans le monde, et qui mettent tout en usage pour la faire oublier. Elle fut hier jusqu'à me dire qu'elle me donnerait un de ses ouvrages de métaphysique, en me demandant le secret, même pour Atys (Voltaire) qui ne l'a jamais vu.

Tout cela serait par trop odieux, s'il n'y avait à ces violences des raisons qui les pallient, sans les légitimer d'aucune sorte. L'auteur futur des *Lettres d'une Péruvienne* s'est suffisamment révélée dans cette correspondance pour que l'on sache à quoi s'en tenir sur le côté expansif et tant soit peu indiscret de sa nature. Tout aussi expansif, Voltaire, après s'être oublié, en appréciait le péril et regrettait amèrement ces petits triomphes de société, sauf à retomber le lendemain dans les mêmes oublis et à s'exposer aux mêmes dangers ; car c'était à qui saisirait au vol, colporterait de salon en salon ces confidences qui n'eussent pas dû sortir du cercle où elles avaient été reçues. Le poëte avait déjà fait des lectures de la *Pucelle* à Paris ; s'il faut en croire un collecteur d'anecdotes, il la lut même en présence de M. de Maurepas, qui lui eût dit : « Que cela ne paraisse jamais, ou attendez-vous à être enfermé pour le reste de votre vie[1]. » En tous cas, Voltaire ne songeait nullement à publier sa *Jeanne*, et c'était à cause de cela même qu'il cherchait à s'indemniser de la privation de succès plus importants par des succès d'intimité où la critique ne venait pas se mêler aux applaudissements. Madame du Châtelet, plus prudente, bien qu'aussi avide de gloire pour son ami, eût voulu au moins qu'il ne fît qu'à bon escient et en toute sûreté ces communications périlleuses ; mais là s'arrêtait son pouvoir sur cet amant, d'ailleurs si discipliné sur le reste. On pressent donc les inquiétudes, les transes perpétuelles où ils se trouvaient l'un et l'autre, pour peu que le bruit se répandît de la circulation de copies faites de mémoire ou dérobées d'une façon ou d'autre. Tout le temps que madame de Grafigny passait dans sa chambre, elle l'employait à écrire à son ami Devaux. Mais ces lettres s'adressaient autant à Desmarets, l'amant de la dame, et à Saint-Lambert, alors complétement inconnu à madame du Châtelet, tous gens très-curieux de poésie, de belles-lettres, et très-friands aussi de savoir les plus petits incidents de la vie des châtelains de Cirey. Ces derniers eurent peur des indiscrétions de leur hôte, et, pour s'édifier à cet égard, ils ne reculèrent pas devant un parti peu délicat, s'il était le plus expéditif et le plus concluant, celui de violer la correspondance de madame de Grafigny.

---

[1]. Gabriel Brottier, *Paroles mémorables* (Paris, 1790), p. 303.

Disons-le, tous les petits commérages qui s'y rencontraient pouvaient donner à penser qu'on s'était permis de plus grandes indiscrétions. En disette d'événements, la bonne dame copiera, tel jour, un portrait de Catinat emprunté au futur *Siècle de Louis XIV*; une autre fois, une page relative à la paix de Riswick; une autre fois encore, une anecdote du siége de Barcelone[1]. Sur ces entrefaites, l'on est informé à Cirey que des copies de *Jeanne* couraient en Lorraine. A quelle infidélité fallait-il l'attribuer? qui pouvait les avoir envoyées, si ce n'était madame de Grafigny? Tout se réunissait à l'accuser. Panpan, dans une de ses lettres, parle de *Jeanne*, il en parle en termes ambigus et qui font prendre le change à des gens trop intéressés pour ne pas être très-alertes à s'alarmer. On ne douta pas de la perfidie, de la coupable légèreté tout au moins de la dame; et, si la scène de violence dont elle fut l'objet alla au delà de tout excès, on ne pourrait pas dire absolument qu'elle ne se la fût pas attirée, toute innocente au fond qu'elle fût. Voltaire, très-pitoyable devant l'accablement et le désespoir de cette femme trop éprouvée, sentit son emportement tomber, la commisération le gagna. C'était un homme, après tout, en présence d'une femme, et la réconciliation se fit sans trop de peine. « Il a pleuré plus d'une fois, me voyant malade, en répétant sans cesse qu'il était bien malheureux d'être la cause de l'état où j'étais; il n'est pas entré une seule fois dans ma chambre sans me

---

[1]. Madame de Grafigny, *Vie privée de Voltaire et de madame du Châtelet* (Paris, 1820), p. 60, 61, 66 à 68, 74, 75.

faire ses excuses les plus humbles et les plus pathétiques... j'ai tout lieu d'être contente des démonstrations d'Atys; j'en suis satisfaite[1]. » Quelque bonne envie que dût avoir la pauvre femme de quitter la place, il lui fallut prendre patience et se résigner, et rentrer dans la vie commune : jouer la comédie, rire aux folies de Voltaire qui venait parfois lui faire de longues visites, au grand déplaisir de *Dorothée* (la marquise), recevoir même les confidences de celle-ci, qui, elle aussi, a ses sujets de tristesse et a parfois à endurer des duretés telles qu'elle fait pitié à sa victime : « C'est ce que je puis dire de plus fort, car tu penses bien que je ne l'aime pas[2]. » Il semblerait que rien ne pouvait ajouter à l'état de détresse de madame de Grafigny.

Le coup de grâce allait lui être porté par celui auprès duquel elle devait chercher naturellement des consolations et un appui. Léopold Desmarets avait enfin répondu à l'invitation de la marquise et de Voltaire; il venait d'arriver; et, pour premier compliment, il déclarait à sa maîtresse, qui sans doute avait le tort d'avoir ses quarante-trois ans sonnés, qu'il ne l'aimait plus et ne voulait plus l'aimer. « Ah! mon pauvre ami, s'écrie l'infortunée, que vais-je devenir?... N'est-il pas étonnant qu'il m'ait parlé de la sorte, pour le peu qui lui en coûte à me rendre heureuse[3]?... » En effet, madame de Grafigny se disposait à partir pour

---

1. Madame de Grafigny, *Vie privée de Voltaire et de madame du Châtelet* (Paris, 1820), p. 268, 269.
2. *Ibid.*, p. 279.
3. *Ibid.*, p. 281, 282; Cirey, ce dimanche gras.

Paris et prenait congé de ses hôtes, dans les premiers jours de Carême 1739.

Voltaire et la docte Émilie n'attendaient que la fin de ce trop long conflit avec l'abbé de Sodôme pour réaliser un voyage dont la durée indéterminée pouvait s'étendre à des années et qui, s'il était de la part de la marquise l'accomplissement d'un devoir, était du côté du poëte une preuve d'affection et de dévouement qui avait bien son mérite. Nous l'avons dit à satiété, les du Châtelet n'étaient pas riches, et il ne devait point être indifférent pour eux d'accroître leur fortune d'un revenu considérable. Seulement, si le succès semblait assuré, fallait-il aller à la conquête de cette toison d'or et accorder à la lutte, une lutte aussi fastidieuse, aussi maussade qu'elle pouvait être prolongée, un temps et des loisirs qu'eussent aisément employés plus conformément à leurs goûts deux intelligences aussi élevées. « ... Il est vray, mandait la marquise à Maupertuis, que ie ne vs ay jamais parlé ni de la Flandre ni de mes procès parce qu'il n'y a que depuis six mois que cette petite aubaine m'est advenüe, un cousin de M. du Chastelet qui s'est retiré chés lui et qui lui a confié toutes ses affaires en est la cause ; ce sont ce qu'on peut apeller de grandes, et dificiles affaires, vs le croyés bien puisqu'elles me font quitter Cirey [1]. »

Ce cousin était Marc-Antoine du Châtelet, marquis de Trichâteau, attiré ou recueilli à Cirey dans une arrière-pensée, qu'on devine et qui s'excuse, person-

---

1. Bibliothèque impériale. Manuscrits. Supp. Fr. 2288. *Originaux des lettres de madame la marquise du Chastelet à Maupertuis*, f. 126, 127 ; 28 décembre 1738 (?).

nage infirme, perdu de goutte, d'un aspect et d'un voisinage peu réjouissant. « Le souper ne fut point trop joli, mandait un jour madame de Grafigny à son ami Panpichon ; le vilain petit *Trichâteau* se fit traîner au bout de la table et il fallut lui parler, ce qui n'était point amusant [1]. » Mais l'impotent Trichâteau, dont l'existence était comptée (il mourait à Cirey, le 2 avril 1740), faisait à ses parents des avantages qui valaient bien qu'on le tolérât et même qu'on lui fît bonne mine. Voltaire écrivait au roi de Prusse : « Un homme de la maison du Châtelet a une petite principauté entre Trêves et Juliers, que l'on pourrait vendre, et qui peut-être conviendrait à Sa Majesté. Madame du Châtelet serait assez la maîtresse de cette vente : ce serait une belle occasion pour rendre ses respects au plus respectable prince de l'Europe [2]. » On lit dans le portrait de madame du Châtelet, par madame du Deffand : « Elle a voulu être princesse, elle l'est devenue, non par la grâce de Dieu, ni par celle du roi, mais par la sienne [3]. » Nous voyons tout au contraire, que la marquise ne demandait qu'à se débarrasser, en échange de beaux deniers comptants, d'une principauté dans un pays perdu et misérable où les voleurs, s'il y en avait, devaient faire pénitence [4]. Mais c'était

---

[1]. Madame de Grafigny, *Vie privée de Voltaire et de madame du Châtelet* (Paris, 1820), p. 16, 17.

[2]. Voltaire, *Œuvres complètes* (Beuchot), t. LIII, p. 225, 227. Lettre de Voltaire à Frédéric ; Cirey, août 1738.

[3]. Marquise du Deffand, *Correspondance complète* (Plon, 1865), t. II, p. 763.

[4]. Voltaire, *Œuvres complètes* (Beuchot), t. LIII, p. 599. Lettre de Voltaire à madame de Champbonin ; de Beringhen, juin 1739.

un peu vendre la peau de l'ours, et Frédéric ne mordit pas à l'hameçon, bien que l'on revint plusieurs fois à la charge. Quoi qu'il en soit, le Trichâteau, comme dit madame de Grafigny, en transmettant ses droits, léguait à la marquise bien des ennuis, des tracas, avec la nécessité d'un exil de quelques années que le dévouement et l'affection du poëte rendirent, il est vrai, plus que supportable.

Voltaire, très-souffrant, n'était pas trop en état de voyager; mais, avec cette nature nerveuse, ce qui eût été pour tout autre une aggravation, pouvait bien être un remède. « La santé de votre ami, écrivait Émilie à d'Argental, est dans un état si déplorable, que je n'ai plus d'espérance, pour la rétablir, que dans le fracas d'un voyage et le changement d'air [1]. » Elle annonce leur départ pour le 7 mai, mais ils ne partirent que le 8. Après s'être arrêtés notamment quatre jours à Valenciennes, dont M. de Sechelles leur fit les honneurs [2], ils arrivèrent le 28 à Bruxelles où ils ne firent que passer, et poussèrent, à dix lieues de là, jusqu'à une terre de

---

1. *Lettres inédites de madame du Châtelet à d'Argental* (Paris, 1806), p. 213; 7 mai 1739.

2. On lit dans les *Souvenirs* de Valfons : « La paix se fit en 1736 (il y a là erreur de trois années), et nous partîmes pour Valenciennes, où j'arrivai le 11 mai. J'y soupai le même soir chez le vicomte de Sebourg, gentilhomme très-aimable; le comte de la Marck, lieutenant général, cordon bleu, commandait la ville. M. de Sechelles en était intendant, et y rassemblait toutes les femmes de la province et tous les jeunes colonels des environs; Voltaire y vint avec madame du Châtelet; sa maison ne désemplissait pas; il y avait toujours d'excellents soupers et souvent des bals nombreux très-parés, où l'on donnait de bons concerts... » Marquis de Valfons, *Souvenirs* (Dentu, 1860), p. 36.

M. du Châtelet, mais pour revenir aussitôt dans la capitale du Brabant et s'établir rue de la Grosse-Tour, le quartier le plus retiré de la ville. Ils devaient désormais partager leur vie entre les soins d'un procès inextricable et des études qu'il leur eût été trop dur d'abandonner entièrement. La marquise s'était fait suivre aussi du mathématicien Kœnig que lui avait donné Maupertuis, et dont elle prenait des leçons avec une docilité qui n'avait d'égale que son impatience d'apprendre et sa désolation de ne pas cheminer assez vite. Ses désespoirs, à cet égard, sont plaisants ; pourquoi ne pas dire touchants ? A coup sûr, il y a quelque chose de plus qu'intéressant dans cet amour enthousiaste, dans cette religieuse fureur d'une jeune femme pour les sciences les plus ardues et les plus abstraites.

> Ie ne sais trop si Kœnig a envie de faire quelque chose de moi, ie crois que mon incapacité le dégoûte, lui qui est parvenu à faire des choses si difficiles devroit bien se piquer d'honneur ; ie ne puis cependant m'en plaindre, c'est un home d'esprit clair et profond, il est aussi complaisant pr moi qu'il le peut être, mais il est mécontent de son sort quoiqu'assurément ie n'oublie rien pour lui rendre la vie douce et gagner son amitié. Vs voyés que ie crois que vs vs intéressés à mes études, ie cherche des consolations dans vs conseils, car ie vs avoüe qu'un des chagrins les plus sensibles que iaye eü de ma vie, c'est le désespoir où ie suis prête à entrer sur ma capacité pr une science qui est la seule que i'aime et qui est la seule science si on ne veut pas abuser des termes... I'ay pris une maison icy et m'en voilà citoyenne, si i'y voulois perdre mon tems il y en a icy des occasion tout come ailleurs, et i'ay bien lieu de me loüer de l'empressement que l'on a de me divertir, mais mon plus grand divertissement seroit M. de Kœnig et mon ardoise si ie pouvois espérer de réussir [1].

1. Bibliothèque impériale. Manuscrits. Supp. Fr. 2288. *Originaux*

Quelque occupés qu'ils fussent l'un et l'autre, ils devaient s'attendre à être relancés dans leur solitude, et n'en étaient pas même au fond très-fâchés. Voltaire, d'ailleurs, en se faisant bien voir et rechercher de la haute société de Bruxelles, démontrait l'impuissance de Rousseau à lui nuire, au centre même de son influence et de son empire. A peine arrivé, le poëte songe à donner une fête où il invitera tout ce que cette capitale renferme d'illustre, notamment la princesse de Chimay et le duc d'Aremberg, l'ancien protecteur du lyrique qui a passé au camp ennemi. Mais cette joie fut troublée par un malheur qu'il raconte avec un serrement de cœur que l'on ne comprend que trop. « Je suis encore tout malade, écrit-il à Thiériot, d'un saisissement qui me fit presque évanouir, en voyant tomber à mes pieds du haut d'un troisième étage, deux charpentiers que je faisais travailler... Figurez-vous ce que c'est que de voir choir deux pauvres artisans et d'être tout couvert de leur sang. Je vois bien que ce n'est pas à moi de donner des fêtes. Ce triste spectacle corrompit tout le plaisir de la plus agréable journée du monde (28 juin)[1]. »

Le duc d'Aremberg emmena l'illustre couple à sept lieues de Bruxelles, à Enghien, où le brelan fut la principale distraction. Voltaire avait annoncé une devise pour le feu d'artifice, à la fête qu'il avait donnée à la marquise et aux dames de Bruxelles; il fit faire de

des lettres de madame du Châtelet à Maupertuis, f. 136, 137; 20 juin 1739.

1. Voltaire, *OEuvres complètes* (Beuchot), t. LIII, p. 620, 621. Lettre de Voltaire à Thiériot; Enghien, ce 30 juin 1739.

grandes lettres lumineuses qui disaient : *Je suis du jeu, va tout*. « Cela ne corrigea pas nos dames, qui aiment un peu trop le brelan : je n'ai pourtant fait cela que pour les corriger. » Ce n'était point le pays des livres ni des lettres, et Voltaire et son amie agirent prudemment en se faisant suivre de leur bagage intellectuel dans cette demeure si complète à tous autres égards. « Mais, en récompense, il y a des jardins plus beaux que ceux de Chantilly, et on y mène cette vie douce et libre qui fait l'agrément de la campagne. Le possesseur de ce beau séjour vaut mieux que beaucoup de livres ; je crois que nous allons y jouer la comédie; on y lira du moins les rôles des acteurs[1]. » Ce fut à Enghien que vinrent les surprendre une lettre charmante, des écritoires d'ambre et des boîtes à jouer, aimables souvenirs de celui auquel le poëte devait concéder le surnom de Salomon du Nord[2]; et ils demeurèrent les hôtes du duc jusqu'au 18 de juillet[3]. Après quoi, ils regagnèrent leur maison de la rue de la Grosse-Tour. Mais ils ne s'y arrêtèrent guère. La divine Émilie se vit forcée de partir pour Paris, où Voltaire l'accompagna ainsi que le mathématicien Kœnig.

Le poëte n'avait pas conservé de domicile dans la grande ville; il lui fallut loger en chambre garnie, à l'*Hôtel de Brie*, rue Cloche-Perche. Madame du Châtelet alla descendre à l'hôtel Richelieu. Il n'avait pas

---

1. Voltaire, *OEuvres complètes* (Beuchot), t. LIII, p. 622. Lettre de Voltaire à Helvétius ; à Enghien, ce 6 juillet 1739.

2. *Ibid.*, t. LIII, p. 628. Lettre de Voltaire à Frédéric ; à Bruxelles, 1739.

3. *Ibid.*; t. LIII, p. 630. Lettre de Voltaire à d'Argens ; Bruxelles, ce 18 juillet 1739.

posé le pied, depuis trois ans, dans ce Paris si charmant, si spirituel, si bien fait pour le comprendre ; il se plongea, de compte à demi avec la marquise, dans cette fournaise, dans ce tourbillon plein de vertiges, qui ne permet pas, le voulût-on, de s'arrêter, de reprendre souffle. « Je vais, je viens, écrit-il à son *gros chat;* je soupe au bout de la ville, pour souper le lendemain à l'autre. D'une société de trois ou quatre intimes amis il faut voler à l'Opéra, à la comédie, voir des curiosités comme un étranger, embrasser cent personnes en un jour, faire et recevoir cent protestations ; pas un instant à soi, pas le temps d'écrire, de penser, ni de dormir. Je suis comme cet ancien qui mourut accablé sous les fleurs qu'on lui jetait [1]. » Paris était en fêtes, en réjouissances, à l'occasion du mariage de madame Élisabeth, fille aînée du roi, avec don Philippe, infant d'Espagne ; et ces dépenses aux yeux du poëte-philosophe eussent dû passer après bien d'autres plus urgentes [2].

Voltaire se plaint, mais qu'on ne le plaigne pas. Deux nouvelles tragédies, *Zulime* et *Mahomet*, étaient entre les mains de mademoiselle Quinault. Si *Zulime* était l'aînée de beaucoup, *Mahomet* avait toutes les préférences de leur auteur qui souhaitait ardemment de voir jouer ce dernier durant son séjour à Paris. « Je n'ai pas trois semaines à rester ici, écrivait-il à l'aimable actrice, je

---

1. Voltaire, *OEuvres complètes* (Beuchot), t. LIII, p. 666, 667, 668. Lettre de Voltaire à madame de Champbonin ; de Paris. — Lettre à Helvétius ; Paris, le 3 octobre 1739.
2. *Ibid.*, t. LIII, p. 662, 664. Lettre de Voltaire à Frédéric ; Paris, septembre 1739.

voudrais bien, avant de partir, voir la première représentation de ce que vous savez[1]. » Et notez que la pièce n'avait même pas été lue aux comédiens, qu'il eût fallu l'apprendre, la répéter, et qu'elle eût fait, aller et retour, le trajet de la police, un trajet de quelques pas qui demandait parfois des mois et des années, quand encore le naufrage n'était pas au bout. Mais voilà de ces impatiences dont Voltaire ne se corrigera point : il croit à tout le monde son ardeur, sa fièvre, sa volonté. *Mahomet* ne verra le jour de la rampe qu'après *Zulime*, qui, elle-même, ne sera représentée qu'en 1740. Ce n'est pas le seul projet qui avorta. Le docte couple devait partir avec le duc pour Richelieu où la duchesse venait de faire une fausse couche, quand le poëte s'avise de tomber malade et demeure la proie de Silva et de Morand, qui le baignent, le saignent comme il convient à d'honnêtes médecins qui connaissent leur métier[2]. Mais ces indispositions, très-réelles et trop fréquentes, avaient cela de bon qu'elles ne s'éternisaient point. Ce séjour à Paris ne dépassa pas les premiers jours de novembre ; l'on partit pour Cirey. Madame de Richelieu, alors rétablie, les accompagna jusqu'à Langres, où elle se sépara d'eux[3], et, dès le 16, nous les retrouvons, l'un et l'autre, dans un village de Liége, sur le chemin de Bruxelles[4].

1. *Lettres inédites de Voltaire à mademoiselle Quinault* (Renouard, 1822), p. 35 ; Paris, 1739.
2. Voltaire, *OEuvres complètes* (Beuchot), t. LIII, p. 665. Lettre de Voltaire à Cideville ; le 11 octobre 1739.
3. *Ibid.*, t. LIII, p. 683. Lettre de Voltaire à Frédéric ; novembre 1739 ; LIV, p. 8, lettre à Cideville ; Bruxelles, 9 janvier 1740.
4. *Ibid.*, t. LIII, p. 585. Lettre de Voltaire à Pont-de-Veyle ; le 16 novembre, *en courant*.

Prault fils préparait un *Recueil de pièces fugitives, en Prose et en vers*, en tête duquel figurait un fragment de l'essai du *Siècle de Louis XIV* comprenant à peu près les deux premiers chapitres de l'ouvrage. A l'heure qu'il est, on se demande ce qu'il pouvait y avoir de répréhensible, d'osé même dans cette esquisse où l'auteur croyait avoir fait preuve d'une extrême mesure. Le ministère en jugea différemment; l'ouvrage fut saisi, le 24 novembre, chez le beau-père du libraire, Desprès, un joaillier du Pont-au-Change, et supprimé par arrêt du conseil du 4 décembre pour avoir été imprimé sans privilége ni permission, et entreposé clandestinement dans un magasin non déclaré aux officiers de la librairie. Prault fut condamné à cinq cents livres d'amende et à tenir sa boutique fermée durant trois mois [1]. « M. de Maurepas, mande l'abbé Goujet à Bouhier, a écrit à M. de Voltaire qui devoit estre de retour ici le 2ᵉ de ce mois, qu'il eût à regarder Cirey comme son exil, et à ne point approcher de Paris sous peine de voir procéder plus sévèrement contre lui. La punition est légère contre un homme qui abuse perpétuellement de ses grands talens, et qui se fait gloire d'en vouloir à Dieu, à la religion et aux bonnes mœurs... [2]. » Sans doute l'abbé Goujet fait allusion ici à l'*Ode sur le Fanatisme* qui a sa place dans le volume. Il accuse également Voltaire

---

1. Léouzun-Leduc, *Etudes sur la Russie* (Amyot), p. 406, 407. Extrait des registres du conseil d'État du 4 décembre 1739. — Jamet jeune, *Stromates* ou *Miscellanea*, t. I, p. 543.

2. Bibliothèque impériale. Manuscrits. *Correspondance du président Bouhier*, t. IV, f. 329. Lettre de l'abbé Goujet au président ; 13 décembre 1739.

des plus mauvais procédés envers ses libraires. Ce dernier, qui ne pouvait avoir connaissance de la lettre qui précède, y répond sans s'en douter dans une lettre à M. Pitot de Launai. « Les esprits malins et légers, qui commencent par oser condamner un homme dont ils n'imiteraient pas les procédés, n'ont garde de s'informer de quelle manière j'en ai usé. Ils le pourraient savoir de Prault lui-même ; mais il est plus aisé de débiter un mensonge au coin du feu que d'aller chez les parties intéressées s'informer de la vérité [1]. » Ces poursuites impressionnèrent vivement le poëte qui s'en explique à diverses reprises avec une profonde amertume.

Le principal objet même de ce *Recueil*, écrit-il au marquis d'Argenson, était le commencement du *Siècle de Louis XIV*, ouvrage d'un bon citoyen et d'un homme très-modéré. J'ose dire que, dans tout autre temps, une pareille entreprise serait encouragée par le gouvernement. Louis XIV donnait six mille livres de pension aux Valincour, aux Pélisson, aux Racine, et aux Despréaux, pour faire son histoire, qu'ils ne firent point ; et moi je suis persécuté pour avoir fait ce qu'ils devaient faire. J'élevais un monument à la gloire de mon pays, et je suis écrasé sous les premières pierres que j'ai posées. Je suis en tout un exemple que les belles-lettres n'attirent guère que des malheurs [2].

Mêmes détails, mêmes récriminations dans une autre lettre à Cideville.

Vous jugerez, dit-il, toujours à propos de son essai sur le

1. Voltaire, *OEuvres complètes* (Beuchot), t. LIV, p. 1. Lettre de Voltaire à M. Pitot de Launai ; 2 janvier 1740.
2. *Ibid.*, t. LIV, p. 6. Lettre de Voltaire au marquis d'Argenson ; ce 8 janvier 1740.

siècle de Louis XIV, si ce n'est pas l'ouvrage d'un bon citoyen, d'un bon français, d'un amateur du genre humain, d'un homme modéré. Je ne connais aucun auteur *citramontain* qui ait parlé de la cour de Rome avec plus de circonspection, et j'ose dire que le frontispice de cet ouvrage était l'entrée d'un temple bâti à l'honneur de la vertu et des arts. Les premières pierres de ce temple sont tombées sur moi ; la main des sots et des bigots a voulu apparemment m'écraser sous cet édifice ; mais ils n'y ont pas réussi, et l'ouvrage et moi nous subsisterons [1].

Quant à cette lettre prétendue de M. de Maurepas infligeant l'exil à Cirey et interdisant le retour dans Paris sous les peines les plus sévères, nous n'y croyons guère pour notre compte. Armand venait d'avoir une attaque d'apoplexie, à la suite de laquelle on lui avait tiré cinquante palettes de sang, ce qui prouve en passant que les chirurgiens n'y allaient pas de main morte [2] ; son frère écrivait à cette occasion à M. Pitot dans la lettre que nous avons citée : « Je vous prie de voir M. Arouet, et de demander l'état où il est. Dites-lui que j'y suis aussi sensible que je dois l'être, et que je prendrais la poste pour le venir voir, si je croyais lui faire plaisir. » Eût-il parlé de la sorte si Paris lui eût été fermé ? Eût-il en outre (et l'argument est autrement significatif), s'il avait été dans ces termes violents avec M. de Maurepas, eût-il songé à envoyer *Zulime* et *Mahomet* sous le couvert de ce ministre, comme il en est question

---

[1]. Voltaire, Œuvres complètes (Beuchot), t. LIV, p. 9. Lettre de Voltaire à Cideville ; Bruxelles, ce 9 janvier 1740. Plaintes pareilles dans sa lettre à Helvétius du 5 janvier : « Avez-vous lu ce *Recueil* qu'avait fait Prault ? Pourquoi le saisir ? Quelle barbarie ! Suis-je né sous les Goths et sous les Vandales... »

[2]. Bibliothèque impériale. Manuscrits. Cabinet généalogique. Note de la main du président Bertin du Rocheret.

dans sa lettre à d'Argental du 2 février[1]? Mais il y avait contre lui « une infinité de petites aigreurs accumulées, » qui, sans lui interdire Paris directement, devaient l'inquiéter sur son retour[2]; et il se déclare résolu à ne pas s'exposer de sitôt à des dégoûts qu'il ne croit avoir mérités d'aucune sorte : « Je compte, pour moi, rester très-longtemps dans ce pays-ci ; j'aime les Français, mais je hais la persécution. Je suis indigné d'être traité comme je le suis... » Mais c'est là une de ces déterminations que le dépit seul fait prendre, et qui ne tiennent guère devant la moindre apparence d'un plus bienveillant accueil et de jours meilleurs.

1. Voltaire, *OEuvres complètes* (Beuchot), t. LIV, p. 28. Lettre de Voltaire à d'Argental ; du 2 février 1740.

2. *OEuvres complètes de Frédéric le Grand* (Berlin, Preuss.), t. XVII, p. 45. Lettre de madame du Châtelet au roi de Prusse; Fontainebleau, 10 octobre 1740.

VII

VOLTAIRE ET PIRON A LA HAYE. — LETTRES DE FLEURY. MOYLAN ET REMUSBERG. — RETOUR A BRUXELLES

Bruxelles n'eût pas été le point du globe que Voltaire eût choisi volontairement. A part cette piraterie intellectuelle des libraires belges, les arts et les belles-lettres y étaient fort peu en honneur, et c'était bien plus l'homme d'esprit et l'homme du monde qu'on y fêtait que le poëte. En somme, tous les lieux étaient bons où se trouvait Émilie, et il était résigné à rester dans les Flandres autant que durerait ce triste procès. Les livres lui manquant, il avait interrompu son histoire du *Siècle de Louis XIV*, et passait les heures que les relations sociales et les affaires de la marquise ne lui dérobaient pas, à remanier, à refondre *Zulime*, *Mahomet*, l'opéra de *Pandore*, et la petite comédie du *Dépositaire*, qu'il appelle sa *Dévote*. Sa correspondance avec le prince royal ne laissait pas de lui donner de l'occupation. Frédéric était alors dans toute la ferveur d'une amitié que le temps modifiera comme toutes choses; il avait comploté une édition splendide de la *Henriade* précédée d'une préface de sa façon, grand dessein qui devait toutefois demeurer à l'état de projet.

De son côté, le poëte surveillerait l'impression de l'*Anti-Machiavel*, sans détriment de cette nuée de petites pièces, de poésies légères, d'épîtres sur lesquelles on appelait sa critique et ses sévérités, non sans avoir antérieurement fait élaguer sur place les trop lourdes fautes. C'était Jordan qui était chargé de revoir les lettres destinées au Virgile français : « Voici, lui écrivait le prince, une lettre que j'ai reçue de Voltaire avec la réponse que j'y ai faite. Ayez la bonté de me marquer ce qu'il y faut corriger, et je le changerai[1]... » Voltaire, avec cette liberté que guident et modèrent la convenance et le tact, justifiait la confiance qu'on lui témoignait, en signalant les fautes de prosodie et de langage, péchés très-véniels de la part d'un étranger ; et Frédéric de répondre : « Rien ne peut égaler la reconnaissance que j'ai de ce que vous vous êtes donné la peine de corriger mon ode. Vous m'obligez sensiblement[2]. » Et il n'y a point à cet égard à douter de la sincérité du prince, qui, tout en sentant l'idée en lui, convenait franchement qu'il avait beaucoup à faire pour entrer dans le génie de notre langue ; et l'on verra même, bien des années après, Voltaire continuer à Berlin des soins dont, pour sa part, il n'eût pas demandé mieux d'être allégé. Tout en considérant l'auteur de la *Henriade* comme son maître, si quelque chose le choque il ne le cache pas, mais avec cette modestie de l'élève qui n'oublie pas à quelle distance il

---

1. *OEuvres complètes de Frédéric le Grand* (Berlin, Preuss.), t. XVII, p. 53. Lettre de Frédéric à Jordan ; juin 1738.
2. Voltaire, *OEuvres complètes* (Beuchot), t. LII, p. 559. Lettre du prince Royal à Voltaire ; Remusberg, le 19 novembre 1737.

est encore et sera toujours de celui qu'il ose critiquer.

Serait-il permis à un Allemand, à un ultramontain, de faire une petite remarque grammaticale sur les deux derniers vers de la pièce? *O tempora, ô mores!* un béotien veut accuser Démosthènes d'un solécisme! Il s'agit de ces deux vers (de Mérope) :

> Allons monter au trône, en y plaçant ma mère;
> Et vous, mon cher Narbas, soyez toujours mon père.

Cet *et vous, mon cher Narbas*, est-ce à dire qu'on placera Narbas sur le trône en y plaçant ma mère *et vous*? Ou est-ce à dire : Narbas, vous me servirez toujours de père? Ne pourriez-vous pas mettre :

> Allons monter au trône, et plaçons-y ma mère;
> Pour vous, mon cher Narbas, soyez toujours mon père.

Voilà qui est bien impertinent, je mériterais d'être chassé à coups de fouet du Parnasse français : il n'y a que l'intérêt de mon ami qui me fasse commettre des incongruités pareilles. Je vous prie, reprenez-moi, et mettez-moi dans mon tort. Vous aurez trouvé que ce *plaçons-y* n'est pas assez harmonieux; je l'avoue, mais il est plus intelligible [1].

Ce sont les deux derniers vers de *Mérope* dont Voltaire avait envoyé le manuscrit au prince royal. Il eût été curieux de voir Voltaire accepter la version de Frédéric. Pour cela faire, il n'était besoin que d'une chose, qu'il la trouvât préférable à la sienne : à tout instant, il céda à pareilles observations de d'Argental avec une sincère et parfaite bonhomie. Quelque temps après, le poëte répondait à son Aristarque, à propos de *Mérope* même : « Grâces à vos sages critiques, elle est autant à vous qu'à moi : aussi quand je la ferai imprimer, je vous demanderai la permission de vous la dédier, et de

---

1. Voltaire, *OEuvres complètes* (Beuchot), t. LIII, p. 155. Lettre de Frédéric à Voltaire; à Amalte, le 17 juin 1738.

mettre à vos pieds, et la pièce et mes idées sur la tragédie[1]. » Mais, soit qu'en somme il ne lui plût pas de se soumettre aux corrections de celui qui se disait son disciple, soit tout simplement que la remarque lui parût peu fondée, ce qui est aussi notre avis, il ne changea rien à ces deux vers qui terminent la tragédie de *Mérope*.

Leur correspondance était très-active, pleine de coquetteries et de caresses des deux parts. Le prince adjure le poëte de mesurer les efforts à ses forces : « Ménagez la santé d'un homme que je chéris, et n'oubliez jamais qu'étant mon ami, vous devez apporter tous vos soins à me conserver le bien le plus précieux que j'ai reçu du ciel[2]. » Voltaire ne sera pas en reste de tendresse : « Monseigneur, lui répondait-il, votre idée m'occupe le jour et la nuit. Je rêve à mon prince comme on rêve à sa maîtresse[3]. » Et ils croyaient ce qu'ils disaient, et un mutuel aimant les attirait l'un vers l'autre. Le poëte trouvait, comme les femmes, la source de son affection dans les satisfactions d'une vanité qui n'eut jamais sa pareille; le prince, plus jeune, dans un sentiment d'admiration sans alliage. L'alliage finira bien par se mêler à l'or pur, mais ce ne sera que plus tard, et après une période d'enthousiasme et d'entraînement absolu. Le futur Salomon du Nord correspondait aussi, comme on le sait déjà, avec madame du Châtelet, à

---

1. Voltaire, *OEuvres complètes* (Beuchot), t. LIII, p. 229. Lettre de Voltaire à Frédéric; 8 auguste 1738.

2. *Ibid.*, t. LIII, p. 155. Lettre de Frédéric à Voltaire; à Berlin, le 15 avril 1740.

3. *Ibid.*, t. LIV, p. 78. Lettre de Voltaire à Frédéric; avril 1740.

laquelle il n'épargnait ni les louanges, ni les flatteries, notamment ce compliment quintessencié et passablement étrange : « Il faut que le digne Voltaire vous ait connue, madame, lorsqu'il composa la *Henriade* (la supposition avait, entre autres torts, celui de vieillir sensiblement la marquise), et je jurerais presque que le caractère de la reine Élisabeth d'Angleterre est tracé d'après le vôtre. En effet on ne trouve nulle part, en Europe, ni dans le monde entier, de dame dont l'esprit solide ait pu produire des ouvrages sur des matières aussi profondes que celles que vous traitez en vous jouant[1]. » Mais, avec ses intimes, la note change. La marquise de *l'Astrée*, comme il l'appelle, n'est plus qu'une caillette admirablement serinée, qui n'a que l'apparence du haut savoir et d'une grande intelligence, et dont les écrits ne sont que ridicules. Il ne lui pardonnait pas d'absorber Voltaire et d'être le seul obstacle entre eux.

Tout prince royal qu'il fût, Frédéric avait subi plus d'une épreuve. Son enfance n'avait été rien moins qu'heureuse, et l'adolescence avait été pour lui tout un drame, des plus émouvants, des plus terribles. On sait quel père, quel roi était Frédéric-Guillaume. Une maîtresse chérie, un ami non moins aimé, tous les deux victimes de la frénésie de ce Tibère, expiant, l'une dans la plus humiliante flétrissure, l'autre sur l'échafaud; le crime de leur attachement pour ce fils dont, un instant, on songea à faire voler la tête; telles furent

---

1. *OEuvres complètes de Frédéric le Grand* (Berlin, Preuss.), t. XVII, p. 4. Lettre de Frédéric à madame du Châtelet; Rheinsberg, octobre 1738.

les premières émotions de cette existence appelée à de si vastes destinées. Enfin, le ciel prend en pitié et ce peuple et cette famille terrifiée, qu'affranchissait la mort du tyran. Frédéric, aussitôt le maître, s'empressait d'annoncer son avénement au poëte :

> Mon cher ami, lui écrivait-il, mon sort est changé, et j'ai assisté aux derniers moments d'un roi, à son agonie, à sa mort. En parvenant à la royauté, je n'avais pas besoin assurément de cette leçon pour être dégoûté de la vanité des grandeurs humaines.
> J'avais projeté un petit ouvrage de métaphysique ; il s'est changé en un ouvrage de politique. Je croyais jouter avec l'aimable Voltaire, et il me faut escrimer avec Machiavel. Enfin, mon cher Voltaire, nous ne sommes point maîtres de notre sort. Le tourbillon des événements nous entraîne, et il faut se laisser entraîner. Ne voyez en moi, je vous prie, qu'un citoyen zélé, un philosophe un peu sceptique, mais un ami véritablement fidèle. Pour Dieu, ne m'écrivez qu'en homme, et méprisez avec moi les titres, les noms, et tout l'éclat extérieur [1].

Voltaire le prend au mot.

> Votre Majesté m'ordonne de songer, en lui écrivant, moins au roi qu'à l'homme. C'est un ordre bien selon mon cœur. Je ne sais comment m'y prendre avec un roi, mais je suis bien à mon aise avec un homme véritable, avec un homme qui a dans sa tête et dans son cœur l'amour du genre humain [2].

Mais il est bien sincèrement dans l'enthousiasme. Quel règne que celui qui va commencer, si le roi garde bonne mémoire de ses promesses et ne se laisse pas

---

1. Voltaire, *OEuvres complètes* (Beuchot), t. LIV, p. 119, 120. Lettre de Frédéric à Voltaire ; à Charlottembourg, le 6 juin 1740.
2. *Ibid.*, t. LIV, p. 129. Lettre de Voltaire à Frédéric ; 18 juin 1740.

gâter par les enivrements du rang suprême ! Il dit au prince : « Votre humanité, » la seule flatterie qui eût pu aller au cœur d'un Trajan ou d'un Marc-Aurèle. Il l'appelle : « Son cher monarque. » Enfin, il ne se possède plus. Son âme déborde, sa vanité aussi ; il ne peut se taire, il ne peut cacher sa joie, ses transports : « A peine est-il monté sur le trône, qu'il s'est souvenu de moi pour m'écrire la lettre la plus tendre, et pour m'ordonner, ce sont ses termes, de lui écrire toujours comme à un *homme*, et jamais comme à un roi[1]. » Mêmes éloges, même admiration dans une lettre à Maupertuis[2]. On sent que le poëte est subjugué et qu'il n'est pas homme à résister longtemps aux coquetteries de ce prince qui lui prescrit de le traiter en égal. Madame du Châtelet n'avait qu'à se bien tenir.

Frédéric avait chargé Voltaire de l'impression de l'*Anti-Machiavel*. Le poëte s'y était employé avec tout le zèle dont il était capable[3], et l'ouvrage était entre les mains de l'éditeur, quand le nouveau roi, se ravisant, lui fit dire par M. de Camas son envoyé, qu'il y avait un ou deux endroits qui pourraient déplaire à certaines puissances, et qu'il lui saurait gré d'empêcher la publication en rachetant toute l'édition[4]. Ce n'était pas

---

1. Voltaire, OEuvres complètes (Beuchot), t. LIV, p. 132, 133, 147. Lettre de Voltaire au marquis d'Argenson ; à Bruxelles, le 18 juin. — Lettre à Cideville ; Bruxelles, 28 juin 1740.

2. *Ibid.*, t. LIV, p. 135, 136. Lettre de Voltaire à Maupertuis ; à Bruxelles, le 21 juin 1740.

3. *Ibid.*, t. LIV, p. 111, 112. Lettre de Voltaire à Van Duren ; à Bruxelles, rue de la Grosse-Tour, le 1er juin 1740. — T. XL, p. 55, 56. Mémoires pour servir à l'histoire de M. de Voltaire, écrits par lui-même.

4. Voltaire, *Lettres inédites* (Didier, 1857), t. I, p. 131, 132.

tout à fait aussi aisé que le roi le pensait. Le manuscrit était dans les mains du libraire Jean Van Duren, qui, trouvant là une source de fortune, ne devait pas être d'humeur à entrer en arrangement ; et, dès les premières ouvertures, il se prononça de façon à ne laisser aucun espoir de l'amener à composition. Voltaire lui proposa de lui payer le quadruple de ses frais, puis successivement mille, quinze cents, deux mille florins; il alla jusqu'à mille ducats. Ces difficultés, l'envie de plaire à son royal ami accrurent encore l'ardeur du poëte qui jura d'être plus habile, plus fin, plus rusé et plus roué qu'un libraire hollandais. Il était parti tout aussitôt pour La Haye où il arriva le 20 juillet, et, battant, comme on dit, le fer durant qu'il est chaud, il se mit à l'œuvre et n'épargna rien pour faire tomber dans le piège un ennemi très-peu disposé à se laisser duper.

Quand je vis que j'avais affaire à un Hollandais qui abusait de la liberté de son pays, à un libraire qui poussait à l'excès son droit de persécuter les auteurs, ne pouvant ici confier mon secret à personne, ni implorer le secours de l'autorité, je me souvins que Votre Majesté dit, dans un des chapitres de l'*Anti-Machiavel*, qu'il est permis d'employer quelque honnête finesse en fait de négociation. Je dis donc à Jean Van Duren que je ne venais que pour corriger quelques pages du manuscrit : « Très-« volontiers, monsieur, me dit-il ; si vous voulez venir chez « moi, je vous le confierai généreusement feuille à feuille, vous « corrigerez ce qu'il vous plaira, enfermé dans ma chambre, « en présence de ma famille et de mes garçons. »

J'acceptai son offre cordiale ; j'allai chez lui et je corrigeai en effet quelques feuilles qu'il reprenait à mesure, et qu'il lisait pour voir si je ne le trompais point. Lui ayant inspiré par là un peu moins de défiance, j'ai retourné aujourd'hui dans la

Lettre de Voltaire à M. Cirille, pasteur de l'église catholique française ; à La Haye, ce 3 octobre 1740.

même prison où il m'a enfermé de même, et ayant obtenu six chapitres à la fois pour les confronter, je les ai raturés de façon, et j'ai écrit dans les interlignes de si horribles galimatias et des coq-à-l'âne si ridicules, que cela ne ressemble plus à un ouvrage. Cela s'appelle faire sauter son vaisseau en l'air pour n'être point pris par l'ennemi... Qui est étonné à présent et confondu? C'est mon vilain. J'espère demain faire avec lui un marché honnête, et le forcer à me rendre le tout, manuscrit et imprimé; et je continuerai à rendre compte à Votre Majesté[1].

Le tour que joue Voltaire à Van Duren n'est certes pas de notre goût, et l'on est fâché de lui voir employer de telles armes, bien qu'il n'eût pas le choix des moyens, bien que ce fût pour faire rentrer le propriétaire de l'œuvre dans sa propre chose, bien qu'enfin cette petite perfidie fût à l'entier profit d'un tiers et qu'il n'eût aucun intérêt direct au succès de la négociation. Rien n'autorise ces sortes d'habiletés, même l'indignité de celui contre lequel on les tourne. Quoi qu'il en soit, Voltaire avait tort de chanter victoire; malgré ses efforts, Van Duren en vint à ses fins; tout ce que put faire le poëte, ce fut de publier une autre édition dont il retrancha ou adoucit certains points plus scabreux et qui eussent pu choquer les puissances. Il croyait ainsi entrer dans les vues du prince; mais Frédéric n'était pas moins homme de lettres que l'écrivain de profession, et il devait malaisément voir substituer la pensée d'un autre à la sienne. Disons encore qu'il était là sur son terrain et parfaitement fondé à se croire aussi compétent, peut-être plus compétent en pareille matière que celui qui avait

---

[1]. Voltaire, OEuvres complètes (Beuchot), t. LIV, p. 164, 165. Lettre de Voltaire à Frédéric; à La Haye, ce 20 juillet 1740.

pris la peine de corriger, d'atténuer, pourquoi ne pas dire d'altérer sa pensée. Il écrit en conséquence à Voltaire qu'il avait fait passer aux gazettes un article où il désavouait et l'édition de Van Duren et celle aussi à laquelle avait présidé son ami. « Je vous demande pardon, mais je n'ai pu faire autrement, car il y a tant d'étranger dans votre édition que ce n'est plus mon ouvrage. J'ai trouvé les chapitres XV et XVI tout différents de ce que je voulais qu'ils fussent; ce sera l'occupation de cet hiver, que de refondre cet ouvrage[1]. » Mais Voltaire, qui a fait de son mieux, n'en demeure pas moins convaincu que le livre de Frédéric n'a que gagné aux corrections et à l'émondage qu'il a subis. « Je persiste toujours à penser qu'il a fallu adoucir quelques traits qui auraient scandalisé les faibles et révolté certains politiques[2]... »

Voltaire était arrivé le 19 juillet à La Haye, où sa présence fut aussitôt le secret de la ville; il avait dû se séparer de madame du Châtelet. Il n'allait pas moins se trouver là en pays de connaissance; il est vrai que si c'étaient des compatriotes, ce n'étaient pas précisément des amis que le hasard rapprochait ainsi.

Entre autres âmes damnées que la Providence a confinées ici, écrit Piron à mademoiselle de Bar, il y a Rousseau, Voltaire et moi. Ce n'est pas là un trio de baudets, non plus que trois têtes dans un bonnet. Nous logeons tous les trois porte à porte. Je fus voir Voltaire dès que je le sus arrivé. On le céla; mais un moment après que je fus entré, on me vint prier de sa

---

1. Voltaire, *Œuvres complètes* (Beuchot), t. LIV, p. 212. Lettre de Frédéric à Voltaire; à Remusberg, le 7 octobre 1740.

2. *Ibid.*, t. LIV, p. 220. Lettre de Voltaire à Frédéric; La Haye, 17 octobre 1740.

part à souper. Je n'y soupai pas, mais je le vis et il me cassa tendrement le nez à coups de joues. Je lui dis que sans doute il alloit voir le roi de Prusse. Il me jura que non, et qu'il ne quitteroit pas ses amis de dix à quinze ans pour un nouveau venu. Il appuya beaucoup sur son mérite, et établit pour la première qualité de ce prince, le goût qu'il a pour les gens de lettres. Il m'en parla enfin comme du Thiériot du Nord. On ne sauroit savoir précisément ce que vient faire ici ce grand homme; on sait seulement qu'il passe quatre ou cinq heures par jour chez Paupie... Il s'est bien contenu devant moi sur le chapitre de Rousseau, et même devant Paupie, à ce que ce dernier vient de dire à Rousseau; en sorte qu'il ne s'éloigneroit peut-être pas d'un raccommodement, si les amis de Rousseau vouloient. Mais celui-ci, à qui j'en ai parlé, est entièrement converti; il est devenu parfaitement dévot : il n'y a plus de quartier. Il dit tendrement que ce seroit livrer un homme de bonne foi comme lui à la trahison et à la fausseté, et qu'il ne se fie pas plus à la morale de Voltaire qu'à sa théologie. Moi, qui vois l'un et l'autre, j'entendrai bien des épigrammes[1].

Ces quatre à cinq heures que Voltaire passait chez Paupie, on ne savait précisément pourquoi, étaient consacrées à la révision et la correction de son édition de l'*Anti-Machiavel*, occupation qu'il se fût donné garde d'éventer. Piron, d'une bienveillance médiocre envers l'auteur de *Zaïre*, comme on en a pu juger déjà, témoigne de la réserve de ce dernier à l'égard de Rousseau ; et cependant Rousseau, à la même époque, écrivait à un de ses correspondants : « V*** a parlé ici de moi en mêmes termes qu'il en a parlé à Bruxelles. Je lui pardonne de tout mon cœur comme chrétien; mais je ne puis, je vous l'avoue, lui pardonner de ne point l'être[2]. » Piron, sur ce que lui en a donné à

---

1. Alexis Piron, *OEuvres inédites* (Poulet-Malassis, 1859), p. 83, 84. Lettre de Piron à mademoiselle de Bar; vendredi 22 juillet 1740.
2. *Lettres de Rousseau sur différents sujets de littérature* (Genève,

entendre celui-ci, nous présente Voltaire comme très-disposé à se réconcilier avec le lyrique, qui repousse bien loin toute idée de rapprochement. Nous savons, pourtant, que les démarches vinrent de la part de ce dernier, et que ce fut l'auteur de la *Henriade* qui se refusa superbement à une réconciliation qu'on implorait. Quoi qu'il en dise, il voudrait bien la paix, il a peur de Voltaire, Voltaire est un athlète trop redoutable pour ses vieux ans. Il était à Bruxelles, quand madame du Châtelet et son ami y arrivèrent, et voici ce qu'il écrivait à leur sujet à M. Boutet de Monthéri : « Vendredi dernier, M. de Voltaire et madame la marquise du Châtelet vinrent à la porte de la maison où je passe ordinairement mes soirées ; ils demandèrent si j'y étois, on leur dit qu'oui : ils s'en retournèrent. Je n'en userai pas de même. Je ne dois ni les fuir ni les chercher : si je les rencontre, je les saluerai, s'ils me saluent ; et je leur répondrai s'ils me parlent : c'est, je crois, ce qu'il y a de mieux à faire avec des citoyens de hasard[1]. » Des citoyens de hasard ! le mot est plaisant, mais il est trop modéré pour ne pas indiquer chez cette nature fielleuse une secrète tendance à un rapprochement. Est-il bien vrai, en outre, que Voltaire et madame du Châtelet aient battu en retraite devant lui, et que son nom seul les ait mis en fuite ?

1750), t. I, p. 296. Lettre de Rousseau à M. B***, chanoine à Anvers ; La Haye, 28 juillet 1740. L'on a donné à cette lettre la date du 28 juin ; c'est une erreur. Voltaire, le 28 juin, était à Bruxelles, et écrit même ce jour-là une lettre à Cideville, datée de la capitale du Brabant.

1. *Lettres de Rousseau sur différents sujets de littérature* (Genève, 1750), t. I, p. 164. Lettre de Rousseau à M. Boutet de Monthéri, Bruxelles, 3 janvier 1740.

Ce n'est au moins guère vraisemblable pour qui connaît et Voltaire et madame du Châtelet.

Piron est pris d'un gros rhume qui lui fait garder la chambre trois jours, et lui valut des civilités et des preuves d'intérêt de ses nombreuses connaissances, notamment de l'auteur de *Zaïre*.

Voltaire, avec tant d'autres, a envoyé régulièrement chez moi, ces trois jours-là : aussi, hier, je ne l'oubliai pas dans mes visites. Il a déjà changé de logis. Son hôte m'en parla fort mal et me dit surtout qu'il avoit plus besoin de demeurer chez un apothicaire que chez un marchand de vins. Il est vrai qu'il voyage avec les provisions de Medalon. Je fus le chercher chez son nouvel hôte, et je le trouvai sur sa chaise percée. Il me fit bien vite rebrousser à la salle d'audience, où il me suivit tout breneux. J'eus avec ce foireux-là une heure ou deux d'entretien aigre-doux auquel je fournis assez joliment mon petit contingent. C'est un fou, un fat, un ladre, un impudent et un fripon. Un libraire de Bruxelles l'a déjà traduit devant le magistrat pour cette dernière qualité, et depuis quatre jours qu'il est ici, il a déjà pris six lavements et un procès[1]. Les belles aventures de voyage! demain nous dînons ensemble chez le général Desbrosses. Je vous avoue que j'en ai une joie maligne. Je suis las du tête-à-tête avec lui; je ne les aime qu'avec les bonnes gens... Je ne lui en donnois que pour son argent, par l'inutilité qu'il y auroit eu de le pousser à un certain point entre quatre-z-yeux; mais demain qu'il y aura grande compagnie, je l'attends. J'ai tâté son jeu assez pour ne le guère craindre... Est-ce donc à l'auteur de *Cortez* à plier devant le faiseur de *Zulime?* Qu'en dites-vous, ma Minerve? pour qui gagez-vous? Au reste, l'envoyé de Sardaigne, que je vis aussi hier, et le général Desbrosses ensuite, m'ont dit tous deux qu'il leur avoit dit beaucoup de bien de moi; mais outre que ces messieurs lui avoient donné le ton, c'est de cette sorte de bien qui ressemble aux saluts de protection[2].

1. Sans doute l'affaire de l'*Anti-Machiavel*.
2. Alexis Piron, *Œuvres inédites* (Poulet-Malassis, 1859), p. 86, 87, 88. Lettre de Piron à mademoiselle de Bar; ce mardi 24, 25 ou 26 juillet.

Nous sommes loin de ces temps où Piron adressait des épîtres si louangeuses et si humbles à l'auteur de *Mariamne*. Maintenant Voltaire est le faiseur de *Zulime* et Piron l'auteur de *Cortez;* et tout cela est très-sérieux de la part du pauvre Piron. Le Piron légendaire est un joyeux, un insouciant compère, tournant au cynique et faisant bon marché de toutes choses. C'est là une erreur. Piron sait sa valeur, il l'exagère et de beaucoup, et il a ses moments de mauvaise humeur, d'envie et de fiel : on a dit qu'il portait Voltaire sur son nez à califourchon[1]. Tout en Voltaire le choque, ses airs protecteurs et ses succès. Il a eu à se plaindre de lui, soit; mais il lui a gardé rancune et nous le voyons présentement machiner un guet-apens sur l'issue duquel il ne conçoit pas les moindres doutes. Ne dirait-on pas qu'il va avoir affaire au premier polisson venu, et que tout se bornera à quelques nasardes? Au fait, cela s'accomplit comme il l'avait prévu et mieux qu'il ne l'avait prévu. Le récit de cette passe d'armes, quoique long, a trop sa place ici pour que nous puissions nous dispenser de le reproduire. Le voici donc dans son intégralité.

> Je chante le vainqueur des vainqueurs de la terre,
> Binbin[2] qui mit à bas l'invincible Voltaire.

Rapportez-vous-en bien à moi. Si le sort des armes m'eût été contraire, je vous avouerois ma turpitude, comme je me *jacte*. Mais ma défaite n'étoit pas possible. Voltaire est le plus grand pygmée du monde. Je lui ai scié ses échasses rasibus du pied...

---

1. *Mélanges publiés par la Société des Bibliophiles* (Paris, 1829), t. VI. Lettres de Piron à Hugues Marest, p. 6.

2. Binbin, petit nom que prenait assez bassement Piron, en vrai bouffon, à l'hôtel de M. de Livry.

Il y avoit le comte de Bentem, la seconde personne des États de Hollande; M. Trevor, ministre d'Angleterre; le marquis Arioste, italien, de la famille du divin Arioste; Voltaire, etc., etc.; vous voyez que les spectateurs valoient la peine du spectacle : aussi le jeu a-t-il bien valu la chandelle. Tout s'est passé le plus gaîment du monde, excepté dans le cœur altier de votre illustre momie. Le bon c'est qu'il a cherché noise. Je lui faisois d'abord assez bénignement patte de velours, bien sûr que sa fate majesté en abuseroit; ainsi a-t-il fait. Il a jugé à propos, avec une charité peu chrétienne, de me plaindre d'avoir perdu le plus beau de mon imagination à l'Opéra-Comique. J'ai répondu, avec un air de contrition aussi sincère que sa charité, que ce que je me reprochois le plus, dans ces écarts de ma muse naissante, c'étoit de m'être moqué de lui sur ce théâtre-là; et tout de suite j'ai raconté la scène d'Arlequin sur Pégase qui culbute, aux deux premiers vers d'*Artémire* : tous les vins du général, qui sont sans nombre, se sont changés en vins de Nazareth. Voltaire en est devenu butor; je n'ai plus lâché ma proie en lui demandant toujours pardon de la *liberté grande*. Ensuite je me suis mis sur mes louanges, et en homme qui songeoit bien à ce qu'il disoit, j'ai dit que du moins tout le peu que j'avois donné au Théâtre françois avoit réussi. Il a bien vite excepté *Callisthène*. C'est où je l'attendois, ayant à lui répondre, comme je l'ai fait sur-le-champ, que c'étoit celle qui avoit eu le succès le plus flatteur pour moi, puisque c'étoit la seule dont il eût dit du bien; et cela est vrai comme je vous l'ai dit dans le temps. J'avois si fort les rieurs de mon côté, qu'il a pris le parti de s'en mettre lui-même (du bout des dents comme bien jugez), me disant, d'un air de protection, qu'il aimoit mieux m'entendre que me lire. Dites la vérité, monsieur, lui ai-je répondu, avouez que vous n'aimez ni l'un ni l'autre. On n'a pas eu de peine à tourner cette réponse de ses deux côtés, et ç'a été le coup de grâce. De là en avant je n'ai été que de mieux en mieux. Le poëme du *Cheval de bronze* a donné lieu à la scène du monde la plus comique entre Binbin et ce héros, il étoit au désespoir de la profanation et je ne sais quel ridicule agréable que cela jetoit sur la *Henriade*.

En un mot, lisez la fable du *Lion et du Moucheron*, et vous lirez notre histoire; et le tout sans la moindre aigreur, sans que rien de ma part ait eu le moindre air d'hostilité. Binbin toujours jusqu'au bout des ongles; mais Binbin couronné d'acclamations, au point qu'il n'est plus question ici que de ma victoire, sans que je m'en mêle aucunement. Rousseau, fâché comme tout, l'a mandé à nombre de gens à Paris. « Voltaire, « dit-il dans ses lettres, est venu perdre ici la seule réputa-« tion à laquelle il avoit sacrifié toutes les autres; sa réputation « de bel-esprit. » La vanité m'a donné des yeux pour en tant écrire; mais, réflexion faite, j'ai vaincu avec si peu de péril, que j'en dois triompher sans gloire.[1]...

Même en acceptant la description de la bataille telle que son historien nous la livre, nous ne voyons pas le triomphe aussi éclatant, aussi manifeste que le veut bien Piron. Ce dernier est un emporte-pièce, d'une veine intarissable qui, avouons-le, ne se fait pas scrupule de remplacer souvent la qualité par la quantité, l'atticisme par une plaisanterie qui sent son opéra comique. Que le prenne Piron comme il voudra, Voltaire a raison de déplorer pour celui-ci son trop long commerce avec les théâtres de la foire; et, parce que son antagoniste aura bafoué *Artémire* sur ses tréteaux, cela n'infirme pas la justesse de l'observation. Le mot de Voltaire battu est fin, et la réplique ne le vaut pas, bien que ce ne soit point l'opinion de Piron. Dans tous les cas, le poëte bourguignon, à n'envisager que son récit, aura combattu, il aura triomphé en homme qui ne se doute pas des nuances et croit toutes les saillies de bon aloi. Il convient d'une chose plus caractéristique qu'il ne pense : Voltaire ne montre aucune humeur, il rit à la pointe qu'il a reçue en pleine poitrine, et fait bon visage. C'est un homme du monde qui sait se contenir, régler sa plaisanterie et

---

[1]. Alexis Piron, *OEuvres inédites* (Poulet-Malassis, 1859), p. 92 à 95. Lettre de Piron à mademoiselle de Bar; vendredi, 29 juillet 1740.

protéger sa retraite. Piron, il est vrai, ne témoigne
nulle aigreur ; mais le mérite n'est pas grand, s'il est
aussi vainqueur, aussi « couronné d'acclamations, »
pour parler comme lui, qu'il le dit. Et voici encore
qui n'est pas dans la mesure. Un comte de Bentheim, la
seconde personne des États de Hollande, un ministre
d'Angleterre ont trop de bon goût, de politesse, de
savoir-vivre pour se manifester aussi bruyamment :
acclamer Piron, c'était honnir Voltaire du même coup.
L'on ne demeure pas impassible à un pareil cliquetis
de saillies, mais on se borne à sourire discrètement ;
on ne bat pas des mains. Ce sont ces énormités que
Piron ne soupçonne pas et qui rendent son récit em-
preint d'une exagération qui saute aux yeux. Mais ce
duel de langue a eu ses témoins auxquels on peut se
renseigner ; Rousseau l'a mandé à nombre de gens de
Paris, et l'on cite un fragment d'une de ses lettres.
Eh bien, nulle trace de cette joute : que Voltaire n'en
ait pas parlé, même en travestissant les faits, cela se conçoit de reste. Mais de toutes ces lettres de Rousseau,
pas une ne s'est retrouvée, ce qui n'est pas sans
doute une preuve absolue qu'il n'en ait point écrit. Ac-
ceptons ce récit mouvementé, mais croyons-le étrangement embelli, quant au rôle que se donne Piron.
On a vu qu'il n'est pas modeste, qu'il s'estime, dans
son for intérieur, un autre homme que Voltaire. Il
répondait aux comédiens qui lui demandaient quelques
corrections pour son *Fernand Cortez*, en s'autori-
sant de l'exemple de M. de Voltaire : « Voltaire travaille
en marqueterie, et moi je jette en bronze. » Si la tragédie de Voltaire est bien et dûment enterrée à cette

heure, *Callisthène* et *Gustave* sont-ils à comparer à la *Mort de César*, à *Zaïre*? Le genre est faux, mais l'auteur de *Mérope*, de *Mahomet* et de tant d'autres, est un maître du genre; quoique à des distances énormes, il vient après Corneille et Racine : c'est notre troisième tragique. Piron a fait la *Métromanie*, un chef-d'œuvre, et nous ne l'oublierons pas, mais c'est là tout. Il a joué de bonheur cette unique fois, il a été plus fort que lui-même, et il l'a si bien senti qu'il en a conservé une sorte de rancune à ce chef-d'œuvre dont le succès avait déconsidéré comme à plaisir ses autres pièces. Il disait d'elle : « C'est un monstre qui a dévoré tous mes autres enfants[1]. » Que Piron ait de l'esprit naturel, de la gaieté, du sel, du mordant dans l'épigramme, qui le nie? Mais, à part la *Métromanie*, convenons-en, c'est un mauvais écrivain, un écrivain incorrect, inégal. Nous venons de citer trois longs fragments de sa correspondance ; comparez ces lettres aux moindres de Voltaire. Voltaire, à l'occasion, osera beaucoup et trop; mais comme les choses les plus difficiles à dire sont bien dites et se font accepter! On a recueilli des lettres de Piron, curieuses à plus d'un égard, mais qui n'ajouteront rien à coup sûr à sa réputation. Elles étaient faites pour l'intimité seule; mais les lettres de Voltaire n'étaient pas écrites, elles non plus, en vue de la postérité, et c'est si vrai, que bien des indiscrétions gênantes, bien des aveux qui s'y fourvoient ne s'y rencontreraient point s'il eût soupçonné que ces guenilles iraient jusqu'à

---

1. Alexis Piron. *Œuvres* (Delahays, 1864), p. 314.

elle. Et pas un de ces billets qui ne révèle l'homme de goût, le bel esprit, le grand écrivain, et qui ne soit le modèle et l'idéal du genre!

Voltaire était de retour à Bruxelles dans les premiers jours d'août. Il n'était venu à la Haye que pour empêcher la publication de l'*Anti-Machiavel;* mais il n'avait pas été le plus fort : Van Duren débitait impunément sa marchandise, défiant la colère d'un grand roi qu'il volait, qu'il outrageait, et qui l'eût fait pendre s'il eût été à Berlin. Frédéric et le poëte brûlaient d'une égale envie de se trouver face à face, et ils se fussent contentés tous les deux depuis longtemps, si Frédéric, aux débuts d'un règne, n'eût pas cru se devoir absolument à un royaume où tant de choses restaient à faire, et si Voltaire, de son côté, n'eût pas appartenu à une amitié impérieuse, exclusive, qui n'entendait pas qu'on la quittât, même pour un roi[1]. Des deux, c'était encore Frédéric le plus impatient, le plus pressé. Clèves est choisi pour le lieu où l'on se rencontrera, où l'on s'embrassera, où l'on baisera cent fois cette bouche éloquente

---

1. Madame du Châtelet ne fut pas la seule femme que Frédéric trouva sur son chemin, en pareille occasion. Madame Riccoboni écrivait à Garrick, bien des années plus tard (15 avril 1766) : « Le roi de Prusse vient aussi d'échouer dans ses projets. Il vouloit attirer Helvétius à sa cour, et l'y fixer. Ses ambassadeurs ont harangué madame Helvétius ; elle a répondu qu'elle aimoit la campagne et son mari ; qu'au reste, la chose du monde dont elle se soucioit le moins, c'étoit un roi. » *The private correspondance of David Garrick* (London 1832), t. II, p. 478. Helvétius était allé l'année précédente à Berlin où Frédéric eût souhaité le fixer. Laverdet, *Catalogue d'autographes* du 7 décembre 1854, p. 56, n° 424. Lettre du baron d'Holbach à M. Servan, avocat général au parlement de Grenoble ; Paris, 12 mars 1765.

Dans le sérieux, dans le badin,
Dont la voix folâtre et touchante
Va du cothurne au brodequin,
Toujours enchanteresse et toujours plus charmante [1].

C'est Frédéric qui parle ainsi dans son enthousiasme. Alain Chartier, avant Voltaire, avait obtenu la même faveur et pour les mêmes raisons, mais de la part d'une reine, ce qui nous semble préférable et surtout moins choquant. Comment se passerait l'entrevue? L'auteur de la *Henriade*, qui ne peut faire un pas sans la marquise, témoigne au roi de Prusse l'envie de l'emmener avec lui. Mais celui-ci ne l'avait pas compris ainsi, et il ne se gêna pas trop pour le manifester. Toutefois, en apparence du moins, il en laissait le tout au poëte. « J'écrirai à madame du Châtelet en conséquence de ce que vous désirez. A vous parler franchement touchant son voyage, c'est Voltaire, c'est vous, c'est mon ami, que je désire de voir; et la divine Émilie, avec toute sa divinité, n'est que l'accessoire d'Apollon newtonianisé [2]. » Et, le lendemain, il ajoutait : « S'il faut qu'Émilie accompagne Apollon, j'y consens. Mais si je puis vous voir seul, je préférerai le dernier. Je serais trop ébloui, je ne pourrais soutenir tant d'éclat à la fois; il me faudrait le voile de Moïse pour tempérer les rayons mêlés de vos divinités [3]. »

---

1. Voltaire, *OEuvres complètes* (Beuchot), t. LIV, p. 170. Lettre de Frédéric à Voltaire; à Charlottembourg; le 29 juillet 1740.
2. *Ibid.*, t. LIV, p. 174, 175. Lettre de Frédéric à Voltaire; à Berlin, le 5 auguste 1740.
3. *Ibid.*, t. LIV, p. 175. Lettre de Frédéric à Voltaire; à Berlin, le 6 auguste 1740.

Frédéric s'était décidé à pousser son voyage dans les Pays-Bas jusqu'à Anvers ou Bruxelles. Madame du Châtelet offre tout aussitôt son hôtel à l'auguste touriste. A cette idée seule, le poëte ne se sent plus de joie, l'excès de ses transports l'épouvante. « S'il était vrai, s'écrie-t-il, que votre humanité passât par Bruxelles, je la supplie de faire apporter des gouttes d'Angleterre, car je m'évanouirai de plaisir [1]. » Frédéric renchérit encore sur l'hyperbole. « Ce sera le plus charmant jour de ma vie, lui dit-il, je crois que j'en mourrai; mais du moins on ne peut choisir de genre de mort plus aimable [2]. » Il donnait rendez-vous aux deux amis pour le 14 à Anvers; mais, dès le lendemain, tout était changé, renversé. L'on avait compté sans la fièvre quarte, le voyage d'Anvers et de Bruxelles n'eût pu être entrepris sans risques. Ce serait donc Voltaire qui ferait le chemin de Bruxelles à Clèves, et la marquise dut se contenter des excuses qu'on voulut bien lui adresser. La réponse de madame du Châtelet est respectueuse, quoique sèche. Elle consent bien à se dessaisir, mais elle entend qu'on apprécie son procédé et surtout que l'on n'en abuse pas. « Sire, je ne sais ce qui m'afflige le plus ou de savoir Votre Majesté malade, ou de perdre l'espérance de lui faire ma cour. J'espère qu'elle me saura quelque gré du sacrifice que je lui fais, et que la présence de celui qui vous rendra cette lettre, et que j'espère que Votre

---

1. Voltaire, *OEuvres complètes* (Beuchot), t. LIV, p. 185. Lettre de Voltaire à Frédéric; à Bruxelles, le 22 auguste 1740.

2. *Ibid.*, t. LIV, p. 193, 194. Lettre de Frédéric à Voltaire; à Wesel, le 5 septembre 1740.

Majesté ne gardera pas longtemps, lui prouvera mieux que tout ce que je pourrais lui dire le respect et l'attachement avec lesquels je suis, etc.[1]. » Elle écrivait en même temps à Maupertuis : « ... J'espère qu'il me renverra bientôt quelqu'un avec qui je compte passer ma vie, et que je ne luy ay prêté que pour très-peu de jours[2].... »

Ce fut le 11 septembre, au château de Moyland, à deux lieues de Clèves, que le poëte et le monarque se rencontrèrent pour la première fois. La cour de Frédéric se composait de Maupertuis, d'Algarotti et de Kaiserling, logés tous trois dans un grenier du palais. Nous allions oublier le conseiller aulique privé Rambonet, qui portait de grandes manchettes de toile sales, un chapeau troué, une vieille perruque de magistrat, dont un côté entrait dans une de ses poches et l'autre passait à peine l'épaule, personnage important toutefois et qu'il ne fallait pas juger au costume. Un soldat se tenait, pour toute garde, à la porte de la cour.

Je fus conduit dans l'appartement de Sa Majesté. Il n'y avait que les quatre murailles. J'aperçus dans un cabinet, à la lueur d'une bougie, un petit grabat de deux pieds et demi de large, sur lequel était un petit homme affublé d'une robe de chambre de gros drap bleu. C'était le roi, qui suait et qui tremblait sous une mauvaise couverture, dans un accès de fièvre violent. Je lui fis la révérence, et commençai la connaissance par lui tâter

---

1. *Œuvres de Frédéric le Grand* (Berlin, Preuss.), t. XVII, p. 44. Lettre de la marquise du Châtelet à Frédéric ; Bruxelles, 8 septembre 1740.

2. Bibliothèque impériale. Manuscrits. Supp. Fr. 2288. *Originaux des lettres de madame du Châtelet à Maupertuis*, f. 146 ; Bruxelles, lundi 12 septembre 1740.

le pouls, comme si j'avais été son premier médecin. L'accès passé, il s'habilla et se mit à table. Algarotti, Kaiserling, Maupertuis, et le ministre du roi auprès des États-généraux, nous fûmes du souper, où l'on traita à fond de l'immortalité de l'âme, de la liberté, et des androgynes de Platon.

Le conseiller Rambonet était, pendant ce temps-là, monté sur un cheval de louage : il alla toute la nuit, et le lendemain arriva aux portes de Liége, où il instrumenta au nom du roi son maître, tandis que deux mille hommes des troupes de Vesel mettaient la ville de Liége à contribution. Cette belle expédition avait pour prétexte quelques droits que le roi prétendait sur un faubourg. Il me chargea même de travailler à un manifeste, et j'en fis un tant bon que mauvais, ne doutant pas qu'un roi, avec qui je soupais et qui m'appelait son ami, ne dût avoir toujours raison. L'affaire s'accommoda bientôt, moyennant un million qu'il exigea en ducats de pieds [1].

Quand Voltaire écrivait cela, le prestige avait disparu des deux parts, les illusions s'étaient envolées ; c'est ailleurs qu'il faut chercher l'impression qu'il emporta de cette première entrevue.

C'est là (auprès de Clèves), marque-t-il à Cideville, que je vis un des plus aimables hommes du monde, un homme qui serait le charme de la société, qu'on rechercherait partout, s'il n'était pas roi ; un philosophe sans austérité, rempli de douceur, de complaisance, d'agréments, ne se souvenant plus qu'il est roi dès qu'il est avec ses amis, et s'oubliant si parfaitement qu'il me le faisait presque oublier aussi, et qu'il me fallait un effort de mémoire pour me souvenir que je voyais assis sur le pied de mon lit un souverain qui avait une armée de cent mille hommes [2]...

Pour Frédéric, son enchantement va jusqu'au dé-

---

1. Voltaire, OEuvres complètes (Beuchot), t. XL, p. 54, 55. Mémoires pour servir à l'histoire de M. de Voltaire, écrits par lui-même.
2. Ibid., t. LIV, p. 227. Lettre de Voltaire à Cideville ; à La Haye, au palais du roi de Prusse, le 18 octobre.

lire. Voltaire lui apparaît comme un être sublime, comme le plus grand homme et le plus vertueux qui soit sorti des mains de la nature. Quelque idée qu'il se fût faite de la conversation de celui-ci, il sortit de l'entrevue ravi, bouleversé, presque hébété.

> J'ai vu ce Voltaire, écrivait-il à Jordan, que j'étais si curieux de connaître; mais je l'ai vu, ayant ma fièvre quarte et l'esprit aussi débandé que le corps affaibli. Enfin, avec gens de son espèce, il ne faut point être malade. Il faut même se porter très-bien, et être mieux qu'à son ordinaire, si l'on peut. Il a l'éloquence de Cicéron, la douceur de Pline, et la sagesse d'Agrippa; il réunit, en un mot, ce qu'il faut rassembler de vertus et de talents de trois des plus grands hommes de l'antiquité. Son esprit travaille sans cesse; chaque goutte d'encre est un trait d'esprit partant de sa plume. Il nous a déclamé *Mahomet I*[er], tragédie admirable qu'il a faite; il nous a transportés hors de nous-mêmes, et je n'ai pu que l'admirer et me taire. La du Châtelet est bien heureuse de l'avoir [1]...

Après ces trop rapides moments passés dans une commune et égale extase, le poëte avait pris congé pour aller mettre à la Haye la dernière main à l'édition de l'*Anti-Machiavel*, et s'était établi dans le palais assez délabré du roi de Prusse, où M. de Raesfeld lui avait donné un appartement. Madame du Châtelet était partie de son côté; elle arrivait en France au moment du voyage de Fontainebleau. Moitié pour tromper les ennuis de l'absence, moitié pour reprendre du poil de la bête, comme disait Coulanges, elle se laissa entraîner à suivre la cour où elle avait rang, avec l'espoir de rétablir près du ministre les affaires de

---

1. *OEuvres complètes de Frédéric le Grand* (Berlin, Preuss.), t. XVII, p. 70. Lettre de Frédéric à Jordan; Postdam, 24 septembre 1740.

son ami, qui n'y étaient pas en fort bon état. On était aigri contre cet esprit turbulent avec lequel on n'avait jamais fini, autour duquel trop de bruit se faisait; et ce n'était pas une petite tâche que de dissiper les préventions qu'il avait inspirées. Madame du Châtelet s'y employa toutefois avec cette énergie, cette ténacité, cette volonté passionnée qui étaient dans sa nature; et, si elle ne modifia pas beaucoup les idées, au moins obtint-elle que l'on étendît l'éponge sur le passé, et sut-elle écarter habilement les obstacles qui se fussent opposés à un retour. Ne s'en reposant pas sur l'efficacité de ses seuls efforts, elle avait écrit au roi de Prusse pour qu'il fît parler au ministre par son envoyé M. de Camas, comme cela avait eu lieu déjà par M. de la Chétardie, lors de l'affaire de la *Voltairomanie*[1]. Et Frédéric ne put s'y refuser[2], quoique ce fût travailler contre ses propres intérêts. En attendant le résultat de ces démarches, le poëte avait consenti à une nouvelle entrevue, et se disposait à profiter de l'absence de la marquise pour lui faire cette seconde infidélité. « Voltaire arrivera ici dans quinze jours, mandait le prince à Algarotti, à la date du 28 octobre. Émilie est à Fontainebleau, et lui il part de la Haye. Ne pouvant aller en France, la Prusse sera son pis-aller[3]... » Pis-aller ou non, tout eût été pour le mieux,

1. *Œuvres complètes de Frédéric le Grand* (Berlin, Preuss.), t. XVII, p. 45. Lettre de madame du Châtelet à Frédéric; Fontainebleau, 10 octobre 1740.
2. Voltaire, *Œuvres complètes* (Beuchot), t. LIV, p. 280. Lettre de Frédéric à Voltaire; à Nuremberg, ce 21 octobre 1740.
3. *Œuvres complètes de Frédéric le Grand* (Berlin, Preuss.), t. XVIII, p. 20. Lettre de Frédéric à Algarotti; Remusberg, 28 octobre 1740.

si Voltaire eût pu se livrer absolument; mais il portait une chaîne que Frédéric eût voulu briser, et qu'il se sentait impuissant à rompre. Avant de partir, de partir en écolier qui profite de l'éloignement momentané de son gouverneur, Voltaire déclarait nettement qu'il ne pouvait accorder que quelques jours, et qu'il lui faudrait retourner à Bruxelles pour le procès de madame du Châtelet[1].

On savait en France que si Frédéric troussait de petits vers, souvent assez médiocres, il avait encore d'autres visées en tête. La situation de l'Europe était grave : le jeune roi avait fait filer de nombreuses troupes en Silésie, et il était urgent de pénétrer ses desseins; nous voulions donner le trône impérial à l'électeur de Bavière, le point était de connaître si Frédéric serait pour nous où se rangerait du côté de la reine de Hongrie. Le marquis de Beauvau, envoyé pour complimenter la nouvelle Majesté prussienne sur son avénement, était chargé de l'observer et de lui dérober son secret; mais ses efforts échouèrent devant la réserve du prince. Voltaire, récemment amnistié, grâce aux démarches de madame du Châtelet, eût bien voulu rendre un de ces services signalés comme un simple particulier, sans caractère aucun, est rarement à même d'en rendre. Il adresse, en conséquence, au cardinal de Fleury, pour lui annoncer son voyage à Berlin, une lettre à laquelle il joignait un exemplaire de l'*Anti-Machiavel*. Il ne demandait qu'à y être autorisé pour gagner complétement aux intérêts de

1. Voltaire, *OEuvres complètes* (Beuchot), t. LIV, p. 233. Lettre de Voltaire à Frédéric; à la Haye, le 25 octobre 1740.

notre nation un prince déjà si bien disposé pour elle[1]. Fleury n'était pas homme à repousser de pareilles ouvertures. Il répond au poëte par une lettre cordiale, louangeuse, paternelle, mais où la leçon, les conseils, se mêlent aux politesses. Si la confiance du roi son maître lui a remis le soin de son État, il est prêtre aussi et il se doit à la défense de la religion, dont Voltaire ne passe pas pour être l'ami.

> Vous me feriez tort, monsieur, si vous aviez pu penser que je vous aie jamais voulu le plus léger mal, et je n'ai été fâché que de celui que vous vous faisiez à vous-même. Je crois vous connoître parfaitement. Vous êtes bon et honnête homme; cette première qualité ne vous blessera certainement pas, et vous savez que Cicéron la comptoit pour la première dans le caractère des grands orateurs; mais vous avez été jeune et peut-être un peu trop longtems. Vous avez été élevé dans la compagnie de tout ce que le monde peu éclairé regardoit comme la meilleure, parce que c'étoient de grands seigneurs. Ils vous ont applaudi et avec raison; mais ils vous l'ont donnée en tout et ils alloient trop loin. Ils vous ont gâté de trop bonne heure, et, à votre âge, cela étoit naturel. Je me flatte que vous le sentez vous-même, et ce qui me fait le plus de plaisir de votre lettre du 2 de ce mois[2], 'est ce que vous y dites de votre respect pour la religion. C'est un grand mot, et laissez-moi, je vous prie, y donner toute l'étendue que mon amitié pour vous me fait désirer. Dans le grand nombre des devoirs qu'un honnête homme est obligé de remplir, celui qui regarde notre souverain maître et notre créateur pourroit-il en être excepté? Les païens même ne le pensoient pas..... Revenez donc dans votre patrie avec ces sentimens, ou du moins avec la volonté de ne pas vous y refuser. Vous lui faites honneur par les talens, et donnez-lui encore la consolation de ne vous les voir employer que pour l'utilité publique, qui doit être l'unique but de la véritable et

---

1. Voltaire, *Œuvres complètes* (Beuchot), t. LIV, p. 239. Lettre de Voltaire au cardinal de Fleury; à La Haye, le 4 novembre 1740.
2. Cette lettre de Voltaire n'a pas été retrouvée.

solide gloire. Je vous ai toujours estimé et aimé ; je ne puis vous en donner de meilleure marque qu'en vous parlant avec la liberté que je fais. Ma confiance et le sincère intérêt que je prends à vous ne sont pas équivoques, et je vous prie, monsieur, de compter sur tous les sentimens que j'ai pour vous et que vous méritez[1].

Voltaire avait manifesté dans une première lettre la crainte d'avoir perdu l'affection de Son Éminence. « Autrefois, dit-il ailleurs, le cardinal de Fleury m'aimait, quand je le voyais chez madame la maréchale de Villars : *altri tempi, altre cure* [2]. » L'ancien évêque de Fréjus lui avait longtemps, en effet, tenu rancune d'un refus dont il avait été vivement piqué. A un certain moment, le voyant déchaîné contre les jansénistes et ami du P. Tournemine, le ministre et M. Hérault l'engagèrent à prendre la défense des jésuites. L'envie de plaire, d'être bien en cour, l'ébranla un instant ; il mit même la main à la plume pour faire une contre-partie des *Lettres provinciales ;* ne s'était-il pas déjà attaqué à Pascal? Mais la réflexion, le dégoût, l'empêchèrent d'aller plus loin. « Un jour il vint chez M. Hérault, raconte d'Argenson, qui tenait l'anecdote de Voltaire lui-même, et lui dit qu'il ne sauroit continuer, qu'il se déshonoreroit ainsi, qu'il seroit regardé comme un écrivain mercenaire ; que tout le monde étoit contre les molinistes. En disant cela, il jeta son ouvrage au feu. *Inde iræ* [3]. » Quoi qu'il

---

1. Voltaire, *Lettres inédites* (Paris, Dupont, 1826), p. 11, 12. Lettre du cardinal de Fleury à Voltaire ; à Issy, 14 novembre 1740.

2. Voltaire, *Œuvres complètes* (Beuchot), t. LIII, p. 578. Lettre de Voltaire à Frédéric ; à Cirey, le 25 d'avril 1739.

3. Marquis d'Argenson, *Mémoires* (Jannet), t. V, p. 141, 142 ; octobre 1739.

en soit, cette lettre de Fleury n'était au fond qu'une politesse. Sa véritable réponse est dans celle qui suit, et qu'il est bon de citer, parce qu'elle peint ce caractère ondoyant, fin, mais sans initiative, trop enclin à penser que les phrases onctueuses, l'eau bénite de cour, comme on dit, pût remplacer l'action et les décisions vigoureuses.

Je reçois dans le moment, monsieur, une seconde lettre de vous, sans date, et je n'en perds pas un aussi pour y répondre, dans la crainte que M. le marquis de Beauvau ne soit parti de Berlin. Je ne puis qu'approuver le voyage que vous y allez faire, et vous êtes attaché par des titres trop justes et trop pressans au roi de Prusse, pour ne pas lui donner cette marque de votre respect et de votre reconnoissance. Le seul motif de la reine de Saba vous eût suffi pour ne pas vous y refuser.

Je ne savois pas que le précieux présent que m'a fait madame la marquise du Châtelet, de l'*Anti-Machiavel*, vînt de vous : il ne m'en est que plus cher, et je vous en remercie de tout mon cœur. Comme j'ai peu de momens à donner à mon plaisir, je n'ai pu en lire jusqu'ici qu'une quarantaine de pages, et je tâcherai de l'achever dans ce que j'appelle, fort improprement, ma retraite : car elle est par malheur trop troublée pour mon repos.

Quel que soit l'auteur de cet ouvrage, s'il n'est pas prince, il mérite de l'être; et le peu que j'en ai lu est si sage, si raisonnable, et renferme des principes si admirables que celui qui l'a fait seroit digne de commander aux autres hommes, pourvu qu'il eût le courage de les mettre en pratique. S'il est né prince, il contracte un engagement bien solennel avec le public, et l'empereur Antonin ne se seroit pas acquis la gloire immortelle qu'il conservera dans tous les siècles, s'il n'avoit soutenu, par la justice de son gouvernement, la belle morale dont il avoit donné des leçons si instructives à tous les souverains.

Vous me dites des choses si flatteuses pour moi que je n'ai garde de les prendre à la lettre; mais elles ne laissent pas de me faire un sensible plaisir, parce qu'elles sont du moins une preuve de votre amitié. Je serois infiniment touché que Sa Majesté prussienne pût trouver dans ma conduite quelque conformité avec ses principes; mais du moins puis-je vous assurer que je sens et regarde les siens comme le modèle du plus parfait et du plus glorieux gouvernement.

La corruption est si générale et la bonne foi est si indécemment bannie de tous les cœurs dans ce malheureux siècle, que, si on ne se tenoit pas bien ferme dans les motifs supérieurs qui nous obligent à ne point nous en départir, on seroit quelquefois tenté d'y manquer dans de certaines occasions; mais le roi mon maître fait voir du moins qu'il ne se croit point en droit d'user de cette espèce de représailles, et, dans le premier moment de la nouvelle de la mort de l'empereur, il assura M. le prince de Lichtenstein qu'il garderoit fidèlement tous ses engagemens.

Je tombe, sans y penser, dans des réflexions politiques, et je finis en vous assurant que je tâcherai de ne point me rendre indigne de la bonne opinion que Sa Majesté prussienne daigne avoir de moi. Il a la qualité de prince de trop; car, s'il n'étoit qu'un simple particulier, on se feroit un bonheur de vivre avec lui en société. Je vous porte envie, monsieur, d'en jouir; et vous en félicite d'autant plus que vous ne le devez qu'à vos talens et à vos sentimens [1].

Cette lettre, malgré les fautes contre la langue qu'y signale l'auteur du *Commentaire historique*, avait été très-étudiée, et l'avant-dernier paragraphe était tout une profession de foi. Elle était faite pour être lue, et Voltaire savait bien qu'il ne commettrait point d'indiscrétion en la communiquant à son auguste ami. Aussi écrivait-il au cardinal, quelques jours après : « J'ai reçu, Monseigneur, votre lettre du 14, que M. le marquis de Beauvau m'a remise. J'ai obéi aux ordres que Votre Éminence ne m'a point donnés; j'ai montré votre lettre au roi de Prusse [2]. »

1. Voltaire, *Lettres inédites* (Paris, Dupont, 1826), p. 14, 15, 16. Lettre du cardinal Fleury à Voltaire; à Issy, 14 novembre 1740.
2. Voltaire, *OEuvres complètes* (Beuchot), t. LIV, p. 245. Lettre de Voltaire au cardinal Fleury; à Berlin, 26 novembre 1740.

Ce n'était donc pas un simple voyage d'agrément que Voltaire comptait faire; le poëte et l'ami allaient être doublés du négociateur souterrain. Tout en écoutant la prose et les vers de l'auteur de l'*Anti-Machiavel*, on comptait bien le faire jaser sur des matières autrement graves et autrement actuelles. Restait à savoir jusqu'où irait la complaisance de la Majesté prussienne. Voltaire partit le 4 ou le 5, avec Dumolard, qui lui avait été recommandé par Thiériot, comme nous l'apprend sa lettre à ce dernier, datée d'Utrecht[1]. Le trajet ne se fit pas sans accidents; mais alors existait-il de voyage quelque peu long sans char embourbé, sans voiture versée et anéantie? Sur le chemin d'Herford, son carrosse vient à se briser. Il faut aller chercher de l'aide. Un domestique part d'un côté, l'autre d'un autre; « l'oriental » Dumolard va à la découverte, moitié à pied, moitié en charrette, et Voltaire monte, en culotte de velours, en bas de soie et en mulles, sur un cheval rétif. « En arrivant à Herford dans cet équipage, la sentinelle m'a demandé mon nom; j'ai répondu, comme de raison, que je m'appelais don Quichotte, et j'entre sous ce nom[2]. » Enfin, il est au terme du voyage, à Remusberg, où l'attendait le roi de Prusse.

Cette seconde entrevue ne diminue rien de l'émerveillement du prince qui trouve son hôte encore plus charmant. « Cygne de Padoue, écrit-il à Algarotti, Voltaire est arrivé tout étincelant de nouvelles beautés,

1. Voltaire, *Lettres inédites* (Didier, 1857), t. I, p. 134. Lettre de Voltaire à Thiériot; à Utrecht, 6 novembre 1740.
2. Voltaire, *OEuvres complètes* (Beuchot), t. LIV, p. 243. Lettre de Voltaire à Frédéric; à Herford, le 11 novembre 1740.

et bien autrement sociable qu'à Clèves. Il est de très-bonne humeur, et se plaint moins de ses indispositions qu'à l'ordinaire. » Le temps se passe à faire et à lire des odes, et aussi à médire. « Que faisons-nous encore? nous dansons à nous essouffler, nous mangeons à nous crever, nous perdons notre argent au jeu, nous chatouillons nos oreilles par une harmonie pleine de mollesse[1]... » Voltaire, s'il risqua son argent tout comme un autre, laissa sans doute danser les fous et les ingambes, les gourmands se gorger, et Frédéric jouer de la flûte, à quoi il excellait. La margrave de Bayreuth, qui embellissait de sa présence cette cour, d'ailleurs assez réduite, parle de ces séances musicales durant lesquelles son frère semblait oublier qu'il y eût au monde une Silésie. « Le soir, il y avoit concert, où malgré sa foiblesse, il jouoit deux ou trois concerti sur la flûte, et, sans flatterie, on peut dire qu'il surpasse les plus grands maîtres sur cet instrument[2]... »

Le plaisir de posséder Voltaire n'empêche pas toutefois celui-ci de supputer à quel prix il lui revient. En consentant au voyage, le poëte n'entendait pas que ce fût à ses frais. Et, à cet égard, il y eut des conditions dictées et que le prince dut subir, tout en enrageant, car Frédéric n'était pas moins intéressé, tranchons le mot, moins avare que l'auteur de la *Henriade*. Ce petit dé-

---

1. *OEuvres complètes de Frédéric le Grand* (Berlin, Preuss.), t. XVIII, p. 25. Lettre de Frédéric et Algarotti; Remusberg, 21 novembre 1740.

2. *Mémoires de Frédérique-Sophie-Wilhemine de Prusse, margrave de Bareith* (Paris, 1811), t. II, p. 326, 327. — *Revue Française* (1865), t. XII, p. 335. Lettre de Voltaire à la margrave de Bareith; à Bruxelles, le 20 septembre 1742.

bat ne nous est connu que par cette lettre à Jordan, qui est vive, mais ne retombe pas sur Voltaire seul : « Ton avare boira la lie de son insatiable désir de s'enrichir ; il aura mille trois cents écus. Son apparition de six jours me coûtera par journée cinq cent cinquante écus. C'est bien payer un fou ; jamais bouffon de grand seigneur n'eut de pareils gages[1]. » Ces lamentations ne sont guère dignes d'un prince, et, sans chercher à excuser trop Voltaire, qui n'eût pas été ruiné sans doute pour prendre à sa charge les frais de sa visite à Remusberg, il était très-naturel que le roi de Prusse fît la dépense d'un déplacement dont sa prose et ses vers retiraient bien quelque profit. En somme, ce n'était là qu'une boutade. Même à ce prix, le temps lui parut court, et l'heure de la séparation ne sonna que trop tôt. Si l'on ne versa pas de larmes en se quittant, l'attendrissement n'en subsista pas moins ; seulement il se traduisit en madrigaux, comme il convient entre poëtes. Voltaire décochait ce dernier en prenant congé :

> Non, malgré vos vertus, non, malgré vos appas,
>   Mon âme n'est point satisfaite ;
>   Non, vous n'êtes qu'une coquette
> Qui subjugue les cœurs et ne vous donnez pas.

A cela Frédéric ripostait, en maîtresse qu'on outrage, qui aime sincèrement, et qui ne méritait pas être quittée :

> Mon âme sent le prix de vos divins appas ;
> Mais ne présumez pas qu'elle soit satisfaite.

[1]. Œuvres complètes de Frédéric le Grand (Berlin, Preuss.), t. XVII, p. 72. Lettre de Frédéric à Jordan ; 28 novembre 1740.

Traître, vous me quittez pour suivre une coquette :
Moi, je ne vous quitterais pas[1].

Madame du Châtelet, durant cela, ressentait, avec une amertume dont elle ne put cacher le secret à ses amis, cette première infidélité d'un ami qui avait bien pu l'immoler à une satisfaction de vanité. Tandis que Voltaire savourait délicieusement toutes ces flatteries, tout cet encens, la pauvre femme, malade, poursuivie de l'idée d'une mort prochaine, écrivait ces lignes navrantes empreintes d'une désolation qui ne saurait être jouée.

J'ai été cruellement payée de tout ce que j'ai fait à Fontainebleau ; j'ai ramené à bien l'affaire du monde la plus difficile. Je procure à M. de Voltaire un retour honorable dans sa patrie ; je lui rends la bienveillance du ministère ; je lui ouvre le chemin des Académies ; enfin, je lui rends en trois semaines tout ce qu'il avoit pris à tâche de perdre depuis six ans. Savez-vous comment il récompense tant de zèle et tant d'attachement ? En partant pour Berlin, il m'en mande la nouvelle avec sécheresse, sachant bien qu'il me percera le cœur, et il m'abandonne à une douleur qui n'a point d'exemple, dont les autres n'ont pas d'idée et que votre cœur seul peut comprendre. Je me suis échauffé le sang à veiller ; j'avois la poitrine en mauvais état ; la fièvre m'a pris, et j'espère finir bientôt, comme cette malheureuse madame de Richelieu[2], à cela près que je finirai plus vite, et que je n'aurai rien à regretter, puisque votre amitié étoit un bien dont je ne pouvois jamais jouir. Je

---

1. *OEuvres complètes de Frédéric le Grand* (Berlin, Preuss.), t. XIV, p. 167 ; 2 décembre 1740.

2. Madame de Richelieu mourut le 3 août 1740. On trouve des détails attendrissants sur sa mort dans les *Mémoires du duc de Luynes*, t. III, p, 224. On jouait à cette époque *Zulime* de Voltaire, et le duc fut piqué contre le poëte de ce qu'il n'avait pas arrêté sa pièce durant les derniers jours de la maladie de sa femme. Voir la lettre de Voltaire à d'Argental, du 24 juin 1740.

retourne finir à Bruxelles une vie où j'ai eu plus de bonheur que de malheur, et qui finit d'elle-même dans le tems où je ne pouvois plus la supporter. Croirez-vous que l'idée qui m'occupe le plus dans ces momens funestes, c'est la douleur affreuse où sera monsieur de Voltaire, quand l'enivrement où il est de la cour de Prusse sera diminué ; je ne puis soutenir l'idée que mon souvenir sera un jour son tourment. Tous ceux qui m'ont aimée ne doivent jamais le lui reprocher [1]...

Le chagrin, le découragement, le ressentiment de l'abandon sont sincères. C'est un cœur qui bat, qui aime avec passion, avec impétuosité, mais avec dévouement et générosité. Madame du Châtelet n'est pas toujours sympathique, elle a des moments de violence et d'égoïsme qui éloignent d'elle ; mais, dans d'autres, c'est une belle et intelligente nature, capable d'immoler son repos, sa considération, sa vie à la gloire de son amant. Elle était fort souffrante, mais ses jours n'étaient pas en danger, et elle put retourner à Bruxelles où l'appelait cet éternel procès. Son séjour à Paris n'avait pas été absolument consacré à satisfaire aux exigences du monde. Elle avait remis ses *Institutions de physique* à Prault, dans la boutique duquel, disait-on, la censure les retenait, et elle eût dû se remuer pour lever les obstacles que ne manquait pas de rencontrer tout livre un peu librement pensé ; on assurait même que l'examen en avait été confié à des docteurs en Sorbonne. Cela s'affirmait en décembre 1740, et l'approbation de l'ouvrage remonte au 18 septembre 1738 [2] ! Les

---

1. *Lettres de Voltaire et de sa célèbre amie* (Genève, 1782), p. 48, 49, 50 ; à Paris, ce 23 novembre. Cette lettre ne put être adressée qu'à Richelieu, à d'Argental ou à Maupertuis, mais plutôt à Richelieu.
2. *Institutions de physique* (Prault, 1740). Avertissement du libraire.

notes manuscrites où nous trouvons ces détails erronés, ajoutent malignement qu'en tous cas la marquise s'y était prise de façon à ce que son livre ne fût mis en vente qu'après son départ; sans doute par l'appréhension des questions qu'on eût pu se croire en droit d'adresser à une dame qui donnait des *Institutions de physique*. « Ne demandera-t-on pas si elle a fait toutes les expériences? *Quis, quid, ubi, quibus auxiliis, cur, quomodo, quando*[1]? »

Voltaire était venu à Berlin saluer la reine-mère, le prince Henri, et les sœurs du roi; il en quitta le 2 ou le 3 décembre. L'homme, le poëte avaient tout lieu d'être enivrés; mais le diplomate? l'abbé Duvernet dit qu'il eut connaissance du dessein de Frédéric, et qu'il se hâta d'en venir donner la nouvelle à Versailles; et c'est à cela qu'il attribue la brièveté de son séjour près du roi de Prusse[2]. Nous ferons remarquer que c'est le 28 novembre seulement que Voltaire est en état de faire passer la lettre de Fleury, et que le prince était à Postdam où Voltaire alla le voir une dernière fois[3]. Le roi n'en était plus alors à prendre un parti, et l'épître doucereuse de l'Éminence ne dut faire que peu d'impression sur son esprit. Aussi, n'ayant rien à dire à Versailles, le poëte se borna à regagner Bruxelles, ce qui ne s'effectua, après un grand mois, ni sans len-

---

1. Bibliothèque de l'Arsenal. Manuscrits. B. L. 359, *Portefeuille de Bachaumont*. Mélanges, Correspondances, f. 57, 60; ce 5ᵉ décembre 1740.

2. L'abbé Duvernet, *La vie de Voltaire* (Genève, 1786), p. 108, 109, 110.

3. Voltaire, *OEuvres complètes* (Beuchot), t. LIV, p. 248. Lettre de Voltaire à Frédéric; à Berlin, ce 28 novembre 1740.

teurs, ni sans dangers, grâce au mauvais état des routes, aux inondations accumulées de la Meuse, de l'Elbe et du Rhin, et sur mer aux vents contraires[1].

Voltaire sentait qu'il était coupable envers une affection dont il avait reçu jusqu'ici tant de témoignages de dévouement; il le sentait si bien que son premier soin fut de démontrer sa complète innocence, non-seulement à celle qui avait le plus souffert de son absence, mais aux amis que cette fugue avait dû scandaliser. « Je suis obligé, mande-t-il à d'Argental, de m'excuser de mon voyage à Berlin, auprès d'un cœur comme le vôtre; il était indispensable; mais le retour l'était bien davantage. J'ai refusé au roi de Prusse deux jours de plus qu'il me demandait. Je ne vous dis pas cela par vanité; il n'y a pas de quoi se vanter; mais il faut que mon ange gardien sache au moins que j'ai fait mon devoir. Jamais madame du Châtelet n'a été plus au-dessus des rois[2]. » Quant à la marquise, elle l'a revu, il lui est rendu, toute amertume a disparu, tout est pardonné. Elle écrivait de son côté à d'Argental :

Je vous assure, mon cher ami, que depuis que je vous ai quitté, j'ai été bien à plaindre; car j'ai joint à tout le chagrin de l'absence une inquiétude affreuse sur les risques et les suites d'un voyage toujours très-fatigant... Enfin il est arrivé se por-

1. Voltaire, OEuvres complètes (Beuchot), t. LIV, p. 265, 268. Lettre de Voltaire à Frédéric; « dans un vaisseau sur les côtes de Zélande, où j'enrage; ce dernier décembre. » — Lettre à Helvétius; à Bruxelles, ce 7 de janvier 1741.
2. Ibid., t. LIV, p. 268, 271. Lettres de Voltaire à d'Argental ; à Bruxelles, ce 6 de janvier. — A d'Argenson ; Bruxelles, ce 8 janvier 1741.

tant assez bien, à une fluxion sur les yeux près. Tous mes maux sont finis, et il me jure bien qu'ils le sont pour toujours.

Le roi de Prusse est bien étonné qu'on le quitte pour aller à Bruxelles. Il a demandé trois jours de plus; votre ami les a refusés;... il ne conçoit pas de certains attachemens; il faut croire qu'il en aimera mieux ses amis. Il n'y a rien qu'il n'ait fait pour retenir le nôtre, et je le crois outré contre moi; mais je le défie de me haïr plus que je ne l'ai haï depuis deux mois. Voilà, vous me l'avouerez, une plaisante rivalité[1].

Elle avait eu raison de le haïr, et elle l'eût haï bien davantage si elle eût pu soupçonner combien cette séparation avait coûté au vaniteux poëte, la façon blessante dont ce dernier s'était exprimé sur leur liaison[2], et quelles outrageantes espérances nourrissait Frédéric. « La cervelle du poëte, mandait-il à Jordan, est aussi légère que le style de ses ouvrages, et je me flatte que la séduction de Berlin aura assez de pouvoir pour l'y faire revenir bientôt, d'autant plus que la bourse de la marquise ne se trouve pas toujours aussi bien fournie que la mienne[3]. » Ne semblerait-il pas, à entendre le machiavélique auteur de l'*Anti-Machiavel*, que Voltaire fût aux crochets de madame du Châtelet?

1. *Lettres inédites de madame du Châtelet à d'Argental* (Paris, 1806), p. 218, 219, 220; Bruxelles, 3 janvier 1741.
2. Voltaire, *Œuvres complètes* (Beuchot), t. LIV, p. 266. Lettre de Voltaire à Frédéric; ce dernier décembre 1740.
3. *Œuvres complètes de Frédéric le Grand* (Berlin, Preuss.), t. XVII, p. 72, 73. Lettre de Frédéric à Jordan; Ruppin, 30 novembre 1740.

VIII

LES INSTITUTIONS DE PHYSIQUE ET M. DE MAIRAN.
LETTRE INTERCEPTÉE. — MAHOMET. — DIDOT ET BARROIS.

Le poëte remaniait, repolissait son *Mahomet* avec un zèle infatigable. Jamais il ne s'était livré, abandonné avec plus de tendresse, jamais ouvrage ne lui avait semblé plus digne de l'attention et des applaudissements de ce public éclairé chez lequel la sensation n'exclut ni l'examen, ni une critique élevée. Il espérait faire jouer *Mahomet* « le lendemain des Cendres. » Mais la retraite de mademoiselle Quinault, son meilleur appui dans le cénacle, le départ de l'excellent Dufresne auquel il avait destiné le principal rôle, la disette d'acteurs capables de tenir dignement son emploi, durent lui faire ajourner à des temps plus propices une représentation qui, d'ailleurs, avait ses dangers. En attendant, une sorte d'indemnité allait lui être offerte là où il ne la cherchait pas, et le consoler un peu de ce dernier mécompte. Madame Denis, dont le premier établissement avait été à Landau, où elle avait déjà une fort bonne maison avec quatre cents officiers à sa disposition[1], était montée en

---

1. Voltaire, *Pièces inédites* (Paris, 1820), p. 291. Lettre de madame Denis à Thiériot ; de Landau, 10 mai 1738.

grade; son mari avait été envoyé à titre de commissaire-ordonnateur des guerres à Lille où la nièce superbe tenait sa cour. Voltaire et madame du Châtelet avaient été engagés à venir passer quelques jours au sein du jeune ménage; ils s'exécutèrent à leur retour. L'acteur La Noue était alors l'entrepreneur du théâtre de Lille; chargé par le roi de Prusse de lui composer une troupe[1], l'auteur de la *Henriade* s'était adressé à celui-ci qui, voyant dans cette commission une fortune, s'était hâté et trop hâté d'obéir aux ordres de Sa Majesté prussienne. Mais, dans l'intervalle, Frédéric, absorbé par les soins et les exigences d'une guerre formidable, avait compris qu'il avait un emploi autrement sérieux de son argent; il s'était ravisé, remettant à la paix la réalisation d'un projet qu'il avait du reste fort à cœur. Mais les préparatifs étaient faits, les engagements contractés, la troupe formée, quand vint un commandement de tout suspendre. La Noue perd la tête à cette nouvelle, il se voit poursuivi, traqué, déshonoré. Il n'a agi que d'après les injonctions du roi transmises par Voltaire; il n'aura d'autre ressource que de les produire publiquement, et un pareil scandale ne peut que compromettre la majesté royale. « Ne seroit-ce pas, écrit-il avec angoisses, exposer indécemment le nom sacré d'un roy dont toutes les démarches fixent aujourd'huy les yeux de toute l'Europe? Les rois ne tirent pas toujours toute leur réputation de la réussite de leurs grands projets, les plus petites choses y

---

1. Voltaire, *Œuvres complètes* (Beuchot), t. LIV, p. 207. Lettre de Voltaire à La Noue; Bruxelles, ce 20 août 1740; — de Frédéric à Voltaire; Remusberg, octobre 1740.

contribuent[1]... » Apparemment Frédéric était moins pénétré de cette vérité et pensait qu'au contraire les grandes entreprises ne laissent aucun loisir pour éplucher les petites choses; au moins laissa-t-il La Noue se dépêtrer comme il le pourrait.

En somme, ce dernier n'avait rien à reprocher à Voltaire, qui, dans tout cela, n'avait été qu'un intermédiaire plein de zèle et de bienveillance. Ils se revirent à Lille, et le poëte n'eut qu'à se louer de ses procédés. On sait que La Noue n'était pas seulement comédien, qu'il était auteur tragique aussi, auteur d'un *Mahomet II* qui avait été fort applaudi, deux ans auparavant (23 février 1739). Il fallait rappeler cela pour comprendre la phrase qui suit : « La Noue vous aura mandé sans doute, écrivait Voltaire à son ami Cideville, que nos deux *Mahomet* se sont embrassés à Lille[2]. » La Noue parla de jouer la tragédie de Voltaire sur son théâtre, et celui-ci accepta tout aussitôt. « On dira que je ne suis plus qu'un auteur de province; mais j'aime encore mieux juger moi-même de l'effet que fera cet ouvrage, dans une ville où je n'ai point de cabale à craindre, que d'essuyer encore les orages de Paris[3]. » Il convie Helvétius à cette représentation qui

---

1. Laverdet, *Catalogue d'autographes* du 23 novembre 1861, p. 72, n° 333. Lettre de La Noue à M***; Lille, 3 janvier 1741. — *Pièces inédites* (Didot, 1820), p. 304. Lettre de Voltaire à Thiériot; 27 janvier. — *Lettres inédites* (Didier, 1857), t. I, p. 135. Lettre de Voltaire à d'Argental; Bruxelles, 28 janvier 1741.

2. Voltaire, *Œuvres complètes* (Beuchot), t. LIV, p. 298. Lettre de Voltaire à Cideville; à Bruxelles, ce 13 mars 1741.

3. *Ibid.*, t. LIV, p. 320. Lettre de Voltaire à d'Argental; à Bruxelles, le 7 avril 1741.

sera pour lui une sorte de répétition[1]. Mahomet obtint un tel succès auprès du public lillois, qu'on ne put refuser quatre représentations aux empressements de la ville. « Et de ces quatre, il y en a eu une chez l'intendant, en faveur du clergé, qui a voulu absolument voir un fondateur de religion[2]. » Madame du Châtelet constate également l'enthousiasme des sectateurs de *Mahomet*. « La nouvelle de Lille est si vraie, que nous pensâmes exciter une émeute dans le parterre, parce que nous balancions à accorder la troisième représentation[3]. » Quant à la présence et à l'assentiment du clergé, il y est fait encore allusion dans l'avis de l'éditeur, en tête de la tragédie. « On trouva que cette pièce était d'un goût si nouveau, et ce sujet si délicat parut traité avec tant de sagesse que plusieurs prélats voulurent en voir une représentation par les mêmes acteurs dans une maison particulière. Ils jugèrent comme le public[4]. » On est un peu étonné de ce rassemblement de prélats à Lille où il ne se tenait point de concile, que nous sachions; et le mot de clergé que nous trouvons d'ailleurs dans la lettre à d'Argental, nous semble plus à sa place. Mais, à coup sûr, parmi cet auditoire clérical, figurait l'abbé de Valory, frère de notre ambassa-

---

1. Voltaire, *OEuvres complètes* (Beuchot), t. LIV, p. 314. Lettre de Voltaire à Helvétius; à Bruxelles, le 3 avril 1741.

2. *Ibid.*, t. LIV, p. 334. Lettre de Voltaire à d'Argental; à Bruxelles, ce 5 mai 1741.

3. *Lettres inédites de madame du Châtelet à d'Argental* (1806), p. 235; Bruxelles, le 18 mai 1741.

4. Voltaire, *OEuvres complètes* (Beuchot), t. V, p. 5. *Mahomet*. Avis de l'éditeur.

deur en Prusse, qui était grand prévôt du chapitre de Lille, et très-lié avec le ménage Denis[1].

Une particularité assez piquante signalait la première représentation. Dans un entr'acte, on apporte au poëte une dépêche de Frédéric qui lui faisait part de la victoire de Molvitz; il en donne aussitôt lecture à l'assemblée qui se met à battre des mains avec frénésie. « Vous verrez, s'écrie Voltaire, que cette pièce de Molvitz fera réussir la mienne[2]. » Au dire du poëte, sa pièce fut jouée comme elle ne l'eût pas été à Paris; La Noue, « avec sa physionomie de singe, » joua *Mahomet* mieux que ne s'en fût tiré Dufresne; Baron eut un geste si naturel, des mouvements si passionnés, qu'il faisait pleurer tout le monde « comme on saigne du nez. » Voltaire parut enchanté et en écrivit à tous ses amis : au bout de quelques jours, ce fut la nouvelle de l'Europe. Jordan, qui était à Breslau, mandait à Frédéric : « Je regarde cela comme une espèce d'injure faite au théâtre de Paris[3]. » Mais il y avait un dessous de cartes que Jordan ne pouvait deviner.

La physique et la métaphysique, à Bruxelles comme à Cirey, allaient de front avec les vers grands et petits; il fallait bien parler sa langue à madame du Châtelet, sauf à lui tenir tête, sauf à dresser autel contre autel. La marquise, si ardente newtonienne jadis et qui s'écriait avec dépit en apprenant que le mémoire d'Eu-

---

1. Voltaire, *Lettres inédites* (Dupont, 1826), p. 66.
2. Voltaire, *OEuvres complètes* (Beuchot), t. XLVIII, p. 334. *Commentaire historique*.
3. *OEuvres complètes de Frédéric le Grand* (Berlin, Preuss.), t. XVII, p. 104. Lettre de Jordan à Frédéric; à Breslau, 5 mai 1741.

ler avait été couronné : « Sûrement ce M. Euller, qui est nommé, est un leibnitien, et par conséquent un cartésien ; » la marquise, par une transformation d'idée dont on ne tardera pas à connnaître la cause, s'était posée dans ses *Institutions de physique* en leibnitienne enthousiaste. Elle crut, en conséquence, devoir relever certains endroits d'une dissertation de M. de Mairan sur l'estimation et la mesure des forces motrices des corps lue à l'Academie, le 14 avril 1728, mais dans les termes les plus polis et qu'elle supposa les meilleurs. « Je me flatte, disait-elle, que M. de Mairan regardera les remarques que je viens de faire sur son mémoire, comme une preuve du cas que je fais de cet ouvrage ; j'avoue qu'il a dit tout ce que l'on pouvoit dire en faveur d'une mauvaise cause : ainsi, plus ses raisonnemens sont séduisans, plus je me suis crue obligée de vous faire sentir qu'ils ne portent aucune atteinte à la doctrine des forces vives [1]. » M. de Mairan, comme on le va voir, répondit par une lettre qui blessa madame du Châtelet, non parce qu'il se défendait selon son droit, mais parce qu'une visible aigreur perçait à travers sa réplique. Ce qui donne tort à celui-ci, c'est que la marquise avait chez elle, à son foyer, un ennemi déclaré de ses opinions, qui n'en resta pas moins son ami, et dont les sentiments opposés n'altérèrent d'aucune sorte la cordialité de leur intimité : nous voulons dire Voltaire, qui, lui aussi, lui lança son brûlot, *Doutes sur la mesure des forces vives et sur leur nature*. « La façon dont je vis avec celui qui vous a adressé un mémoire

---

1. *Institutions de physique* (Paris, Prault, 1740), p. 433.

contre moi, écrivait-elle à d'Argental, doit rassurer mes adversaires. On ne peut imaginer un plus grand contraste dans les sentimens philosophiques, ni une plus grande conformité dans tous les autres[1]... » Voltaire, qui est du même bord que M. de Mairan, adresse à ce dernier des lettres polies, affectueuses, tout comme si la rupture n'était pas parachevée entre « le premier ministre de la philosophie » et la docte Uranie. « ... Je me flatte donc, lui mande-t-il, que votre petite guerre avec madame du Châtelet ne servira qu'à augmenter l'estime et l'amitié que vous avez l'un pour l'autre. Elle est un peu piquée que vous lui ayez reproché qu'elle n'a pas lu assez votre mémoire[2]... »

Ce reproche de Mairan semble véniel, mais il avait un sous-entendu perfide dont la portée n'échappa point à la principale intéressée, et qui la blessa au vif. Aussi la riposte fut-elle verte, mordante[3]. « Cette guerre n'est pas susceptible d'esprit, écrit Voltaire à l'ami d'Argental; cependant elle y en a mis, en dépit du sujet, elle y a joint de la politesse, car on porte son caractère partout[4]. » Les journalistes de Trévoux rendent la même justice à la réponse de la marquise, et appuient sur son esprit et l'atticisme de la raillerie. « Ma-

---

1. *Lettres inédites de madame du Châtelet à d'Argental* (Paris, 1806), p. 224, 225 ; 22 mars 1741.

2. Voltaire, *OEuvres complètes* (Beuchot), t. LIV, p. 312. Lettre de Voltaire à M. de Mairan ; à Bruxelles, le 1er avril 1741.

3. *Réponse de madame la marquise du Chastelet* à la lettre que M. de Mairan lui a écrite le 18 février 1741, sur la question des *Forces vives* ; à Bruxelles, ce 26 mars 1741.

4. Voltaire, *OEuvres complètes* (Beuchot), t. LIV, p. 321. Lettre de Voltaire à d'Argental ; à Bruxelles, le 7 avril 1741.

dame la marquise du Châtelet ne laisse rien sans réplique, opposant raisonnement à raisonnement, traits d'esprit à traits d'esprit, politesses à politesses, sans parler de cette petite figure ingénieuse que nous nommerons volontiers *figure françoise*, parce qu'elle est tout à fait assortie à notre langue, à nos mœurs, à notre usage, n'étant contraire à aucune expression de bienséance, et relevant tout à coup le discours des personnes spirituelles et polies qui écrivent pour des lecteurs qui entendent à demi-mot. Les anciens nommoient cette figure *ironie*, mais ils ne la pratiquoient guère avec cette finesse qui la rend charmante parmi nous, lorsque le cœur n'y met point d'amertume, ni d'aigreur[1]... » On ne saurait être et plus galant et plus aimable. Quant au trait, quant à la *figure françoise*, comme l'appellent les bons pères, Voltaire pourrait bien y avoir mis du sien; et, quelque opposé d'opinions qu'il fût, il sut accommoder ses principes avec une amitié qui lui imposait ses devoirs, comme il le racontait, bien des années après, à Kœnig même, alors que les hasards de leur commune étoile les réunissaient l'un et l'autre contre l'ennemi commun, Maupertuis.

... Vous vous souvenez des deux années que nous avons passées ensemble dans une retraite philosophique avec une dame d'un génie étonnant et digne d'être instruite par vous dans les mathématiques. Quelque amitié qui m'attachât à elle et à vous, je me déclarai toujours contre votre sentiment et le sien sur la dispute des *Forces vives*. Je soutins effrontément le parti de M. de Mairan contre vous deux; et ce qu'il y eut de plai-

---

[1]. *Mémoires pour l'histoire des Sciences et des Beaux-arts* (Paris, Chaubert); août 1741. Article LXVII, p. 390, 391.

sant, c'est que, lorsque cette dame écrivit ensuite contre M. de Mairan sur ce point de mathématique, je corrigeai son ouvrage, et j'écrivis contre elle. Enfin, je soutins toutes mes hérésies sans altérer le moins du monde la charité. Je ne pus sacrifier ce qui me paraissait la vérité à une personne à qui j'aurais sacrifié ma vie[1]...

Le petit ouvrage de madame du Châtelet eut du succès, d'abord parce qu'il ne manquait pas d'habileté, qu'il était spirituel, et de quelqu'un qui pouvait avoir tort, mais qui, à coup sûr, était suffisamment édifié sur la matière ; puis, parce qu'il était d'une femme et qu'il s'attaquait au secrétaire perpétuel de l'Académie royale des sciences. Toutes ces raisons firent que M. de Mairan eut le dessous tout en ayant raison, et que, pour le public, le champ de bataille demeura à la marquise.

Mairan est affligé, et cela est tout simple. Il doit l'être d'avoir tort, et d'avoir mêlé du personnel dans une dispute purement littéraire. Ce n'est pas moi qui ai commencé à y mettre des choses piquantes ; il n'y a dans les *Institutions* que des politesses pour lui et des raisons contre son paralogisme ; mais dans sa lettre, il n'a que des choses très-piquantes contre moi et aucune raison pour lui. Pouvois-je trop relever le reproche outrageant qu'il me fait de ne l'avoir ni lu ni entendu, et d'avoir transcrit les simples résumés d'un autre? Y a-t-il rien de plus piquant et en même temps de plus injuste? J'ai senti toute sa malignité : les discours de Kœnig donnoient de la vraisemblance à ses reproches, et il n'a pas tenu à lui que je n'aie passé pour m'être parée des plumes du paon, comme le geai de la fable. J'ai voulu le percer jusqu'au fond de l'âme, et je crois y avoir réussi. Il a la honte d'avoir mis la mauvaise foi

---

1. Voltaire, *OEuvres complètes* (Beuchot), t. LIV, p. 223, 224. A M. Kœnig ; à Postdam, le 17 novembre 1752.

dans le fait, de l'impolitesse dans la forme, et des paralogismes dans le fond[1]...

Tout cela a besoin de commentaire. Nous avons vu Kœnig accompagner Voltaire et la marquise à leur dernier voyage à Paris. Durant son long séjour à Cirey, « le Suisse, » comme l'appelle le poëte, n'avait eu qu'à se louer de madame du Châtelet qui avait été pour lui pleine de bontés et d'attentions, s'il faut en croire l'auteur de *Zaïre*[2]. Quelle circonstance fâcheuse vint changer à Paris ces bons rapports en une rupture éclatante? Nous ne le savons pas au juste. Madame du Châtelet, pour laquelle ce souvenir était pénible, ne s'en ouvrit que tard, même avec Voltaire. C'était Maupertuis qui avait procuré Kœnig à la marquise; il prit fait et cause pour ce dernier, sans autre enquête, et fit sentir à celle-ci « qu'elle avait un tort humiliant dans une affaire où elle croyait s'être conduite avec générosité. » Émilie, qui professait pour Maupertuis une admiration passionnée, fut profondément blessée d'un arrêt qui manquait tout au moins à ses yeux de bienveillance. Voltaire, le confident naturel des plus secrets mouvements de son amie, contrarié pour son propre compte de cette chiffonnerie, fit des démarches personnelles auprès du géomètre pour l'amener à une initiative polie à l'égard de celle qu'il n'avait pas voulu froisser à ce point. « Écrivez-lui (un homme a toujours raison quand il se donne tort avec une femme),

---

1. *Lettres inédites de madame du Châtelet à d'Argental* (1806), p. 226, 227, 228; Bruxelles, le 2 mai 1741.
2. Voltaire, *OEuvres complètes* (Beuchot), t. LIV, p. 177. Lettre de Voltaire à Maupertuis; à Bruxelles, le 9 août 1740.

vous retrouverez son amitié, puisque vous avez toujours son estime [1]. » Le poëte, qui avait cette réconciliation à cœur, insiste, une autre fois encore, et finit par vaincre le faux amour-propre du savant. Madame du Châtelet ne fit pas attendre son pardon ; elle avait trop souffert de cette brouille, et était trop heureuse de ce retour. Elle répondit donc aux avances de Maupertuis dans les termes les plus affectueux et les meilleurs.

> Je ne sais point aimer ni me reconcilier à demi, ie vs ay rendu tout mon cœur, et ie comte sur la sincérité du votre, ie ne vs ay point caché combien iétois affligée d'être obligée de renoncer à l'amitié que i'avois pour vs, et ie ne vs cache point le plaisir que ie trouve à my livrer, vs m'avez fait sentir combien il est cruel d'avoir à se plaindre de quelqu'un qu'on voudroit aimer, et qu'on ne peut se dispenser d'estimer [2]…

Les *Institutions de physique* avaient été composées sous les yeux de Kœnig, et la marquise lui fait loyalement sa part [3]. Kœnig, après leur rupture, s'exprima sur le compte de celle-ci en termes qui n'étaient ni discrets, ni équitables. A l'entendre, la collaboration de madame du Châtelet se fût bornée à écrire sous sa dictée. « On me mande de Berlin qu'il y passe pr constant que Kœnig me la dicté, ie n'exige sur ce bruit aussi injurieux d'autre preuve de votre amitié que de

---

1. Voltaire, *Œuvres complètes* (Beuchot), t. LIV, p. 166. Lettre de Voltaire à Maupertuis; à la Haye, ce 21 juillet 1740.
2. Bibliothèque impériale. Manuscrits. Supp. Fr. 2288. *Originaux des lettres de madame la marquise du Châtelet à M. de Maupertuis*, f. 143; Bruxelles, dimanche 21 aoust 1740.
3. Voir l'avertissement du libraire des *Institutions physiques*, et la lettre à Maupertuis du lundi 12 septembre 1740, f. 146 des mêmes *Lettres à Maupertuis*.

dire la vérité, car vs savés que mon amour-propre est aisé à contenter, et que ie ne rougis pas d'avouer la part qu'il y a eu, la seule chose dont i'ay à rougir c'est d'avoir la plus petite obligation à un si malhonete home[1]. » Kœnig, en effet, n'épargna rien pour faire croire que le nom de la marquise n'était dans tout cela que la couverture de son propre livre. Ce qu'il y avait de vrai, c'était l'influence, et l'influence mauvaise, métaphysiquement parlant, qu'il avait exercée sur cet esprit juste et mathématique. Il n'avait été appelé à Cirey que pour lui enseigner la géométrie. Mais, superstitieux idolâtre de Leibnitz, celui-ci voulut lui conquérir une âme et ne réussit que trop bien à gagner la marquise à la foi des monades[2]. Voilà comme lui-même racontait la conversion de la divine Émilie aux vérités inintelligibles alors fort en crédit dans les écoles d'Allemagne.

Samuel Kœnig, natif de Berne, d'où il avoit été banni pour quelque fredaine pendant sa jeunesse, avoit fait de bonnes études en géométrie. Et comme madame *du Châtelet* avoit ordinairement recours à M. *de Maupertuis* pour corriger ses thèmes mathématiques, il tâcha de se débarrasser de ce travail, en lui conseillant de prendre chez elle *Kœnig,* comme un maître sur la capacité duquel on pouvoit compter. *Kœnig* accepta cette fonction, et commença en effet par des leçons de géométrie. Comme madame *du Châtelet,* en les recevant, se récrioit sur l'évidence qui accompagnoit toutes les opérations de cette science : *Vous avez raison, madame,* lui dit-il, *mais il y a des vérités bien plus importantes qui n'ont pas un moindre degré*

---

1. Bibliothèque impériale. Manuscrits. Supp. Fr. 2288. *Originaux des lettres de madame la marquise du Châtelet à M. de Maupertuis,* f. 151 ; à Fontainebleau, ce 22 octobre 1740.

2. La Beaumelle, *Vie de Maupertuis* (Ledoyen, 1856), p. 60, 61.

d'évidence. — Et quelles sont ces vérités? — Les vérités métaphysiques. La marquise fit un éclat de rire qui échauffa la bile de *Kœnig* dont la franchise helvétique alloit jusqu'à la rusticité. *Je me fais fort de vous en convaincre, dit-il, et je vous somme de m'accorder l'attention nécessaire pour cet effet. — Je le veux bien,* dit madame *du Châtelet,* croyant que ce seroit un objet d'amusement pour elle. Les leçons de géométrie firent donc place pour quelque temps aux leçons de métaphysique. Voici comment *Kœnig* s'y prenoit. A chaque leçon il apportoit sur un papier la thèse qu'il vouloit démontrer; il l'expliquoit et la prouvoit, demandant à la marquise si elle le comprenoit et l'admettoit. Sur sa réponse affirmative, il lui présentoit le papier, et lui disoit : *Signez.* C'est de cette suite de signatures qu'est née l'*Introduction métaphysique* de la marquise. Elle y a mis le tour et les agréments de son style, et ce morceau est assurément supérieur dans ce genre [1].

Cela est piquant et doit être vrai à beaucoup d'égards. Madame du Châtelet est l'élève de Kœnig dont les doctrines l'éblouirent pleinement. Voilà le point de départ; l'influence subsista, et, en dépit de Voltaire et de son entourage, elle ne vit et ne pensa que par Leibnitz. Est-ce à dire qu'elle ne fit que signer le livre du maître et qu'elle n'y fut que pour le tour et les agréments du style? Bien des gens ne demandèrent pas mieux d'y croire. L'accusation faisait trop le compte des ennemis et même des amis, pour que l'on se montrât très-exigeant à l'égard des preuves; elle permettait notamment à madame du Deffand d'ajouter un dernier trait au portrait de la marquise.

« Née sans talent, sans mémoire, sans imagination, elle s'est faite géomètre pour paraître au-dessus des autres femmes, ne doutant pas que la singularité ne donne la supériorité. Le trop

---

1. Formey, *Souvenirs d'un citoyen* (Berlin, 1789), t. I, p. 173, 174.

d'ardeur pour la représentation lui a cependant un peu nui. Certain ouvrage donné au public sous son nom et revendiqué par un cuistre, a semé quelques soupçons; on en est venu à dire qu'elle étudiait la géométrie pour parvenir à entendre son livre. Sa science est un problème difficile à résoudre; elle ne parle que comme Sganarelle parlait latin devant ceux qui ne le savaient pas[1]. »

Le bruit avait pris de la consistance, c'était la chronique du moment, et l'on en retrouve la trace autre part que dans ce charitable croquis d'une amie avec laquelle on avait fait plus d'une partie et qui n'avait à reprocher que certaines prétentions, des ridicules, nous le voulons bien, mais rien qui légitimât pareille exécution. L'abbé Le Blanc, dont nous avons pu également apprécier la bienveillance et l'impartialité, a raconté à sa manière la querelle du géomètre et de la marquise; c'est du fiel toujours, mais, comme il se dit édifié par Kœnig lui-même, nous donnerons place à ses commérages, sans leur accorder, cela va de source, une confiance absolue.

On vous a sans doute mandé toutes les étourderies que le seigneur Arouet a fait ici cette automne, ainsi je ne vous en dirai rien, mais je vous parlerai d'une scène que *milady Newton*, c'est-à-dire madame du Châtelet nous prépare. Elle a fait une infidélité à ce grand philosophe et l'a quitté pour Leibnitz. Pendant son séjour à Paris, elle a fait imprimer des *Institutions physiques* en trois volumes, où elle a adopté le sistème du philosophe allemand, et réfute Newton et ses disciples. L'ouvrage est tout prêt et il lui en a coûté deux mille écus qu'elle a empruntés pour le faire imprimer. Mais ce qui l'empêche de le *lâcher*, c'est qu'elle s'est brouillée avec un géomètre allemand

---

1. Madame du Deffand, *Correspondance complète* (Plon, 1865), t. II, p. 763. Ce passage est un de ceux ajoutés à la version originelle.

qu'elle avoit à ses gages lorsqu'elle l'a composé. M. Guillaume dans l'*Avocat Patelin* invente des couleurs pour ses draps avec son teinturier. La susdite savante dame a, dit-on, fait de même. Le géomètre a dit le secret de l'école. Il m'a juré à moi et à tous ceux qu'il a vus ici que cet ouvrage n'étoit autre chose que les leçons qu'il lui avoit données, et que dès qu'elle le feroit paroître, il revendiqueroit tout ce qu'il y avoit de bon et ne laisseroit à madame la marquise que les folies et les extravagances qu'elle y avoit ajoutées. Quoy qu'il en soit, quand madame du Châtelet est arrivée ici, M. Keinig (c'est le nom de cet Allemand qu'on appeloit ici *son vallet de chambre géomètre*), M. Keinig, dis-je, étoit le plus honnête homme, et en même temps le plus savant qu'il y eût en France; quand elle s'en est retournée, elle a dit partout que c'étoit et le plus malhonnête et l'homme le plus ignorant qu'elle eût connu de sa vie. Une contradiction si prompte ne parle pas, ce me semble, en faveur de la dame. Le géomètre et elle ont chacun produit des pièces pour justifier leur conduitte, et le tout considéré j'ai grande peur que la dame n'en ait très-mal agi et que le géomètre ne se soit aussi de son côté très-mal conduit. Après tout si, comme on le dit, elle luy a payé ses leçons, il a tort de tant crier et de les vouloir revendiquer.

> On dit que l'abbé Roquette,
> Prêche les sermons d'autruy;
> Moi qui sais qu'il les achette
> Je soutiens qu'ils sont à luy[1].

Revenons au conflit pendant des *Forces vives*. Profitant machiavéliquement de ces rumeurs, M. de Mairan avait laissé à entendre que ce n'était pas, au fond, à madame du Châtelet qu'il avait affaire, et que, derrière elle, se cachait un adversaire autrement compétent[2]; et cette insinuation peu loyale était de nature à exaspérer la marquise, à laquelle on prêtait un

---

1. Bibliothèque impériale. Manuscrits. *Correspondance du président Bouhier*, t. IV, f. 538, 539. Lettre de l'abbé Le Blanc au président; 13 janvier 1740.

2. Lettre de *M. de Mairan*, secrétaire perpétuel de l'Académie des

rôle qui n'était pas le sien. Aussi en appelle-t-elle avec insistance à la générosité et à la droiture de Maupertuis qui, lui, savait à quoi s'en tenir. « Vs estes le seul qui soyés à portée, lui mandait-elle en mars 1741, de savoir si c'est M. de Kœnig ou moi qui a fait la critique du mémoire de M. de Mairan, car ie vs écrivis à Saint-Malo en 1738, et longtems avant que ie susse si Kœnig existoit, à peu près les mêmes choses qui sont sur cela dans mon livre[1]. » En définitive, la marquise prenait sa revanche, et se retirait du champ de bataille avec tous les honneurs de la guerre; car sa réplique, au moins elle, n'avait pu lui être dictée par Kœnig, et il y en avait là plus qu'il n'en fallait pour édifier sur sa propre compétence en pareille matière. Le débat ne fut pas poussé plus loin. L'Académie, qui se croyait compromise dans cette dispute, ne jugea pas à propos de la laisser continuer[2], et M. de Mairan ne répondit point. Madame du Châtelet, encore sous le coup de cette suspicion d'ignorance, eût voulu une publicité qui eût rendu désormais impossible toute méprise feinte ou réelle. « Je crois, dit-elle avec regret, que les journaux ne parleront point de la lettre de Mairan et de la mienne. Il a trouvé aparement qu'il étoit plus aisé de leur imposer silence, que de les faire

---

sciences, à madame ***, sur la question des *Forces vives*, en réponse aux objections qu'elle lui fait sur ce sujet dans ses *Institutions de physique* (Paris, Chaubert, 1741), p. 5; 7, 13; à Paris, ce 18 février 1741.

1. Bibliothèque impériale. Manuscrits. Suppl. Franç. 2288. *Originaux des lettres de madame la marquise du Châtelet à M. de Maupertuis*, f. 157; Bruxelles, ce 22 mars 1741.

2. *Ibid.*, f. 161; à Bruxelles, 29 mai 1741.

parler à son gré. Je vs avoue que j'en suis fâchée, car cela me paroit une anecdote plaisante que je ne veux pas qu'on oublie. Ce Mairan est bien une preuve combien les réputations sont trompeuses; il passe pour avoir le propos exact, et il me semble qu'il a précisément le défaut contraire[1]... »

Voltaire avait été intérieurement contrarié de cette prise de plume entre son amie et le secrétaire perpétuel. Il ne voulait pas se brouiller, pour plus d'une raison, avec l'Académie des sciences à laquelle il avait envoyé son *Mémoire sur les forces vives* et dont il attendait un rapport favorable. Mais Pitot et Clairaut, les rapporteurs, se renfermèrent un peu étroitement dans ce rôle et se contentèrent de donner au poëte les plus grands éloges, sans rien décider dans une question où il ne leur était pas permis, semble-t-il, de n'avoir point une opinion[2]. Le dernier, au mieux avec la marquise, dans sa crainte de blesser quelqu'un, voudrait persuader à tout le monde que l'on est d'accord au fond et que l'on s'entendra aussitôt qu'on le voudra bien. « Vous semblés, écrit-il à madame du Châtelet, croire que la politique me retient sur la question des *Forces vives*, je vous proteste le contraire. Si j'ai dit que c'étoit une question de mots, c'est que je pense que c'en est une pour tous les gens qui sont vraiment au fait. La différence que je fais dans les

---

1. Bibliothèque impériale. Manuscrits. Supp. Fr. 2288. *Originaux des lettres de la marquise du Châtelet à M. de Maupertuis*, f. 171; 8 aoust 1741.
2. Rapport fait à l'Académie des sciences, par MM. Pitot et Clairaut; le 26 d'avril 1741.

deux partis, c'est que la plupart de ceux qui sont pour les forces vives, ont les principes suffisans pour ne se point tromper dans les questions de mécanique, au lieu que le plus grand nombre de ceux de l'autre parti commettent mille parallogismes[1]... » Mairan, en sa qualité de secrétaire perpétuel, avait apposé sa signature à la copie du rapport qui fut envoyée à l'auteur du Mémoire. Voltaire, qui s'attendait à mieux, lui répondait avec un persiflage mêlé d'amertume : « J'ai reçu, monsieur, votre certificat; mais je vois que l'Académie est neutre et n'ose pas juger un procès qui me paraît pourtant assez éclairci par vous. Je crois que la Société Royale serait plus hardie et ne balancerait pas à prononcer qu'en temps égal deux font deux, et quatre font quatre; car, en vérité, tout bien pesé, voilà à quoi se réduit la question[2]. »

La fortune du poëte allait s'arrondissant. Les plus grands seigneurs du Royaume étaient ses débiteurs, débiteurs peu exacts et qu'il fallait souvent rappeler à l'ordre, mais qui, en fin de compte, payaient. « J'ai perdu, écrira-t-il plus tard à madame Denis, quelquefois une partie de mon bien avec des financiers, avec des dévots, avec des gens de l'*Ancien Testament*, qui auraient fait scrupule de manger du poulet bardé, qui auraient mieux aimé mourir que de n'être pas oisifs le jour du sabbat, et de ne pas voler le dimanche;

---

1. *Isographie des hommes célèbres* (1828-1830), t. IV. Lettre de Clairaut à madame du Châtelet (sans date).
2. Voltaire, *OEuvres complètes* (Beuchot), t. LIV, p. 330, 346, 360. Lettre de Voltaire à M. de Mairan; à Bruxelles, le 5 mai 1741; — à Maupertuis; Bruxelles, ce 28 mai 1741; — à Pitot de Launai; Bruxelles, le 19 juin 1741.

mais je n'ai jamais rien perdu avec les grands, excepté mon temps[1]. » Précisément vers cette époque, il faisait la maussade expérience du peu de sûreté qu'il y avait souvent à confier son argent à ces gros bonnets de la finance, dont le luxe, le désordre, les spéculations téméraires finissaient trop fréquemment par creuser la ruine. Moussinot lui apprend la banqueroute du receveur général Michel, banqueroute à l'égard de laquelle le poëte n'avait pas lieu d'être indifférent. « Le sieur Michel m'emporte trente-deux mille cinq cents livres, soit en rentes, soit en argent comptant; mais je le crois plus à plaindre que moi : il vivait splendidement du bien d'autrui, et il sera réduit à ne le dépenser qu'en sourdine[2]. » Si c'est de l'amertume, elle est modérée comparativement au chiffre. Est-ce là tout ce que le dépit arrachera à Voltaire? Non. Il honorera le receveur général d'un quatrain :

> Michel, au nom de l'Éternel,
> Mit jadis le diable en déroute;
> Mais, après cette banqueroute,
> Que le diable emporte Michel[3].

Un véritable avare trouverait-il ainsi un quatrain pour persifler son voleur? Voltaire, dans ses lésines les plus étranges, n'était que maniaque; s'il savait

---

1. Voltaire, Œuvres complètes (Beuchot), t. LVI, p. 179. Lettre de Voltaire à Madame Denis ; à Postdam, le 9 septembre 1752.
2. Voltaire, Pièces inédites (Didot, 1820), p. 320. Lettre de Voltaire à Thiériot; 6 octobre 1741.
3. Bibliothèque impériale. Manuscrits. Fr. R. 15208. Lettres originales de Voltaire à l'abbé Moussinot, f. 252 ; ce 12 juillet 1740.

compter, s'il avait l'habileté et la rouerie d'un homme d'affaires, s'il entendait la spéculation comme pas un, il ne faudrait pas tirer de cela des conséquences absolues. Sans doute il ne donne et ne donnera que trop souvent beau jeu à ses ennemis par les plus inexplicables et inexcusables petitesses; mais tournez la page, et ce n'est déjà plus le même personnage, et les pertes d'argent les plus sérieuses, le trouvent impassible et souriant. Voltaire était nerveux, il n'avait pas deux jours de suite la même santé : c'est là, on ne saurait trop le répéter, le secret de ces inégalités, de ces hauts et bas qui font du philosophe, parfois si peu philosophe, une sorte de Protée insaisissable ou seulement saisissable pour ceux qui le veulent étudier aussi patiemment qu'impartialement.

Le même procès qui retenait madame du Châtelet depuis tant de mois à Bruxelles, la rappelait présentement en Champagne « pour plaider à la plus voisine juridiction de Cirey, et de là replaider à Bruxelles[1]. » En conséquence, les deux amis quittaient, au commencement d'octobre, cette capitale du Brabant et arrivaient, le 4 ou le 5, à Paris, où il fallait bien faire une petite halte. Ils allèrent descendre dans une maison où, du vivant de certaine baronne, « l'on fesait si gaiement de si mauvais soupers[2]; » et qui était devenue la propriété de la comtesse d'Autrey, une amie de la marquise[3]. « Je me flatte, écrivait le lende-

---

1. Voltaire, *OEuvres complètes* (Beuchot), t. LIV, p. 405. Lettre de Voltaire à Cideville; à Bruxelles, ce 28 octobre 1741.

2. *Ibid.*, t. LIV, p. 415. Lettre de Voltaire au marquis d'Argenson; à Cirey, le 10 janvier 1742.

3. Marie-Thérèse Fleuriau, sœur du comte de Morville et veuve

main Voltaire à Thiériot, que si vous sortez ce matin, vous viendrez égayer les mânes de madame de *Fontaine-Martel*, et me soulager de mon insomnie[1]. » Nous les y voyons installés, Émilie et lui, comme chez eux, et invitant à souper le marquis d'Argenson et son fils, auxquels on offrait la société d'Helvétius, du traducteur de Pope, l'abbé du Resnel, et du président de Mesnières[2]. Il n'y a sans doute à cela rien que de naturel, sauf le gîte cependant; car, depuis plus de deux ans, madame du Châtelet était propriétaire d'un immeuble assez vaste pour loger un personnel autrement considérable que n'était le sien.

Le passage de Voltaire à l'hôtel Lambert fait partie de la légende de cette superbe résidence construite sur les dessins de Louis Leveau, l'effort le plus remarquable, peut-être, du luxe et de la richesse éclairé par un sentiment fort élevé de l'art. On sait que ce palais fut pour Le Brun et Le Sueur un champ clos où tous deux firent de leur mieux et laissèrent de véritables chefs-d'œuvre que le curieux et l'amateur sont encore à même d'admirer à l'heure qu'il est[3]. Comme ce n'est que trop l'ordinaire, ce bel édifice ne devait pas s'éterniser dans la famille de celui qui l'a-

---

depuis 1730 du comte d'Autrey. Elle était alliée à madame de Fontaine-Martel, et elle pourrait bien, à ce titre, avoir hérité de l'hôtel de la rue des Bons-Enfants.

1. Voltaire, *Pièces inédites* (Didot, 1820), p. 322. Lettre de Voltaire à Thiériot; 6 novembre 1741.

2. Marquis d'Argenson, *Mémoires* (Jannet), t. IV, p. 372. Lettre de Voltaire au marquis d'Argenson; ce jeudi, 17 novembre 1741.

3. Voir la description de ces splendeurs dessinées et gravées par Bernard-Picard, mises au jour par Du Change, graveur du roi, en 1740. — Blondel, *Architecture françoise* (Paris, 1752), t. II, p. 125.

vait fait élever, et il passait des mains des Lambert de Thorigny dans celles de Dupin, le fermier général. Madame du Châtelet, séduite par la situation heureuse, le grand air de cette demeure qui lui paraît un beau et digne morceau à mettre dans sa maison [1], avait juré qu'elle lui appartiendrait, et elle poursuivit ou fit poursuivre cette négociation avec une ardeur, une passion toute féminine. C'est dans sa lettre du 4 octobre 1738, à d'Argental, qu'il est question de ses projets d'achat pour la première fois. Elle a peur qu'on ne lui fasse concurrence et prie d'Argental de lui garder le secret. Enfin, le bâtiment est à elle, au prix de deux cent mille francs, dans les derniers jours de mars 1739.

Les nouveaux propriétaires ne devaient pas s'y établir de sitôt. Voltaire qui, lui aussi, se fait une fête d'habiter ce luxueux hôtel, entend bien aider à son embellissement. Il écrit à Moussinot, le 29 juin : « Les douze mille livres entre les mains de M. Michel serviront dans un an ou deux, si je suis en vie, à acheter des meubles pour le palais Lambert. Je vous donne, mon cher abbé, rendez-vous à ce palais. Ah! que de tableaux et de curiosités, si j'ai de l'argent ! Allez donc voir mon appartement, c'est celui où est la galerie destinée à la bibliothèque [2]. » Cet appartement, situé au second, est le *Cabinet des Bains*, et non le *Cabinet des Muses*, comme le veut M. Vitet [3]. Il était composé d'une

---

1. *Lettres inédites de madame du Châtelet à d'Argental* (Paris, 1806), p. 126 ; 3 janvier au soir 1739.
2. Actuellement l'atelier de peinture de madame la comtesse Dzialinska (née princesse Czartoryska).
3. Vitet, *Eustache Lesueur* (Paris, Challamel, 1849), p. 46.

pièce avec alcôve flanquée de deux cabinets. Maintenant alcôve et cabinets ont disparu, ce qui forme une seconde pièce agréable, sur le parquet de laquelle on distingue encore la trace des cloisons originelles. Les peintures décoratives ont été enlevées [1]. Mais on a dû respecter une ravissante petite coupole oblongue, moitié peinture, moitié camaïeu, où Le Sueur s'est surpassé. Voltaire était plus qu'indemnisé de la fatigue des deux étages à gravir ; de sa chambre, il avait le plus magnifique et le plus ravissant panorama. « J'espère avoir, écrit-il à Falkener, en mars 1740, le plaisir de voir Votre Excellence à l'hôtel de madame la marquise, qui est sans contredit un des plus beaux de Paris, et situé dans une position digne de Constantinople ; car il a vue sur la rivière, et de toutes les fenêtres, on découvre une vaste étendue de jolies maisons [2]. » Mais si Voltaire donne rendez-vous à son ami, il l'ajourne à deux ans de là. Quelques mois après, en décembre, ils semblent, la marquise et lui, déterminés à habiter le palais Lambert, comme il en écrit encore à Moussinot, qui sera même chargé de l'ameublement ; mais rien de tout cela ne s'exécute. L'on était retourné à Bruxelles ; quand il est question de regagner Paris, c'est chez madame d'Autrey, rue des Bons-Enfants[3], que l'on songe

---

1. Une partie des peintures de l'appartement des bains a été transportée, il y a un peu moins de cinquante ans, par M. de Montalivet, alors propriétaire de l'hôtel Lambert, dans son château de La Grange, en Berry.

2. Voltaire, *Pièces inédites* (Didot, 1820), p. 322. Lettre de Voltaire à Thiériot ; 6 novembre 1741.

3. Marquis d'Argenson, *Mémoires* (Jannet), t. IV, p. 372. Lettre de Voltaire au marquis d'Argenson ; ce jeudi 17 novembre 1741.

à descendre, et c'est là où Voltaire et son amie viennent s'établir, au centre, il est vrai, de la ville et de leurs affaires, commodité fort appréciable, lorsque l'étape ne doit être que de quelques jours.

Paris était encore désert; tout le monde était à la campagne, et la marquise reprenait le chemin de Cirey, où nous la retrouvons, le 21 décembre, et où, fort probablement, elle était de retour bien plus tôt. Elle n'y resta guère plus d'un mois. Madame d'Autrey, qui avait été heureuse de leur prêter sa maison, habitait Gray, en Franche-Comté. Ils lui avaient promis de la visiter, elle était tombée malade, et c'était une raison de plus de ne pas lui manquer de parole : on s'y trouverait au milieu des neiges et des glaces, mais l'amitié et les bons procédés ne connaissent point les saisons[1]. Voltaire et la marquise arrivèrent à Gray vers le 15 de janvier et y restèrent jusqu'au 27 du même mois[2], pour retourner ensuite à Bruxelles, d'où Voltaire date, dès le 28, une lettre à La Noue, mais où ils ne devaient que se montrer. Le procès était en bonne voie, et leur présence n'étant pas pour le moment indispensable, ils ne purent résister à la tentation de passer l'hiver à Paris et d'y reprendre cette vie absorbée par le monde, les soupers, qui charme, désespère et épuise notre poëte[3].

Mais l'on ne se contente pas d'être bourgeois de

---

1. Voltaire, *Œuvres complètes* (Beuchot), t. LIV, p. 415, 416. Lettre de Voltaire à d'Argenson; à Cirey, le 10 janvier 1742; — à d'Argental; à Gray, ce 19 janvier 1742.

2. *Ibid.*, t. LIV, p. 417. Lettre de Voltaire à Cideville; à Gray, ce 19 janvier 1742.

3. *Ibid.*, t. LIV, p. 427. Lettre de Voltaire à Cideville; ce samedi.

Paris, Versailles est trop près pour ne pas attirer, et il est trop loin pour qu'on ne s'y choisisse pas un gîte; bien que l'on ait eu, en somme, jusqu'ici plus à se plaindre qu'à se louer de son commerce avec la cour, on y revient toujours, comme l'oiseau que le serpent fascine. Les dégoûts chassent bien pour un instant, mais cela s'oublie vite, et un sourire, un mot gracieux d'un ministre y ramènent, quoi qu'on en aie. A l'heure qu'il est, Voltaire ne se sent pas fait pour une telle vie; il n'a pas le tempérament robuste qui convient à ce rôle. « Adieu la cour, mon cher Chenevières. Je n'ai pas une santé de courtisan. Je n'aspire qu'à vivre doucement dans le sein de ma famille.... Aidez-moi à retirer mes meubles de Versailles. J'envoie un valet de chambre signifier à mon hôte que je suis philosophe; il apporte de l'argent pour payer [1]....» Cela veut dire qu'on a eu à essuyer des refus, des airs glacés ou contraints, que l'on n'est pas en faveur, et que, pour l'instant, il n'y a rien de bon à attendre de ce pays.

En définitive, les succès pouvaient indemniser de ces hauteurs et de ces dédains, et Voltaire eût trouvé des compensations d'amour-propre à Paris où *Brutus*, froidement accueilli à son apparition, faisait fureur, si de nouvelles bourrasques n'eussent sérieusement menacé la barque du poëte et sa fortune. Le président Hénault écrivait à madame du Deffand, alors à prendre les eaux de Forges :

---

1. Voltaire, *Lettres inédites* (Didier, 1867), t. I, p. 141. Lettre de Voltaire à M. de Chenevières; Paris, le 12 mai 1742. M. de Chenevières était premier commis aux bureaux de la guerre.

Savez-vous la pièce qui court? C'est une lettre de Voltaire au roi de Prusse, la plus folle que l'on puisse imaginer. Il lui dit qu'il a bien fait de faire sa paix, que la moitié de Paris l'approuve, qu'il n'a fait que gagner le cardinal de vitesse; qu'il ne doit plus s'occuper à présent que de rappeler les plaisirs, enfants des arts, l'opéra, la comédie, etc. Il est vrai que cette lettre n'est pas aussi bien écrite que Voltaire a coutume d'écrire, mais ce sont ses idées et sa morale.

Voltaire, que Pont-de-Veyle a vu à la comédie, a paru surpris de cette nouvelle : il a juré avec un grand air de bonne foi qu'il ne savoit ce que c'étoit que cette pièce; qu'il étoit bien vrai qu'il avoit fait réponse à une lettre du roi de Prusse, mais que personne n'avoit vu cette réponse, pas même madame du Châtelet, et qu'il n'y avoit rien dans sa lettre qui ressemblât à ce qui lui étoit imputé dans celle que l'on faisoit courir. Cependant cela devient d'autant plus sérieux que tous les ministres étrangers en ont des copies, que M. Chambrier (le ministre du roi de Prusse à Paris) en a trouvé une à sa porte, et que le cardinal l'a lue. Si c'est une méchanceté qu'on lui a faite, comme il y a beaucoup d'apparence, vous conviendrez que voilà un tour bien noir. Il y a des gens que les aventures vont chercher, et qui rencontreroient des hasards à la Trappe. Il ne sait quel parti prendre, et il faut avouer que le conseil est difficile à donner; cependant, toute réflexion faite, il me semble qu'il n'y auroit qu'à écrire une deuxième lettre au roi de Prusse, dans laquelle il le supplieroit de vouloir montrer celle qu'il lui a écrite à M. de Valori, et envoyer cette seconde lettre à M. Amelot, pour qu'il la fît tenir. Mais pour prendre ce parti, il faut deux conditions : la première, qu'il n'ait pas en effet écrit la lettre qu'on lui impute, et puis, que celle qui est la véritable ne contienne rien dont on puisse être offensé ici, ce dont je ne répondrois pas [1].

Là était la difficulté et le péril. « L'expédient que vous imaginez que le roi de Prusse le justifie en montrant la véritable lettre à M. de Valori, me paroît scabreux,

---

1. Madame du Deffand, *Correspondance complète* (Paris, Plon, 1865), t. I, p. 45, 46. Lettre du président Hénault à madame du Deffand ; 12 juillet 1742.

répond madame du Deffand ; car sans être un mauvais *patriote*, il se pourrait qu'il y eût plus de flatterie qu'il ne conviendrait à cette cour-ci [1]. » L'observation avait sa portée. Les ennemis de Voltaire l'ont accusé de manquer de patriotisme, et ils ont ramassé avec peu de bonne foi certaines phrases éparses qui n'étaient que des politesses, d'une convenance médiocre, il est vrai, quand cela s'adresse en pleine guerre à un souverain ennemi. Quoi qu'il en soit, la lettre qui courait lui appartenait bien, et il ne fallut pas longtemps à la marquise pour en acquérir la certitude. « Il est certain que la lettre de Voltaire est de lui, écrit-elle quelques jours après à son ami : on ne peut avoir une idée assez présente de toutes ses façons de parler pour les si bien imiter. *Un petit citoyen fait des petites choses*, etc. Comment voulez-vous que cela s'imagine ? Et cette seule phrase ne permet pas de le méconnaître [2]. » Le poëte était perdu, s'il ne conjurait pas l'orage. L'ennemi secret qui lui jouait un pareil tour semblait avoir pris ses mesures pour qu'il n'en réchappât point, et il était en effet peu probable que les choses en restassent là. « Madame de Mailly, écrit le président, jette feu et flamme et demande une punition exemplaire. On ne sait ce que cela deviendra, et on craint bien que cela ne finisse par un décampement à Bruxelles. La pauvre du Châtelet devrait faire mettre dans le bail de toutes

---

1. Madame du Deffand, *Correspondance complète* (Paris, Plon, 1865), t. I, p. 61. Lettre de madame du Deffand au président; 14 juillet 1742.

2. *Ibid.*, t. I, p. 64. Lettre de madame du Deffand au président; 17 juillet 1742.

les maisons qu'elle loue, la clause de toutes les folies de Voltaire¹. » Voltaire, ne sachant à quel saint se vouer, s'adresse à la favorite, dont l'indignation à la lecture de cette pièce lui avait été rapportée.

> Madame, j'ai appris avec la plus vive douleur qu'il court de moi au roi de Prusse une lettre dont toutes les expressions sont falsifiées. Si je l'avais écrite telle que l'on a la cruauté de la publier, et telle qu'elle est parvenue, dit-on, entre vos mains, je mériterais votre indignation.
>
> Mais si vous saviez, madame, quelle est, depuis six ans, la nature de mon commerce avec le roi de Prusse, ce qu'il m'écrivit avant cette lettre, et dans quelles circonstances j'ai fait ma réponse, vous ne seriez véritablement indignée que de l'injustice que j'essuie ; et je serais aussi sûr de votre protection que vous d'être aimée et estimée de tout le monde...
>
> Si je pouvais un jour, madame, avoir l'honneur de vous entretenir un quart d'heure, vous verriez en moi un bon citoyen, un homme attaché à son roi et à sa patrie, qui a résisté à tout, dans l'espoir de vivre en France, un homme qui ne connaît que l'amitié, la société et le repos. Il veut vous devoir ce repos, madame ; la France lui est plus chère, depuis qu'il a eu l'honneur de vous faire un moment sa cour, et ses sentiments méritent votre protection ².

S'il faut en croire des rapports de police, il fut très-mal reçu, et ses amis les plus chauds, et notamment la duchesse du Luxembourg, l'abandonnèrent³. Cela eût été d'autant plus grave pour lui, que ces renseignements sont postérieurs à sa lettre à madame de Mailly d'une

---

1. Madame du Deffand, *Correspondance complète* (Plon, 1865), t. I, p. 59. Lettre du président Hénault à madame du Deffand ; 15 juillet 1742.

2. Voltaire, *OEuvres complètes* (Beuchot), t. LIV, p. 451, 452. Lettre de Voltaire à la comtesse de Mailli ; 13 juillet 1742.

3. Barbier, *Journal* (Charpentier), t. VIII, p. 146. *Journal de police* ; 8 août 1742.

vingtaine de jours. Mais rien n'est moins sérieux que l'abandon de la duchesse, qui, liée comme elle était avec madame du Châtelet et Voltaire, n'eût pu leur battre froid sans beaucoup de honte pour elle. Quoi qu'il en soit, ce n'était pas en demeurant sous sa tente que l'on pouvait espérer de sortir de ce mauvais pas. Le poëte, dans le billet que nous venons de citer, parle d'un texte falsifié, il en dit autant dans une première lettre au cardinal de Fleury[1]; ce qui s'accorde mal avec une seconde à l'Éminence, où il proteste que la pièce incriminée avait été fabriquée à Paris par le secrétaire d'un ambassadeur[2]. Le vrai, c'est que la lettre est bien de Voltaire, telle qu'elle circula. Il la nie, et il n'a que trop raison de la nier, car elle était de nature à le perdre[3]. « Mais de comprendre comment elle court, c'est ce qui me paraît surnaturel, » remarque madame du Deffand, qui semble assez disposée à en accuser l'abbé Desfontaines. Resterait à savoir comment ce chiffon de papier serait tombé entre les mains de celui-ci; Voltaire jure ses grands dieux qu'il ne l'a montré à personne, pas même à madame du Châtelet; et, si cela est, et nous ne faisons aucune difficulté de le croire, même pour la marquise, à laquelle il devait cacher plus d'une épître au Salomon du Nord, qui accuser? « Dieu et le diable savent ce qu'est devenue la lettre que j'écrivis à Votre

1. Voltaire, *Œuvres complètes* (Beuchot), t. LIV, p. 461. Lettre de Voltaire au cardinal de Fleury ; ce 22 août 1742.

2. *Ibid.*, t. LIV, p. 476. Lettre de Voltaire au cardinal; le 10 septembre 1742.

3. Voir cette lettre de Voltaire à Frédéric, juillet 1742, qui commence ainsi : « Sire, j'ai reçu des vers et de très-jolis vers de mon adorable roi... » *Œuvres complètes* (Beuchot), t. LIV, p. 449.

Majesté..., vers la fin du mois de juin (elle est de juillet), et comment elle est parvenue en d'autres mains ; je suis fait, moi, pour ignorer le dessous des cartes. J'ai essuyé une des plus illustres tracasseries de ce monde[1]. » Et Frédéric de lui répondre : « Ce n'est ni *Dieu* ni *le diable*, mais bien un misérable commis du bureau de la poste de Bruxelles qui a ouvert et copié votre lettre ; il l'a envoyée à Paris et partout. Je crois que le vieux Nestor n'est pas blanc de cette affaire[2]. » Le vieux Nestor, cela va sans dire, c'est le cardinal de Fleury. Quant à cette manœuvre inique, Voltaire a d'autres renseignements dont la source lui paraît sûre. « Je sais certainement, écrit-il au roi (si ce mot est permis aux hommes), que ce n'est point un commis de Bruxelles qui a ouvert la lettre, laquelle est devenue ma boîte de Pandore. Tout ce bel exploit s'est fait à Paris dans un temps de crise, et c'est un espion de la personne que Votre Majesté soupçonne qui a fait tout le mal[3]... » On a vu plus haut le poëte, s'adressant à Son Éminence, inculper le secrétaire d'un ambassadeur. Il est vrai qu'il n'eût pu dire au ministre qu'il le supposait coupable de cette violation de correspondance. L'ancien évêque de Fréjus nous semble, toutefois, parfaitement innocent de ce tour diabolique ; il eût voulu connaître ce qu'il y avait dans ces échanges épistolaires, qu'il se fût contenté de s'édifier discrètement et dans l'ombre,

---

1. Voltaire, *OEuvres complètes* (Beuchot), t. LIV, p. 455. Lettre de Voltaire à Frédéric ; juillet 1742.

2. *Ibid.*, t. LIV, p. 458. Lettre de Frédéric à Voltaire ; Postdam, le 7 auguste 1742.

3. *Ibid.*, t. LIV, p. 467. Lettre de Voltaire à Frédéric ; 29 auguste 1742.

et n'eût pas à coup sûr fait répandre des copies dans tout Paris et à toutes les ambassades. L'on ne peut faire que des conjectures. Mais, si nous étions obligé absolument de trouver un coupable, nous rechercherions qui avait intérêt à cette étrange perfidie, et qui était également en position de l'accomplir. Faut-il dire le fond de notre pensée ? Tout accuse Frédéric, dont ce ne sera pas la dernière tentative de ce genre, tout, jusqu'aux copies glissées sous la porte de l'ambassadeur de Prusse qu'on ne pouvait négliger sans montrer le bout de l'oreille. A cette époque Frédéric se sentait capable des plus grandes extrémités pour attirer Voltaire à Berlin ; et le meilleur moyen n'était-ce pas de lui rendre le séjour de la France impossible ? Son père, en pleine paix, volait aux États chrétiens la fleur de leurs hommes pour recruter ses grenadiers. Frédéric était sans doute un tout autre personnage que Frédéric-Guillaume ; il était, toutefois, par plus d'un côté, le fils de son père, et, s'il s'éloignait de lui, ce n'était pas par une certaine férocité de race qu'il saura dissimuler, mais qui, à l'occasion, ne laissera pas de donner des signes visibles d'existence.

Voltaire en fut quitte pour la peur. « Il n'arrivera rien à Voltaire, mande encore le président à madame du Deffand, par la même raison qui fait qu'il n'est rien arrivé à la reine de Hongrie : c'est qu'on ne prend point de parti, ce dont je suis assurément très-aise[1]. » Au moins est-il très-probable que l'on préféra paraître

1. Madame du Deffand, *Correspondance complète* (Paris, Plon, 1865), t. I, p. 71. Lettre du président Hénault à madame du Deffand ; 18 juillet 1742.

se rendre à ses raisons (le cardinal, tout le premier, bien qu'ayant personnellement à se plaindre des termes de la malencontreuse épître) que sévir contre un écrivain célèbre qui avait ses protecteurs s'il avait ses ennemis acharnés, et qui, d'ailleurs, pouvait n'être point sans utilité auprès de son ami couronné.

Mais ces chiffonneries n'étaient pas faites pour accroître un crédit dont on avait bon besoin, à la veille de représenter *Mahomet*. Voltaire nous dit qu'il en communiqua le manuscrit au cardinal, qui trouva l'ouvrage écrit avec toute la circonspection convenable et reconnut que les écueils n'eussent pu être évités avec plus d'habileté; ses critiques furent purement littéraires, et l'auteur en fit son profit avec sa docilité ordinaire. Ce dernier avait déjà, à une autre époque, communiqué les *Lettres anglaises* au vieux prélat qui avait beaucoup ri des plaisanteries sur les Quakers, sans que cela dût empêcher le moins du monde, en définitive, les persécutions dont furent l'objet et le livre et l'écrivain. Fleury était naturellement tolérant, et il prouva en cette circonstance même qu'il l'était infiniment plus que son entourage. L'abbé le Blanc, plus d'un an auparavant, mandait à Bouhier : « Il est à présent question du *Mahomet* de M. de Voltaire, M. de Marville n'en veut pas prendre l'approbation sur son compte, et il est à présent entre les mains de M. le Cardinal ; le prophète est confondu dans la pièce, mais il est vrai qu'il faut regarder de près à ce que fait le compère Arouët. *Latet anguis in herba*[1]. » Quoi qu'il en soit, *Mahomet* fit son appa-

---

1. Bibliothèque impériale. Manuscrits. *Correspondance du prési-*

rition le 19 août, devant l'assemblée la plus illustre ; il y avait une loge entière remplie des magistrats de Paris ; les ministres même étaient présents. Voltaire donne à entendre que de ce côté l'assentiment fut unanime[1]. Mais l'envie, mais la haine veillaient. Piron pérorait dans les cafés et tâchait de rendre à ce *Mahomet* les mauvais offices qu'il prétendait que son auteur avait rendus à *Gustave Wasa*. L'on pense bien que l'abbé Desfontaines ne demeura pas les bras croisés. « L'abbé Desfontaines, dit une note de police, se vante que c'est à lui qu'il doit la suppression de sa pièce, par les démarches qu'il a faites auprès de M. l'abbé de Fleury pour faire sentir l'indécence de sa tragédie[2]. » Mais il ne fut pas le seul à protester contre l'œuvre d'iniquité. « Un docteur en Sorbonne en perdit presque la tête, raconte Duvernet ; il courait les rues pour annoncer que la tragédie de Voltaire était une satire sanglante contre la religion chrétienne, et il prouvait cette assertion en faisant observer que dans le nom de Mahomet le nombre des syllabes est égal à celui dont est composé le nom adorable de *Jésus-Christ*[3]... » Duvernet a négligé de nous donner le nom de son docteur.

Sans aller si loin, bien des gens trouvèrent là des traits hardis contre la religion, le gouvernement et la

dent Bouhier, t. IV, p. 544. Lettre de Le Blanc au Président ; Paris, 4 janvier 1741.

1. Voltaire, *OEuvres complètes* (Beuchot), t. V, p. 6. *Mahomet*. Avis de l'éditeur.

2. Barbier, *Journal* (Charpentier), t. VIII, p. 156. *Journal de police*; 20 août 1742.

3. L'abbé Duvernet, *La Vie de Voltaire* (Genève, 1786), p. 111.

morale établie. Veut-on l'opinion d'un Anglais, d'un esprit élevé et très-au-dessus de ces appréciations étroites et passionnées ? « Voltaire, écrivait Chesterfield à Crébillon le fils, m'a récité l'année passée, à Bruxelles, plusieurs tirades de son *Mahomet*, où j'ai trouvé de très-beaux vers et quelques pensées plus brillantes que justes ; mais j'ai d'abord vu qu'il en vouloit à Jésus-Christ, sous le caractère de Mahomet, et j'étois surpris qu'on ne s'en fût pas aperçu à Lille, où elle fut représentée immédiatement avant que j'y passasse. Même je trouvai à Lille un bon catholique, dont le zèle surpassait la pénétration, qui étoit extrêmement édifié à la manière dont cet imposteur et ennemi du christianisme étoit dépeint[1]. » L'endroit où l'on envisage les préjugés de la nature comme une habitude parut révoltant[2]. « Il y a eu même de vos graves confrères, conseillers au parlement de Paris, qui ont représenté à leur chambre que cette pièce étoit toute propre à faire des Jacques Clément et des Ravaillac[3]... » On alla jusqu'à prétendre que l'auteur s'était peint dans son héros. En dépit de tout cela, l'ouvrage réussit, grâce aux amis

---

1. *Miscellaneous Works of lord Chesterfield*, with Dr. Maty's. Mémoirs of his Lordship's life (London, 1777), t. II, p. 35. Lettre de lord Chesterfield à M. Crébillon ; Londres, ce 26 août 1742.

2. Voici ces vers, qui indignèrent un grand nombre de spectateurs :

> Les cris du sang, sa force et ses impressions,
> Des cœurs toujours trompés sont les illusions.
> La nature à mes yeux n'est rien que l'habitude...
>
> (Acte IV, scène I.)

3. Voltaire, *Œuvres complètes* (Beuchot), t. LIV, p. 469, 470. Lettre de Voltaire à Cideville ; à Bruxelles, le 1er septembre 1742.

du poëte, dirent les dissidents, et à tout le mouvement que se donna Voltaire qui n'eût pas hésité à descendre dans le parterre [1].

Mahomet fut représenté deux fois encore avec des applaudissements qui ne firent qu'indigner et exaspérer le parti dévot. Les clameurs, les protestations furent telles que Voltaire crut devoir le retirer, un peu à l'insinuation du doucereux cardinal [2]. Ce ne fut pas sans un ressentiment amer. Voltaire accuse les jansénistes et les convulsionnaires de s'être ameutés contre un ouvrage que Louis XIV eût protégé et défendu comme il protégea et défendit *Tartufe*. « Puisque me voilà la victime des jansénistes, écrivait-il à d'Argental en s'enfuyant de Paris, je dédierai *Mahomet* au pape, et je compte être évêque *in partibus infidelium*, attendu que c'est là mon véritable diocèse [3]. » Et ce n'était pas une simple boutade : nous le verrons accomplir cette mauvaise plaisanterie qui n'eut pas, au delà des monts, le sort qu'elle méritait.

Voltaire partit le 22 août au matin, avec son amie, pour Bruxelles. A Reims, ils firent halte chez M. de Pouilli. Ils comptaient ne s'arrêter qu'une nuit ; mais spectacles, bals, concerts les retinrent trois jours. La marquise enchanta toute la ville. « Jamais elle n'a

---

1. Barbier, *Journal* (Charpentier), t. VIII, p. 149. *Journal de police*; 10 août 1742.

2. Il paraîtrait que l'on fit valoir aussi contre les représentations de *Mahomet* les susceptibilités de la Turquie. « L'ambassadeur turc sera parti, et rien ne s'y opposera..., » écrivait madame du Châtelet à d'Argental, à la date du 21 octobre 1742.

3. Voltaire, *Œuvres complètes* (Beuchot), t. LIV, p. 463. Lettre de Voltaire à d'Argental; à Paris, le 22 août, en *partant*.

mieux dansé au bal; jamais elle n'a mieux chanté à souper; jamais tant mangé ni plus veillé [1]. » A peine de retour à Bruxelles, Voltaire en partait (le 2 septembre) pour se rendre à l'appel du roi de Prusse, qui était à Aix-la-Chapelle depuis le 25. La visite fut courte, comme le constate elle-même madame du Châtelet, puisqu'il se mit en chemin un lundi et qu'il était revenu le samedi suivant [2]. Il est vrai que le prince se dirigeait, le 7, vers la Silésie. L'accueil fut des plus amicaux. « Le roi voulut que je logeasse près de son appartement, et passa, deux jours consécutifs, quatre heures de suite dans ma chambre, avec cette bonté et cette familiarité qui entrent, comme vous savez, dans son caractère [3]. » Les offres les plus séduisantes lui furent faites; mais tout fut refusé courageusement. « Il m'offre une bonne maison à Berlin et une jolie terre; mais je préfère mon second étage dans la maison de madame du Châtelet. »

Le poëte, avant de partir, avait demandé au cardinal si Sa Majesté trouverait bon ce voyage, et il ne quitta Bruxelles qu'avec l'octroi du roi. Il nourrissait toujours la chimère de devenir un personnage politique, et il s'était mis de nouveau à la discrétion de l'Éminence, qui ne courait aucuns risques à accepter. Voltaire, dans deux lettres à Fleury, extrait de ses conversations avec Frédéric ce qui a rapport aux relations de ce dernier avec la France, relations où il n'avait pas fait preuve d'une

1. Voltaire, *Œuvres complètes* (Beuchot), t. LIV, p. 464. Lettre de Voltaire à madame de Champbonin; de Reims.
2. *Lettres inédites de madame du Châtelet à d'Argental* (Paris, 1806), p. 244; Bruxelles, 10 octobre 1742.
3. Voltaire, *Œuvres complètes* (Beuchot), t. LIV, p. 476. Lettre de Voltaire au cardinal de Fleury; le 10 septembre 1742.

grande loyauté. Le motif de sa défection était d'ailleurs aussi humiliant pour nous qu'il était facile à pénétrer. Il fallait des alliés effectifs à Frédéric, et le peu d'estime que nous inspirions alors en notre force avait été la vraie cause de son changement de front. En parlant à cœur ouvert avec le poëte, le prince pouvait ne pas songer que ses paroles seraient répétées ; et celui-ci eût sans doute joué là un rôle peu honorable, s'il n'eût pas eu la double conviction de rendre un égal service à sa patrie et à son auguste ami. « La confiance avec laquelle le roi de Prusse daigne me parler me mettrait peut-être quelquefois en état de rendre ce zèle moins inutile, et je croirais ne pouvoir jamais mieux répondre à ses bontés qu'en cultivant le goût naturel qu'il a pour la France[1]. » A la bonne heure, et il n'y a rien que de louable. Reste, d'ailleurs, à savoir si Frédéric s'était laissé arracher bonnement son secret, ou si, en réalité, il n'avait dit que ce qu'il avait voulu dire et ce qu'il avait voulu qu'on sût. Voltaire, comme on le voit, en dépit de l'incident de la lettre, était en fort bons termes avec Fleury[2] ; et les deux amis pensaient bien, à leur retour à Paris, être des mieux reçus à Issy ; au moins la marquise n'a-t-elle pas le plus léger doute à cet égard[3].

Madame du Châtelet avait beau se remuer, beau plaider, gagner du terrain, elle voyait avec désespoir s'éter-

---

1. Voltaire, *OEuvres complètes* (Beuchot), t. LIV, p. 479, 480. Lettre de Voltaire au cardinal de Fleury ; le 30 septembre 1742.

2. Voltaire, *Lettres inédites* (Didier, 1857), t. I, p. 143. Lettre e Voltaire à d'Argental ; à Bruxelles, ce 24 décembre 1742.

3. *Lettres inédites de madame du Châtelet à d'Argental* (Paris, 1806), p. 239 ; Bruxelles, 21 août 1742. (Cette date est impossible, Voltaire partant le 22 de Paris.)

niser un maudit procès qui ne les tenait dans les Flandres que depuis trop longtemps. Cette lenteur même avait pourtant ses avantages, elle facilitait des fugues d'un mois ou deux sans qu'au retour les choses fussent sensiblement modifiées en bien comme en mal. Les pieds lui brûlaient à Bruxelles, et elle eût voulu déjà se trouver à Paris au milieu de ses amis. Voltaire, plus résigné, s'accommodait assez de cette vie retirée, et, n'était sa santé toujours chancelante, qui d'ailleurs le rendait à son premier métier, celui d'aligner des alexandrins, il n'eût rien eu à souhaiter. « Votre ami, écrivait la docte Uranie à d'Argental, a été un peu malade, et vous savez que, quand il est malade, il ne peut faire que des vers[1]. » Ce trait de caractère n'est-il pas charmant et ne peint-il pas bien madame du Châtelet qui n'aimait, elle, les vers, que parce que son ami en faisait, mais qui n'eût pas demandé mieux de l'entraîner avec elle dans de tout autres sentiers? Quoi qu'il en soit, le poëte rentrait dans Paris en novembre[2] avec toutes les chances, cette fois, d'y passer le temps gaiement et doucement, sans le moindre souci, bien vu du cardinal-ministre dont il montrait triomphalement une lettre de six pages, commençant par ces mots : « Vous êtes tout d'or, monsieur; j'ai fait part de votre lettre au roi, qui en a été fort content[3]. »

Nous avons vu, au commencement d'octobre 1741,

1. *Lettres inédites de madame du Châtelet à d'Argental* (Paris, 1806), p. 247 ; Bruxelles, 18 octobre 1742.
2. Voltaire annonçait son arrivée vers le 20 novembre. Il y a pourtant de lui une lettre à d'Arnaud du 20 novembre, datée de Bruxelles.
3. Barbier, *Journal* (Charpentier), t. VIII, p. 198. *Journal de police*; 22 novembre 1742.

Voltaire et son amie descendre chez madame d'Autrey, rue des Bons-Enfants ; mais le voyage suivant, l'on se décidait enfin, après Fontainebleau, à s'installer dans le palais Lambert (vers la fin-mai 1742). « Madame du Châtelet, écrivait madame du Deffand au président Hénault, à quelque temps de là, est dans sa nouvelle maison[1]. » Voltaire s'y trouve à ravir, et croit à un long bail ; et nous l'avons vu refuser une belle maison à Berlin, et une jolie terre pour son « second étage dans la maison de madame du Châtelet[2]. » (10 septembre.) Eh bien ! ce séjour de cinq semaines, quelque étonnant que cela puisse paraître, sera tout ce qu'ils y auront demeuré. Et si, présentement, la marquise loge encore chez madame d'Autrey[3], désormais elle habitera rue du Faubourg-Saint-Honoré, près de l'hôtel Charost, n° 13, où elle paraît s'être fixée ; au moins avons-nous sous les yeux la suscription d'une lettre de l'abbé de Bernis adressée à « l'hôtel de madame du Châtelet, faubourg Saint-Honoré[4]. » Et c'est là aussi où Voltaire donnera son adresse[5]. On se demande en vain quelle raison im-

---

1. Madame du Deffand, *Correspondance générale* (Plon, 1865), t. I, p. 71. Lettre de madame du Deffand au président Hénault ; 18 juillet 1742.

2. Voltaire, *OEuvres complètes* (Beuchot), t. LIV, p. 471. Lettre de Voltaire à Cideville ; Bruxelles, 10 septembre 1742.

3. *Lettres inédites de madame du Châtelet* (Paris, 1806), p. 247 ; Bruxelles, 15 octobre 1742.

4. Laverdet, *Catalogue d'autographes* du 30 mars 1863, p. 7, n° 30. Lettre de Bernis à M. de Voltaire, à l'hôtel de madame la marquise du Châtelet, faubourg Saint-Honoré, à Paris ; 21 février 1743.

5. Voltaire, *Lettres inédites* (Didier, 1857), t. I, p. 157. Lettre de Voltaire à Moncrif. Voltaire parle de sa petite retraite du faubourg Saint-Honoré (27 juin 1743), et de la dame qui demeure au faubourg Saint-Honoré, (18 juillet).

périeuse ou quel caprice avait amené ce brusque revirement dans les idées et les arrangements de M. et de madame du Châtelet; car l'hôtel de la rue Saint-Louis est bien redevenu la propriété de ses premiers maîtres. Mais, dès 1747, le fermier général, Marin de La Haye, quittait le magnifique hôtel de Bretonvilliers et venait s'établir au palais Lambert[1] qu'il achetait cinq cent mille francs[2], deux cent mille francs de plus que ne l'avaient payé les du Châtelet, si tant est que l'acquisition ait été consommée, ce dont tout cela nous ferait un peu douter[3].

1. *Almanach royal*, années 1746, 1747. Liste des fermiers généraux.
2. *Vie privée de Louis XV* (Londres, 1785), t. I, p. 255, 313. Probablement La Haye n'occupa-t-il d'abord l'hôtel de la rue Saint-Louis que comme locataire, et ne l'acheta-t-il qu'au moment où les folies de leur fils réduisirent M. et madame Dupin aux plus pénibles sacrifices. En une nuit, M. de Chenonceaux perdait au jeu 700,000 livres. L'hôtel-Lambert concourut à solder cette dette d'honneur. S'il faut en croire une note d'un petit-neveu de madame Dupin, M. René de Villeneuve, reproduite par sa cousine, madame George Sand, dans l'*Histoire de ma vie* (Paris, 1856), première partie, p. 77, 78, cette catastrophe avait lieu peu de temps après le mariage du coupable Chenonceaux avec mademoiselle de Rochechouart, mariage qui se contracta à la fin de 1749. Dans ce cas, l'acquisition du palais Lambert par La Haye, ne peut guère être antérieure à 1750.
3. Le président Hénault dit, plus haut, à propos des inquiétudes que le poëte donne à son amie : « La pauvre du Châtelet devrait faire mettre dans le bail de toutes les maisons qu'elle loue, la clause de toutes les folies de Voltaire. » Cela n'est-il pas de nature à faire croire, à part l'étrangeté d'une occupation de moins de quatre années, que les du Châtelet tenaient l'hôtel Lambert à un tout autre titre que celui d'acquéreurs? Et on le pourrait d'autant mieux supposer que la famille Dupin, passant les trois quarts de sa vie dans ce beau château de Chenonceaux bâti par Henri II, avait bien pu songer à louer la résidence parisienne. Nous avons tout fait pour substituer la certitude à nos conjectures. Mais les possesseurs actuels ne savent rien de ces détails d'une autre époque, et les archives du notaire qui a fait la vente, sont également muettes à cet égard.

Nous avons dit que Voltaire était avec le cardinal dans les termes les meilleurs ; il était un homme avec lequel le poëte sentait qu'il lui fallait également être bien, c'était le lieutenant de police. Ses rapports avec M. Hérault avaient été souvent plus polis qu'affectueux, et il n'avait pas toujours obtenu ce qu'il croyait pouvoir attendre d'une amitié de vieille date. Mais à Hérault avait succédé M. de Marville, et l'auteur de *Mahomet* s'était bien promis de ne rien négliger pour mériter les bonnes grâces de ce dernier. Il lui dépêche le chevalier de Mouhy, avec la mission de révéler adroitement au magistrat le grand crédit dont il jouissait près de Son Éminence. Au reste, M. de Marville, dès l'abord, s'était montré plein de bienveillance, et Voltaire, on s'en doute, ne laissa pas d'entretenir ces dispositions favorables par une cour assidue[1].

Aussi bien ne devait-il pas être longtemps sans avoir à recourir à ses bons offices. Il apprend que l'on venait d'achever une édition en cinq volumes in-12, où, par le plus impudent brigandage, on avait joint les pièces les plus atroces, entre autres trois pages intitulées *Apothéoses*, dans lesquelles l'on injuriait l'oncle du premier président, et (c'est là l'horrible !) « la satire la plus infâme » contre lui et madame du Châtelet[2]. L'on devine

---

1. Barbier, *Journal* (Charpentier), t. VIII, p. 202, 204. *Journal de la police*; 2 et 8 décembre 1742.

2. Probablement : *OEuvres mêlées de M. de Voltaire* (Genève, Bousquet ; Paris, Marie-Jacques Barrin, 1745), 5 vol. in-12. « On fit, nous dit Quérard, des suppressions au tome V, qui le réduisirent à 250 pages. Les curieux recherchaient dans le temps les exemplaires sans cartons. Celui que possède M. Beuchot va jusqu'à la page 264, qui a une réclame, ce qui indique une suite. Il contient aussi un ca-

l'état du poëte, lorsqu'il en est informé. Il s'adresse à M. de Maurepas et réclame ses services, dans une affaire qui regardait le bon ordre et qui demandait une justice « un peu expéditive [1]. » Le lendemain, le ministre écrit au lieutenant de police un billet, où, tout en lui mandant d'aviser dans le sens de la requête, il ne laisse pas d'exprimer sa pensée sur l'extrême sensibilité de l'auteur de la *Henriade;* on sait que M. de Maurepas affectionnait modérément M. de Voltaire, qui, au fond, malgré ses protestations du plus profond attachement, le lui rendait bien.

> Je vous envoye, monsieur, une lettre que je viens de recevoir de M. de Voltaire elle contient un fait sur lequel il doit vous voir et vous donner tous les éclaircissemens nécessaires, il n'est pas douteux qu'il ne faille prévenir s'il est possible le débit du libelle qu'il prétend avoir découvert quand même il n'intéresseroit pas autant de personnes qu'il le dit. A vous dire ce que je pense, je connois asses sa sensibilité à la critique, et la frayeur qu'il a des brochures dont il est le sujet pour soubçonner que le prétendu libelle le regarde plus que tout autre et que dans l'envie qu'il a qu'il soit suprimé il y intéresse tout le monde. Vous jugeres de l'importance de cette découverte par les détails qu'il vous en fera, quoi qu'il en soit il vaut mieux saisir un livre qu'on peut vendre que dans laisser paroître un tel que celuy qu'il annonce [2]...

Ces infamies, comme le poëte les appelle, avaient été réunies par un ancien libraire du nom de Henri, qui les avait cédées au nommé Savoye, rue Saint-

hier de 22 pages intitulé *Pièces fugitives de M. de Voltaire.* » Quérard *Bibliographie voltairienne,* p. 94.

1. *Lettre inédite de Voltaire à M. de Maurepas;* Paris, le 17 décembre 1742.

2. *Lettre inédite de M. de Maurepas à M. de Marville;* à Versailles, le 18 décembre 1742.

Jacques. Savoye proposa les deux tiers de l'édition, tirée à deux mille exemplaires, à Didot et son associé Barrois ; quant au dernier tiers, il le céda à deux autres marchands, Grangé et David fils. Ces sortes de négociations, on le conçoit, ne se faisaient pas au grand jour, et ce n'était pas sans peine que la police, quand il y avait lieu, mettait la main sur les contrevenants. C'est à Didot et Barrois que Voltaire s'attache, dans son envie de faire disparaître l'ouvrage. En pareil cas, l'argent ne lui coûte point, il rachètera tous les exemplaires; sa seule crainte est qu'il ne s'en trouve de distraits et qui aient été glissés dans le commerce. Il s'adresse à Savoye lui-même pour obtenir qu'il fasse des cartons. Savoye répond évasivement; mais il semble qu'alors il n'avait plus de droits sur l'édition. Le poëte se retourne vers Didot et le supplie de faire retirer de chez ses confrères les volumes qu'ils pouvaient avoir : « Je vous prie donc, mon cher Didot, avec la dernière instance, lui écrit-il, de vouloir bien faire un paquet de ce que vous avez et de ce qu'ils ont, j'achète tout et j'enverray un domestique entre dix et onze : le prix est prest; rendez, je vous en conjure, ce service à votre amy qui vous en sera éternellement obligé. » Nous avons sous les yeux une autre lettre, à la date du 20 décembre, adressée collectivement aux deux associés, où Voltaire est aussi pressant : qu'on lui remette toute l'édition, et il la payera le prix qu'on la lui vendra. Il y eut un commencement d'exécution, et quelques exemplaires furent remis contre argent. Mais M. de Marville, sur l'avis du ministre, s'était mis en devoir d'instruire : les deux libraires étaient en contravention manifeste, ils furent arrêtés en conséquence d'un ordre du roi à la date du 24 décembre [1], et transférés au For-l'Évêque.

On voit que la maison Didot, dont la fortune devait être de nos jours si brillante et le nom européen, existait déjà. François Didot, né en 1689, reçu libraire en 1713, s'était d'abord établi rue Pavée, à l'enseigne de la *Bible d'or ;* mais, à l'époque où nous sommes, ses magasins ainsi que son imprimerie avaient été transférés quai des Augustins, rue du Hurepoix, à quelques pas de Jacques Barrois, son gendre et son associé. Le commerce de la librairie, on en a pu juger, était bien différent alors de ce qu'il est présentement. C'était un état qui avait ses dangers incessants; et, quelque honnête, quelque timide que fût un libraire, il lui était difficile de ne pas s'écarter des limites des ordonnances et d'éviter les recherches et les rigueurs de l'autorité.

Une note de police, dure pour Voltaire, qui depuis longtemps ne comptait plus ses ennemis, accuse, en revanche, l'intérêt que le public prit à l'incarcération de Didot. « L'emprisonnement des libraires, dont on a parlé dans la feuille précédente, fait beaucoup de bruit; comme on ignore les véritables motifs qui y ont donné lieu, et qu'on n'est pas prévenu en faveur de M. de Voltaire, presque tout le monde lui

---

1. Archives impériales, O-86, *Registre du secrétariat de la maison du Roy*, année 1742 ; 31 décembre. « Les nommés Didot et Barrois, mis en prison, datté du 24 du dit. » Michel-Étienne David, qui avait acquis avec Grangé le dernier tiers de l'édition, fut également arrêté et détenu, comme les deux premiers, au For-l'évêque.

donne le tort. On hasarda hier un moyen pour obliger ce poëte à laisser en repos ses libraires : c'est de présenter requête contre lui à M. le procureur-général et d'user de recommandation. Didot passe pour être honnête homme ; M. d'Argenson le protége, et l'on dit que ce nouveau ministre s'est expliqué, à ce sujet, de manière à faire croire que M. de Voltaire aura du chagrin avant peu [1]. » Si M. d'Argenson protégeait Didot, il était l'ami de Voltaire, et il n'est pas probable qu'il se fût prononcé de cette façon sur le compte du poëte. Ce qu'il y a de vrai, c'est l'estime que les Didot avaient su mériter, et les démarches répétées qu'on tenta en leur faveur auprès du lieutenant de police. M. du Tillet de Pannes, après être passé plusieurs fois chez le magistrat sans le rencontrer, se décide à lui écrire : « L'autheur de sa détention est Voltaire, vous le connaissez mieux que moy, ainsy je ne vous en parleray point, je n'ay point à justifier Didot devant vous n'estant instruit que par les larmes d'une nombreuse famille à laquelle je m'intéresse infiniment, mais on attribue son malheur aux calomnies de Voltaire, qui soupçonne que Didot a vendu le recueil de ses œuvres sans permission [2]... » Comme Voltaire ici est sincère et qu'il ne crie point sans motif, ce n'est pas calomnies, mais accusations qu'il eût été exact de dire. Après tout, M. du Tillet semble croire que sa recommandation est bien suffisante, et en cela il pen-

---

1. Barbier, *Journal* (Charpentier), t. VIII, p. 211 ; 27 décembre 1742.

2. *Lettre inédite de M. du Tillet de Pannes à M. de Marville*; à Paris, ce samedy 24 décembre 1742.

sait comme tous les honnêtes gens, qui avaient des entours et du crédit. Voici le duc de Béthune qui demande, de son côté, l'élargissement de Barrois et qui l'appuie de raisons fort concluantes, comme on va voir.

J'apprens, monsieur, qu'un libraire de Paris nommé Barrois est en prison par vostre ordre. Si vous pouviés faire cesser sa détention dimanche au soir, cela me feroit un grand plaisir. C'est luy qui a arrangé les livres de feu mon oncle, qui en a dressé le catalogue : et la vente est affichée pour se commencer lundy 7 de ce mois aux Grands-Augustins : il est impossible de rien faire luy absent ; j'espère que vous aurés la bonté de m'accorder la grâce que je vous demande [1].

Cela est tout un trait de mœurs, et il y a lieu de s'étonner que, devant de telles raisons, Barrois n'ait été élargi que le 10 janvier [2]. Que devint donc la vente du lundi 7, si elle ne put être remise? C'était en user bien mal envers M. de Béthune, qui, plus modéré en cela que M. du Tillet, n'avait pas songé à agir sur la religion du magistrat, et s'était borné à demander un service personnel. La leçon avait été forte pour les deux libraires, et l'on est un peu surpris de les retrouver l'un et l'autre, vendant et débitant de nouveau ce cinquième volume qui leur avait attiré tant d'ennuis. Mais, on ne saurait trop le répéter, la librairie était de toute nécessité une profession militante ; l'on n'était li-

1. *Lettre inédite du duc de Béthune à M. de Marville* ; à Versailles, ce 3 janvier 1743.
2. Archives impériales, O-87, *Registre du secrétariat de la maison du Roy*, année 1743. Il est vrai que l'ordre est du 4 janvier : « Les nommés Barrois et Didot mis en liberté des prisons où ils sont détenus, datté du 4 du d. »

braire, comme l'on n'est marin, qu'à la condition de braver la tempête et d'exposer journellement son existence et celle de sa famille au plus complet naufrage. Malgré les mesures de rigueur, peut-être à cause même de ces rigueurs qui avaient décuplé la valeur marchande du livre prohibé, ce cinquième tome se vendait si bien sous le manteau, que Didot crut devoir faire une démarche auprès de la police pour qu'on sût bien qu'il était étranger à son débit, démarche d'autant plus urgente que le contrevenant était une veuve Sansons, qui demeurait près de sa porte[1]. Cela n'empêcha point ce commerce souterrain que rien ne lassait ni n'effrayait; et, quelques mois après (7 septembre), on faisait une nouvelle saisie chez une femme Folliot, qui dit tenir les exemplaires de David le jeune et ajouta que Didot ne se faisait pas scrupule d'en vendre également[2]. Ce dernier, surveillé plus étroitement, fut surpris en flagrant délit de vente, arrêté et conduit tout aussitôt, ainsi que Barrois, au For-l'Évêque. « Et voulant le punir exemplairement de cette récidive, porte la lettre du roi au lieutenant de police, mon intention est que vous fassiez fermer sa boutique et ouvroirs jusques à nouvel ordre de ma part en luy faisant défenses, ainsi qu'à sa femme, garçons ou autres, de vendre ou faire vendre et débiter chez luy ou ailleurs le d. cinquième volume des œuvres de Voltaire[3]. » Didot alléguait pour sa dé-

1. Notes de police des 5 et 8 mai 1743.
2. D'après le rapport du commissaire, David jeune eût été l'homme de Didot et de Barrois.
3. Archives impériales, O.-87. *Registre du secrétariat de la mai=*

fense qu'il avait bien débité ce cinquième volume, mais expurgé des pièces scandaleuses qui l'avaient fait proscrire, auxquelles il avait substitué d'autres pièces que lui avait remises Voltaire lui-même. Quelle que fût son innocence, il ne lui fut pas inutile de recourir à ses protecteurs, et, encore cette fois, ce fut à leur considération qu'il dut son élargissement, comme ce dernier document en fait foi :

> Didot et Barrois libraires ont été arrestés et conduits au For-l'Évêque, il y a dix ou douze jours à l'occasion de quelques exemplaires des œuvres de M. de Voltaire dont on a porté des plaintes. La cour consentant à leur élargissement et les personnes qui se plaignoient étant satisfaites, leur liberté ne dépend plus que de M. le lieutenant général de police, et ils ont recours pour l'obtenir à la protection et aux bontés de madame la mareschalle la duchesse de Noailles. Didot a eu l'honneur de travailler depuis peu pour S. A. S. Madame la comtesse de Toulouse, il est chargé de huit enfans[1], son commerce et sa famille souffrent infiniment de sa détention.

Cette note est de la seconde moitié de novembre, et la captivité des deux libraires ne dut pas se prolonger au delà du mois. Toutefois l'interdiction dont était frappé leur commerce subsistait toujours, et elle ne fut levée que le 24 décembre par une dernière lettre du roi qui leur permettait de rouvrir leur boutique quand bon leur semblerait[2].

son du Roy, année 1743. Lettre du Roy à M. de Marville; 15 novembre 1743.

1. Ce père des Didot eut onze enfants, dont deux, Ambroise-François et Pierre-François, embrassèrent la profession paternelle. *Biographie générale* (Didot), t. XIV, p. 112.

2. Archives impériales, O.-87. *Registre du secrétariat de la maison du Roy*, année 1743. Lettre du Roy à M. de Marville; 24 décembre.

IX

MORT DE FLEURY. — MÉROPE. — CANDIDATURE REPOUSSÉE.
DÉPART POUR LA PRUSSE. — UN TOUR PERFIDE.

Voltaire s'était réconcilié un peu sur le tard avec le cardinal de Fleury; il était à craindre qu'il n'eût pas longtemps à profiter de sa bienveillance. Il écrivait pourtant à Frédéric : « Le cardinal de Fleury, après avoir été assez malade, s'avisa, il y a deux jours, ne sachant que faire, de dire la messe à un petit autel, au milieu d'un jardin où il gelait. M. Amelot et M. de Breteuil arrivèrent, et lui dirent qu'il jouait à se tuer : *Bon, bon, messieurs,* dit-il, *vous êtes des douillets.* A quatre-vingt-dix ans! quel homme[1]! » Le poëte espérait-il que la police du cardinal mettrait la main sur sa lettre? En réalité, le premier ministre était quasi en enfance, la lampe en était à ses dernières gouttes d'huile, et l'on attendait, assez impatiemment même, qu'elle jetât son suprême reflet. Cet événement trop prévu arriva le 29 janvier 1743. Un premier ministre ne disparaît pas sans que sa mort ne soit le sujet de beaucoup d'espérances, d'inquiétudes

---

1. Voltaire, *OEuvres complètes* (Beuchot), t. LIV, p. 508. Lettre de Voltaire à Frédéric ; décembre 1742.

et d'intrigues. Chacun compte tirer quelque chose de ce changement, et, partant, il faut être un bien mince personnage pour demeurer désintéressé dans ce qui va sortir de ce nouvel état. Voltaire, qui ne songeait pas à être ministre, au moins pour l'instant, tout en ne demandant qu'à travailler à le devenir, convoitait cependant une des places du défunt, son fauteuil à l'Académie. Quelles que fussent ses railleries à l'égard de l'Académie française et de toutes les académies, un fauteuil d'académicien était ce qu'il souhaitait le plus au monde, et pour la vaine gloriole d'être le confrère de trente-neuf immortels d'une mince valeur la plupart, et aussi pour l'espèce de protection et de sauvegarde que ce titre lui apportait. Mais sa supériorité même, la nature envahissante de son caractère, le peu de bienveillance du ministre, quand Voltaire n'était pas l'objet de ses rigueurs, l'en avaient écarté; et l'auteur de la *Henriade* avait vu entrer successivement dans le temple ses cadets de toutes les sortes. En 1732, il avait songé un moment à la succession de La Motte, chez lequel il s'était montré durant sa maladie, mais dont assurément il ne recueillit pas le dernier soupir, bien qu'il l'ait prétendu[1]. Voltaire

---

1. Voltaire, *OEuvres complètes* (Beuchot), t. XIX, p. 134. — « Certainement M. de *Voltaire* n'y étoit pas le 26 décembre à 6 heures du matin. Je l'y avois vu un des jours précédens et peut-être y vint-il plus d'une fois. J'y allois exactement tous les soirs, et j'y trouvois M. de *Fontenelle*, et plusieurs autres amis du malade. » L'abbé Trublet, *Mémoires pour servir à l'histoire de la vie et des ouvrages de MM. de Fontenelle et de La Motte* (seconde édit. Amsterdam, 1759), p. 349. La Motte mourut le 26 décembre 1731, entre six et sept heures du matin, rue Guénégaud.

eût eu plus de chances qu'il n'en avait que les convenances les plus sommaires l'eussent forcé de se retirer devant l'abbé de Bussi, qui se mettait sur les rangs. La mort de M. de Morville venait, à quelques jours de là, faire un nouveau vide; mais il ne devait pas avoir même l'honneur de balancer les suffrages. M. de Boze n'avait-il pas déclaré que Voltaire ne pouvait jamais devenir un sujet académique[1]? A l'étranger, l'on pensait un peu différemment. Un académicien, qui voyageait en Allemagne, ayant dit à un souverain de ce pays que Voltaire n'était pas de l'Académie : « Qui en est donc ? » avait reparti le prince[2]. Il est des gens qui souffrent en silence, qui savent que l'avenir est plus puissant que les partis pris de la haine, et ne compromettent point le leur par des emportements et des violences; mais le poëte n'avait pas cette nature lymphatique et circonspecte. Il s'exaltait, il criait de toutes ses forces et faisait l'affaire de ses ennemis mieux qu'eux-mêmes. « Le Voltaire est bien insolent, mande Marais au président Bouhier, d'avoir parlé et écrit de l'Académie comme il l'a fait. Il se rend tous les jours indigne d'en être[3]... »

La fréquentation de Maupertuis, la passion de madame du Châtelet pour la géométrie et les sciences abstraites, avaient eu leur influence sur Voltaire, qui

---

1. Voltaire, *OEuvres complètes* (Beuchot), t. I, p. 142. *Vie de Voltaire*, par Condorcet; t. XLVIII, p. 324. Commentaire historique.

2. D'Alembert, *OEuvres complètes* (Belin, 1821), t. III, p. 180. Éloge du duc de Villars.

3. Bibliothèque impériale. Manuscrits. *Correspondance du président Bouhier*, t. VII, f. 582. Lettre de Marais au Président; à Paris, ce 7 février 1733.

s'était fait géomètre et physicien pour leur plaire. Son *Essai sur la nature du feu et sa propagation*, bien qu'écarté par ses juges, renfermait des qualités rares d'appropriation et d'élucidation. Sans penser que M. de Voltaire devînt jamais un savant bien profond, l'on se dit qu'avec sa forme nette, limpide, nerveuse, d'une élégance native dont s'accommodaient au mieux les sujets les plus graves, il était capable de rendre d'importants services à l'Académie des sciences. A qui M. de Fontenelle devait-il léguer sa place de secrétaire perpétuel ? Voltaire, qui n'avait pas à reculer les limites de la science, semblait réunir au plus haut point les qualités exquises qu'un tel emploi exige. S'il n'eût pas surpassé son prédécesseur dans un genre où il est resté maître, il l'eût sûrement égalé. « Cet emploi, dit justement quoique malignement La Beaumelle, convenait singulièrement à M. de Voltaire, qui est le premier homme du monde pour écrire ce que les autres ont pensé [1]. » MM. de Mairan, de Réaumur lui donnèrent sérieusement le conseil de laisser là la poésie et de demander une place à l'Académie des sciences. Maupertuis, son ami très-chaud alors, disposa tout pour lui ouvrir les portes du sanctuaire et le faire nommer secrétaire perpétuel, ce que Voltaire désirait ardemment. Mais rien n'aboutit ; l'on rencontra des obstacles invincibles là où l'on croyait ne trouver que des facilités, et Voltaire dut se remettre à rimer de plus belle. M. de Formont, qui eut vent de ce complot, ayant écrit une lettre en vers à l'auteur

---

1. La Beaumelle, *Vie de Maupertuis* (Ledoyen, 1856), p. 77.

de *Zaïre* pour l'exhorter à demeurer poëte celui-ci sembla se laisser vaincre par ses raisons :

> Vous voulez donc que des filets
> De l'abstraite philosophie[1]...

En réalité, il n'eut que le mérite de la résignation. Mais Voltaire, membre et secrétaire de l'Académie des sciences, eût promis plus qu'il n'eût tenu s'il avait pris l'engagement de ne plus faire de vers. Il se fût étayé, au surplus, de l'exemple du berger Fontenelle qui, pour faire des églogues et des bouquets à Chloris, n'en avait pas moins trouvé un langage scientifique très-digne et très-élevé. Quoi qu'il en soit, cet échec, qui pouvait n'être pas une raison suffisante de désespérer, avait eu pour effet de ramener les aspirations et les regards du poëte vers cette Académie française, dont il était né membre, en dépit de tout ce que l'on ferait pour l'en écarter, et, de près ou de loin, par lui ou par ses amis, il travaillait secrètement à se frayer le chemin. La mort de Fleury lui sembla cette occasion exceptionnelle qu'il faut saisir, et il était bien résolu à tout tenter pour conquérir ce tant désiré fauteuil. Il y avait bien quelque droit, encore un coup, et nous ne voyons pas qui pouvait lui être opposé, si l'on ne se fût préoccupé que d'élire un véritable lettré. Mais peut-être réunissait-il plus d'incompatibilités encore

---

1. Voltaire, *OEuvres complètes* (Beuchot), t. XLVIII, p. 335. Commentaire historique ; t. LII, p. 393. Lettre de Voltaire à Formont ; à Cirey, le 23 décembre 1737. Un autre poëte, Clément, de Montpellier, lui adressa aussi des vers pour l'engager à rester fidèle à la poésie. *Observations sur la littérature moderne* (La Haye, 1749), t. I, p. 299, 300.

que de titres à une place où il fallait prouver, avant tous autres mérites, que l'on n'était ni janséniste, ni esprit fort. Voltaire ne l'ignorait pas. Le roi avait donné son agrément[1]; mais cet agrément, une intrigue pouvait le faire retirer, et il savait que c'était à quoi travaillait, entre autres ennemis souterrains, l'auteur de *Marie Alacoque*, l'archevêque de Sens[2]. Le moyen le plus effectif de triompher de la malveillance et de l'envie, c'eût sans doute été un de ces succès éclatants qui forcent les portes et viennent à bout de toutes les résistances. Le 20 février, les comédiens français représentaient *Mérope* devant un public qu'elle jeta dans un véritable transport. Voltaire lui-même nous apprend qu'il conçut l'idée de cette pièce en lisant celle du marquis de Maffei, avec lequel il s'était rencontré à Paris en 1733. Il semble, toutefois, ne s'être attelé à ce nouveau sujet qu'à la fin de 1737[3]. Il arrive aisément à se passionner pour cette donnée d'une simplicité antique, et il va jusqu'à refaire sa pièce, presque complétement, deux ou trois fois. On a dit que *Mérope* n'était, à bien le prendre, qu'une traduction de celle de l'auteur italien : cela pouvait être vrai dans l'origine, et il en convient lui-même ; mais avec le temps, il finit par s'approprier complétement le sujet. Il écrivait à d'Argental : « puisque j'ai pris tant de liberté avec

---

1. Voltaire, *OEuvres complètes* (Beuchot). t. LIV, p. 511. Lettre de Voltaire à Moncrif; 1er février 1743.
2. *Ibid.*, t. LIV, p. 514. Lettre de Voltaire à d'Argental; mars. — Barbier, *Journal* (Charpentier), t. VIII, p. 228. *Journal de police*; 12 février 1743.
3. Voltaire, *OEuvres complètes* (Beuchot), t. LII, p. 390. Lettre de Voltaire à Cideville; 23 décembre 1737.

le marquis de Maffei dans les quatre premiers actes, je pourrai bien encore changer son cinquième : en ce cas, la *Mérope* m'appartiendra tout entière [1]. » Ce qui prouve qu'il est satisfait de son œuvre, c'est cet empressement à avoir sur elle le sentiment des gens de goût, dont l'opinion et le jugement faisaient loi. L'abbé Moussinot est chargé de donner *Mérope* à lire aux pères Brumoi et Porée et à l'abbé d'Olivet, son ancien préfet des Jésuites.

Ce n'est pas le tout de faire une tragédie, il faut que l'heure lui soit propice ; et que de circonstances pouvaient alors ajourner l'éclosion des œuvres les plus impersonnelles, les plus étrangères aux préoccupations du moment ! Quoique Voltaire fût, avec Crébillon qui ne travaillait plus guère, le seul soutien de la scène française, que de peines, d'allées et venues, de mécomptes et d'impertinences à subir avant ce dernier combat entre le public et lui ! Ces tragédies, dont le premier jet lui coûte si peu, il sera des années à les remanier scène par scène, à obéir aux exigences despotiques des comédiens et des amis ; ainsi, dès l'abord, il aura à s'incliner devant le double arrêt de Mademoiselle Quinault et de d'Argental, qui déclarent *Mérope* une tragédie injouable devant un parterre français [2]. Puis viendront les épouvantements de la

---

1. Voltaire, *Œuvres complètes* (Beuchot), t. LIII, p. 196. Lettre de Voltaire à d'Argental ; 14 juillet 1738. Les seules imitations de la *Mérope* de Maffei se trouvent acte II, scène II ; acte III, scène IV ; et une partie du Ve acte. La Harpe, *Commentaire sur le théâtre de Voltaire* (Paris, 1814), p. 222, 224.

2. Voltaire, *Lettres inédites* (Paris, Renouard, 1822), p. 17 à 21. Lettre de Voltaire à mademoiselle Quinault ; ce 2 janvier 1738.

censure, les critiques du théâtre et les rivalités des acteurs. « Le procès de madame du Châtelet nous a rappelés à Bruxelles, mande-t-il au président Hénault, je voudrais bien que vous jugeassiez, en dernier ressort, celui de *Mahomet*, auquel vous avez la bonté de vous intéresser. Il y avait longtemps que j'avais commencé cet ouvrage aussi bien que *Mérope*; je les avais tous deux abandonnés soit à cause de la difficulté du sujet, soit que d'autres études m'entraînassent, et que je fusse un peu honteux de faire toujours des vers entre Newton et Leibnitz [1]. » Étaient-ce les seules et vraies causes de cet abandon, et ne faut-il pas plutôt les chercher dans celles que nous indiquons? Il trouve à Lille un acteur pour jouer *Mahomet*, et il est ravi, faute de mieux, de voir son œuvre de prédilection interprétée par des comédiens de province, sur un théâtre de province. Il eût confié sa *Mérope* aux mêmes artistes, si mademoiselle Gautier, qui avait joué le rôle de Palmire, eût pu être travestie honnêtement en douairière [2]. On a dit que *Mérope* fut refusée par le tripot tragique qui, en dépit du succès d'*OEdipe*, n'admettait pas une tragédie sans amour. Quelque temps après, Voltaire lisait *Mérope* à l'abbé de Voisenon; ce dernier, transporté, se jette au cou du poëte, et lui jure les larmes aux yeux que c'était sa plus belle pièce. « Eh bien, lui dit Voltaire, les comédiens viennent de la refuser. » L'abbé court d'un trait au théâtre

---

1. Voltaire, OEuvres complètes (Beuchot), t. LIV, p. 337. Lettre de Voltaire au président Hénault; à Bruxelles, ce 15 mai 1741.
2. *Ibid.*, t. LIV, p. 341. Lettre de Voltaire à La Noue, entrepreneur de spectacles à Lille; Bruxelles, 1741.

et fait tant et si bien qu'après nouvelle lecture, l'aréopage, se ravisant, reçoit l'ouvrage avec acclamation [1]. Voisenon, qui a laissé tout un recueil d'anecdotes, ne fait nulle mention de celle-ci, dont la responsabilité retombe pleinement sur son biographe. La Harpe la repousse absolument : « *Mérope* ne fut jamais refusée, dit-il, et l'auteur n'eut besoin de personne pour la faire recevoir [2]. » Mais si elle ne fut pas refusée, elle dut céder la place à *Amasis*, une tragédie dont le sujet était le même, et qui avait sur l'ouvrage de Voltaire des droits d'antériorité ; et il fallut bien laisser au public le temps d'oublier le chef-d'œuvre de La Grange Chancel.

En somme, Voltaire ne perdit rien pour attendre, jamais il n'obtint un plus grand et un plus complet succès ; la cabale, et il y en avait une formidable, fut réduite à l'impuissance et au silence. Roi et Cahusac, qui en étaient les chefs, pensèrent, nous dit-on, tomber en syncope ; ce qu'on jugea par la pâleur mortelle dont leurs visages étaient couverts [3]. Quant au public, il était ivre, il demanda avec mille cris l'auteur. « On m'est venu prendre dans une cache où je m'étais tapi, on m'a mené de force dans la loge de madame la maréchale de Villars, où était sa belle-fille, le parterre

---

1. L'abbé de Voisenon, *OEuvres complètes* (Paris, 1781), t. I, p. XVII, XVIII. *Précis historique de la vie de M. l'abbé de Voisenon*.

2. La Harpe, *Correspondance littéraire* (Paris, 1804), t. I, p. 378. D'Alembert rapporte aussi cette anecdote, mais les circonstances dont il l'entoure la rendent de tout point inadmissible. *OEuvres complètes* (Belin, 1821), t. III, p. 402.

3. Barbier, *Journal* (Charpentier), t. VIII, p. 232. *Journal de police*; 21 février 1743.

était fou : il a crié à la duchesse de Villars de me baiser, et il a tant fait de bruit qu'elle a été obligée d'en passer par là, par l'ordre de sa belle-mère. J'ai été baisé publiquement, comme Alain Chartier par la princesse Marguerite d'Écosse ; mais il dormait et j'étais fort éveillé[1]. » Voilà ce que raconte le *Commentaire historique* rédigé plus de trente ans après l'événement. Les choses se sont-elles absolument passées comme Voltaire les rapporte ? Il se pourrait bien qu'il ait embelli et confondu. Le *Journal de police* que nous avons sous les yeux cite d'autres noms, et, tout en constatant le délire général, se tait absolument sur l'épisode du baiser : « Le parterre, nous dit-il, a non-seulement applaudi à tout rompre, mais même a demandé mille fois que Voltaire parût sur le théâtre[2], pour lui marquer sa joie et son contentement. Mesdames de Boufflers et de Luxembourg ont fait tout ce qu'elles ont pu pour engager ce poëte à satisfaire l'empressement du public, mais il s'est retiré de leur loge avec un air soumis, après avoir baisé la main de madame de Luxembourg. » Et sans doute voilà le vrai, un baiser sur la main de madame de Luxembourg au lieu d'un baiser de la jeune duchesse de Villars ; car l'observateur à gages n'avait nul motif de changer les faits et les personnes ; d'ailleurs, alors et depuis longues années, la maréchale était en pleine réforme et n'allait sûrement plus au spectacle. Mais dira-t-on, tout cela est

---

1. Voltaire, *OEuvres complètes* (Beuchot), t. XLVIII, p. 336, 337. Commentaire historique.
2. C'est la première fois, fait observer Condorcet, que le parterre ait demandé l'auteur d'une pièce.

extrait d'une lettre à d'Aigueberre, écrite six semaines au plus après cet incomparable triomphe. La réponse est aussi aisée qu'étrange : cette lettre, tout en constatant le grand succès de *Mérope* dans les mêmes termes que le *Commentaire*, garde le silence à l'égard du baiser de la duchesse, et le nom de madame de Villars ne s'y trouve même point [1].

Jamais pièce ne fut mieux jouée. Mademoiselle Dumesnil fut merveilleuse, et, comme de juste, il fallut que le talent de l'artiste servît à humilier l'écrivain. On prête à Fontenelle un mot, dont il est peut-être innocent, mais qui est dans la mesure de son dardillon, quand il voulait piquer. Lorsque *Mérope* fut imprimée, quelqu'un demanda à l'auteur des *Oracles* ce qu'il en pensait : « Les représentations de *Mérope*, répondit-il, ont fait beaucoup d'honneur à M. de Voltaire, et la lecture en fait encore plus à mademoiselle Dumesnil [2]. » En ce cas encore, eût-ce été un gré de plus à savoir à Voltaire, car c'était bien à Voltaire que l'actrice devait le succès qu'obtint celle-ci. Le poëte, à la première répétition, fut loin d'être satisfait du jeu mou, froid, de l'actrice, dans sa scène avec Cresphonte, au quatrième acte. Aux observations qu'il se permit, mademoiselle Dumesnil repartit : « Il faudrait avoir le diable au corps pour arriver au ton que vous voulez me faire prendre. — Eh ! vraiment oui, mademoiselle, riposta M. de

---

1. Voltaire, *OEuvres complètes* (Beuchot), t. LIV, p. 524, 525, 526. Lettre de Voltaire à d'Aigueberre ; à Paris, le 4 avril 1743.

2. *Almanach littéraire ou Etrennes d'Apollon* (1777), p. 128. Fontenelliana.

Voltaire, c'est le diable au corps qu'il faut avoir pour exceller dans tous les arts [1]. »

Cette soirée, en tous cas, fut pleine d'enivrements : à part les ennemis venus là pour faire tomber la pièce et que ce succès terrifia, l'enthousiasme fut unanime ; le poëte ne rencontra que des visages ravis, et eut le rare bonheur de se voir acclamé par ses confrères, les poëtes. Voici ce qu'écrivait l'un deux, le lendemain même, à l'auteur de *Mérope* : « Vous avez rendu vraisemblables les miracles de Lysius et de Tirtée : l'enchantement de la poésie n'est donc pas une chimère... il s'en fallut de peu que *Mérope* ne vous fît hier des adorateurs, et j'aurois pardonné ce moment d'idolâtrie aux transports que vous faisiez naître, j'irois vous en dire davantage, s'il m'étoit possible de sortir aujourd'hui, au risque de n'avoir point d'abbaye je retournerai à *Mérope;* c'est peu pour un homme du monde de sacrifier sa fortune à ses plaisirs,

---

[1]. *Bibliothèque des mémoires du dix-huitième siècle* (édit. Barrière), t. VI, p. 114. Mémoires de Lekain. Voltaire était curieux à suivre ; la vivacité de son caractère, son impossibilité de se contenir, quand l'on rendait insuffisamment sa pensée, sa façon de reprendre un mot mal dit, une interprétation faible ou exagérée, étaient autant de comédies trop amusantes pour n'avoir pas été recueillies par la tradition. Cette leçon adressée par le poëte à mademoiselle Dumesnil, rappelle cette autre apostrophe dont le pauvre Le Grand ne se releva jamais. Ce dernier, chargé du rôle d'Omar, ayant, au second acte, à peindre l'effet terrible produit sur le sénat de la Mecque par l'arrivée de Mahomet :

> Mahomet marche en maître, et l'olive à la main ;
> La trêve est publiée et le voici lui-même ;

en entendant l'acteur réciter ces deux vers du ton le plus plat, Voltaire s'écria : « Oui, oui, Mahomet arrive ; c'est comme si l'on disait : *rangez-vous, voilà la vache.* »

mais c'est beaucoup pour un homme d'église [1]. » Cet homme d'église, qui faisait si bon marché de son avenir et se montrait prêt à sacrifier toutes les abbayes au plaisir de revoir *Mérope*, avait ses raisons pour parler ainsi ; on lui avait dit qu'il n'aurait point d'abbayes de sitôt, et il avait pris son parti d'attendre [2], sans en avoir trop le droit ; car, s'il était fort noble, il était né si pauvre qu'étant au collége d'Harcourt il allait dîner, les jours de congé, dans un méchant cabaret à six sous par tête, avec des amis aussi râpés que lui, Diderot, entre autres. Et que de bons contes sur cette pauvreté dont il se gardait bien de rougir et qu'il affichait avec une gaieté, une aisance que l'on n'imagine pas trop à ce point ! Ainsi M. de Ferriol, l'étrange protecteur d'Aïssé, lui eût prêté jusqu'aux housses de ses mulets pour lui servir de couvertures. Et, quand il allait souper en ville, on lui donnait trois livres en sortant pour payer son fiacre ; c'était une plaisanterie dont on s'était avisé lorsqu'il refusait de rester davantage, en objectant qu'il n'avait point de voiture : « et cette plaisanterie

---

1. Laverdet, *Catalogue d'autographes* du 30 mars 1863, p. 7, nº 30. Lettre de l'abbé de Bernis à M. de Voltaire, à l'hôtel de madame du Châtelet, faubourg Saint-Honoré ; jeudi matin, 21 février 1743. — *L'Amateur d'autographes*, première année, p. 363. Autres fragments de la même lettre.

2. « Monseigneur, j'attendrai, » le mot est célèbre. A qui fut-il dit ? Les uns prétendent que cette réponse s'adressait à l'ancien évêque de Mirepoix. Mais nous sommes de l'avis de M. Sainte-Beuve, qui veut que Fleury ait été l'interlocuteur de Bernis. Le mot perd tout son piquant adressé au théatin Boyer, tandis que jeté à la face ridée du cardinal, il est d'un comique excellent et d'autant plus plaisant, qu'il demeure dans la mesure apparente de la politesse et du respect dû par un très-jeune abbé à un prince de l'Église qui était également premier ministre.

se perpétua quelque temps », assure Senac de Meilhac, auquel nous laissons la responsabilité de ces quelques détails peu croyables[1]. Si ce ne sont pas les uniques faits de ce genre qui circulaient à l'endroit du nécessiteux abbé, au moins sont-ce les plus forts. A l'époque où nous sommes, Bernis (car c'était lui), quoique accueilli en enfant gâté dans les meilleures compagnies et à la cour même, n'avait alors pour faire figure que les huit cents francs de son canonicat de Saint-Claude[2]. « Il avait débuté à faire des vers contre moi[3], dit Voltaire, et ensuite était devenu mon ami, ce qui ne lui servait à rien, mais il était devenu celui de madame de Pompadour, et cela lui fut plus utile[4]. » Les mauvais jours, en effet, touchaient à leur fin ou peu s'en fallait ; et Bernis était à la veille de cette fortune monstrueuse, inouïe, dont on ne rencontre d'exemples que sous les règnes des favorites et des monarchies absolues. Mais, quoi qu'en dise Marmontel, il restera, avec plus de tenue sans doute, l'abbé bon enfant, le poëte jouflu et souriant de ces temps de gêne et de misère joyeuse où il

[1]. Voici une note qui se trouvait en tête d'un recueil manuscrit de lettres de Bernis au duc de Choiseul, communiqué par le duc Pasquier, chancelier de France sous le règne de Louis-Philippe, à M. Sainte-Beuve, auquel nous l'empruntons : « Dans sa jeunesse, l'abbé de Bernis avoit langui dans la misère, ne vivant que du produit du travail qu'il faisoit pour un libraire dont la femme lui étoit chère, et recevant quelques fois de ses amis ou de ses amies *de quoi payer son fiacre.* » Sainte-Beuve, *Causeries du Lundi* (Garnier, 1854), t. VIII, p. 3.

[2]. Charles Pougens, *Mémoires et Souvenirs* (février, 1834), p. 45.

[3]. Bernis, *Œuvres* (Paris, Ménard, 1822), p. 60. *A mes Dieux pénates.*

[4]. Voltaire, *Œuvres complètes* (Beuchot), t. XL, p. 101. Mémoires pour servir à l'histoire de M. de Voltaire, écrits par lui-même.

se demandait tous les matins comment il vivrait, et où il partageait quelquefois avec madame d'Argental un très-léger dîner « qu'il n'eût pas trouvé ailleurs [1]. »

Le succès de *Mérope* n'avait pas détourné un instant Voltaire de son principal but; l'Académie était l'objet de tous ses désirs, le brevet d'immortel lui tenait fort à cœur, et il était décidé à ne pas marchander les sacrifices pour l'obtenir. L'unique objection, l'unique obstacle, c'était sa réputation assez méritée d'irréligion et d'impiété. Voltaire seul pouvait avoir l'idée d'affirmer l'orthodoxie de Voltaire; la tâche était ardue, et plus encore celle de ramener le théatin Boyer qui s'était déclaré ouvertement. Il s'avise d'écrire au ministre une lettre que Tartufe n'eût pas désavouée et dans laquelle il faisait une profession des plus curieuses.

> Un honnête homme peut à la vérité se défendre, il le doit lui-même, non pour la vaine satisfaction d'imposer silence, mais pour rendre gloire à la vérité. Je veux donc dire devant Dieu qui m'écoute, que je suis bon citoyen et vrai catholique, et je le dis uniquement, parce que je l'ai toujours été dans le cœur. Je n'ai pas écrit une page qui ne respire l'humanité, et j'en ai écrit beaucoup qui sont sanctifiées par la religion. Le poëme de *la Henriade* n'est, d'un bout à l'autre, que l'éloge de la vertu qui se soumet à la Providence; j'espère qu'en cela ma vie ressemblera toujours à mes écrits. Je n'ai jamais surtout souillé ces éloges de la vertu par aucun espoir de récompense, et je n'en veux aucune que celle d'être connu pour ce que je suis.
>
> Mes ennemis me reprochent je ne sais quelles *Lettres philosophiques*. J'ai écrit plusieurs lettres à mes amis, mais jamais je ne les ai intitulées de ce titre fastueux. La plupart de celles qu'on a imprimées sous mon nom ne sont point de moi, et j'ai des preuves qui le démontrent. J'avais lu à M. le cardinal de

---

[1]. Président Hénault, *Mémoires* (Dentu, 1855), p. 209.

Fleury celles qu'on a si indignement falsifiées; il savait très-bien distinguer ce qui était de moi d'avec ce qui n'en était pas. Il daignait m'estimer, et surtout dans les derniers temps de sa vie. Ayant reconnu une calomnie infâme dont on m'avait noirci au sujet d'une prétendue lettre au roi de Prusse, il m'en aima davantage. Les calomniateurs haïssent à mesure qu'ils persécutent; mais les gens de bien se croient obligés de chérir ceux dont ils ont reconnu l'innocence [1].

Cette lettre courut dans Paris et ne fut pas l'objet d'un mince étonnement. On savait si Voltaire était sincère et quel catholique c'était. Ce manifeste ne pouvait être fort du goût des gens scrupuleux et qui n'admettent point que l'on joue avec les convictions [2]. Frédéric n'aura garde, lui aussi, de témoigner et sa surprise et sa désapprobation, en vers comme en prose; à cela le poëte, en disette de meilleures raisons, eût pu répondre que ce n'était pas sa faute si, pour obtenir une distinction purement littéraire, que nul de son temps n'avait méritée autant que lui, et à laquelle il tenait fort, il fallait faire preuve d'orthodoxie. Aussi écrivait-il au comte d'Argenson, à propos de Boyer et en faisant allusion à cette étrange palinodie : « Il devait savoir que c'est un mérite bien triste de faire des hypocrites [3]. »

1. Voltaire, *OEuvres complètes* (Beuchot), t. LIV, p. 520. Lettre de Voltaire à M. Boyer, ancien évêque de Mirepoix; mars 1743. Cette lettre sans date est des derniers jours de février. Le duc de Luynes dit, à la date du 3 mars : « Il paroît depuis quelques jours une lettre de Voltaire écrite à un ami (Luynes en donne la copie, et c'est la lettre à Boyer); quoiqu'elle soit très-bien écrite, il y a lieu de croire qu'elle ne fera changer de sentiment personne. » *Mémoires*, t. IV, p. 424.

2. Barbier, *Journal* (Charpentier), t. VIII, p. 239. *Journal de police*; 9 mars 1743.

3. Marquis d'Argenson, *Mémoires* (Jannet), t. IV, p. 374. Lettre de Voltaire à d'Argenson; 5 juillet 1743.

Dans une autre lettre non moins étrange à un académicien, qu'il ne nomme pas, mais que le roi de Prusse nous apprend être l'archevêque de Sens, cet autre adversaire acharné de sa candidature [1], il est tout aussi affirmatif sur la solidité de ses sentiments religieux. Nous savons bien qu'il déclare cette seconde lettre supposée. « ... Il n'est pas vrai, dit-il à Frédéric, que j'aie écrit à l'auteur de *Marie Alacoque* la lettre qu'on s'est plu à faire courir sous mon nom. Je n'en ai écrit qu'une à l'évêque de Mirepoix, dans laquelle je me suis plaint à lui très-vivement et très-inutilement des calomnies de ses délateurs et de ses espions. Je ne fléchis point le genou devant Baal [2]... » Ne dirait-on pas à l'entendre qu'il a lavé la tête au théatin Boyer, et que celui-ci s'en souviendra de longtemps? Quoi qu'il en soit, et malgré ces grandes phrases, cette seconde lettre est aussi bien de lui que la première. Et, si l'on en pouvait douter, l'on n'aurait qu'à lire la fin d'une autre épître à d'Argental, où se trouve cette phrase suffisamment claire : « L'auteur de *Marie Alacoque* persécute et doit persécuter l'auteur de la *Henriade*, mais je ferai tout ce qu'il faudra pour apaiser, pour désarmer l'archevêque de Sens [3]. » Tout cela

---

1. Voltaire, *OEuvres complètes* (Beuchot), t. LIV, p. 535. Lettre de Frédéric à Voltaire ; à Postdam, le 21 mai 1743. En lisant attentivement cette lettre, M. Clogenson se fût évité la peine de conjecturer à faux, lorsqu'il indique l'abbé de Rhotelin comme l'anonyme présumable auquel le poëte s'adressait.

2. *Ibid.*, t. LIV, p. 537. Lettre de Voltaire à Frédéric ; juin 1743.

3. *Ibid.*, t. LIV, p. 514. Lettre de Voltaire à d'Argental; mars 1743.

devait être de la peine perdue, et n'ébranla d'aucune sorte la conviction et la détermination de M. de Mirepoix.

Un vieil imbécile, précepteur du Dauphin, autrefois théatin et depuis évêque de Mirepoix, nommé Boyer, se chargea, par principe de conscience, de seconder le caprice de M. de Maurepas. Ce Boyer avait la feuille des bénéfices, le roi lui abandonnait toutes les affaires du clergé : il traita celle-ci comme un point de discipline ecclésiastique. Il représenta que c'était offenser Dieu qu'un profane comme moi succédât à un cardinal. Je savais que M. de Maurepas le fesait agir; j'allai trouver ce ministre; je lui dis : une place à l'Académie n'est pas une dignité bien importante; mais après avoir été nommé, il est triste d'être exclu. Vous êtes brouillé avec madame de Châteauroux que le roi aime, et avec M. le duc de Richelieu qui la gouverne; quel rapport y a-t-il, je vous prie, de vos brouilleries avec une pauvre place à l'Académie française? Je vous conjure de me répondre franchement : En cas que madame de Châteauroux l'emporte sur M. l'évêque de Mirepoix, vous y opposerez-vous?... Il se recueillit un moment et me dit : *Oui, et je vous écraserai*[1].

Beaumarchais, qui avait ses raisons pour prendre la défense de Maurepas, nous dit qu'ayant eu occasion de l'interroger sur cette anecdote, celui-ci la démentit en tous points. Ce n'eût pas été lui, mais le roi qui se fût opposé à la nomination du poëte, trouvant qu'il y eût eu peu de convenance à confier l'éloge d'un cardinal à une bouche d'une orthodoxie si douteuse. « M. de Maurepas nous a même ajouté qu'il savait depuis très-longtemps que Voltaire avait dit et écrit à ses amis le mot : *Je vous écraserai*, mais que cette injustice d'un homme aussi célèbre ne l'avait pas empêché

---

[1]. Voltaire, *OEuvres complètes* (Beuchot), t. XL, p. 66, 67. Mémoires pour servir à l'histoire de M. de Voltaire, écrits par lui-même.

de solliciter le roi régnant, et d'en obtenir que celui qui avait tant honoré son siècle et sa nation vînt jouir de sa gloire au milieu d'elle à la fin de sa carrière[1]. » Cela ne nous persuade point. Maurepas était mal disposé à l'égard de Voltaire, qui, cependant, n'avait rien négligé pour mériter ses bonnes grâces, et lui avait même adressé une épître flatteuse dont le début ne peint que trop en beau celui-ci, si elle indique assez la mobilité du personnage :

> Toi qui, mêlant toujours l'agréable à l'utile,
> Des plaisirs aux travaux passes d'un vol agile[2]...

Mais ces agaceries ne purent rien contre une antipathie incurable. En somme, Maurepas qui, nous dit Condorcet, mettait de la vanité à montrer plus d'esprit qu'un autre dans un souper, et qui ressemblait si bien, de ce côté, au Cléon du *Méchant*, qu'on prétendait que Gresset l'avait eu en vue[3], devait pardonner difficile-

---

1. Note du correspondant général de la Société littéraire typographique, titre qui désignait Beaumarchais.

2. Voltaire, *Œuvres complètes* (Beuchot), t. XIII, p. 142. Épître à un ministre d'État sur l'*Encouragement des Arts* (1740). Après cette opposition dont se défend Maurepas, et qui ajourna encore l'admission du poëte parmi les Quarante, Voltaire, blessé au cœur, effaça le nom de Maurepas et substitua ces mots : « à un ministre d'Etat ; » et c'est sous ce dernier titre que l'épître figure dans ses OEuvres.

3. Le héros du *Méchant*, de Gresset. « On croit que M. de *Maurepas* et le duc d'*Ayen* ont particulièrement servi de modèles à l'auteur du *Méchant*, pour tracer ce caractère ; le premier pour les bons mots et les saillies, le second pour les discours dénigrants et extrêmes. » Et ailleurs encore : « *Cléon* ou le Méchant est un composé de deux personnages que j'ai bien reconnus : M. de *Maurepas* pour les tirades et les jugements précipités, tant des hommes que des ouvrages d'esprit ; le duc d'*Ayen*, pour la médisance, le fond de l'âme, les plaisirs et les allures... » Marquis d'Argenson, *Mémoires* (Jannet), t. III, p. 187, 190. Mais ce type de Cléon était un amalgame de mille

ment à l'auteur de la *Henriade* sa verve intarissable, sa raillerie fine et aiguisée, et son adorable impertinence de grand seigneur. Ce sont des raisons pareilles qui décident le plus souvent de nos sentiments et enfantent les aversions les plus profondes. Quoi qu'il en soit, et malgré la politesse de la forme, Maurepas ne fut rien moins pour le poëte qu'un ami et un appui. Importuné par des solliciteurs et des patrons que l'on n'évince pas, il fit parfois violence à sa nature et se laissa arracher ce qu'il n'eût pas accordé de son plein gré. En réalité, lorsqu'il fut chassé, Voltaire n'eut point à endosser des habits de deuil et put assister stoïquement à une chute qui certes ne lui enlevait pas un protecteur; et, quand le patriarche de Ferney, bien des années après, en 1778, s'avisa de venir chercher à Paris son dernier triomphe, si le Mentor conseilla à Louis XVI de paraître ignorer l'invasion du terrible vieillard, c'est que, bien vieux lui-même, et sceptique en toute matière, il ne voulait pas s'exposer aux murmures, aux clameurs, à l'indignation fougueuse de cette population spirituelle, frondeuse, chansonnière qu'il croyait bien connaître.

Des démarches furent faites auprès de l'archevêque de Narbonne, qui en avertit poliment le poëte ; ce prélat d'ailleurs se désista presque aussitôt. En pareil cas, et

---

traits épars dont le public croyait reconnaître la provenance. Ainsi, six ans après ces notes, d'Argenson retrouvait également son frère dans le personnage du Méchant, t. IV, p. 124. On prétendait encore que le duc de Choiseul, alors comte de Stainville, avait posé comme les autres, pour cette remarquable création, l'une des plus fortes qui soient au théâtre. Senac de Meilhan, *Portraits et caractères des personnages distingués de la fin du dix-huitième siècle* (Dentu, 1813), p. 29.

quand le mérite n'est pas de rigueur, les candidats ne manquent point, et c'était une bien grande illusion de Voltaire et de madame du Châtelet d'espérer « prendre la place par famine[1]. » Si celui-ci avait, dans le principe, comme il s'en vante, obtenu l'agrément du roi, depuis longtemps le vent était retourné, et l'on ne voulait de lui à aucun prix. Maurepas, recevant la visite de l'évêque de Bayeux, lui dit qu'il devrait songer à l'Académie; Mirepoix, dont l'abbé de Luynes était l'ami, lui tint le même langage et le décida à se présenter. Le prélat aimait les lettres, il était déjà le protecteur et le restaurateur d'une illustre académie de province, l'académie de Caen; il se laissa doucement tenter, fit les visites d'obligation et fut élu tout d'une voix, le jeudi 22 mars 1743[2]. Ce fut là une rude épreuve pour le poëte, qui ne devait pas être moins mécontent de soi que des autres. Voltaire déclara qu'il renonçait pour jamais à l'Académie, serment d'ivrogne dont on connaît la vanité. Son irritation était à son comble; il traitait sans trop se gêner de prestolets MM. de Mirepoix et de Sens et donnait à entendre même qu'il avait des ressorts puissants qui le mettraient au-dessus de cette prêtraille[3]. Au moins avait-il une force dans les mains, une force réelle que l'on sentait, qu'on eût voulu ne pas lui savoir, mais avec laquelle il fallait compter. La

1. *Lettres de Voltaire et de sa célèbre amie* (Genève, 1782), à Paris, ce 10 avril 1743.
2. Duc de Luynes, *Mémoires*, t. IV, p. 452 ; mars 1743.
3. Barbier, *Journal* (Charpentier), t. VIII, p. 270 ; *Journal de police*, 28 avril 1743. Voltaire avait, comme on va voir, l'appui de madame de la Tournelle (madame de Châteauroux), alors gouvernée par le duc de Richelieu.

situation de Voltaire vis-à-vis d'un gouvernement où il avait plus d'ennemis que d'amis est assez bien définie dans le dialogue suivant reproduit par le même chroniqueur occulte.

« Vous devriez avertir charitablement Voltaire, » disoit hier une femme de qualité à un homme de marque, « de ne pas parler si souvent du roi de Prusse et des liaisons intimes qu'il a avec ce monarque; malgré son crédit, il pourroit donner de l'inquiétude au ministère; on a plus de prétextes qu'il n'en faut pour le chagriner, et il me semble qu'il devroit être plus sage qu'un autre. » — « Vous êtes dans l'erreur, madame, » reprit l'homme de marque, « Voltaire sait qu'il ne tient à rien ici, qu'il a le parlement à dos et beaucoup d'ennemis, et profite de la circonstance des affaires. L'on a besoin du roi de Prusse, on n'a garde de le chagriner; et de l'humeur singulière dont est ce prince, il se formaliseroit sûrement si l'on faisoit un mauvais parti à ce poëte. Aussi Voltaire ne demande pas mieux qu'on le croie bien avec ce prince, et je suis persuadé qu'il ne néglige rien pour accréditer cette opinion. D'ailleurs on peut se servir de lui pour traiter avec le roi de Prusse : En voilà plus qu'il n'en faut pour mettre cet homme à l'abri des traverses que vous imaginiez qu'il couroit[1]. »

Voltaire faisait sonner bien haut cette faveur, mais il ne l'exagérait pas. Quelques jours avant cette conversation, son ami couronné lui écrivait à propos de son échec à l'Académie : « Je m'attendais bien que Voltaire serait repoussé dès qu'il comparaîtrait devant un aréopage de Midas crossés-mitrés. Gagnez sur vous de mépriser une nation qui méconnaît le mérite des Belle-Isle et des Voltaire, et venez dans un pays où l'on vous aime et où l'on n'est point bigot[2]. » Au moins pouvait-

---

1. Barbier, *Journal* (Charpentier), t. VIII, p. 262 ; *Journal de police*, 16 avril 1743.
2. Voltaire, *Œuvres complètes* (Beuchot), t. LIV, p. 528. Lettre de Frédéric à Voltaire ; à Postdam, 6 avril 1743.

il n'être pas sans utilité, dans les conjonctures présentes, de mettre à l'épreuve le zèle persistant de ce dernier. Nous étions loin alors de ces temps où nos soldats faisaient trembler l'Europe sous Condé, Turenne, Luxembourg et même Villars. Nos armées étaient conspuées à l'égal de notre politique, et il nous était aussi difficile de conserver nos alliés que de nous en faire de nouveaux. Tous les yeux se tournaient avec anxiété vers le roi de Prusse, et c'était à qui l'attirerait de son côté. On savait toutes les intrigues des Anglais pour nous l'aliéner, et quelles issues avaient eu leurs efforts. C'eût été un coup de partie de ramener ce terrible infidèle; et en supposant, ce qui n'était que trop probable, que l'amitié d'un poëte fût insuffisante pour une semblable tâche, au moins Voltaire, près de son héros, se trouverait-il plus en situation de rendre quelques bons offices. En toute occurrence, il n'eût demandé qu'à être mis à l'épreuve ; mais les circonstances étaient telles qu'il allait envisager comme un bienfait tout ce qui pourrait l'éloigner d'un pays où ses ennemis triomphaient, où ses succès mêmes concouraient à l'accabler. Paris lui était désormais odieux. Entre autres nouvelles vexations, il venait de voir écarter son *Jules César*, à la veille d'être représenté. « Les *Brutes* qui me chicanent, s'écrie-t-il plein d'amertume, sont aussi sots que ceux qui assassinèrent mon héros furent cruels[1]. » Crébillon, auquel il devait longuement faire expier sa malveillance déguisée, avait déjà refusé son approbation à *Mahomet*, un peu, disait-on, parce qu'on lui avait persuadé

---

1. Voltaire, *OEuvres complètes* (Beuchot), t. LIV, p. 541. Lettre de Voltaire à Pont-de-Veyle; juin 1743 (peut-être le 11 juin).

que *Mahomet* était un rival de son *Atrée ;* il s'opposa cette fois encore à la représentation de *Jules César :* « Il prétend que Brutus ne doit point assassiner César. et assurément il a raison : on ne doit assassiner personne ; mais il a fait autrefois boire sur le théâtre le sang d'un fils à son propre père ; il a fait paraître Sémiramis amoureuse de son fils, sans donner seulement un remords à Sémiramis ni à Atrée ; et les réviseurs de ce temps-là souffrirent que ces pièces fussent jouées [1]. » Ce fut à minuit, après la dernière répétition à la Comédie française (le 10 juin 1743), qu'il apprit que *Jules César* ne serait point joué [2] : la mesure était comble, et c'était le cas, encore un coup, de déserter une ville où l'on ne savait récompenser autrement trente années de travail et de succès, et de se rendre à l'invitation d'un prince qui le pressait à tout instant de venir près de lui. « Puisqu'il a daigné jouer lui-même *Jules César*, dans une de ses maisons de plaisance, avec quelques-uns de ses courtisans, n'est-il pas bien juste que je quitte pour lui les Visigoths qui ne veulent pas qu'on joue *Jules César* en France [3]. »

Ce ne serait pas Frédéric qui le consignerait à la frontière. Son envie de voir et d'avoir Voltaire tenait de la monomanie, et il était parfaitement homme à passer par-dessus tous scrupules pour hâter ce résultat si ardemment désiré. Après ces derniers dégoûts,

1. Voltaire, *OEuvres complètes* (Beuchot), t. LIV, p. 448. Lettre de Voltaire à mademoiselle Dumesnil ; à la Haye, ce 4 juillet 1743.
2. Bibliothèque de l'Arsenal. Manuscrits. B. L. 7207. *Recueil de pièces curieuses en vers et en prose*, t. V, p. 536.
3. Voltaire, *OEuvres complètes* (Beuchot), t. LIV, p. 544. Lettre de Voltaire à Cideville ; à la Haye, ce 27 juin 1743.

le roi de Prusse, au moment même où le poëte annonçait son départ à Cideville, disait dans un transport de joie à Jordan : « Voltaire, je crois, va quitter la France tout de bon [1]. » Et, quelques jours après, il célébrait sa prochaine arrivée par des vers où il songeait sans doute plus à sa satisfaction qu'à celle de madame du Châtelet :

> Paris et la belle Émilie
> A la fin ont pourtant eu tort ;
> Boyer avec l'Académie
> Ont, malgré sa palinodie,
> De Voltaire fixé le sort.
> Berlin, quoi qu'il puisse nous dire,
> A bien prendre, est son pis-aller,
> Mais qu'importe ? Il nous fera rire
> Lorsque nous l'entendrons parler
> De Maurepas et de Boyer
> Plein du venin de la satire [2].

L'affection de madame du Châtelet, en effet, avait essuyé un de ces échecs que la vanité et le cœur ressentent également. Elle n'avait pu cacher son chagrin; et c'était l'objet actuel des plaisanteries et des méchants propos de tout Paris [3]. Elle était, en réalité, au désespoir d'une séparation dont elle entrevoyait tous les périls.

Il s'en est allé en Hollande d'où il ira vraisemblablement en Prusse, qui est tout ce que je crains : car le roi de Prusse est

---

1. *OEuvres complètes de Frédéric le Grand* (Berlin, Preuss.), t. XVII, p. 24. Lettre de Frédéric à Jordan; Postdam, 27 juin 1743.
2. *Ibid.*, t. XVII, p. 247. Lettre de Frédéric à Jordan.
3. Barbier, *Journal* (Charpentier), t. VIII, p. 301 ; *Journal de police*, 16 juin 1743.

un rival très-dangereux pour moi. Je suis dans la plus grande affliction, et quoique je sente qu'il a bien quelque tort, puisqu'à sa place je ne me serois pas sûrement enallée, cependant ce que je sens le plus, c'est ma douleur ; je suis restée ici dans l'espérance de faire jouer *César* et de hâter son retour ; je doute que j'y parvienne, et, en ce cas, j'irai à la fin de juillet à Bruxelles, où il m'a promis de me venir trouver. Voilà mon état et mes marches [1]...

Cette anxiété était poignante, et elle avait bon besoin d'être rassurée par l'objet de ses inquiétudes qui, quelque preste qu'il fût à prendre la plume, n'écrivait pas tous les ordinaires. « Cette femme a passé samedi une partie de la journée à pleurer de n'avoir pas reçu de lettres de cet Adonis [2], » lisons-nous dans le même *Journal de police*, à la date du 1er juillet.

Voltaire alla descendre, à La Haye, au palais du roi de Prusse, « dans votre vaste et ruiné palais, » comme il l'écrit, sans plus de façon, en tête d'une de ses lettres à Fréderic [3]. Il n'attendait que des chevaux pour s'élancer vers son héros ; toutefois, son état de santé ne lui permettant pas de jouer le chevalier errant, il eût voulu être assuré du point vers lequel il aurait à se diriger, et aussi où il aurait à prendre pied et un peu de repos. Cette incertitude ne laissa pas de le retenir longtemps encore en Hollande. Il n'y était pas oisif. Après tant de tentatives avortées, il allait être à même enfin de

1. *Lettres de Voltaire et de sa célèbre amie* (Genève, 1782), p. 43 ; à Paris, ce 28 juin 1743.
2. Barbier, *Journal* (Charpentier), t. VIII, p. 309 ; *Journal de police*, 1er juillet 1743.
3. Voltaire, *OEuvres complètes* (Beuchot), t. LIV, p. 552. Lettre de Voltaire à Fréderic ; à la Haye, ce 13 juillet 1743.

conquérir par son dévouement et ses services une position qui, certes, n'était au-dessus ni de sa finesse, ni de sa sagacité, ni de son habileté pratique. Son intimité avec Frédéric était à utiliser; elle détermina le ministère à l'employer auprès d'un prince qui tenait bien véritablement, répétons-le, en ses mains la destinée de l'Europe. Ces considérations, l'affection du comte d'Argenson, celle non moins effective de Richelieu qui prit l'affaire à cœur et la fit agréer à la favorite, l'emportèrent sur les répugnances qu'inspirait le poëte à tout un parti; et à l'heure même où on le supposait disgracié, chassé de la cour, fuyant, la rage dans le cœur, devant le nombre et la puissance de ses ennemis, il s'éloignait de Paris, meurtri sans doute mais triomphant, avec les ordres et les instructions de M. Amelot. Voici comment il raconte cette petite machination, en l'arrangeant à sa façon en plus d'un endroit, selon sa louable habitude.

On imagina de m'envoyer secrètement chez ce monarque pour sonder ses intentions, pour voir s'il ne serait pas d'humeur à prévenir les orages qui devaient tomber tôt ou tard de Vienne sur lui après avoir tombé sur nous, et s'il ne voudrait pas nous prêter cent mille hommes, dans l'occasion, pour mieux assurer la Silésie. Cette idée était tombée dans la tête de M. de Richelieu et de madame de Châteauroux. Le roi l'adopta; et M. Amelot, ministre des affaires étrangères, mais ministre très-subalterne, fut chargé seulement de presser mon départ.

Il fallait un prétexte. Je pris celui de ma querelle avec l'ancien évêque de Mirepoix. Le roi approuva cet expédient. J'écrivis au roi de Prusse que je ne pouvais plus tenir aux persécutions de ce théatin, et que j'allais me réfugier auprès d'un roi philosophe, loin des tracasseries d'un bigot. Comme ce prélat signait toujours l'*anc. évéq. de Mirepoix*, en abrégé, et que son écriture était assez incorrecte, on lisait *l'âne de Mirepoix*, au lieu de *l'ancien* : ce fut un sujet de plaisanteries; et jamais négociation ne fut plus gaie.

Le roi de Prusse, qui n'y allait point de main morte quand il fallait frapper sur les moines et sur les prélats de cour, me répondit avec un déluge de railleries sur l'âne de Mirepoix, et me pressa de venir. J'eus grand soin de faire lire mes lettres et mes réponses. L'évêque en fut informé. Il alla se plaindre à Louis XV de ce que je le faisais passer, disait-il, pour un sot dans les cours étrangères. Le roi lui répondit que c'était une chose convenue, et qu'il ne faillait pas qu'il y prît garde.

Cette réponse de Louis XV, qui n'est guère dans son caractère, m'a toujours paru extraordinaire. J'avais à la fois le plaisir de me venger de l'évêque qui m'avait exclu de l'Académie, celui de faire un voyage très-agréable, et celui d'être à portée de rendre service au roi et à l'État. M. de Maurepas entrait même avec chaleur dans cette aventure, parce qu'alors il gouvernait M. Amelot, et qu'il croyait être le ministre des affaires étrangères [1].

Voltaire ne s'était pas fait scrupule de demander, en avance d'hoirie, des faveurs que ses services allaient mériter et qui n'étaient après tout que l'indemnité des dégoûts dont on l'avait abreuvé. Il sollicita et obtint pour son cousin Marchand des fournitures de fourrages ; mais, à l'entendre, les profits sont clairs et les mèneront plutôt à l'hôpital qu'à la fortune. « Nous perdons sans doute considérablement à nourrir vos chevaux, écrit-il au ministre de la guerre ; voyez si vous voulez avoir la bonté de nous indemniser en nous faisant vêtir vos hommes. Je vous demande en grâce de surseoir l'adjudication jusqu'à la fin de la semaine prochaine. Mon cousin *Marchand* attend deux gros négociants qui doivent arriver incessamment et qui

---

1. Voltaire, *Œuvres complètes* (Beuchot), t. XL, p. 68. Mémoires pour servir à la vie de M. de Voltaire, écrits par lui-même.

vous serviront bien. Heureux ceux qui vous servent[1]!... » Trois semaines après, il écrivait au même, en parlant de ce qu'il avait tenté déjà : « Je voudrais rendre des services plus essentiels; je souhaite que ma famille soit plus à portée que moi de vous prouver mon zèle... *Marchand*, père et fils, ne demandent qu'à vêtir et alimenter les défenseurs de la France[2]. » Les grands citoyens! Le ministre avait accordé au cousin de Voltaire et à un nommé Devin qu'il s'était associé, une fourniture de dix mille habits pour les milices. Mais la manufacture de Lodève ne pouvant livrer dans le temps prescrit, ce retard indisposa M. d'Argenson qui n'était pas fort éloigné de confier l'entreprise à un M. de Vallat. Voltaire n'était plus là pour donner un coup d'épaule à son parent; madame du Châtelet lui vint en aide et se chargea de démontrer au comte que, l'impossibilité ne provenant pas de l'incurie des premiers fournisseurs, elle subsisterait tout aussi bien pour M. de Vallat que pour ses devanciers[3]. Il va sans dire que le poëte avait sa part dans ces spéculations, qui étaient pour lui péché d'habitude. Dès 1734, durant la première guerre d'Italie, les frères Pâris lui accordaient un intérêt dans les vivres; et, au règlement définitif, il recevait pour solde de compte une somme de six cent mille livres[2]. En 1741, mêmes avantages, mêmes occasions de gains

---

1. Marquis d'Argenson, *Mémoires* (Jannet), t. IV, p. 372, 373. Lettre de Voltaire au comte d'Argenson; juin 1743.

2. *Ibid.*, t. IV, p. 374, 375. Lettre de Voltaire au comte d'Argenson; à la Haye, ce 15 juillet 1743.

3. *Ibid.*, t. IV, p. 378, 379. Lettre de madame du Châtelet au comte d'Argenson; à Paris, le 22 août 1743.

4. Longchamp et Wagnière, *Mémoires* (Paris, 1826), t. II, p. 331.

considérables. « Feu M. d'Argenson, ministre de la guerre, nous dit Collé, donnoit un intérêt à Voltaire dans toutes les affaires et entreprises qui se faisoient dans son département. Ce dernier fait m'a été prouvé par M. Davoust, mon ami, qui a été l'associé de cet homme célèbre, et dans la viande et dans l'artillerie [1]. » Tout cela du reste n'aurait rien de trop accablant pour la mémoire de Voltaire, qui utilisait de la façon la plus avantageuse et les hautes amitiés qu'il s'était faites et les capitaux considérables qu'il avait su amasser, s'il n'eût pas stigmatisé avec une sévérité étrange ces fortunes monstrueuses à l'édification desquelles tous les fléaux étaient appelés à contribuer. « Les peuples seront-ils encore longtemps ruinés, s'écrie-t-il, pour aller se faire bafouer, abhorrer et égorger en Germanie, et pour enrichir Marquet et compagnie,

« Et Paris, et fratres, et qui rapuere sub illis [2]. »

Ou Voltaire a peu de mémoire, ou il se moque du monde. Cette austérité philosophique a fort bon air sans doute allant à un magistrat, mais quel comique de situation dans ce *rapuere sub illis !*

C'est Longchamp qui dit six cent mille; Wagnière élève le chiffre à sept cent mille francs, t. I, p. 24, ainsi que le marquis de Luchet, *Histoire littéraire de Voltaire* (Cassel, 1781), t. I, p. 62 ; et les *Mémoires pour servir à l'histoire de M. de Voltaire* (Amsterdam, 1785), t. II, p. 11. La Harpe, dans sa *Correspondance littéraire* (Paris, 1804), t. I, p. 61, dit huit cent mille francs.

1. Collé, *Journal historique* (Paris, 1807), t. III, p. 487 ; décembre 1770.

2. Foisset, *Voltaire et le président de Brosses* (Paris, 1858), p. 61. Lettre de Voltaire au Président ; 5 janvier 1759.

C'était le comte de Podewils, l'envoyé du roi de Prusse, qui lui faisait les honneurs du palais de la vieille cour. Le comte, jeune et aimable et aimé de la femme de l'un des membres les plus influents de la République, utilisait habilement la tendresse de la dame en obtenant des copies des résolutions secrètes de leurs hautes puissances, qui étaient loin d'être favorablement disposées à notre égard. Voltaire, auquel on les communiquait, n'avait garde de ne pas transmettre ses découvertes à notre cabinet. Ainsi, à sa lettre du 15 janvier adressée au comte d'Argenson, il joignait un état des troupes et dépenses militaires de l'armée batave, dont il avait soin de souligner l'importance. « Je doute qu'il y ait aucun ministre à La Haye, ajoutait-il, qui ait cette pièce secrète [1]. » Et, deux jours après, il expédiait la seconde partie de cet intéressant document, suppliant son correspondant d'accuser réception des deux paquets, soit en disant soit en faisant dire à la dame qui demeurait au faubourg Saint-Honoré, qu'il les avait reçus [2]. Cette dame, on l'a deviné, n'était autre que madame du Châtelet; car il avait fallu la mettre dans la confidence. « Elle ne voulait point à quelque prix que ce fût que je la quittasse pour le roi de Prusse; elle ne trouvait rien de si lâche et de si abominable dans le monde que de se séparer d'une femme pour aller chercher un monarque. Elle aurait fait un vacarme horrible. On convint pour l'apaiser qu'elle entrerait dans le mystère, et que

---

1. Marquis d'Argenson, *Mémoires* (Jannet), t. IV, p. 374. Lettre de Voltaire à d'Argenson ; à la Haye, ce 15 juillet 1743.
2. Voltaire, *OEuvres complètes* (Beuchot), t. LIV, p. 557. Lettre de Voltaire au comte d'Argenson ; à la Haye, ce 18 juillet 1743.

les lettres passeraient par ses mains[1]. » Cela est caractéristique, et les choses de la diplomatie se traitaient alors, comme le reste, d'une façon assez plaisante. Voltaire fait de son mieux, ne néglige rien et tient le ministre au courant des moindres détails, tout comme si le marquis de Fénelon n'eût pas été là. Qui se fût d'ailleurs défié de lui ? Il n'était, il ne pouvait être à La Haye qu'un poëte disgracié, exilé ou peu s'en fallait. Il n'avait qu'à ouvrir les oreilles pour saisir au passage bien de petites révélations, si en politique il en est de petites. « J'aurai, mandait-il à Amelot, des lettres de recommandation de M. Trévor pour milord Hindfort, qui vous a fait tant de mal ; je tâcherai de me lier avec lui, et de tourner à votre avantage l'heureuse obscurité à l'abri de laquelle je peux être reçu partout avec assez de familiarité[2]. »

Ce que devait tenter la France, c'était de détacher le roi de Prusse de ses alliés et de le ramener à elle. Et cela n'eût pas été impossible, si, à l'éternelle honte de ce règne qui sut étouffer jusqu'à la bravoure chez un peuple si virtuellement brave, on eût pu compter davantage sur la solidité de nos troupes. Voltaire essaye de modifier à cet égard l'opinion trop bien établie de Frédéric, que l'affaire de Dettingen n'avait pu, hélas ! que confirmer. « Il paraît que les Français n'ont pas

---

1. Voltaire, *OEuvres complètes* (Beuchot), t. XL, p. 69. Mémoires pour servir à la vie de M. de Voltaire, écrits par lui-même. Cet arrangement, en tous cas, ne dut avoir lieu qu'après la séparation des deux amis, comme le démontre la lettre de la marquise à la date du 28 juin, dont nous avons reproduit plus haut un fragment.
2. *Ibid.*, t. LIV, p. 569, 570. Lettre de Voltaire à M. Amelot ; à la Haye, ce 16 août 1743.

manqué de courage ; les mousquetaires, au nombre de deux cent cinquante, ont percé cinq lignes des Anglais, et n'ont guère cédé qu'en mourant ; la grande quantité de notre noblesse tuée ou blessée est une preuve de valeur assez incontestable. Que ne ferait point cette nation, si elle était commandée par un prince tel que vous[1] ! » A quoi répondra, avec trop d'à-propos, son royal correspondant : « ... Vous me direz tout ce qu'il vous plaira, une armée qui fuit trois ans de suite, et qui est battue partout où elle se présente, n'est pas assurément une troupe de Césars ni d'Alexandres[2]. » Cette réplique de Frédéric est du 24 août, et conséquemment postérieure à six lettres, toutes politiques, adressées au comte d'Argenson, à M. Amelot et au duc de Richelieu. Voltaire a bon espoir, il a découvert que le roi de Prusse faisait négocier un emprunt de quatre cent mille florins à Amsterdam, et il en conclut que ses trésors ne sont pas aussi considérables que l'on avait pensé. Il se vante d'avoir inspiré au Salomon du Nord l'idée de chercher chicane aux Provinces-Unies, qui faisaient passer leurs munitions de guerre sur son territoire, et compte bien tirer parti de ce commencement de désaccord. « Je tâcherai, mande-t-il à Amelot, de faire fermenter ce petit venin[3]. » Il s'efforce aussi de profiter de l'inclination de Podowils pour lui faire épouser la

---

1. Voltaire, OEuvres complètes (Beuchot), t. LIV, p. 554. Lettre de Voltaire à Frédéric ; à la Haye, ce 13 juillet 1743.

2. Ibid., t. LIV, p. 575. Lettre de Frédéric à Voltaire ; à Postdam, le 20 auguste 1743.

3. Ibid., t. LIV, p. 560. Lettre de Voltaire à M. Amelot ; à la Haye, ce 2 août 1743.

politique française[1]. Mais Podowils, en travaillant pour nous, voudrait sauvegarder ses intérêts de cœur ; il a ses motifs de tenir à sa résidence : une rupture avec les Provinces-Unies en amènerait une autre avec cette belle Hollandaise, qui trahissait si lestement son pays à la plus grande gloire de son amant. Ces amours, qui ont eu leur côté profitable, ont maintenant leur côté embarassant. « J'ai peur que son ministre à La Haye, qui a plus d'une raison d'aimer ce séjour, ne ménage, autant qu'il pourra, une conciliation [2]. » Ainsi, c'est le cotillon, pour se servir de l'expression énergique de Frédéric, qui se mêle aux affaires, en Prusse aussi bien que chez nous.

Mais, tandis que le poëte travaillait à sa fortune future et croyait se préparer, grâce aux services et en dépit de la cabale ennemie, un retour triomphant, le roi travaillait machiavéliquement à empêcher sa rentrée en France. Ce dernier écrivait au comte de Rottembourg : « Voici un morceau d'une lettre de Voltaire que je vous prie de faire tenir à l'évêque de Mirepoix par un canal détourné, sans que vous et moi paraissions dans cette affaire. Mon intention est de brouiller Voltaire si bien en France, qu'il ne lui reste de parti à prendre que celui de venir chez nous [3]. » Dix jours après, mêmes recommandations au comte : « Je vous

---

1. Voltaire, *OEuvres complètes* (Beuchot), t. LIV, p. 568, 569. Lettre de Voltaire à M. Amelot ; à la Haye, ce 16 août 1743.

2. *Ibid.*, t. LIV, p. 574. Lettre de Voltaire à M. Amelot ; à la Haye, ce 17 août 1743.

3. *OEuvres complètes de Frédéric le Grand* (Berlin, Preuss.), t. XXV, p. 523. Lettre de Frédéric au comte de Rottembourg ; Postdam, 17 août 1743.

prie, faites bien parvenir par un canal détourné à l'évêque de Mirepoix les vers de Voltaire. Je voudrais le brouiller pour jamais avec la France, ce serait le moyen de l'avoir à Berlin[1]. » Voltaire, outré des mauvais services que lui avait rendus Boyer, lors de sa candidature, ne répandait qu'avec trop peu de retenue le fiel qui l'étouffait. Le fragment auquel le prince fait allusion dans sa première lettre est fort probablement emprunté à un billet du mois de juin où « ce cuistre de Boyer » est traité de la bonne façon[2]. Quant aux vers que Frédéric joint à son second envoi, sans doute parce qu'il a peur de n'avoir perdu qu'à demi l'auteur de la *Henriade*, il n'avait sûrement que l'embarras du choix. Quoi qu'il en soit, l'on est stupéfait d'une machination d'autant plus noire, d'une trahison d'autant plus odieuse que celui qui la commet est plus à l'abri des représailles. Il est bon d'insister sur cet incident qui, d'ailleurs, n'eut pas le résultat fâcheux que l'on en attendait. En France, il est convenu de faire jouer à Voltaire le rôle sacrifié, de lui donner tous les torts :

---

1. *Œuvres complètes de Frédéric le Grand* (Berlin, Preuss.), t. XXV, p. 525. Lettre de Frédéric au comte de Rottembourg; Postdam, 27 août 1743.

2. Voltaire, *Œuvres complètes* (Beuchot), t. LIV, p. 547. Lettre de Voltaire à Frédéric; à la Haye, le 28 juin 1743. Si nous indiquons cette lettre de préférence, c'est qu'il y est question « d'un morceau d'une lettre de Voltaire, » et que l'on n'a retrouvé que la moitié de celle-ci; autrement nous eussions pu citer une autre lettre, celle-là de juillet, encore plus virulente, plus insultante, plus outrée : « Ce vilain Mirepoix est aussi dur, aussi fanatique, aussi impérieux que le cardinal de Fleury était doux, accommodant et poli. Oh ! qu'il fera regretter ce bonhomme !... Le choix que Sa Majesté a fait de lui est le seul qui ait affligé notre nation..., etc., etc. »

l'on pardonne volontiers à Frédéric son esprit sceptique et irréligieux ; on semble oublier ses tirades les plus inconvenantes et les moins nécessaires, sa monomanie d'impiété qui parfois va jusqu'à l'enfantillage et la puérilité. Ses débats avec Voltaire, leur rupture finale suivie des avanies de Francfort font tout excuser: ne concourt-il pas pour sa grande part à accabler l'auteur du *Dictionnaire philosophique*, et cela mérite bien que l'on passe quelques faiblesses à un prince qui ouvrit ses États aux membres dispersés de la Société de Jésus, au moment où les puissances catholiques s'entendaient pour l'anéantir. Doit-on s'étonner alors qu'en Prusse on prenne parti pour le conquérant de la Silésie contre l'Apollon français auquel, littérairement, l'école moderne allemande n'a pas encore pardonné une influence qui, si longtemps, empêcha l'Allemagne d'avoir une littérature nationale. Sans doute et nous le répéterons à satiété, Voltaire a des moments terribles et pour lui et pour ses amis; mais encore faut-il tenir compte, dans ses rapports avec Fréderic, de l'inégalité des conditions. Il est trop facile à un philosophe couronné d'avoir raison contre un philosophe tout court; et l'histoire, que le rang n'éblouit point, sait faire la juste part de chacun sans se préoccuper même des préjugés honorables de tout un peuple. Frédéric, qui eut son moment d'enthousiasme juvénil, d'admiration un peu confuse pour nos poëtes et nos écrivains en renom, tout en conservant un amour vrai pour les lettres, une passion de naissance pour la poésie et les spéculations métaphysiques, arrivera vite à ne voir que lui dans tout cela, et s'il appelle ses amis les écrivains et les savants attirés à Berlin par ses caresses, en réalité, ils seront en ses mains les instruments de sa seule gloire. Il a besoin d'eux, ils entrent dans le confortable de sa vie, il ne saurait se passer de leur commerce; aussi les retiendra-t-il, coûte que coûte, sans se faire d'ailleurs la moindre illusion sur leurs défauts. Ce qui manquera absolument et perpétuellement au roi de Prusse, c'est une morale; il moralisera autant et plus que qui que ce soit ; mais c'est pure spéculation. Partout où son intérêt n'est point en question, le juste ou l'injuste, l'honnête ou le déshonnête lui importent peu. Il pourra bien vous mépriser et ne vous en gardera pas moins près de sa personne, et n'en aura pas moins pour vous tous les dehors caressants de l'estime et de l'affection : vous lui êtes utile, vous corrigez et sa prose et ses vers, cela prime tout le reste. Aussi bien l'avoue-t-il dans maints endroits de sa correspondance avec une franchise qui tient tout à la fois de la candeur et du cynisme.

Malgré le soin que l'on prit à tenir secrète l'espièglerie royale, le poëte en fut instruit ; Frédéric mandait en dernier lieu au comte de Rottembourg, à la date du 14 octobre : «Voltaire a déniché, je ne sais comment, la petite trahison que nous lui avons faite, et il en est extrêmement piqué; il se dépiquera, j'espère[1]. » Il ignorait, d'ailleurs, la mission dont l'auteur de la *Henriade* était chargé et ne le jugeait pas en aussi étroit commerce avec les ministres. De son côté, Voltaire écrivait, le 5 octobre, à Amelot :

1. *Œuvres complètes de Frédéric le Grand* (Berlin, Preuss.), t. XXV, p. 527. Lettre de Frédéric au comte de Rottembourg; ce 14 octobre 1743.

Monseigneur, ce que vous mande M. de Valori (l'ambassadeur de France à Berlin), touchant la conduite du roi de Prusse à mon égard, n'est que trop vrai. Vous savez de quel nom et de quel prétexte je m'étais servi auprès de lui pour colorer mon voyage. Il m'a écrit plusieurs lettres sur l'homme qui servait de prétexte (l'évêque de Mirepoix), et je lui en ai adressé quelques-unes qui sont écrites avec la même liberté. Il y a dans ses billets et dans les miens quelques vers hardis qui ne peuvent faire aucun mal à un roi, et qui en peuvent faire à un particulier. Il a cru que si j'étais brouillé sans ressource avec l'homme qui est le sujet de ces plaisanteries, je serais forcé d'accepter alors les offres que j'ai toujours refusées, de vivre à la cour de Prusse. Ne pouvant me gagner autrement, il croit m'acquérir en me perdant en France; mais je vous jure que j'aimerais mieux vivre dans une ville de Suisse que de jouir, à ce prix, de la faveur dangereuse d'un roi capable de mettre de la trahison dans l'amitié même [1].

Voltaire exagérait son ressentiment. Au fond, si cette inqualifiable noirceur l'avait, un instant, sérieusement alarmé dans ses conséquences, cette intimité royale, en dépit de ses coups de griffes, le flattait trop, et elle était trop une égide contre l'envie et la haine de ceux qui le persécutaient pour qu'il gardât au coupable une rancune éternelle. Et puis, le sentiment de son incontestable séduction lui faisait quelque peu prendre le change sur le mobile auquel avait cédé Frédéric; il attribuait cette étrange démarche à l'engouement aveugle dont il était l'objet : il ne devait pas soupçonner de sitôt, qu'à part le charme qui était réel, tous les avantages qu'on lui voulait faire ne seraient que la rémunération de services et d'assujettis-

---

[1]. Voltaire, *OEuvres complètes* (Beuchot), t. LIV, p. 592, 593. Lettre de Voltaire à M. Amelot; le 5 octobre 1743.

sements. On avait des vues sur lui, quand il ne croyait qu'à l'entraînement; et, quelque fin qu'il fût, il ne démêla pas l'alliage dans cette tendresse passionnée et presque d'amant. Mais le procédé du prince n'en subsiste pas moins, et ne trouve ni atténuation ni excuse dans la facilité de Voltaire, et, si l'on veut, dans sa mansuétude intéressée.

Le premier mouvement, pourtant, fut d'être « extrêmement piqué. » A la date où Frédéric l'annonce au comte de Rottembourg, Voltaire n'était pas encore *défâché*, et, dès le 12, il avait quitté Berlin. A en juger pourtant par les lettres du roi de Prusse et de l'auteur de *Zaïre*, cette fâcherie du poëte fut des plus anodines et n'eût eu d'autre résultat qu'un redoublement de cajoleries et de caresses entre ces deux incomparables coquettes. Ce séjour de Voltaire auprès de Frédéric est d'autant plus à suivre qu'il y eut, des deux parts, un sous-jeu dont il faut tenir compte au point de vue de la biographie de l'un et de l'autre, et au point de vue plus considérable de l'histoire proprement dite.

Frédéric avait d'abord songé à aller à Aix-la-Chapelle, où Voltaire l'eût naturellement rejoint; mais, ayant renoncé à ce voyage, il écrivait au Virgile français que c'était à Berlin qu'il espérait le recevoir [1]; et ce fut le 30 août que celui-ci débarqua dans cette dernière ville, où il était attendu avec une impatience très-sincère et fut accueilli avec les plus grandes démonstrations d'amitié.

---

1. Voltaire, *Œuvres complètes* (Beuchot), t. LIV, p. 577. Lettre de Frédéric à Voltaire; à Postdam, le 24 auguste 1743.

Quand j'arrivai à Berlin, le roi me logea chez lui, comme il avait fait dans mes précédents voyages ; il menait à Postdam la vie qu'il a toujours menée depuis son avénement au trône. Cette vie mérite quelque petit détail.

Il se levait à cinq heures du matin en été, et à six en hiver. Si vous voulez savoir les cérémonies royales de ce lever, quelles étaient les grandes et les petites entrées, quelles étaient les fonctions de son grand aumônier, de son grand chambellan, de son premier gentilhomme de la chambre, de ses huissiers, je vous répondrai qu'un laquais venait allumer son feu, l'habiller et le raser, encore s'habillait-il presque tout seul. Sa chambre était assez belle; une riche balustrade d'argent, ornée de petits amours très-bien sculptés, semblait former l'estrade d'un lit dont on voyait les rideaux ; mais derrière les rideaux, était, au lieu de lit, une bibliothèque : et quant au lit du roi, c'était un grabat de sangles avec un matelas mince, caché par un paravent. Marc-Aurèle et Julien, ses deux apôtres, et les deux plus grands hommes du stoïcisme, n'étaient pas plus mal couchés....

Après le repas il se retirait seul dans son cabinet, et faisait des vers jusqu'à cinq ou six heures ; ensuite venait un jeune homme nommé Darget, ci-devant secrétaire de Valori, envoyé de France, qui faisait la lecture. Un petit concert commençait à sept heures : le roi y jouait de la flûte aussi bien que le meilleur artiste. Les concertants exécutaient souvent de ses compositions ; car il n'y avait aucun art qu'il ne cultivât.....

La plus grande économie présidait dans Postdam à tous ses goûts. Sa table et celle de ses officiers et de ses domestiques étaient réglées à trente-trois écus par jour, indépendamment du vin [1].....

---

[1]. « La dépense de sa table, pour la cuisine, lisons-nous dans les notes d'un Français qui se trouvait à Berlin vers 1752 (un père de l'Oratoire), est fixée, par jour, à trente-huit écus d'Allemagne, qui valent 124 francs 5 sous, argent de France. Il a, pour cette somme, 24 plats, 16 à dîner, et 8 à souper; 24 couverts le matin et 8 le soir ; jamais plus, à moins de ses extraordinaires. S'il y a plus de vingt-quatre couverts, l'excédant est payé un écu par couvert, à celui qui a l'entreprise de la cuisine. Par exemple, au futur mariage (le mariage du prince Henri avec la princesse de Hesse), tout ce qui excédera, ne sera payé qu'*à un écu*, mais tout le gros poisson de

.... Les plus belles voix, les meilleurs danseurs, étaient à ses gages. La Barbarini dansait alors sur son théâtre : c'est elle qui depuis épousa le fils de son chancelier. Le roi avait fait enlever à Venise cette danseuse par ses soldats, qui l'emmenèrent, par Vienne même, jusqu'à Berlin. Il en était un peu amoureux, parce qu'elle avait les jambes d'un homme. Ce qui était incompréhensible, c'est qu'il lui donnait trente-deux mille livres d'appointements [1].

Son poëte italien, à qui il faisait mettre en vers les opéra dont lui-même faisait toujours le plan, n'avait que douze cents livres de gages ; mais aussi il faut considérer qu'il était fort laid et qu'il ne dansait pas. En un mot, la Barbarini touchait à elle seule plus que trois ministres d'État ensemble [2]....

Cette révélation de la vie entière de Frédéric, on l'a

mer et le gibier, le roi le payera. L'entrepreneur paye bois et charbon, entretien de batterie, du linge et généralement de tout ce qui a rapport à la cuisine, à l'exception des gages des cuisiniers, que le roi paye lui-même. Il en a quatre : un Français, un Italien, un Autrichien et un Prussien. Chacun lui fait quatre plats à dîner et deux à souper... » *Nouvelle revue encyclopédique* (Paris, Didot, 1848), t. V, p. 435. *Idée de la personne, de la manière de vivre et de la cour du roi de Prusse Frédéric II.*

1. S'il fallait en croire une curieuse et étrange notice publiée dans le *Magasin pittoresque*, Frédéric eût eu un fils de la Barbarini, et ce fils ne serait autre qu'un musicien français qu'on ne chante plus ni ne joue, mais dont le nom pourtant est resté dans l'histoire de l'art au dix-huitième siècle, Dezède, l'auteur de *Blaise et Babet*. Ce qu'on peut dire, c'est que Dezède lui-même ignora toujours d'où il sortait, qu'il recevait une assez forte pension, avec menace de se la voir enlever, s'il cherchait à approfondir le mystère de sa naissance, menace qui eut en effet son exécution ; et, un beau jour, l'artiste se trouvait sans ressources autres qu'un talent gracieux qui le fit vivre, assez largement même. Encore eût-on bien dû étayer ce récit de preuves et de pièces à l'appui, et nous comprenons de reste que les gens exigeants en pareille matière aient lieu de n'être satisfaits qu'à moitié. — *Le Magasin pittoresque*; novembre 1854, p. 353, 354. — *Le Quérard*, t. II, p. 387, 388, 389. — *L'Intermédiaire* (Paris, 1867, octobre et novembre), p. 341.

2. Voltaire, *Œuvres complètes* (Beuchot), t. XL, p. 69, 71, 76. *Mémoires pour servir à l'histoire de M. de Voltaire, écrits par lui-même.*

compris, est d'une date postérieure à l'époque présente. Quand Voltaire écrivait ces lignes, les illusions s'étaient évanouies, les mauvais rapports, une rupture éclatante suivie de honteuses violences, avaient changé en amertume, en acrimonie, en haine intermittente, le premier enthousiasme d'une liaison qui, si elle avait des deux côtés ses arrière-pensées personnelles, avait commencé par un mutuel et sincère entraînement : alors Frédéric n'était plus le Salomon du Nord, Frédéric s'appelait « Luc » et était l'objet des vivacités de plume les plus irrévérencieuses ; et nous avons été forcé de sauter, dans ce tableau curieux d'un intérieur royal, plus d'un passage trop accentué et d'une lecture embarrassante.

X

VOLTAIRE DIPLOMATE. — LA COUR DE BAYREUTH. — LA PRINCESSE ULRIQUE. — HÉNAULT A CIREY.

Voltaire n'avait garde d'oublier le but de son voyage à Berlin; et c'est vraiment quelque chose d'unique que ces négociations déguisées où la politique se mêle aux petits vers et s'efface à tout instant devant un entretien de philosophie ou de littérature. L'auteur de la *Henriade* essaye bien de pousser sa pointe. Loin de détourner la question, le roi de Prusse écoute et consent spéculativement à discuter ses raisons, il relance même son hôte jusque dans sa chambre et entre franchement dans le débat et l'appréciation des faits. La lettre où le poëte raconte ce qu'il s'est dit, des deux parts, sur les intérêts présents de l'Europe, a toute l'importance d'une dépêche diplomatique. C'est une pièce historique qui a sa place ailleurs encore que dans la correspondance de Voltaire. Frédéric ne croit pas, au moins ne semble-t-il point croire, à la possibilité d'un rapprochement sincère entre les deux cabinets; lui pardonnera-t-on jamais sa défection? Il sait que notre envoyé à Mayence propose la paix avec la reine de Hongrie, le rétablissement de l'empereur et un dédommagement à ses dépens. A cela Voltaire de répondre, que c'est là un bruit accrédité par les Autrichiens pour empêcher toute entente entre les deux gouvernements. « Ne vous ont-ils pas calomnié ainsi au mois de mai dernier? N'ont-ils pas écrit en Hollande que vous aviez offert à la reine de Hongrie de vous joindre à elle contre la France? — Je vous jure, repartit-il, *mais en baissant les yeux*, que rien n'est plus faux... — Eh bien! sire, pourquoi ne pas vous réunir hautement avec la France et l'empereur contre l'ennemi commun, qui vous hait et qui vous calomnie tous deux également? Quel autre allié pouvez-vous avoir que la France? » Mais, pour prendre un parti, Frédéric avait besoin, disait-il, du concours d'une notable partie des princes de l'Empire, et son voyage à Bayreuth n'aurait pas d'autre but que de s'assurer de leurs dispositions. La conversation ne se fût pas arrêtée là; mais on y vint couper court en prévenant le prince virtuose que la musique était prête et n'attendait que lui[1]. « Depuis cet entretien, écrit trois jours après le poëte qui saisit la moindre occasion de reprendre la thèse où il l'a laissée, j'en ai eu plusieurs autres; j'ai même reçu des billets de son appartement au mien[2]. » Un surtout dont la désinvolture burlesque contraste étrangement avec le sérieux de la matière, comme on en pourra juger.

Voltaire, un jour, fait passer au prince une série de

---

1. Voltaire, *Œuvres complètes* (Beuchot), t. LIV, p. 580, 581, 582. Lettre de Voltaire à M. Amelot; à Charlottembourg, ce 3 septembre 1743.

2. *Ibid.*, t. LIV, p. 582. Lettre de Voltaire à M. Amelot (suite de la précédente, reprise le 6 septembre).

questions par numéros sur une page de papier dont il avait eu le soin de laisser un côté en blanc, de façon à ce que ce dernier pût mettre en marge ses réflexions et ses ordres. Le premier numéro fournit à l'auteur couronné de l'*Anti-Machiavel* l'occasion d'un jeu de mots qui, eût-il été meilleur, eût encore eu le défaut de n'être pas une raison. Le premier bourgmestre d'Amsterdam, du nom de Bassecour, était venu prier M. de la Ville, ministre de France, de faire des propositions de paix. Et Voltaire croit devoir insister sur une démarche qui était de nature à faire réfléchir le prince. Voici ce que celui-ci jugea à propos de répondre : « Ce Bassecour est apparemment celui qui a soin d'engraisser les chapons et les coqs d'Inde pour leurs Hautes Puissances ? » Le poëte poursuit, il cherche à démontrer à son correspondant que les amis de l'Autriche brûlent d'ouvrir la campagne en Silésie. Frédéric de mettre en marge :

> On les y recevra, Biribi,
> A la façon de Barbari,
> Mon ami.

Autre chanson, au conseil qu'il lui donne de diriger ses troupes sur Clèves :

> Vous voulez donc qu'en vrai Dieu de machiné[1]...

---

1. Voltaire, *Œuvres complètes* (Beuchot), t. LIV, p. 596, 597, 598. Lettre de Voltaire au roi de Prusse, avec les réponses de celui-ci en marge. Elle fut imprimée sur une copie au bas de laquelle était écrit, de la main de Beaumarchais : « Je certifie cette lettre et la réponse exactement conformes à l'original écrit de la main de Voltaire et de Frédéric, lequel est entre mes mains. » Ce 9 thermidor, an VII de la république française. Signé CARON BEAUMARCHAIS.

Voltaire, dans une dépêche postérieure à M. Amelot, assure qu'il écrivit ainsi plusieurs lettres auxquelles réponses furent faites à la marge, lettres qu'il dut rendre et dans lesquelles le roi semblait se départir de ses préventions. Mais nous le soupçonnons de se vanter d'un succès qu'il n'eut point[1]. On a lieu, d'ailleurs, de s'étonner que le roi de Prusse eût témoigné plus de prudence pour les dernières échangées que pour l'étrange pièce dont nous avons parlé : elles ne devaient pas, à coup sûr, être plus compromettantes au double point de vue de la forme et du fond.

Le poëte (ce qui est bien naturel), après avoir débattu et défendu les intérêts de son pays, en arrive aux siens et adresse à son auguste ami une requête toute personnelle. « Si pendant le court séjour que je dois faire, cet automne, auprès de Votre Majesté, elle pouvait me rendre porteur de quelque nouvelle agréable à ma cour, je la supplierais de m'honorer d'une telle commission. » Cette fois, s'il persifle encore, Frédéric est très-catégorique : il n'est pas en liaison avec la France ; dans le cas où l'on croira devoir lui faire quelques communications, il verra ce qu'il aura à répondre. Mais il se couvrirait d'un ridicule qui ne saurait échapper à la raison et à la perspicacité de son ami, par une démarche étourdie et sans le moindre à-propos. « Je vous aime de tout mon cœur, je vous estime : je ferai tout pour vous avoir, hormis des folies et des choses qui me donneraient à jamais un ridicule dans l'Europe, et seraient dans le fond contraires à mes in-

---

1. Voltaire, *Œuvres complètes* (Beuchot), t. LIV, p. 609. Lettre de Voltaire à M. Amelot ; le 27 octobre 1743.

térêts et à ma gloire. La seule commission que je puisse vous donner pour la France, c'est de leur conseiller de se conduire plus sagement qu'ils n'ont fait jusqu'à présent. »

Dans cette curieuse pièce, sans date, mais qui dut être écrite le 7 ou le 8 septembre, Voltaire demandait aussi d'accompagner Sa Majesté Prussienne à Bayreuth. C'eût été faire acte uniment de courtisan, n'était le but politique du voyage. On sent quelque contrainte dans la tournure de la requête, contrainte dont le poëte donne sommairement le mot dans sa lettre du 6. « Je ne sais s'il me mettra du voyage ; ma situation pourra devenir très-épineuse, on a donné des ombrages[1]. » Cette permission lui fut accordée, quoique assez froidement : on lui objecta sa santé ; et, quand Frédéric avait besoin des gens, ou pour son service ou pour son plaisir, ce genre de considération le préoccupait peu. « Je serai bien aise de vous y voir, répondait-il, pourvu que le voyage ne dérange pas votre santé. Il dépendra donc de vous de prendre quelles mesures vous jugerez à propos. » Voltaire n'exagérait pas trop en présentant sa situation comme suffisamment ardue : malgré le peu de vraisemblance d'une mission, malgré tous les dehors frivoles d'un poëte qui ne songe qu'à ses vers et à sa seule gloire, on flaira un but sournois, sous ces apparences tout inoffensives, et l'on insinua à Frédéric que son Apollon était dépêché près de lui pour épier ses desseins. Voltaire crut s'apercevoir de quelque altération dans les manières et l'accueil du prince, et

1. Voltaire, *Œuvres complètes* (Beuchot), t. LIV, p. 583. Lettre de Voltaire à M. Amelot, à Charlottembourg, ce 3 septembre 1743.

vit bien qu'on l'avait mis en défiance. Ce n'était là qu'une moitié de ses ennuis. M. de Valori, notre ministre à Berlin, fut averti que son compatriote avait une mission occulte qui, si elle simplifiait sa tâche, annihilait singulièrement son importance. Il fallait de toute nécessité sortir, et le plus tôt était le mieux, de cette position fausse ; et c'est à quoi l'auteur de la *Henriade* réussit pleinement, à ce qu'il nous apprend.

Je dis au roi qu'à mon départ de Paris vous aviez bien voulu seulement me recommander, en général, de cultiver, par mes discours, autant qu'il serait en moi, les sentiments de l'estime réciproque, et l'intelligence qui subsiste entre les deux monarques. Je dis à M. de Valori que je ne serais que son secrétaire, et que je ne profiterais des bontés dont le roi de Prusse m'honore que pour faire valoir ce ministre ; c'est, en effet, à quoi je travaillai. L'un et l'autre me parurent satisfaits, et Sa Majesté prussienne me mena en Franconie avec des distinctions flatteuses [1].

Voltaire, qui avait passé déjà quelques jours d'une flatteuse intimité avec la margrave à Rheinsberg, arrivait à Bayreuth à titre d'ancien ami. La princesse, non moins enthousiaste que son frère pour les choses de l'esprit, était tout admiration pour le poëte, que l'absence n'avait point fait oublier. Le souvenir des rares moments trop vite écoulés dans la compagnie de ce génie séduisant, lui était demeuré aussi vif que le premier jour. Elle lui dépêchait, en août ou septembre 1741, « un petit paquet fort joli » avec une lettre du philosophe Superville, son secrétaire particulier et son

---

1. Voltaire, *OEuvres complètes* (Beuchot), t. LIV, p. 610. Lettre de Voltaire à M. Amelot ; le 27 octobre 1743.

médecin. Voltaire, précisément alors, partait pour Paris ; il n'eut rien de plus pressé, assure-t-il, et nous voulons l'en croire, que d'adresser à son auguste correspondante un nombre considérable de mauvais vers et quatre grandes pages de prose, qui ne parvinrent pas. Et c'est sur quoi il insiste, dans une lettre récemment retrouvée, à la date du 26 décembre 1741.

> Rendez-moi justice, madame, songez combien il est impossible d'oublier vos bontés, et croyez que non-seulement j'eus l'honneur d'écrire à Votre Altesse Royale, mais que je serais venu la remercier dans ses États, si ma destinée m'avait permis de faire cet agréable voyage. Non, madame, je n'oublierai jamais la princesse philosophe, la protectrice des arts, la musicienne parfaite, le modèle de la politesse et de l'affabilité... Je ne cesserai, madame, de regretter les jours où j'ai eu l'honneur de faire ma cour à Votre Altesse Royale et à Sa Majesté, dans la retraite de Rheinsberg ; les bontés dont m'honora Monseigneur le margrave me seront toujours présentes, et tout ce que je souhaite, c'est de pouvoir encore jouir au moins une fois en ma vie du même honneur [1]...

Ce souhait se réalisait plus vite qu'il n'avait compté. Son passage à Bayreuth fut un rêve. « Baireuth, dit-il, est une retraite délicieuse où l'on jouit de tout ce qu'une cour a d'agréable, sans les incommodités de la grandeur [2]. » A un demi-mille de sa ville capitale, la princesse avait élevé un petit château d'un seul étage appelé l'*Ermitage*, et qui était son Marly. Les salons étaient de marbre ; dans l'appartement particulier de

---

1. *Revue française* (1er novembre 1865), t. XII, p. 335. Lettre de Voltaire à la margrave de Bayreuth ; à Bruxelles, le 26 septembre 1741.
2. Voltaire, *Œuvres complètes* (Beuchot), t. LIV, p. 605. Lettre de Voltaire à M. de Maupertuis ; à Brunswick, le 16 octobre 1743.

Frédérique-Wilhelmine, se trouvait une chambre en boiserie du Japon, qui était une curiosité. La salle de concert tout en marbre blanc et vert, surmontée d'une frise où figuraient les plus belles femmes de ce temps, était la chose la plus galante qu'on pût voir. Signalons encore un salon décoré en laque brune, éclairé par une seule fenêtre ouverte sur des jardins d'un aspect romantique, refuge privilégié de la maîtresse de ces beaux lieux qui, comme elle nous l'apprend, s'y oublia bien des heures et y écrivit en partie ses Mémoires.

Les quatorze jours que Voltaire passa à cette cour furent remplis par des fêtes qu'on n'imaginerait pas au sein de ces électorats et ces margraviats de l'Allemagne. Ces petits princes ne songeaient qu'à bien vivre, à singer Versailles, à rivaliser de splendeurs et de magnificences. Tout cela n'avait lieu qu'en foulant les populations qui mouraient de misère et de faim; mais c'était là le moindre souci. A Bayreuth au moins, le goût, la délicatesse, l'esprit présidaient à ces coûteux divertissements et en faisaient excuser la dépense. « J'ai vu une cour, disait encore Voltaire ravi, où tous les plaisirs de la société et tous les goûts de l'esprit sont rassemblés. Nous avons eu des opéras, des comédies, des chasses, des soupers délicieux [1]. » Frédéric, qui ne venait pas en Franconie dans le but unique d'embrasser sa sœur, s'arrêta peu à Bayreuth, et se rendit à Anspach, chez son autre beau-frère, pour étudier la disposition générale des esprits et prendre son parti en conséquence.

---

1. Voltaire, *OEuvres complètes* (Beuchot), t. LIV, p. 591. Lettre de Voltaire au comte de Podewils; le 3 octobre 1743.

Ce durant, le poëte trônait au milieu d'une société qui l'adorait presque, entre la margrave qui écrivait à son frère : « il est de la meilleure humeur du monde, » et la duchesse de Wurtemberg, la future belle-mère de cette Wilhelmine qui passait ses nuits à copier la *Pucelle*.

L'on était de retour, au commencement d'octobre, à Berlin « où *Jodelet-prince* se vit entouré de rois, de reines, de musiques, de bals. » Frédéric, dans l'intention sans doute d'indemniser le poëte et l'ami des échecs du négociateur, faisait en quatre jours ajuster sa magnifique salle et mettre au théâtre le plus bel opéra de Métastase et de Hasse, « le tout parce que je suis curieux[1]. » Eût-on fait davantage pour un royal visiteur, pour une tête couronnée ? Voltaire raconte, avec une complaisance bien légitime, que cette représentation fut pour lui l'occasion d'intervenir en faveur d'un compatriote malheureux.

Il y avait dans les prisons de Spandau un vieux gentilhomme de Franche-Comté, haut de six pieds, que le feu roi avait fait enlever pour sa belle taille ; on lui avait promis une place de chambellan, et on lui en donna une de soldat. Ce pauvre homme déserta bientôt avec quelques-uns de ses camarades; il fut saisi et ramené devant le feu roi, auquel il eut la naïveté de dire qu'il ne se repentait que de n'avoir pas tué un tyran comme lui. On lui coupa, pour réponse, le nez et les oreilles; il passa par les baguettes trente-six fois; après quoi il alla traîner la brouette à Spandau. Il la traînait encore quand M. de Valori, notre envoyé, me pressa de demander sa grâce au très-clément fils du très-dur Frédéric-Guillaume. Sa Majesté se plaisait à dire que c'était pour moi qu'il faisait jouer la *Cle-*

---

1. Voltaire, *Œuvres complètes* (Beuchot), t. LIV, p. 595, 596. Lettre de Voltaire à Thiériot; Berlin, le 8 octobre 1743.

menza di Tito[1], opéra plein de beautés, du célèbre Metastasio, mis en musique par le roi lui-même, aidé de son compositeur. Je pris mon temps pour recommander à ses bontés ce pauvre Franc-Comtois, sans oreilles et sans nez... Le roi promit quelque adoucissement ; et même plusieurs mois après il eut la bonté de mettre le gentilhomme dont il s'agissait à l'hôpital, à six sous par jour. Il avait refusé cette grâce à la reine mère, qui apparemment ne l'avait demandée qu'en prose [2].

Voltaire vivait avec tous ces princes et toutes ces princesses sur le pied de l'intimité et de l'égalité la plus parfaite. On sait avec quelle aisance, dès la première heure, il parlait aux grands, et quel était son sans-gêne, tout enfant, à la table du prince de Conti ; et l'âge, les succès, l'habitude des cours n'avaient dû que le mettre plus à l'aise et autoriser davantage des libertés qui s'évanouissaient sous l'excellence du ton. Voulant adresser un bouquet poétique à la princesse Ulrique, l'une des sœurs de Frédéric, celle qui fut par suite reine de Suède et qui semblait le plus sous le charme de cet esprit séduisant, il rimait pour elle les vers suivants :

1. « C'est, sans vanité, une galanterie que le roi m'a faite, ou plutôt à lui, écrivait-il à Maupertuis ; il a voulu que je l'admirasse dans sa gloire. » *Œuvres complètes* (Beuchot), t. LIV, p. 604. Lettre de Voltaire à Maupertuis ; à Brunswick, le 16 octobre 1743.

2. Voltaire, *Œuvres complètes* (Beuchot), t. XL, p. 76, 77, 78. Mémoires. Voltaire adressa, en effet, des stances à Frédéric pour obtenir la grâce du prisonnier de Spandau, t. XII, p. 521. Et, même en France, il n'oubliera pas son protégé ; il écrira au roi de Prusse, de Lille où il se trouvait, le 16 novembre 1744 : « Titus prie toujours Votre Majesté pour ce pauvre Courtils (c'était le nom du gentilhomme) qui est à Spandau sans nez, » t. LIV, p. 697. On refuse des entrailles à Voltaire. Se fût-il donné tout ce mal, s'il avait été aussi dépourvu de cœur et de sentiments d'humanité que le prétendent certaines gens. Et quel intérêt pouvait-il avoir en sollicitant une pareille grâce en faveur d'un pauvre diable sans aboutissants et parfaitement oublié ?

Souvent un peu de vérité
Se mêle au plus grossier mensonge.
Cette nuit, dans l'erreur d'un songe,
Au rang des rois j'étais monté ;
Je vous aimais, princesse, et j'osais vous le dire.
Les dieux à mon réveil ne m'ont pas tout ôté ;
Je n'ai perdu que mon empire.

Ce madrigal est charmant. Est-il d'une aussi énorme inconvenance qu'on l'a prétendu ? Nous disions que Voltaire joignait à un grand tact un grand usage du monde, et que dans ses audaces les plus extrêmes il savait ce qu'il faisait et jusqu'où il allait. Il l'eût d'autant mieux su dans cette circonstance, qu'on lui refuse la spontanéité de l'improvisation et que l'on assure que, plagiaire quant au fond, il n'aurait eu à se préoccuper que de la forme.

On découvrit, raconte Thiébaut, que le madrigal fait pour la princesse était une imitation d'un madrigal italien que l'on eut soin de citer dans le temps. Enfin, le fils aîné de l'académicien M. de Francheville, très-jeune homme, qui plus d'une fois avait servi de secrétaire à l'ami de Frédéric, s'était aperçu que celui-ci, après avoir écrit ce même jour quelques lignes sur un quart de feuille de papier, les avait bien relues et bien examinées avant de se rendre à la cour, et les avait déchirées en cent petits morceaux de papier en partant; de sorte que le jeune copiste, curieux, spirituel, espiègle, plus que discret et délicat, en cette occasion du moins, avait ramassé avec empressement tous ces petits morceaux, et, en les rajustant, était parvenu à retrouver ou à refaire la pièce tout entière. Ce qui démontra que ces vers étaient un impromptu fait à loisir, et surprit d'autant plus de monde, que certainement personne n'avait moins besoin de cette petite supercherie que Voltaire [1].

1. Dieudonné Thiébaud, *Souvenirs de vingt ans de séjour à Berlin* (Paris, Didot, 1860), t. II, p. 337, 338.

Thiébaud raconte là des choses passées bien avant son arrivée à Berlin (il posa pour la première fois le pied dans cette capitale le 16 mars 1765), et se borne à reproduire une historiette qui avait vingt-deux ans de date. Il dit que ces vers avaient été demandés à Voltaire[1], et qu'on lui avait fait l'obligation d'une déclaration où le mot « amour » ne se trouvât point. Celui-ci était donc bien dans le programme; et il ne s'agissait plus que de répondre de même façon à cette galanterie. La princesse, fort empêchée, s'adressa à son frère qui lui dicta une lettre moitié prose et moitié vers, où l'on faisait intervenir naturellement Apollon. Cela ne vaut guère que par l'intention : un rêve enchanté, comme dans le madrigal de Voltaire, est le seul artifice de la pièce. Mais cet empire qu'elle a pu avoir sur le poëte ne sera que trop éphèmere, et si un instant l'illusion a pu exister, bientôt la réalité dessillera les yeux de l'infidèle, et Émilie reprendra tous ses droits sur son cœur.

> Je sens assez de nous la différence extrême.
> O vous, tendres amis, qui vous rendez fameux!
> Au haut de l'Hélicon vous vous placez vous-même :
>   Moi, je dois tout à mes aïeux.
>   Tel est l'arrêt du sort suprême :
> Le hasard fait les rois, la vertu fait les dieux [2].

---

1. Tout cela nous paraît fort douteux, et pourrait n'être pas plus sérieux que l'assertion de Fréron qui attribue ce joli madrigal à La Motte (*Lettres sur quelques écrits du temps*, t. VI, p. 40), assertion qui se trouva fausse, en fin de compte, malgré tout le mal que se donna le journaliste, et les arguments qu'il entassa pour étayer cette fable aussi ridicule que malveillante. Voltaire, *OEuvres complètes* (Beuchot), t. XIV, p. 385, 386.
2. *OEuvres complètes de Frédéric le Grand* (Berlin, Preuss.), t. XIV, p. 91, 92. Réponse du roi, au nom de la princesse; octobre 1743. —

Si cette prose et ces vers sont de Frédéric, comme on n'en fait nul doute, le joli madrigal adressé à sa sœur ne lui parut donc que ce qu'il était, l'innocent badinage d'un bel esprit de quarante-neuf ans. Comment alors expliquer la riposte grossière contenue dans l'épigramme suivante ?

> On remarque pour l'ordinaire
> Qu'un songe est analogue à notre caractère :
> Un héros peut rêver qu'il a passé le Rhin,
>   Un marchand, qu'il a fait fortune,
>   Un chien, qu'il aboie à la lune !
> Mais que Voltaire, en Prusse, à l'aide d'un mensonge,
> S'imagine être roi pour faire le faquin,
>   Ma foi, c'est abuser du songe [1].

Ces vers sont trop en contradiction avec les faits, les rapports caressants, les lettres affectueuses que l'on échangea après s'être séparés, pour que nous puissions en croire Frédéric l'auteur, malgré l'opinion générale qui les lui attribue [2]. Ils parurent pour la première fois

---

L'original de cette lettre, vendu à Paris en 1854, porte la date du 11. Laverdet, *Catalogue d'autographes*, du 31 janvier, p. 127, n° 1023.
— Dix-huit jours après, le 29 octobre, la princesse, qui venait de recevoir une lettre du poëte, marquait à Voltaire qu'elle était fort embarrassée d'y répondre. Elle sait qu'il faudrait une autre plume et un esprit bien au-dessus du sien. « Mais en titre de sultan, j'espère que vous aurai quelque indulgence aux défaut du style, qui ne vous convaincra que trop que je ne suis point déesse, mais un être des plus matériels... etc. » Même *Catalogue*, p. 127, n° 1022.

1. *Œuvres complètes de Frédéric le Grand* (Berlin, Preuss.), t. XIV, p. 92.
2. Voici un autre madrigal d'un ton tout autre, où Frédéric, toujours au nom de sa sœur, essaye de rivaliser avec le madrigal de Voltaire.

> Je ne fais cas que de la vérité.
> Mon cœur n'est pas flatté d'un séduisant mensonge.

dans les *Œuvres diverses du philosophe de Sans-Souci*[1] ; M. de Preuss n'a pas cru devoir les répudier, bien que les *Œuvres diverses*, ainsi que le *Supplément* ne soient pas sans renfermer des pièces qui ne sont d'aucune façon de Frédéric, entre autres *Tantale en procès*[2]. Mais ces vers, de qui seraient-ils? Le madrigal du poëte ne tarda pas à être connu en France, avec les circonstances qui y avaient donné lieu. Ne se peut-il qu'un mauvais plaisant, jaloux du succès et de la faveur de celui-ci, n'ait troussé cette épigramme plus brutale que spirituelle, dont un vers à rime masculine semble s'être égaré dans le trajet? On a même nommé Piron[3] : toutes les armes étaient bonnes contre l'auteur de *Zaïre*, et ce ne serait pas l'unique peccadille de ce genre que Piron aura à se reprocher. Cette pièce serait bien, d'ailleurs, du poëte bourguignon pour le tour et certaines expressions à lui : « Un chien qui aboie à la lune[4]. » Mais nous conviendrons que nous l'avons vainement cherchée dans les différentes éditions de ses Œuvres

Je ne regrette point, dans l'ivresse d'un songe,
La perte du haut rang où vous étiez monté;
Mais ce qui vous en reste et que vous n'osez dire,
S'il est vrai que jamais il me soit ôté,
Vaut à mes yeux le plus puissant empire.

Œuvres complètes de Frédéric le Grand (Berlin, Preuss.), t. XIV, p. 92. Ces vers se trouvent dans une lettre de Frédéric à Jordan.

1. *Œuvres diverses du philosophe de Sans-Souci* (Berlin, 1762), t. III, p. 7.
2. *Ibid.*, t. III, p. IX. *Préface.*
3. Dieudonné Thiébault. *Souvenirs de vingt ans de séjour à Berlin.* (édition Barrière, 1860), t. II, p. 337.
4. Alexis Piron, *Œuvres complètes* (Paris, 1776), t. VI, p. 498.

De Cerberus les trois gueules en une,
Mordant partout, aboyant à la lune...

et qu'elle doit alors se trouver perdue dans quelque recueil qui nous aura échappé.

A coup sûr, le madrigal eût indisposé le roi au point de lui dicter cette riposte malsonnante, que Voltaire eût, tout au moins, évité dans la suite de rappeler ce disgracieux incident. Dans une lettre à Kaiserling, à la date du 14 octobre, il parle de « la divine Ulrique, » dont il baise quelquefois l'image [1]. Ce souvenir serait-il venu sous sa plume, si le prince lui eût témoigné si rudement sa mauvaise humeur sur ses familiarités poétiques ? Mais il s'agit bien de telles susceptibilités. Un mois après, Voltaire écrivait au monarque prussien : « Votre Majesté et la reine mère et la princesse Ulrique ne se remplacent point. Je n'ai pas encore l'armée de trois cent mille hommes avec laquelle je devais enlever la princesse [2]... » Comme on le voit, c'est le même système de plaisanterie, le même badinage qui va son train. Il recevra encore, avec une médaille à l'effigie du roi, le portrait de la reine mère et celui de la princesse ; et Voltaire de dépêcher aussitôt à Frédéric un quatrain autrement osé que le premier et qui pourtant fut admirablement accueilli :

> Il est fort insolent de baiser sans scrupule
> De votre auguste sœur les modestes appas ;
> Mais les voir, les tenir et ne les baiser pas,
>   Cela serait trop ridicule [3].

---

1. Voltaire, *OEuvres complètes* (Beuchot), t. LIV, p. 602. Lettre de Voltaire à Kaiserling ; ce 14 octobre au matin (1743).

2. *Ibid.*, t. LIV, p. 696. Lettre de Voltaire à Frédéric ; à Lille, ce 16 novembre 1743.

3. *Ibid.*, t. LIV, p. 621. Lettre de Voltaire à Frédéric ; à Paris, ce 7 janvier 1744.

Ces vers seuls ne semblent-ils pas un argument sans réplique ? Et qu'opposer de plus fort à ceux qui s'obstinent à attribuer cette épigramme brutale à Frédéric, uniquement parce que Voltaire y est maltraité et injurié ?

Celui-ci écrivait alors à Maupertuis : « Je suis comme ces Grecs qui renonçaient d'être à la cour du grand roi pour venir être honnis par le peuple d'Athènes [1]. » Honni, voilà ce que l'on n'eût pas voulu être : l'on prétendait, tout au contraire, être accueilli, choyé au retour, comme un serviteur dont le zèle avait été couronné de quelque succès. En réalité, les succès avaient été minces, et il n'eût pas fallu juger de l'habileté du négociateur sur les résultats de la négociation. On conviendra de bonne grâce que jamais diplomate, avec ou sans caractère, n'eut à représenter des intérêts plus compromis. Notre alliance entrait naturellement dans la politique de Frédéric, qui se serait jeté dans nos bras si la France de Louis XV eût aussi bien été la France de Louis XIV. Il avait tout à craindre des rancunes de la reine de Hongrie, il ressentait à l'égard du roi d'Angleterre une de ces bonnes aversions de parents, sur lesquelles le temps n'a pas de prise ; mais, avec Frédéric, cela ne faisait taire ni la politique ni la prudence. « Le roi de Prusse veut beaucoup de mal au roi d'Angleterre, mais il ne lui en fera que quand il y trouvera sécurité et profit [2]. » Il était allé en Franconie pour s'entendre avec les margraves de

---

1. Voltaire, *OEuvres complètes* (Beuchot), t. LIV, p. 605. Lettre de Voltaire à Maupertuis ; à Brunswick, le 16 octobre 1743.

2. *Ibid.*, t. LIV, p. 690. Lettre de Voltaire à M. Amelot ; ce 3 octobre 1743.

Bayreuth et d'Anspach et l'évêque de Wurtzbourg. Voltaire, à l'entendre, essaya d'émoustiller l'ambition du premier, en faisant briller à ses yeux la perspective d'un grand commandement: la France lui eût pu donner en subsides de quoi lever dix mille hommes; mais il fallait qu'il en obtînt de son beau-frère dix mille autres à joindre à ses propres levées et aux débris de l'armée impériale. Il eût été indispensable aussi de gagner l'évêque de Wurtzbourg, qui ne s'était pas trouvé au rendez-vous; c'était, en définitive, affaire à traiter avec ses ministres, et on en pouvait voir le bout avec trente ou quarante mille écus. Mais Frédéric revint d'Anspach sans parler de quoi que ce fût. « Toutes ses conversations et celles d'un de ses ministres, qui me parle assez librement, me font voir évidemment qu'il ne se mettra jamais à découvert que quand il verra l'armée autrichienne et anglaise presque détruite. » Frédéric, sans doute, savait oser, oser au point même de mettre en apparence contre lui toutes les chances, mais non en étourdi et par coup de tête. C'était donc à nous d'écraser l'armée autrichienne et anglaise, ou de faire la paix en divisant les alliés et surtout en désaffectionnant la Hollande, nation plus commerçante que guerrière et qui se voyait, depuis trois quarts de siècle, à l'encontre de son génie, obligée de batailler, de tenir sur pied des armées, qui lui eussent plus profité sur ses vaisseaux dans cette guerre pacifique de l'industrie où elle marchait de pair avec la Grande-Bretagne.

Voltaire était sur son départ; Frédéric, pour le retenir, lui dit de demander tout ce qu'il pourrait souhaiter : « Choisissez appartement ou maison, réglez vous-même ce qu'il vous faut pour l'agrément et le superflu de la vie ; faites votre condition comme il vous la faut pour être heureux, c'est à moi à pourvoir au reste[1]... » Voilà qui n'était pas lésiner pour un prince qui savait compter, et avait antérieurement trouvé le poëte trop exigeant et trop âpre. Voltaire de répondre qu'il reviendra dès qu'il aura mis ordre à ses affaires ; mais, en attendant, il ose implorer de la bonté du roi une lettre dont l'effet sera sans doute d'effacer les fâcheuses impressions produites par les faux rapports, les insinuations malveillantes : « Permettez donc que je profite de cette occasion si naturelle, pour rendre l'un à l'autre deux monarques si chers et si estimables. Ils feront de plus le bonheur de ma vie ; je montrerai votre lettre au roi, et je pourrai obtenir la restitution d'une partie de mon bien, que le cardinal m'a ôté ; je viendrai ici dépenser ce bien que je vous devrai[2]. » Quoique Voltaire insiste auprès de MM. d'Argenson sur le mal que lui ont fait les mesures fiscales de l'ancien évêque de Fréjus, et qu'il profite des services qu'il va rendre pour demander des grâces, nous penchons à croire que ce n'est ici qu'un prétexte pour arracher à son ami couronné une lettre, qui aura un tout autre effet que de réparer des brèches moins considérables à sa fortune qu'il ne le prétend. Au moins

---

1. Voltaire, *OEuvres complètes* (Beuchot), t. LIV, p. 593. Lettre de Frédéric à Voltaire ; le 7 octobre 1743.

2. *Ibid.*, t. LIV, p. 601. Lettre de Voltaire à Frédéric (sans date, mais qui semble être une réponse à la lettre du roi de Prusse, du 7 octobre, et qui, par conséquent, devrait être de ce même temps).

tenait-il à donner une grande idée de ses rapports avec le roi de Prusse, et une lettre intime adressée à Sa Majesté Très-Chrétienne et à lui confiée, ne pouvait que produire la meilleure impression. Quoiqu'il proteste que son ambition n'est point d'être chargé d'affaires comme Destouches et Prior, « deux poëtes qui ont fait deux paix entre la France et l'Angleterre, » c'est là son rêve, et il n'y renoncera qu'à la dernière heure, lorsque la haine de ses ennemis et l'antipathie du souverain ne lui laisseront nul espoir de forcer la fortune.

On ne se sépara pas sans attendrissement et sans effusion des deux parts [1]. Nulles traces dans les lettres de Voltaire à Frédéric du ressentiment que dut lui causer une noirceur dont le but était de lui fermer les portes de la France, et, contrairement à ce qu'en mande le prince au comte de Rottembourg, deux jours après le départ du poëte, ils se quittèrent avec tous les dehors de la plus sincère affection. « Il daigna m'embrasser à mon départ, me fit quelques petits présents à son ordinaire, et exigea que je revinsse bientôt. Il se justifia beaucoup sur la petite trahison dont M. de Valori et moi nous vous avons donné avis. Il me dit qu'il ferait ce que je voudrais pour la réparer[2]... » Mais, désormais, quoi qu'ils disent et quoi qu'ils fassent, malgré l'attrait et le charme de leur commerce, la confiance était éteinte : Frédéric avait flairé « l'espion, » c'est Voltaire qui le dit; et l'auteur

---

1. Le 12 octobre.
2. Voltaire, *OEuvres complètes* (Beuchot), t. LIV, p. 611. Lettre de Voltaire à M. Amelot; le 27 octobre 1743.

de *Zaïre* savait, de son côté, de quoi était capable le roi de Prusse en amitié comme en politique.

Si Voltaire n'avait pas les honneurs d'une négociation ostensible, il était juste qu'il fût au moins indemnisé de ses dépenses, sinon de sa peine. Il avait été autorisé à puiser à discrétion dans les coffres de Montmartel, qui eut ordre de lui donner tout l'argent qu'il voudrait, sur ses simples reçus [1]. Il prévient en quittant Berlin M. Amelot et le contrôleur général qu'il va prendre trois cents ducats pour acheter un carrosse et faire face aux nécessités du voyage. Ces quatre mois de séjour n'avaient pas été sans lui coûter, et sa bourse était positivement à sec. Parti le 12, nous le retrouvons le 14 au matin, sa voiture versée, fracassée, lui jeté à terre, contusionné, pillé par les braves gens accourus pour le tirer de ce mauvais pas. Il se plaint qu'on lui ait dérobé le portrait du roi et de la princesse Ulrique, ce qui est pour lui l'occasion d'un madrigal. Il se remet pourtant en route, et gagne vers minuit un trou nommé Schaffenstad. Il ne pouvait arriver plus mal à propos : le feu était aux quatre coins du village, le cabaret et l'église étaient réduits en cendres. Enfin il aborde à Brunswick, qui était loin de rappeler les splendeurs de Berlin, mais où l'hospitalité aura la même cordialité. A l'entendre, tout ce parcours ne fut qu'un long enchantement. « C'est un voyage céleste où je passe de planète en planète, pour revoir enfin ce tumultueux Paris... » Il resta cinq jours auprès du duc, qu'il s'efforça de faire entrer dans les intérêts de

---

1. Voltaire, *OEuvres complètes* (Beuchot), t. XL, p. 69. Mémoires pour servir à l'histoire de M. de Voltaire, écrits par lui-même.

la France et de l'Empereur. Le voyage touchait toutefois à son terme, et le poëte ne tardait pas à regagner Bruxelles, où l'attendait avec une anxieuse impatience madame du Châtelet.

Voltaire nous dit qu'il ne fallut rien moins que la confidence des ordres de la cour pour arracher un acquiescement à la marquise, et encore ne se rendit-elle qu'avec une répugnance qu'autorisaient du reste la conduite passée de son ami et la connaissance qu'elle avait de son caractère. Une fois en route, une fois au large, il ne pense guère, en effet, à la divine Émilie; il est quinze jours sans lui écrire, et, quand il s'en avise, c'est par un poulet de quatre lignes tracées au galop, en traversant Hall (28 septembre). On se figure ce que cette tête surexcitée dut rouler d'idées, de projets violents. « Comprenez-vous que quelqu'un qui me connaît m'expose à cette douleur et à toutes les imprudences dont il sait bien que je suis capable, quand je suis inquiète de lui. » C'est d'Argental qui est le confident obligé de ses angoisses, d'un désespoir qui n'est pas feint; elle s'épanche avec lui comme avec l'ami le meilleur et l'homme au monde qui peut le plus sur l'esprit si désespérément mobile de Voltaire.

> Je crois, lui écrit-elle, qu'il est impossible d'aimer plus tendrement et d'être plus malheureuse. Imaginez-vous que, dans le temps que M. de Voltaire pouvoit et devoit partir pour revenir ici, après m'avoir juré mille fois dans ses lettres qu'il ne seroit pas à Berlin plus longtemps qu'en 1740 (et il y fut dix jours), dans ce temps-là, il va à Bareith, où assurément il n'avoit que faire; il y passe quinze jours sans le roi de Prusse et sans m'écrire une seule ligne; il s'en retourne à Berlin et il y passe encore quinze jours; et que sais-je? peut-être y passera-

t-il toute sa vie, et, en vérité, je le croirois, si je ne savois pas qu'il a des affaires qui le rappellent indispensablement à Paris. Il m'écrit donc quatre lignes en passant, dans un cabaret, sans m'expliquer les raisons de son séjour à Bareith, ni celles de son silence, sans me parler de son retour ni de son nouveau séjour à Berlin. Enfin, il m'écrit un billet tel qu'il m'en écriroit un de sa chambre à la mienne, et voilà la seule chose que j'aie reçue de lui depuis le 14 septembre, c'est-à-dire depuis plus d'un mois [1].

Cette lettre est d'un cœur véritablement épris et qui méritait mieux que cet amant transi, dont on a encore la faiblesse d'être jalouse. Que va-t-il faire à Bayreuth ? Voilà ce qu'elle demande aux échos. Elle ne digère pas cette étape de quinze jours chez la margrave, elle y revient comme au plus grand tort de Voltaire [2]. En effet, ce sont ces flatteries, ces adulations qui l'y auront retenu, ce caquetage de princesses l'aura enivré ; il lui aura fait oublier tout le reste; « car il est fou des cours et de l'Allemagne. » Elle supplie d'Argental de lui écrire, de lui dire l'état où elle est, de le faire rougir de son ingratitude.

> Je vous demande en grâce d'écrire à votre ami : votre lettre lui fera sûrement une grande impression : et, sans elle, il ne croira peut-être jamais l'état où il m'a mise. Son cœur a bien à réparer avec moi, s'il est encore digne du mien. Je suis sans doute bien à plaindre d'avoir besoin de votre secours; mais je vous aime tant, que mon bonheur m'en sera encore plus cher, s'il est possible, si je puis vous en devoir le retour. Écrivez-lui à La Haye; vraisemblablement il y recevra votre lettre; car il ne manquera pas de prétexte pour s'y arrêter, et il me semble qu'il n'en néglige aucun pour prolonger son absence; mais

---

1. *Lettres inédites de madame du Châtelet à d'Argental* (Paris, 1806), p. 254, 255; Bruxelles, 15 octobre 1743.
2. *Ibid.*, p. 259; Bruxelles, 22 octobre 1743.

quand il ne la recevroit pas à La Haye, on la lui renverra ici ; et quelque part où il la reçoive, elle lui fera sûrement un grand effet [1].

Au retour, tout fut pardonné, tout fut oublié. M. du Châtelet partait pour Paris ; les deux amis l'accompagnèrent jusqu'à Lille où ils s'arrêtèrent chez madame Denis qui les reçut de son mieux, vers le milieu de novembre. Mais Voltaire avait à rendre compte à la cour de sa mission. « Je lui donnai l'espérance qu'on m'avait donnée à Berlin. Elle ne fut point trompeuse : et le printemps suivant le roi de Prusse fit en effet un nouveau traité avec le roi de France. Il s'avança en Bohême avec cent mille hommes, tandis que les Autrichiens étaient en Alsace. » Les circonstances amenèrent sans doute plus cette détermination de la Prusse que les insinuations du poëte, auquel on répondait par des chansons. En somme, il avait fait tout ce qui avait été en lui pour vaincre les irrésolutions ou les préventions de Frédéric ; pourquoi ne pas admettre que la partie saine de son argumentation n'ait pas germé dans l'esprit positif du monarque prussien ? En tous cas, qu'avait fait de plus que lui M. de Valori ? Le poëte revenait avec des illusions qui ne tardèrent pas à s'évanouir.

Si j'avais conté à quelque bon Parisien mon aventure, et le service que j'avais rendu, il n'eût pas douté que je fusse promu à quelque beau poste. Voici quelle fut ma récompense :
La duchesse de Châteauroux fut fâchée que la négociation n'eût pas passé immédiatement par elle ; il lui avait pris envie

1. *Lettres inédites de madame du Châtelet à d'Argental* (Paris, 1806), p. 260 ; Bruxelles, 22 octobre 1743.

de chasser M. Amelot, parce qu'il était bègue, et que ce petit défaut lui déplaisait : elle haïssait de plus cet Amelot, parce qu'il était gouverné par M. de Maurepas : il fut renvoyé au bout de huit jours, et je fus enveloppé dans sa disgrâce [1].

Rien de tout cela n'est très-exact. Voltaire dit qu'Amelot fut renvoyé au bout de huit jours. Entend-il les huit jours après son arrivée? Mais il était à Paris, dès le commencement de janvier, et le ministre fut remercié le 26 avril 1744, à minuit. Il avait donc eu près de quatre mois pour récompenser l'auteur de la *Henriade* du zèle qu'il avait déployé dans le service du roi. Quant à ce renvoi, bien que l'on ne fût que trop fondé à en trouver les causes dans l'insuffisance du ministre [2], ceux qui avaient le plus grand intérêt à les rechercher et qui étaient les mieux placés pour les pénétrer, y virent aussi les manœuvres de la coterie de madame de Chateauroux : « Croyez, disait le comte d'Argenson à

1. Voltaire, *OEuvres complètes* (Beuchot), t. XL, p. 79. Mémoires pour servir à l'histoire de Voltaire, écrits par lui-même.
2. « On dit à présent, comme chose sûre, que le déplacement de M. Amelot vient de ce que le roi de Prusse, avant de nous abandonner en Bohême, ce qui a passé pour trahison, avoit écrit au roi trois lettres que le cardinal de Fleury avoit reçues et tenues secrètes, et dont il avoit défendu à M. Amelot de parler au roi, et que le roi de Prusse, piqué de ne pas recevoir de réponse, avoit pris son parti. Cela s'est découvert : le comte de Rottembourg, envoyé extraordinaire du roi de Prusse, en a montré au roi les copies. M. Amelot a été obligé de convenir du fait, et que, sur ses excuses, le roi lui a demandé de qui il étoit ministre, du cardinal ou de lui. Une pareille aventure, vérifiée, empêchera dorénavant chaque ministre d'avoir ces déférences pour un ministre supérieur. » Barbier, *Journal* (Charpentier), t. III, p. 518, 519; juin 1744. De son côté, le duc de Luynes donne comme une des causes de l'éloignement de M. Amelot, une lettre du prince Cantimir, ambassadeur de Russie, où il se plaignait du peu d'égards des ministres pour lui. *Mémoires*, t. V, p. 438.

son frère, que ce sont les cabinets, les *Noailles*, les *Richelieu*, la maîtresse, qui veulent nous détruire pour régner[1]. »

Voltaire ne demeura guère à Paris. On le retrouve à Bruxelles, dès le 2 février[2]. Soit qu'alors sa correspondance fût moins active, soit qu'un hasard malheureux nous l'ait soustraite dans sa presque totalité (ce qui est plus vraisemblable, car Voltaire a trop besoin d'épanchement pour ne pas saisir le moindre prétexte d'écrire à ses amis), nous avons peu de lettres du poëte, durant les premiers mois de 1744. Nous ne rencontrons même, à cette époque, qu'une lettre de Frédéric, d'ailleurs très-tendre, très-familière, qui finissait par ces étranges lignes : « Adieu, admirable historien, grand poëte, charmant auteur de cette *Pucelle*, invisible et triste prisonnière de Circé; adieu à l'amant de la cuisinière de Valori[3], de madame du Châtelet, et de ma sœur... » Il le prévenait en même temps du démeublement de la maison que l'on avait commencé à accommoder pour lui à Berlin[4]. Mais c'était un trait perdu.

1. Marquis d'Argenson. *Mémoires* (Jannet), t. II, p. 284.
2. Voltaire, *OEuvres complètes* (Beuchot), t. LIV, p. 622. Lettre de Voltaire à d'Argental; Bruxelles, le 2 février 1744.
3. Plaisanterie sur laquelle Frédéric aime à revenir; ce prince disait à Voltaire, à la date du 13 février 1749 : « Je vous promets la lecture d'un poëme épique de quatre mille vers ou environ (*le Palladium*), dont Valori est le héros ; il n'y manque que cette servante qui alluma dans vos sens des feux que sa pudeur sut réprimer vivement. »
4. Voltaire, *OEuvres complètes* (Beuchot), t. LIV, p. 635, 636. Lettre de Frédéric à Voltaire ; du 7 avril 1744. — « Voltaire vient d'arriver ici de Berlin, raconte M. de Luynes, à la date du 4 janvier; il dit que le roi de Prusse lui a offert une belle maison et 12,000 livres de pension s'il vouloit s'établir à Berlin, et que la reine douairière de

Madame du Châtelet tenait le poëte et n'était pas disposée à lui laisser reprendre la clef des champs. Quant à ce dernier, bien qu'il n'en convînt pas, il avait à se faire pardonner, et la conscience de sa félonie était des plus favorables au despotisme de la marquise dont les larmes et la vraie douleur méritaient de si grandes garanties. « Je ne puis trouver, écrivait-elle à d'Argental avec sentiment, que quelqu'un qui est de retour et en bonne santé ait tort; mais il ne peut avoir entièrement raison que par la résolution où il est de ne plus voyager. Je compte bien qu'il vous l'a promis dans sa lettre comme à moi, et ce seroit un double sacrilége, que de violer une promesse dont vous êtes le dépositaire[1]. »

Sans avoir obtenu la récompense qu'il croyait avoir méritée, le poëte diplomate était loin en somme d'être tombé en disgrâce. Il avait plus d'un soutien auprès de la favorite, Richelieu notamment; et la chute d'Amelot, prête à arriver, devait être pour lui plutôt un événement favorable que funeste; car, après un intérim de plusieurs mois, ce secrétaire d'État était remplacé par l'aîné des d'Argenson, celui des deux frères qui se montra son proctecteur le plus constant et le plus affectueux. Sous Louis XV, comme sous Louis XIV, ministre et favori n'étaient pas tout un; l'on avait des hommes pour gérer les affaires du royaume, gens plus

---

Prusse avoit voulu qu'il mangeât avec elle, et qu'elle lui avoit même dit qu'elle ne l'en prieroit plus puisqu'il n'avoit qu'à y venir quand il voudroit... » *Mémoires*, t. V, p. 292.

1. *Lettres inédites de madame du Châtelet à d'Argental* (Paris, 1806), p. 264 ; 2 janvier 1744.

utiles qu'agréables, pour lesquels même la plupart du temps on professait une antipathie purement platonique et sans action contre leur autorité tant qu'ils étaient debout. Puis, pour son agrément privé, l'on avait des amis avec lesquels on oubliait trop qu'on fût roi, et qui n'obtenaient rien jusqu'à ce qu'ils eussent arraché, avec l'aide de la maîtresse en titre, l'ordre du renvoi du ministre. Tout cela pouvait être piquant aussi bien que ce ministère occulte que Louis XV soudoyait souterrainement pour contrecarrer son ministère, sans que ce fût, on le pense de reste, pour le plus grand bien de son État. Mais ce trop long règne ne devait être qu'une lamentable succession de folies, de désastres, un providentiel enchaînement d'inconséquences qui menaient au but par le chemin le plus court, la pente la plus rapide, la plus inévitable. On appelait « les Cabinets, » le petit groupe d'intimes avec qui le monarque s'efforçait de tuer l'ennui qui le rongeait, et en tête duquel figuraient les Noailles, les Lavallière, les Richelieu. Grâce à ce dernier, Voltaire allait se trouver à même de faire acte de courtisan et de travailler pour les plaisirs de la cour; et la besogne lui agréait trop pour qu'il ne s'y employât pas tout entier. « Je m'occupe à présent à faire un divertissement pour un Dauphin et une Dauphine que je ne divertirai point. Mais je veux faire quelque chose de joli, de gai, de tendre, de digne du duc de Richelieu, l'ordonnateur de la fête [1]. » A partir de ce moment c'est la grande, c'est la principale affaire; ses lettres ne roulent que sur cette

---

[1]. Voltaire, *OEuvres complètes* (Beuchot), t. LIV, p. 637. Lettre de Voltaire au marquis d'Argenson ; à Cirey, ce 15 avril 1744.

œuvre capitale qui sera la *Princesse de Navarre;* et notez que ce ballet lui demandera dix mois de remaniements et de retouches, quand *Zaïre* ne lui avait coûté que vingt-deux jours.

Il est vrai qu'il avait plus d'un collaborateur. D'Argental opposait ses critiques, contre lesquelles parfois on se regimbait : « Je ne sais ce que vous aviez contre moi quand vous m'avez mandé que cette Léonore parlait en suivante de comédie. Je soutiens que quand madame de Villars n'avait pas le malheur d'être dévote, elle ne s'exprimait pas autrement [1]. » Richelieu, qui, à titre d'ordonnateur responsable, devait avoir voix au chapitre, donnait aussi son avis, auquel on se soumettait, non pas sans railler un peu, pour sauvegarder l'indépendance et la fierté de l'homme de lettres. « Vous êtes un grand critique, et on ne peut prendre son thé avec plus d'esprit. Je vous admire, monseigneur, de raisonner si bien sur mon barbouillage quand on ouvre des tranchées. Il est vrai que vous écrivez comme un chat [2], mais aussi je me flatte que vous commandez les armées comme le maréchal de Villars ; car, en vérité, votre écriture ressemble à la sienne, et cela va tous les jours en embellissant ; bientôt je ne pourrai plus vous déchiffrer [3]... » Ainsi vont les choses, et cette *Princesse de Navarre* que l'on tourne et retourne,

---

1. Voltaire, *OEuvres complètes* (Beuchot), t. LIV, p. 677. Lettre de Voltaire à d'Argental ; à Cirey, le 23 juillet 1744.

2. Madame de Pompadour, elle aussi, parle de sa patte de chat, dans une lettre qu'elle lui écrit, à la date du 28 mai 1786. Madame d'Épinay, *Mémoires* (Charpentier), t. II, p. 254.

3. Voltaire, *OEuvres complètes* (Beuchot), t. LIV, p. 658. Lettre de Voltaire à Richelieu ; Cirey, ce 5 juin 1744.

et que Voltaire se prend à aimer comme *Zaïre*, comme *Mérope*, comme tout ce qu'il fait, tant qu'il le fait. La marquise à cet égard est sa complice ; elle est subjuguée par ce *Duc de Foix*[1], et c'est un bien grand argument en faveur de l'œuvre : « Madame du Châtelet est fort sévère, et jusqu'à présent je ne l'ai jamais vue se tromper en fait d'ouvrage d'esprit. » En définitive, il en passe par où l'on veut, se soumet à tout, bien qu'en discutant les amendements selon son droit. Et il a bien raison quand il dit, sans amertume et plutôt pour s'excuser de ne pas faire mieux : « Vous m'avez donné une terrible besogne. J'aurais mieux aimé faire une tragédie qu'un ouvrage dans le goût de celui-ci[2]. »

Les deux amis étaient de retour à Cirey dans les premiers jours d'avril, ravis l'un et l'autre de se retrouver dans ce paisible et verdoyant asile. « Cirey est charmant, c'est un bijou ! » écrit Voltaire à d'Argenson[3]. A quelques jours de là, il datait une lettre à d'Argental « à Cirey *en félicité*[4]. » Madame du Châtelet n'est pas moins enchantée. Mais ils ne faisaient que reconnaître les mérites de ce petit paradis. Le président Hénault, pour répondre à leurs instances[5], va les voir en se rendant à Plombières, et revient enthousiasmé et de

---

1. *Lettres inédites de madame du Châtelet à d'Argental* (Paris, 1806), p. 267 ; Cirey, 18 avril 1744.
2. Voltaire, *Œuvres complètes* (Beuchot), t. LIV, p. 667. Lettre de Voltaire à Richelieu ; Cirey, ce 18 juin 1744.
3. *Ibid.*, t. LIV, p. 637. Lettre de Voltaire au marquis d'Argenson ; à Cirey, ce 15 avril 1744.
4. *Ibid.*, t. LIV, p. 639. Lettre de Voltaire à d'Argental ; à Cirey, en félicité, ce 28 avril 1744.
5. *Ibid.*, t. LIV, p. 653. Lettre de Voltaire au président Hénault ; à Cirey, le 1er juin 1744.

leur bonheur et du nid abrité qu'ils n'eussent jamais dû quitter.

> Je les trouvai seuls, rapporte-t-il dans ses *Mémoires*, et un Père minime en tiers, grand géomètre et professeur de philosophie à Rome. Si l'on vouloit faire un tableau à plaisir d'une retraite délicieuse, l'asile de la paix, de l'union, du calme de l'âme, de l'aménité, des talens, de la réciprocité de l'estime, des attraits de la philosophie, jointe aux charmes de la poésie, on auroit peint Cirey. Un bâtiment simple et élégant de rez-de-chaussée, des cabinets remplis de mécanique et d'instrumens de chimie, Voltaire dans son lit, commençant, continuant, achevant des ouvrages de tous genres... J'en partis; et à peine arrivé à Plombières, j'y reçus de Voltaire cette épître charmante :
>
> O déesse de la santé [1], etc.
>
> que je garde aussi précieusement que bien d'autres qui m'ont tant honoré, du pape, du roi de Pologne, du roi de Prusse, etc. [2].

Ce Père minime que le président trouva en tiers avec Voltaire et madame du Châtelet et qu'il ne nomme pas, était le père François Jacquier, qui avait publié peu d'années auparavant les *Principes mathématiques de philosophie naturelle* d'Isaac Newton. Pervertie par Kœnig, la marquise avait senti le besoin de remettre sa conversion à des gens de forte doctrine : elle eut recours à Jean Bernouilli fils, dont l'action fut des plus salutaires. Jacquier vint achever à Cirey un traitement scientifique, auquel la marquise du reste se prêta en malade qui sent et sait son mal [3].

Hénault parle avec autant de détails, sinon plus, des

---

1. Voltaire, *OEuvres complètes* (Beuchot), t. XIII, p. 159. Épître au président Hénault; à Cirey, le 1ᵉʳ septembre 1744.
2. Président Hénault *Mémoires* (Dentu, 1855), p. 159.
3. La Beaumelle, *Vie de Maupertuis* (Ledoyen, 1856, p. 61).

enchantements de Cirey dans une lettre au comte d'Argenson. La journée qu'il y passa (7 juillet 1744) lui sembla délicieuse. « Enfin, je vous dis que l'on croit rêver. » Ses hôtes s'emparèrent de lui, et les heures furent on ne peut mieux remplies pour tout le monde. Voltaire, qui l'attendait et qui sentait l'importance de plaire à l'un des familiers du cercle de la reine, avait travaillé jour et nuit pour lui soumettre sa pièce sous sa forme définitive ; car elle lui avait été déjà communiquée comme à Richelieu, à d'Argenson et aux deux frères Ferriol. « Le président et moi nous avons pleuré. » L'on a peine à s'imaginer Hénault larmoyant à un acte de ballet. Ce qu'il y a de vrai, c'est que le très-mondain président fut aussi surpris que ravi par le tableau souriant de leur intérieur. « Je vous avoue, écrit la marquise à d'Argental, que j'ai eu un grand plaisir à montrer ma maison au président, et que j'ai bien joui de l'étonnement qu'elle lui a causé [1]... » La journée fut bien employée. Après avoir visité Cirey dans tous ses sens, il avait fallu écouter cette nouvelle lecture de la *Princesse de Navarre* et donner son avis ; mais cette complaisance fut aisée à l'aimable auteur de l'*Abrégé chronologique*, qui y puisa même une satisfaction d'amour-propre. « J'en ai été très-content. Il n'a pas omis aucun de mes conseils, ni aucune de mes corrections, et il est parvenu à être comique et touchant. »

La musique des divertissements devait être faite par Rameau, *Orphée*-Rameau. Le compositeur et le poëte ne s'étaient que médiocrement trouvés, l'un et l'autre,

---

1. *Lettres inédites de madame du Châtelet à d'Argental* (Paris, 1806), p. 270 ; Cirey, 8 juillet 1744.

une première fois de leur association. On a vu avec quel empressement, quelles illusions Voltaire s'était attelé à son *Samson*, et quelles caresses il faisait à l'artiste dijonnais. C'était une voie nouvelle ouverte à son talent, c'était une palme de plus à cueillir, une victoire de plus à enregistrer. On n'ignore pas l'admiration un peu surfaite qu'il professait pour Quinault ; cela prouve au moins qu'il pensait que le poëte pouvait s'élever haut, là comme ailleurs. Que lui ménageait la représentation ? C'est ce que nous ne déciderons pas. La censure, qui avait laissé représenter *Jephté* et tant de sujets bibliques, eut des scrupules quand il fut question du *Samson* de Voltaire, et le pauvre Rameau, encore une fois, vit ses espérances renversées, son avenir anéanti. Heureusement pour lui, il avait la conviction, il avait la foi, il avait l'entêtement : avec cela l'on arrive tôt ou tard. Mais, il avait juste cinquante ans, lorsque fut joué son premier opéra, *Hippolyte et Aricie* (1ᵉʳ octobre 1733). Des convictions comme les siennes rendent les gens intraitables, absolus, personnels jusqu'à la férocité. Pour Rameau, le poëme n'était rien, bien qu'il en fallût un ; nous connaissons ses opinions à cet égard. A l'une des répétitions des *Paladins*, mécontent du mouvement qu'avait pris la cantatrice : « Allez plus vite, mademoiselle, allez plus vite, lui cria-t-il avec impatience. — Mais l'on n'entendra plus les paroles, objecta celle-ci. — Eh! qu'importe? Il suffit qu'on entende ma musique. » Collé a laissé du personnage un portrait qui le peint des pieds à la tête et qui n'est pas flatté.

Tous ceux qui ont travaillé avec lui, nous dit-il, étoient

obligés d'étrangler leurs sujets, de manquer leurs poëmes, de les défigurer, afin de lui amener des divertissemens, il ne vouloit que de cela. Il brusquoit les auteurs a un point qu'un galant homme ne pouvoit pas soutenir de travailler une seconde fois avec lui ; il n'y a eu que le Cahusac qui y ait tenu ; il en avoit fait une espèce de valet de chambre parolier ; la bassesse d'âme de ce dernier l'avoit plié à tout ce qu'il avoit voulu. La patience et l'esprit souple de Bernard lui ont aussi donné les forces de composer trois fois avec lui ; mais je crois que si on lui demandoit ce qu'il a souffert, il en feroit de bons contes, pourvu qu'il voûlut être vrai et nous parler en conscience [1].

Quand Rameau en agissait ainsi avec ses librettistes, il avait pour lui le succès qui s'impose. Quelque grossier qu'il fût, il eût dû toutefois sentir qu'il n'y avait pas lieu d'en user de même avec M. de Voltaire. Mais demander à Rameau d'être civil, conciliant, d'avoir un autre avis que le sien, c'eût été lui demander de n'être plus Rameau. Son sans-gêne se manifesta dès la première heure, et son indiscrétion, ses inconséquences fûrent telles que les amis du poëte s'en émurent. Le président Hénault écrivait de Plombières au comte d'Argenson :

Mais que dites-vous de *Rameau*, qui est devenu bel esprit et critique, et qui s'est mis à corriger les vers de *Voltaire?* J'en ai écrit à M. de Richelieu deux fois, ce fou-là a pour conseil toute la racaille des poëtes, il leur montrera l'ouvrage ; l'ouvrage sera mis en pièces, déchiré, critiqué, etc.; et il finira par nous donner de mauvaise musique, d'autant plus qu'il ne travaillera pas dans son genre. Il n'y avoit que les petits violons qui convinssent [2], et M. de Richelieu ne veut pas en entendre parler [3].

1. Collé, *Journal* (Paris, 1807), т. III, p. 130; septembre 1764.
2. Rebel et Francœur qu'on avait coutume de désigner ainsi, tous deux associés dans la Surintendance de la musique du roi.
3. Marquis d'Argenson, *Mémoires* (Jannet), t. IV, p. 382. Lettre

M. de Richelieu, sur les observations d'Hénault, crut devoir prendre des mesures pour imposer silence à Rameau, comme cela ressort d'une curieuse lettre du duc, écrite de Dunkerque, quelques jours après.

Le président avant de partir, monsieur, m'a envoyé une lettre que Rameau vous avoit écrit pour vous faire part de la ridicule critique qu'il avoit imaginé de faire, ou pour mieux dire de faire faire par ces petits poétereaux d'amis[1], de l'ouvrage que vous luy aviez donné à mettre en musique. J'ai l'honneur de vous envoyer cy-joint deux lettres pour tâcher de prévenir les démangeaisons qui pourroient luy prendre dorénavant de faire agir cet esprit d'examen qui me paroît l'avoir possédé, et en même tems de communiquer les divertissemens qui luy sont confiés.

Le sieur Duport, de qui est une de ces deux lettres que je vous envoie, est un huissier de la chambre du Roy, bon musicien et ami intime de Rameau[2]. Comme c'est un de ceux qui a le plus de crédit sur son esprit, j'ay cru que cette lettre lui feroit pour le moins autant d'effet que la mienne. Je vous supplie de les cacheter et de les luy faire remettre. Je

---

du président Hénault au comte d'Argenson; à Plombières, ce jeudi 9 juillet 1744.

1. Parmi ces petits *poétereaux* d'amis, il en était un fort écouté de Rameau, avec qui Voltaire avait été en bonnes relations et qu'il ménageait, tout en sachant que la bienveillance s'était changée de ce côté en une malveillance sourde, M. de la Popelinière qui avait de grandes prétentions littéraires. Voltaire nous dit même, sans laisser d'ailleurs percer aucun mécontentement, que le fermier général mêla quelques ariettes à sa *Princesse de Navarre*, mises en musique avec le reste par Rameau. Voltaire, Œuvres complètes (Beuchot), t. XLVIII, p. 344: Commentaire historique.

2. Lors des représentations dans les petits cabinets, Duport aura l'honneur de faire partie de l'orchestre à titre de violoncelle. On lui attribue, en collaboration avec Dugué, musicien du roi, *Jupiter et Europe*, dont les paroles sont de Fuzelier. Toutefois, dans le catalogue de la collection de madame de Pompadour, Dugué seul est nommé. Émile Campardon. *Madame de Pompadour et la cour de Louis XV* (Plon, 1867), p. 114.

vous serai sensiblement obligé aussi de me faire copier les trois divertissemens que je comptois à tous momens recevoir de Voltaire et que je n'ay point encore vus dans la dernière forme où il les a mis.

Si je ne connoissois pas votre amitié pour Voltaire et votre goût pour les ouvrages de théâtre, j'aurois bien des pardons à vous demander, monsieur, mais vous pouvez être si utile à l'un et à l'autre que je suis persuadé que vous excuserez facilement tout ce que j'ay osé exiger de vos bontés [1].

Ainsi M. de Richelieu, le despote par excellence, croit devoir user de diplomatie avec Rameau. Il connaît l'homme et ses coups de boutoirs, il sait que ni titres, ni rangs, nulle considération d'intérêt, ou d'avenir n'eussent retenu cette nature indomptée. Pour lui faire entendre raison, on implorera le concours de ceux de ses amis qui ont le plus d'influence sur son esprit, et ce ne sera qu'à l'abri de la lettre de Duport que le duc dépêchera la sienne. Cela est caractéristique. Et, ce durant, que dit et fait Voltaire, si vain, si susceptible, si alerte à s'offenser? Il tolère à tout hasard les extravagances du musicien, avec une placidité un peu affectée. « Ce Rameau est aussi grand original que « grand musicien, écrivait-il au président : il me mande « que j'aie à mettre en quatre vers tout ce qui est en « huit, et en huit tout ce qui est en quatre. » Il est fou ; mais je tiens toujours qu'il faut avoir pitié des talents. Permis d'être fou à celui qui a fait l'acte des *Incas*. Cependant, si M. de Richelieu ne lui fait parler

---

1. *Lettre inédite du duc de Richelieu à M...*; Dunkerque, 17 juillet 1744. Cette lettre, dont l'adresse manque, était incontestablement écrite à d'Argental, comme le démontre amplement la lettre de Voltaire à celui-ci du 11 juillet 1744.

sérieusement, je commence à craindre pour la fête[1]. »
Mais c'est ce que venait de faire celui-ci, comme on
vient de le voir. Si Voltaire file doux, fait preuve de
longanimité, ne lui en soyez pas trop reconnaissants.
Avant tout, il faut que cette *drogue*, bonne ou mauvaise, soit jouée. Il est de l'avis d'Hénault, un ouvrage
de ce genre n'est pas le fait de Rameau, et il s'accommoderait fort des petits violons; mais Richelieu ne
l'entend pas ainsi et, dès lors, le seul parti est de se résigner, de prendre patience. « Cette bagatelle est la
seule ressource qui me reste, ne vous déplaise, après
la démission de M. Amelot, pour obtenir quelque
marque de bonté qu'on me doit pour des bagatelles
d'une autre espèce dans lesquelles je n'ai pas laissé de
rendre service[2]. »

---

1. Voltaire, *OEuvres complètes* (Beuchot), t. LIV, p. 691. Lettre de Voltaire au président Hénault; à Champs, ce 14 septembre 1744.
2. *Ibid.*, t. LIV, p. 674. Lettre de Voltaire à d'Argental; à Cirey, le 11 juillet 1744.

XI

TESTAMENT D'ARMAND. — LA PRINCESSE DE NAVARRE.
VOLTAIRE HISTORIOGRAPHE. — BENOIT XIV.

Voltaire eût souhaité ne pas quitter Cirey où il ne s'était jamais senti plus heureux. Mais M. de Richelieu le voulait voir, avant son départ pour l'Espagne, et il s'exécuta avec cette facilité des natures mobiles que la locomotion et le changement accommodent plus qu'ils ne les dérangent. L'illustre couple était arrivé pour les fêtes que donnait la ville à l'occasion du rétablissement de la santé du roi. Ce n'est pas le lieu ici d'entrer dans les détails de l'épisode de Metz, de raconter les péripéties de ce drame et de cette comédie où tant d'intrigues et d'intérêts furent déjoués. Louis XV eût été un autre homme, que l'aspect de la douleur publique, les cris d'amour des populations lui eussent inspiré le ferme propos de mériter cette idolâtrie dont il s'étonna à bon droit. L'annonce de sa convalescence fut saluée par la France avec une allégresse impossible à décrire. Paris fut en délire. Le feu d'artifice de la place de Grève avait attiré un concours énorme ainsi que les illuminations, qui étaient spendides. La marquise du Châtelet, avide de tous les spectacles, voulut jouir du coup d'œil et traîna le poëte à sa remorque. Malheureusement, les curieux de tous grades, de tous étages et de tous équipages affluaient ; entre la Croix-des-Petits-Champs et l'hôtel de Charost près duquel demeurait la marquise, plus de deux mille carrosses se joignaient sur trois files, sans pouvoir ni avancer ni reculer, arrêtés, barrés à tout instant par la multitude qui se ruait de partout, avec des cris, des clameurs et le désordre inséparable des grandes foules. Il fallait se résigner à passer une partie de la nuit dans sa voiture, les yeux ouverts, l'estomac creux. Le cocher de madame du Châtelet était fraîchement débarqué dans Paris, ce qui ne diminuait pas les inconvénients et même les dangers d'un pareil trajet. La marquise prend un parti désespéré. Elle s'élance hors de son carrosse, traverse ce flot tumultueux, parée comme une châsse, sans être ni volée, ni bourrée, et va se réfugier avec Voltaire dans l'hôtel du président Hénault, place Vendôme. Le président était à Versailles ; ce n'était pas une raison pour se laisser mourir de faim en si bon gîte. On envoie chercher la poularde chez le rôtisseur du coin et l'on soupe de son mieux, en buvant à la santé du maître du logis, comme Voltaire le lui écrivait, de Champs, la maison du duc de La Vallière, où il passa la fin du mois de septembre[1].

De retour à Paris, « dans ce tourbillon de Paris, » le poëte reprend sa vie agitée et trop bien remplie, et que se disputent les devoirs du monde, les exigences

---

[1]. Voltaire, *Œuvres complètes* (Beuchot), t. LIV, p. 690, 691. Lettre de Voltaire au président Hénault ; à Champs, ce 14 septembre 1744.

sociales, mille soins auxquels on ne saurait se soustraire. Mais il avait son idée fixe, un but qu'il ne perdait pas de vue : la cour, la faveur du maître. Il avait de solides appuis, s'il avait des ennemis actifs et acharnés, c'était à lui d'aider aux premiers et de leur faciliter la besogne. Le petit poëme *sur les Événements de l'année 1744*, plein d'une flatterie adroitement dispensée, n'était pas de nature à déplaire; il y était fait allusion aux succès du roi, au danger de Metz, au désespoir des populations, aux transports de Paris qui n'avait jamais vu « tant de feux d'artifice, et tant de mauvais vers. » La péroraison n'avait d'un lieu commun que l'apparence ; il ne fallait pas y regarder de bien près pour savoir ce qu'on voulait dire par ce distique :

> L'œil du maître peut tout ; c'est lui qui rend la vie
> Au mérite expirant sous la dent de l'envie [1].

Voltaire prie d'Argental de faire passer « sa petite drôlerie » à son oncle (le cardinal de Tencin) qui pourrait faire valoir, dans un moment d'indulgence, l'endroit de *Germanicus*. « En un mot, que le roi sache que j'ai mis mes trois chandelles à ma fenêtre [2]. »

L'année s'écoule ainsi, Voltaire donnant tous ses soins, apportant toutes les modifications qu'on exigeait de lui à sa *Princesse de Navarre*. Au commencement de janvier, il va s'établir à Versailles, à l'hôtel de Villeroy, pour être à même de donner son avis, et assister

---

1. Voltaire, *OEuvres complètes* (Beuchot), t. XII, p. 108. *Sur les événements de l'année* 1744.
2. *Ibid.*, t. LIV, p. 687. Lettre de Voltaire à d'Argental ; septembre 1744.

aux répétitions des acteurs. A l'entendre, il vit là en ermite. « Je suis à Versailles en retraite, mon cher Thiériot, je n'y vois personne, je travaille beaucoup, et rien ne m'y manque que vous. Je brave ici la fortune dans son temple, et je fais à Versailles le même personnage qu'un athée dans une église[1]. » On sait ce que l'on en doit penser. Voltaire eût été l'athée qu'il dit être, qu'il fût bien vite retourné à Cirey. Il ne pouvait d'ailleurs avoir l'idée de faire croire qu'il fût exempt de toutes visées d'ambition. En tous cas, il achetait la faveur par de grandes fatigues et de fastidieuses corvées : « ... Ne plaindrez-vous pas, écrit-il à Cideville dans le même temps, un pauvre diable qui est bouffon du roi à cinquante ans, et qui est plus embarrassé avec les musiciens, les décorateurs, les comédiens, les chanteurs, les danseurs, que ne le seront les huit ou neuf électeurs pour se faire un César allemand[2] ? Je cours de Paris à Versailles, je fais des vers en chaise de poste, il faut louer le roi hautement, madame la Dauphine finement, la famille royale doucement, contenter la cour, ne pas déplaire à la ville[3]. » Et la récompense de toutes ces peines, quelle devait-elle être? Car, encore un coup, son zèle n'était ni désintéressé ni platonique, et il allait même assez directement au fait, avec ceux de la bienveillance desquels son sort

1. Voltaire, *Lettres inédites* (Didier, 1857), t. I, p. 149. Lettre de Voltaire à Thiériot ; Versailles, ... 1745.

2. L'électeur de Bavière, que la France avait fait élire empereur sous le nom de Charles VII, était mort depuis onze jours (20 janvier 1745).

3. Voltaire, *OEuvres complètes* (Beuchot), t. LV, p. 8. Lettre de Voltaire à Cideville ; à Versailles, le 31 janvier 1745.

pouvait dépendre. Il mandait au marquis d'Argenson : « La charge de gentilhomme ordinaire ne vaquant presque jamais, et cet agrément n'étant qu'un agrément, on y peut ajouter la petite place d'historiographe ; et au lieu de la pension attachée à cette historiographie, je ne demande qu'un rétablissement de quatre cents livres. Tout cela me paraît modeste, et M. Orry en juge de même. Il consent à toutes ces guenilles[1]. » Ainsi, voilà ce qu'on souhaite, ce que l'on voudra bien agréer : à bon entendeur salut.

Voltaire était dans toute la fièvre de ces enfantements, quand un deuil de famille vint mêler, sinon ses tristesses (car nous pensons que le malheur fut médiocre pour lui), du moins ses ennuis à ses soucis de gloire et de fortune. Armand Arouet venait de mourir (18 février) âgé de soixante ans moins deux mois, à la chambre des comptes[2]. L'acte de décès est signé par Voltaire, qui assista au convoi, s'il ne se trouva point aux derniers moments de son *janséniste* de frère. De la maladie et de la mort d'Armand, pas le moindre détail dans la correspondance. A son défaut, un chroniqueur charitable, édifié par des personnes « qui avoient beaucoup connu Voltaire, » nous fournit sur les dernières relations des deux frères des renseignements assez étranges, en tous cas, pour n'être pas omis.

Voltaire avoit dans l'abbé Arouet un frère janséniste zélé,

---

1. Voltaire, *OEuvres complètes* (Beuchot), t. LV, p. 9. Lettre de Voltaire au marquis d'Argenson ; le 8 février 1745.
2. Archives de la ville. *Registre des baptêmes, mariages et enterrements de la paroisse Saint-Barthélemy* ; du 19 février 1745, p. 12.

mettant dans ses mœurs toute l'austérité qu'affectoit cette secte. L'abbé Arouet, héritier d'une fortune considérable, refusoit de voir un frère impie, et disoit hautement qu'il ne disposeroit jamais de rien en sa faveur. Mais il étoit d'une santé infirme et qui annonçoit une mort prochaine. Voltaire n'avoit pas renoncé à l'héritage; il se fit janséniste et joua le dévot personnage. Tout à coup on le vit arborer le rigoureux costume, le grand chapeau aux ailes rabattues; il se mit à courir les églises, il s'y rendoit surtout aux mêmes heures que l'abbé Arouet, et là, avec tout l'air contrit et humilié du diacre Pâris, à genoux au milieu de la nef ou bien debout, les bras croisés sur la poitrine, les yeux fixés sur la terre ou sur l'autel, ou bien sur l'orateur chrétien, il écoutoit ou il prioit avec toute la componction d'un pécheur revenu de ses égarements. L'abbé crut voir son frère converti; il l'exhorta à la persévérance, lui donna tous ses biens et mourut [1].

Il faut convenir que, lorsque la passion aveugle, l'on ne recule pas devant les contes les plus grossiers et les plus absurdes. Quelle énormité rapportée contre Voltaire qui ne trouve des crédules? Ainsi, voilà le poëte, à cinquante et un an sonnés, jouant la comédie la plus ridicule, la plus inepte, pour donner le change à son frère mourant et le ramener à de meilleurs sentiments à son égard. Qu'il soit capable de tout dans un tel but, là n'est pas déjà la question. Il eût voulu mener à bonne fin un semblable complot, qu'il y eût mis sans nul doute plus d'adresse, de vraisemblance et de bon sens. Il se fût bien gardé d'endosser le costume de *Tartufe*, de se coiffer du chapeau aux ailes rabattues, de faire toutes les stupides grimaces qu'on lui prête. Tout fanatique que fût Armand, ce n'était pas une

---

1. L'abbé Barruel, *Mémoires pour servir à l'histoire du Jacobinisme* (Hambourg, 1808), t. I, p. 130.

bête, il connaissait d'ailleurs son frère à fond, et ces momeries ne l'eussent pas convaincu. Et notez qu'à cette même époque, Voltaire, très-répandu, très-occupé, courant les grands seigneurs, partageant son temps entre Champs, Paris et Versailles, n'eût eu guère le loisir, à part ses maladies, de jouer un rôle qui, pour faire impression sur celui qu'on avait intérêt à duper, demandait de l'assiduité, de la continuité. L'on affirme d'ailleurs que le succès fut complet et que les dispositions du mourant furent toutes en faveur de son frère. Mais Arouet, eût-il été persuadé de la solidité de cette conversion, ne pouvait oublier qu'il avait des nièces et un neveu qui n'avaient point démérité. Quant à Voltaire, malgré leur mutuelle froideur, il était loin d'avoir renoncé à la succession d'Armand, et il trouvait tout naturel, célibataire comme il était, avec apparence, à cinquante ans révolus, de mourir célibataire, que la fortune patrimoniale n'allât à ses neveux qu'en passant par ses mains. En 1740, un bruit de testament avait couru; le poëte écrivait à ce sujet à Moussinot : « Il seroit très-désagréable que mes nièces et neveux eussent à me faire ma part. Ce seroit à moy, ce me semble, à faire la leur; et madame Dennis s'avance trop quand elle me dit qu'elle me laisseroit maîtresse (*sic*) de tout. Il y a des mineurs au nom desquels elle ne pouroit stipuler. Elle ne pouroit me céder ce qu'on auroit donné à ces mineurs, et assurément je la laisserois jouir de ce qu'on luy auroit donné[1]. » Le testament d'Arouet est à la date du 13 janvier, un peu plus d'un mois avant sa

---

1. Bibliothèque impériale. Manuscrits. F. R. 15208. *Lettres originales de Voltaire à Moussinot*, f. 240 ; 9 janvier 1740.

mort. Il se sentait sérieusement atteint et voulut mettre ordre à ses affaires. Il ne quittait plus sa chambre dont les fenêtres donnaient sur la cour du palais, et ce fut, étendu dans son fauteuil, qu'il dicta à ses notaires ses dernières volontés. Après avoir fait la part de ses domestiques, et laissé des marques de souvenir à une ou deux personnes dont il avait eu lieu d'apprécier l'attachement[1], après avoir légué à l'église Saint-André le buste de son patron qu'il avait dans son appartement, et gratifié ses neveux d'un legs particulier consistant en une rente servie par les Marchand et hypothéquée sur la maison de Châtenay vendue à ces derniers en 1722, Arouet disposait de sa fortune ainsi qu'il suit :

> Et quant au surplus de tous mes biens que je laisseray au jour de mon décès, je donne et lègue tout le d. surplus sçavoir moitié à Monsieur Arouet de Voltaire mon frère pour en jouir par luy en usufruit seulement, le fond et propriété demeurant substitué ainsy que je le substitue par ces présentes aux d. sieur Mignot et dames Denis et Fontaines, mes neveu et nièces susnommez et l'autre moitié aux d. sieurs Mignot et dames Denis et Fontaines, mes neveu et nièces pour en jouir par eux en toute propriété voulant toute fois qu'en cas que la dame Fontaines décéderoit avant moy ses enfants prennent dans ma succession tout ce que la dame leur mère y auroit eu en vertu de mes présentes dispositions si elle m'avoit survécû, et afin que la substitution que je viens de faire aye son entier effet je veux que le mobilier qui reviendra au sieur Arouet de Voltaire dans ma succession soit converti en immobilier.

Ainsi, malgré l'intelligente comédie qu'on lui fait

---

1. Il donne entre autres, à un M. Harbalestrier, demeurant à Sainte-Pélagie, l'*Histoire ecclésiastique* de l'abbé de Fleury, avec les continuations. « Le tout étant dans ma bibliothèque. »

jouer avec tant de vraisemblance, le poëte ne fut pas institué par Arouet son légataire universel. On pourrait presque dire qu'il fut déshérité; car en lui enlevant le droit de disposer de sa part, de la dénaturer selon son bon plaisir, on réduisait à un usufruit strict un capital qui, dans les mains fécondes de Voltaire, pouvait se décupler en peu d'années. Ce dernier devait être fait sans doute à ces procédés; le testament de son père l'avait également grevé de substitution[1], mais alors il était jeune, il était dissipé, et ce n'était là qu'une mesure de prévoyance et de conservation. En 1745, Voltaire n'était plus, et depuis longtemps, dans l'âge

1. Rulhière ayant à répondre, en 1789 (12 mars), à M. de Nicolaï, premier président de la Cour des comptes, prend occasion de cela pour rappeler à celui-ci que le père de Voltaire, également inquiet sur l'avenir de ses deux fils, en la sagesse desquels il avait une médiocre confiance, pria, en mourant, l'aïeul du récipiendaire de se charger de la tutelle de tous les deux, et pour plus de garanties, il alla même jusqu'à lui substituer leur héritage. (Rulhière, OEuvres (Paris, 1819), t. II, p. 56, 57.) Cette anecdote n'est point admissible. Armand avait alors trente-six ans, Voltaire en avait vingt-sept; ils n'étaient plus mineurs, et, si leur père eût réellement substitué sa fortune, ils n'eussent rien eu à voir à son inventaire qui eût dû se faire au nom du président. Contrairement à cela, c'est au nom des enfants qu'on procède, au nom de madame Mignot, à laquelle ne songe pas Rulhière. Voltaire met en ses lieu et place le curé de Châtenay qu'il charge de sa procuration; et, sur la simple exhibition des titres, comme nous l'avons dit du reste en son temps, son frère et son beau-frère lui restituent trois actions de la Compagnie des Indes et cinq billets de banque de mille francs chaque, confiés à la caisse paternelle. Et, d'ailleurs, n'était-ce pas une fortune, et la plus grosse part de l'héritage, que la charge de payeur des épices transmise par l'ancien notaire à l'aîné? Reste à savoir où Rulhière avait puisé cette historiette, qui n'a de vrai peut-être que le patronage affectueux du premier président, dont le père Arouet avait su conquérir l'estime et l'attachement.

des folies, sa réputation d'avarice était déjà une garantie, et son affection réelle pour ses nièces devait complétement rassurer le testateur. Loin de là, celui-ci exigera que même le mobilier qui doit revenir à son cadet soit converti en immobilier; et, quand il faudra élire un exécuteur testamentaire, ce ne sera pas son frère, ce sera le mari de sa nièce, M. de Fontaines, qu'il choisira et dont il récompensera la peine par le don d'un diamant de six mille livres.

Nous devions entrer dans ces détails. Ils ont certes leur importance pour cette classe de lecteurs que préoccupent singulièrement les finances de Voltaire, et viennent fixer les incertitudes auxquelles avaient donné lieu les assertions opposées de ses divers historiens [1], si, par contre, ils apportent un démenti brutal à l'anecdote charitable de l'abbé Barruel, dont les cinq volumes, d'ailleurs, renferment plus d'un épisode de ce genre. Revenons au poëte. L'on s'est étonné qu'il ne soit question dans ses lettres ni de ce deuil de famille ni des affaires que suscite la succession la moins embrouillée; il est juste de remarquer que la correspondance de cette époque n'a pas l'abondance habituelle, qu'elle offre, comme l'année précédente à pareille date, des lacunes rares à ce degré dans cet ensemble d'ordinaire si nourri et si compacte. Du 8 au 25 février, le grand jour de la représentation de la *Princesse de Navarre*, nous sommes sans lettres. Quant à la succession, Voltaire n'a pas le loisir de s'en occuper, et ce ne sera que le 11 mars qu'il donnera sa pro-

[1]. Nicolardot, *Ménage et Finances de Voltaire* (Dentu, 1854), p. 46, 47.

curation à son fondé de pouvoirs[1]. Il eût ressenti infiniment plus cette mort qui le laissait le seul survivant des cinq enfants de François Arouet, qu'il ne s'appartenait point, et que force eût été d'étouffer et ses sanglots et sa douleur. Les trois jours d'opéra qui précédèrent la fête, l'on dut faire relâche, tous les acteurs étant à répéter à la cour[2]. Nous n'avons pas à raconter et les cérémonies du mariage et l'accueil qui fut fait à l'Infante, et les mille incidents de réjouissances qui ne durèrent pas moins de huit jours; nous renverrons à la *Gazette de France* et au *Mercure*, où dorment embaumées tant de fastidieuses légendes d'un passé dont, pourtant, elles ont le mérite de révéler un coin des mœurs, ce qui a bien, disons-le, son côté philosophique et profitable. Toutes ces fêtes ne nous importent qu'autant que le poëte s'y trouve mêlé. La salle de spectacle du château de Versailles n'existait point alors, et elle ne fut même terminée que vingt-cinq ans plus tard, en 1770. L'on avait construit dans le manége couvert de la grande écurie une vaste salle, de belles dimensions, peut-être un peu longue cependant pour sa largeur. Cochin fils a donné la décoration de cette pièce immense[3], trop petite toutefois eu égard à l'af-

1. Procuration du 11 mars 1745, faite par devant M° Mény, le notaire qui avait reçu les dispositions testamentaires d'Armand. Mény avait succédé à Le Roy, acquéreur de l'étude du père Arouet, et les affaires de la famille étaient restées dans ses mains. Après la mort de ce dernier (novembre 1746), la famille change de notaire, et nous ne supposons pas que la signature de M° Charlieu figure sur aucun acte qui lui soit propre.
2. Barbier, *Journal* (Charpentier), t. IV, p. 16; février 1745.
3. *Décoration de la salle de spectacle construite dans le manége couvert de la grande écurie à Versailles, pour la représentation de la*

fluence des appelés et au nombre infiniment plus restreint des élus; car on fut obligé d'en faire évacuer une partie des spectateurs, et, comme la retraite ne laissait pas d'être lente et même laborieuse, il y eut une voix qui cria : « Bourrez[1] ! » Le ballet devait commencer à six heures, mais il en était sept, quand le roi entra dans la salle. Il dura trois heures. Voltaire s'est étendu complaisamment sur cette soirée qu'il avait ordonnée et qui eut ses critiques comme ses admirateurs.

On a voulu réunir sur ce théâtre tous les talents qui pourraient contribuer aux agréments de la fête, et rassembler à la fois tous les charmes de la déclamation, de la danse et de la musique, afin que la personne auguste à qui cette fête est consacrée pût connaitre tout d'un coup les talents qui doivent être dorénavant employés à lui plaire.

On a donc voulu que celui qui a été chargé de composer la fête fit un de ces ouvrages dramatiques où les divertissements en musique forment une partie du sujet, où la plaisanterie se mêle à l'héroïque, et dans lesquels on voit un mélange de l'opéra, de la comédie et de la tragédie [2].

Mais c'est précisément ce heurt de différents genres qui choqua certains spectateurs peu habitués à ces con-

---

PRINCESSE DE NAVARRE, comédie-ballet, donné à l'occasion du mariage de Louis, dauphin de France, avec Marie-Thérèse, infante d'Espagne, le XXIII février MDCCXLV. Cette fête ordonnée par M. le duc de Richelieu, pair de France, en exercice de premier gentilhomme de la chambre du roi, a été conduite par M. de Bonneval, intendant et contrôleur général de l'argenterie, menus plaisirs et affaires de la chambre de Sa Majesté. Exécuté par les sieurs Slodtz et Pérot. C. N. Cochin, filius delin. et sculp. — *Mercure*, février 1745, p. 84 à 112, 114; *Mercure* d'avril, p. 147 et suiv.

1. Duc de Luynes, *Mémoires*, t. VI, p. 317, février 1745.
2. Voltaire, *Œuvres complètes* (Beuchot), t. V, p. 211, 212 *La Princesse de Navarre*. Avertissement.

trastes. Quelques jours après, on jouait l'opéra de *Thésée* devant l'infante. Avant la représentation on crut devoir la préparer à l'audition d'une musique qui ne ressemblait guère à la musique italienne; on lui dit que, si elle pouvait prendre goût au genre français, on espérait qu'elle serait satisfaite de cet opéra dont le poëme était très-bien écrit. « L'auteur qui a fait ces paroles n'est donc pas, dit-elle, celui qui a fait celles du ballet, car il m'a paru qu'il y avoit bien des plaisanteries et des expressions plates. » A part le peu de compétence d'une étrangère, la Dauphine était sérieuse et taciturne, nous apprend d'Argenson[1], et la nature seule du divertissement n'était pas faite pour lui plaire. Le duc de Luynes, qui a enregistré cette appréciation de la princesse, ne la trouve pas trop rigoureuse, et en constate même la justesse. « Quoiqu'il y ait de fort beaux vers dans la *Princesse de Navarre*, que les caractères en soient bien soutenus, et que la pièce même soit bien conduite, il y a trop de plaisanteries et d'expressions communes. » On disait à un certain endroit, à la princesse : « Vos suivantes et vos dames du palais[2]... » Cette énormité ne fut saisie, il est vrai, que par un petit nombre de gens; car l'immensité de la salle ne permit guère d'entendre que le chant et la musique des divertissements. Il faut bien, toutefois, que Voltaire n'ait pas ignoré l'impression défavorable causée par cette expression « singulière; » il n'eut garde de la laisser subsister et la remplaça par le vers suivant :

1. Marquis d'Argenson. *Mémoires* (Jannet), t. II, p. 336.
2. Duc de Luynes, *Mémoires*, t. VI, p. 320.

Vos premiers officiers, vos dames du palais [1]...

L'avocat Barbier, qui ne pouvait qu'enregistrer ce qui avait transpiré de la cour et de la ville, dit de son côté que la pièce avait paru longue, ennuyeuse, mauvaise [2]. C'était être bien sévère à l'égard d'une esquisse où le poëte devait s'effacer devant le musicien, les divertissements, les machines. Malgré tout, la pièce réussit; il en eût été autrement qu'on n'eût pas songé à la reprendre deux jours après [3]. Voltaire s'explique, toutefois, sur cette représentation, avec une certaine réserve, qui a sa signification. « Mon ouvrage est décent, écrivait-il, le soir même, à d'Argental; il a plu sans être flatteur, le roi m'en sait gré... Que me faut-il de plus [4]? » A en juger par l'événement, cet échec, si c'en fut un, eut toutes les conséquences heureuses d'un succès. Nous avons vu, quelques pages plus haut, quel prix l'auteur de *Zaïre* mettait à une complaisance dont sa réputation n'avait à retirer nul profit. Il n'avait pas eu tort de demander beaucoup, puisqu'il devait encore obtenir plus qu'il n'avait demandé. « Le roi m'a accordé verbalement la première charge vacante de gentilhomme ordinaire de sa chambre, et, par brevet, la place d'historiographe, avec deux mille francs d'appointements. Me voilà engagé d'honneur à écrire des anecdotes; mais je n'écrirai rien, et je ne gagnerai pas

1. Voltaire, *OEuvres complètes* (Beuchot), t. V, p. 272. *La Princesse de Navarre*, acte II, sc. XI.
2. Barbier, *Journal* (Charpentier), t. IV, p. 16; février 1745.
3. La seconde représentation de la *Princesse de Navarre* eut lieu le samedi 27 février 1745.
4. Voltaire, *OEuvres complètes* (Beuchot), t. LV, p. 10, 11. Lettre de Voltaire à d'Argental; à Versailles, le 25 février 1745.

mes gages[1]. » Il n'eût pu rien faire de plus sage, n'étant pas d'humeur à enregistrer les faits et gestes des hommes de son temps, sans y mettre du sien et donner son avis ; et c'était là précisément l'écueil, pour un écrivain d'un tempérament tel que, le plus souvent, les censeurs refusaient d'approuver jusqu'aux préfaces de ses tragédies. S'il allait lui falloir attendre patiemment et indéfiniment peut-être une vacance pour la place de gentilhomme ordinaire, au moins le titre et la pension d'historiographe étaient-ils des faveurs présentes, puisque le brevet lui en était expédié au bout d'un mois. En voici la teneur :

Aujourd'hui, 1er avril 1745. Le roy étant à Versailles, mettant en considération que les récompenses que Sa Maté accorde à ceux qui se dévouent à l'étude des lettres contribuent à leur progrès par l'émulation qu'elles excitent, personne n'a paru à Sa Maté plus digne de recevoir des marques de sa bienveillance et d'être distingué par un titre honorable que le s. Arrouet de Voltaire qui, par la supériorité de ses tallents et une aplication suivie, a fait les progrès les plus rapides dans toutes les sciences qu'il a cultivées et dont les ouvrages qui ont été réçous avec de justes aplaudissemens, sont le fruit. A cet effet, Sa Maté a retenu et retient le d. s. de Voltaire en qualité d'historiographe de France, lui permet d'en prendre les titre et qualité en tous actes tant en jugement[2] que dehors,

---

1. Voltaire, *OEuvres complètes* (Beuchot), t. LV, p. 11. Lettre de Voltaire à d'Argental. Cette lettre, qui est sans date, doit être du 27 ou du 28 mars, comme on le peut conjecturer par ce que le duc de Luynes nous dit sur cette grâce du roi. « Du lundi 29. — Il y a deux jours que le roi donna à Voltaire une pension de 2,000 livres, une expectative de gentilhomme ordinaire et le brevet d'historiographe de S. M. On sait que M. de Richelieu a beaucoup d'amitié pour Voltaire. » *Mémoires*, t. VI, p. 374.

2. Voltaire n'aura garde de ne pas user de ce privilége en tête des Mémoires et Factum contre les Travenol.

voulant qu'il jouisse de tous les honneurs et prérogatives dont ont joui et ont dû jouir ceux qui ont été cy-devant revêtus de pareils titres [1], ensemble de la somme de 2,000 d'apointemens, dont il sera payé par chacun an sa vie durant à commencer du 1er janvier dernier, suivant les états et ordonnances qui en seront expédiées en vertu du présent brevet, que pour assurance de sa valeur, Sa Ma^{té} a signé, etc. [2].

Sans doute Voltaire eût-il eu quelque raison d'être un peu honteux de tant de grâces pour un mince livret de comédie-ballet, si tout cela eût été autre chose, en somme, que la solde d'un arriéré accumulé. Il pouvait accepter, tête haute, une faveur à laquelle personne alors n'avait autant et plus de droits que lui. Quant à la question d'opportunité, il s'en lavait les mains et rejetait cavalièrement la responsabilité d'àpropos sur les gouvernants qui avaient attendu la *Princesse de Navarre* pour le récompenser de son *OEdipe*, de sa *Henriade* et de tant d'œuvres qui, à cette date, étaient sans rivales.

> Mon *Henri quatre* et ma *Zaire*,
> Et mon Américaine *Alzire*
> Ne m'ont valu jamais un seul regard du roi ;
> J'eus beaucoup d'ennemis avec très-peu de gloire ;
> Les honneurs et les biens pleuvent enfin sur moi
> Pour une farce de la foire.

[1]. Ce titre d'historiographe fut possédé par Alain Chartier ; et depuis, par Dupleix, Mézerai et l'abbé de Cordemoi, qui est le dernier jusqu'à Voltaire, car Racine et Despréaux, quoique pensionnés par Louis XIV pour travailler à son histoire, n'eurent jamais le brevet d'historiographe. Cette place conférait les droits de commensal de la maison du roi, et Dupleix prenait le titre de conseiller du roi en ses conseils. *Mercure*, 1745, mars, p. 208, 209.

[2]. Archives impériales. O-89. *Registre du secrétariat de la maison du Roy*, de l'année 1745, p. 134. Brevet d'historiographe de France pour le sieur de Voltaire.

« C'était juger un peu trop sévèrement, remarque Condorcet, la *Princesse de Navarre*, ouvrage rempli d'une galanterie noble et touchante. » Nous ajouterons qu'il y avait de l'esprit et de l'habileté à faire bon marché d'une pièce qui, en tous cas, n'était pas un chef-d'œuvre, et qui offrait trop de prise à l'ennemi : aussitôt qu'il l'abandonnait avec cette aisance, que pouvait la haine, que pouvait l'envie? On se demande où madame Necker est allée prendre que la duchesse du Maine, s'étant vantée d'amener le poëte à dire que la *Princesse de Navarre* était son meilleur ouvrage, y réussit sans difficulté [1]. Cela ne donne-t-il pas la mesure et la valeur, une fois pour toutes, des propos et des commérages de société?

Voltaire savourait ses succès, faisait sa cour à Versailles, avec une ivresse qui débordait, quoi qu'il en eût et quoi qu'il en dît. « La cour ne semblerait guère faite pour moi, écrivait-il au sage Vauvenargues; mais les grâces que le roi m'a faites m'y arrêtent, et j'y suis à présent plus par reconnaissance que par intérêt [2]. » L'amitié et les devoirs qu'elle impose l'en arrachaient bientôt pour accompagner madame du Châtelet, dont le fils avait été attaqué de la petite vérole à Châlons [3]. C'eut pour Voltaire d'autres conséquences que celles d'un dérangement. Il était en grandes relations, comme on va voir, avec M. d'Argenson, qui,

---

1. Madame Necker, *Mélanges* (Paris, an VI, 1798), t. III, p. 267.
2. Voltaire, *OEuvres complètes* (Beuchot), t. LV, p. 14. Lettre de Voltaire à Vauvenargues ; à Versailles, ce 3 avril 1745.
3. *Ibid.*, t. LV, p. 16. Lettre de Voltaire au marquis d'Argenson; le 16 d'avril 1745,

après un intérim de quelques mois, avait succédé à M. Amelot. De retour de Châlons, il eût bien voulu faire sa cour au marquis avant qu'il partît pour la Flandre ; mais on savait pourquoi il s'était absenté et d'où il venait, et on le tint à distance ni plus ni moins qu'un pestiféré. « Je n'aurai pas, mande-t-il à M. de Valori, la consolation de revoir M. d'Argenson avant son départ ; il faut s'immoler au préjugé qui m'exclut de Versailles pour quarante jours, parce que j'ai vu un malade à quarante lieues. Ce n'est pas le premier mal que les préjugés me font[1]. » Cela le contraria fort, et il en témoigne son chagrin dans deux ou trois autres endroits de sa correspondance[2]. Il revint donc à Paris où le ministre, en s'éloignant, lui avait laissé de la besogne. La czarine avait offert sa médiation à la France ; ce fut à la plume de Voltaire que d'Argenson confia la réponse du roi Très-Chrétien. L'on a retrouvé la lettre de Louis XV à Élisabeth, minutée de la main du poëte. Cette pièce, bien écrite, adroite, pleine de courtoisie, était appropriée au prince que l'on faisait parler. Louis XIV n'eût pas signé sans doute une telle lettre ; il n'eût pas dit, entre autres choses : « Les rois ne peuvent aspirer chez eux qu'à la gloire de faire la félicité de leurs sujets. » Sauf Fénelon, qui se fût avisé de lui souffler cette étrange maxime ? Le philosophe laisse percer le bout de l'oreille dans ce manifeste, et, à coup sûr, ce langage était nouveau et s'é-

---

1. Voltaire, Œuvres complètes (Beuchot), t. LV, p. 19. Lettre de Voltaire au marquis de Valori ; à Paris, le 1ᵉʳ mai 1745.
2. Ibid., t. LV, p. 21, 22. Lettre de Voltaire à l'abbé de Valori ; à Paris, le 3 mai. — Lettre au marquis d'Argenson ; le même jour.

loignait sensiblement des formules usitées. En somme, Voltaire n'agissait que d'après les ordres de d'Argenson, et les papiers de ce dernier nous ont révélé combien le sort du peuple le préoccupait, combien grande était sa compassion pour ces troupeaux d'hommes réduits, à un certain moment, faute de pain, à manger de l'herbe comme leur bétail [1].

Mais cette lettre à peine achevée, Voltaire allait le prendre sur un tout autre ton. Le diplomate, l'historiographe devaient céder la place au poëte dithyrambique. Nous n'étions pas blasés sur les triomphes : depuis longtemps, chefs et milices avaient donné une piètre mesure de leur valeur; démoralisée, avilie par la continuité des revers, l'armée française n'était plus qu'une force toute nominale, purement fictive, sur laquelle le pays n'avait pas plus à compter que sur ses alliés. On a vu avec quel dédain le roi de Prusse parlait de nos troupes, et, partant, combien peu de cas il faisait de notre concours armé. Une nation aussi essentiellement guerrière ne peut déchoir à ce point dans moins d'un quart de siècle, et ce n'est pas elle qu'il faut accuser de son abaissement momentané. Tout le mal était à la tête, dans le choix des piteux capitaines auxquels la faveur confiait le soin de notre honneur et de notre salut. Le ministre devait sentir l'urgence de relever, par une campagne glorieuse, la réputation de nos armées; coûte que coûte, il fallait un succès, une action d'éclat, une action décisive qui amenât les puissances belligérantes à désirer une

1. Marquis d'Argenson, *Mémoires* (Jannet), t. II, p. 24.

paix dont la France, pour sa part, avait tant besoin. On crut habile de montrer le roi à son armée, de le mêler à ses périls ; et celui-ci, rendons-lui cette justice, accepta avec une bonne grâce, un entrain tout français, le rôle qu'on voulait lui faire jouer. Cela avait toutefois plus d'un inconvénient, et les triomphes auxquels on prétendait devaient être plus brillants qu'effectifs. Aussitôt que l'honneur personnel du souverain était engagé, la victoire devenait de nécessité absolue, et rien n'était à négliger de ce qui pouvait l'assurer. Nous avions une autre armée qui avait bien plus que celle de Flandre le nœud de la situation, qui fut sacrifiée à cette dernière, dégarnie d'hommes et de chevaux et réduite à l'expectative, quand c'était d'elle qu'on eût dû attendre les effets décisifs. Notre tâche n'est pas de discuter le plus ou le moins de justesse des résolutions que l'on prit. Nous nous bornerons à constater les résultats d'une campagne qui nous importe pour la part « lyrique » qu'y eut Voltaire.

Le poëte recevait, des plaines de Fontenoi, une lettre du marquis d'Argenson remarquable par sa rapidité, son enthousiame, le cœur, le patriotisme et l'humanité qui s'y rencontrent. C'était le récit de la victoire, que Voltaire connaissait déjà et qu'il saluait par ce billet laconique au ministre son ami : « Ah ! le bel emploi pour votre historien ! il y a trois cents ans que les rois de France n'ont rien fait de si glorieux. Je suis fou de joie. Bonsoir, monseigneur [1]. » Louis XV apparaît là tout à son avantage, ainsi que le Dauphin,

---

1. Voltaire, *Œuvres complètes* (Beuchot), t. LV, p. 24. Billet de Voltaire au marquis d'Argenson ; jeudi 13, à 11 heures du soir.

écrivant des dépêches et des lettres sur un tambour dans tout le pêle-mêle du carnage et du combat[1]. Le roi (un si triste roi!) n'est point lâche; il a l'insouciance, l'audace, la bonne humeur sur le champ de bataille, qui distinguent le soldat français. On coucha sur de la paille. « Il n'y a point de nuit de bal plus gaie, jamais tant de bons mots. On dormit tout le temps qui ne fut pas coupé par des courriers, des Grassins et des aides de camp. Le roi chanta une chanson qui a beaucoup de couplets et qui est fort drôle. Pour le Dauphin, il était à la bataille comme à une chasse au lièvre... Le vrai, le sûr, le non flatteur, c'est que c'est le roi qui a gagné lui-même la bataille par sa volonté, par sa fermeté. Vous verrez des relations et des détails [2]; vous saurez qu'il y a eu une heure terrible où nous vîmes le second tome de Dettingue... » Il ne faut pas oublier sans doute que c'est la lettre d'un ministre, qui peut être montrée, qui pourra courir, que Voltaire ne manquera pas de produire[3]. Mais d'Argenson n'est pas un ministre comme bien d'autres, c'est aussi un citoyen qui a des entrailles et qui ne considère pas le soldat comme un bétail destiné à une boucherie inévitable. Il a battu des mains à la bonne tenue, à l'intrépidité de ses maîtres et de cette brillante jeunesse qui

---

1. Probablement la lettre de Louis XV à la reine, et celle du Dauphin à sa mère. Lire ces deux billets dans les *Mémoires du duc de Luynes*, t. VI, p. 440.

2. Duc de Luynes, *Mémoires*, t. VI, p. 444. Relation, par M. le duc de Chevreuse, de la bataille de Fontenoi, du 11 mai 1745.

3. *Ibid.*, t. VI, p. 472... Le duc de Luynes dit en effet : « On a beaucoup parlé, à Paris, d'une lettre écrite par M. le marquis d'Argenson à Voltaire après la bataille... »

se montra héroïque ; mais une chose le frappe, l'impressionne douloureusement, lui serre le cœur, et il le constate avec la même franchise d'honnête homme. « Après cela, pour vous dire le mal comme le bien, j'ai remarqué une habitude trop tôt acquise de voir tranquillement sur le champ de bataille des morts nus, des ennemis agonisans, des plaies fumantes. Pour moi, j'avouerai que le cœur me manqua, et que j'eus besoin d'un flacon. J'observai bien nos jeunes héros, je les trouvai trop indifférens sur cet article. Je craignis pour la suite de leur longue vie, que le goût vînt à augmenter pour cette inhumaine curée[1]. »

Ce fut un délire général à la nouvelle de cette victoire. Voltaire partagea l'ivresse commune, et, sur les premiers bulletins, il se mit à célébrer cette journée si glorieuse pour nos armes. Ce n'était sans doute pas la meilleure façon de procéder pour composer un tout d'une parfaite unité ; chaque jour, chaque heure lui apportaient de nouveaux détails ; autant d'épisodes qu'il fallait fondre dans le récit de cette sanglante mêlée. Peut-être aussi eût-il mieux fait, dans son discours préliminaire, de ne point se vanter de ce tour de force, dont ne se fussent apparemment pas doutés ceux qui le lui reprochèrent. L'auteur de *Zaïre* était bien capable de telles impatiences, même sans y être poussé ; toutefois, l'on pensa qu'il céda aux instances de M. de Richelieu qui était pressé de voir circuler un ouvrage où, certes, il n'était pas le moins loué des combattants dont le poëte avait à chanter les prouesses. Disons que ce der-

---

1. Voltaire, *Œuvres complètes* (Beuchot), t. LV, p. 26, 27. Lettre du marquis d'Argenson à Voltaire.

nier méritait pleinement ces louanges si généreusement distribuées, et qu'il fut pour beaucoup dans le gain de la bataille. La tâche qu'entreprenait Voltaire n'était pas sans difficultés, et tous les noms d'hommes et de villes n'entrent pas avec le même avantage dans un vers; mais ce sont là jeux d'enfants pour un versificateur habile, comme l'avait victorieusement démontré Despréaux, dans son ode sur le *Passage du Rhin*. En somme, est-ce bien là un mérite qu'on aime à rencontrer dans un poëme? « Je n'ai pas encore vu, écrivait à cette date lord Chesterfield à une amie, de gazette dans laquelle la liste des morts et des blessés à la bataille de Fontenoy ait été plus fidèlement et plus simplement détaillée : je m'imagine que ce n'est que par hasard qu'une relation si exacte est en vers; et apparemment Voltaire, comme Ovide, fait des vers sans y penser[1]... » L'écueil était tout dans la diversité et l'inégale répartition des louanges; et le poëte, comme pour *le Temple du goût*, ne fut pas sans en sentir quelque gêne. Il s'en explique à sa façon et dans l'intimité avec son ami Cideville. « La tête me tourne; je ne sais comment faire avec les dames, qui veulent que je loue leurs cousins et leurs greluchons[2]. » Il dut faire un grand nombre de mécontents : les uns se trouvèrent trop confondus dans la foule, les autres ne se trouvèrent point à leur place. C'était inévitable[3]. En définitive, Voltaire est très-

---

1. *Miscellaneous works of lord Chesterfield* With Dr. Maty's mémoires. Of his Lordshep's life (London, 1777), t. II, p. 47. Lettre de Chesterfield à madame *** ; à Londres, ce 24 juin 1745.

2. Voltaire, *Œuvres complètes* (Beuchot), t. LV, p. 30. Lettre de Voltaire à Cideville; 30 mai 1745.

3. Duc de Luynes, *Mémoires*, t. VI, p. 468, 469.

fier de cette énumération dont il croit avoir surmonté la sécheresse : il n'a fait qu'imiter Boileau, avec plus d'ampleur peut-être. « Il cite près de vingt noms, dit-il, il y en a ici plus de soixante[1]. » L'on pense bien que la malignité, l'envie s'efforcèrent de faire expier au poëte sa faveur et son succès. Sous le titre des *Héros modernes*, parut une satire assez piquante du *poëme de Fontenoi*. L'idée en était plaisante. Il y avait aussi une liste nombreuse de combattants, avec les actions d'éclat qui les avaient sortis de leur poussière. L'auteur de *la Henriade* n'avait songé qu'aux chefs ; là on procédait tout différemment :

Camarades, soldats, je ne chante que vous[2].

C'était Lyonnois, Limousin, Le Breton, l'Espérance, La Rose, Joli-Cœur, La Tulippe, La France, avec leurs généalogies : celui-ci le fils d'un gros marchand d'eau-de-vie de Cognac, cet autre le fils d'un tailleur de pierre de Limoges, et ainsi du reste, tous ayant une légende, des états de service dignes d'être transmis aux siècles futurs. La *Requête du curé de Fontenoy au Roy*, sans valoir grand'chose, amusa, moins par elle-même que par l'avertissement qui la précédait et qui parodiait d'une façon burlesque l'avertissement du *Poëme de Fontenoi*.

Le curé de Fontenoy doit rendre compte au public que, si sa pièce paroît trop courte ou trop négligée, c'est parce qu'il n'a

---

1. Voltaire, *OEuvres complètes* (Beuchot), t. XII, p. 120. *Le poëme de Fontenoi*. Discours préliminaire.

2. *Voltairiana ou éloges amphygouriques de Fr.-Marie Arouet* (Paris, 1748), p. 191. *Les héros modernes*, poëme.

été que trois heures à la composer, la revoir, la corriger et l'écrire.

Si on lui objecte que rien ne l'obligeoit à y mettre si peu de tems, il répondra que des devoirs d'État l'appeloient à d'autres occupations indispensables. Au reste, s'il survient quelque chose d'intéressant, il fera des augmentations considérables, ou plutôt il donnera une pièce nouvelle, par le nombre de changemens et d'additions qu'il se propose, au cas que son tems le lui permette.

Quoique naturellement il ne doive parler qu'au roi son maître, il aura cependant la complaisance d'ajouter trois ou quatre vers en faveur de chaque personne distinguée, qui seroit fâchée de n'être pas nommée dans l'ouvrage; en sorte qu'on espère qu'à la centième édition, la pièce pourra commencer à prendre forme. Il restera moins de mécontens.

Si le poëme ne paroît pas assez bon pour mériter une critique, l'auteur en fera une lui-même, pour tâcher de faire valoir et débiter son ouvrage [1].

A cela, il n'y avait qu'à rire. Mais la critique, autre part, est plus amère et plus acerbe; et les *Réflexions sur un imprimé intitulé : la Bataille de Fontenoy*, ainsi que les *Avis sincères à M. de Voltaire au sujet de la sixième édition de son poëme*, étaient de nature à chagriner un amour-propre aisé d'ailleurs à entamer. Après tout, Voltaire avait l'esprit qu'il fallait pour répondre à ces critiques épaisses, plus fielleuses que très-piquantes, et rien de tout cela ne vaut assurément une ligne de sa réplique à tous ces commérages, sous le titre de *Lettre critique d'une belle dame à un beau*

---

1. Cette *Requête du curé de Fontenoy* parut aussi sous le titre de *Vers sur la bataille de Fontenoy, par les curé, vicaire et maître d'école dudit lieu* (1745, sixième édition). Desfontaines nous donne le nom de l'auteur qui s'appelle Marchand. Signalons aussi *le Barbier du village de Fontenoy* (à Fontenoy, 1745), que l'auteur des *Jugemens sur les écrits nouveaux* attribue à l'abbé de l'Attaignant, t. VIII, p. 217.

monsieur de Paris, persiflage plein de légèreté, de finesse, de sel, de bonne plaisanterie, où se trouvent relevées la plupart des accusations portées par les zoïles et les badauds[1]. Le résultat parlait d'ailleurs plus haut que les criailleries. « Malgré l'envie, écrivait-il au marquis d'Argenson, ceci a du débit. Seriez-vous mal reçu, monseigneur, à dire au roi qu'en dix jours de temps, il y a eu cinq éditions de sa gloire? N'oubliez pas, je vous en prie, cette petite manœuvre de cour[2]. » Et c'est cette vente rapide qui indispose et irrite les rivaux, car, on le pense bien, Voltaire ne fut pas le seul à emboucher la trompette. Un abbé Portes, Fréron, le successeur prédestiné de Desfontaines, et Piron[3] firent de leur mieux sans grand profit pour leur gloire et pour leur bourse. « Je suis, s'écrie ce dernier, le bel-esprit de mon temps le plus malheureux en dépense qu'on puisse voir. Mes concurrents font plus avec un demi-*sesterce* que je ne ferois avec un grand *talent*. Voyez ce que la *Princesse de Navarre* et le *Poëme de Fontenoi* ont valu à leur auteur : honneurs et pensions ; et que m'ont valu à moi *Cortès* et la *Louïsiade?* L'indifférence du public et les fades plaisanteries de Desfontaines[4]. »

La passe était bonne pour l'auteur de *Mérope*, qui voyait prospérer ses affaires de plus d'un côté. Voltaire

---

1. Voltaire, *Œuvres complètes* (Beuchot), t. XXXVIII, p. 534-538.
2. *Ibid.*, t. LV, p. 29. Lettre de Voltaire au marquis d'Argenson ; à Paris, le 29 mai 1745.
3. *La Bataille de Fontenoy* ; *Ode sur la journée de Fontenoy* ; *La Louïsiade*.
4. Piron, *Complément de ses œuvres inédites* (Sartorius, 1865), p. 68 ; 12 novembre 1746.

avait, parfois, d'étranges visées, qu'il poursuivait, aussitôt conçues, avec une ténacité dont rien n'eût su le distraire, encore moins le détourner. L'interruption de *Mahomet* lui tenait au cœur, il se sentait saper par le parti clérical qui ne faisait, après tout, que se défendre ; tout fort qu'il fût, il comprenait l'inégalité de la lutte. Malgré des soutiens puissants, il s'était vu fermer les portes de l'Académie par l'influence des dévots à la tête desquels marchait « l'âne de Mirepoix, » le théatin Boyer ; l'idée lui vint de jouer à ceux-ci un tour de sa façon auquel, à coup sûr, ils ne s'attendaient guère. Il ne s'agissait pas moins que de conquérir les bonnes grâces de Benoît XIV, d'obtenir de telles marques de bienveillance que l'ennemi n'eût qu'à s'incliner devant l'ami de Sa Sainteté. Ce n'était pas le tout, sans doute, d'avoir conçu un pareil projet, il fallait le mener à bonne fin, et la chose paraissait assez ardue. Voltaire avait demandé au marquis d'Argenson de l'aider dans cette négociation et d'en toucher quelques mots à l'abbé de Canillac, notre ministre à Rome. Mais d'Argenson n'avait vraisemblablement été frappé que de l'étrangeté de la requête, et il ne sembla pas trop mordre d'abord aux ouvertures du poëte qui les lui rappelle et lui insinue qu'il peut lui faire ce plaisir sans se compromettre aucunement. « Vous avez eu trop de scrupule, lui mande-t-il, en craignant d'écrire un petit mot à M. l'abbé de Canillac. Je vous avertis que je suis très-bien avec le Pape, et que M. l'abbé de Canillac fera sa cour, en disant au saint-père que je lis ses ouvrages, et que je suis au rang de ses admirateurs comme de ses brebis. Chargez-vous, je vous en supplie, de cette importante négociation. Je vous réponds que je serai un petit favori de Rome, sans que nos cardinaux y aient contribué [1]. »

Bien que réclamant le concours et l'appui du ministère de France, Voltaire avait travaillé de son côté. Il avait envoyé au saint-père sa tragédie proscrite de *Mahomet*, avec un distique latin pour mettre au bas de son portrait, en échange desquels le poëte sollicitait humblement des médailles qui témoignassent de la bonne odeur où il se trouvait auprès du chef temporel de l'Église. Tout cela avait passé par plus d'une filière. Voltaire connaissait une demoiselle du Thil, liée avec madame du Châtelet et que nous aurons occasion de revoir, laquelle connaissait l'abbé de Tolignan qui pour sa part avait déposé les vœux, les respects et la tragédie aux pieds de Sa Sainteté. Mais laissons la parole à l'auteur de *Mahomet;* ces détails ont bien leur prix.

Vous vous souvenez peut-être, écrivait-il au marquis d'Argenson, qu'il y a près de deux mois, l'envie me prit d'avoir quelque marque de bienveillance papale qui pût me faire honneur en ce monde-ci et dans l'autre. J'eus l'honneur de vous communiquer cette grande idée ; mais vous me dites qu'il n'était guère possible de mêler ainsi les choses célestes aux politiques. Sur-le-champ j'allai trouver mademoiselle du Thil, qui a été pour moi *turris eburnea, fœderis arca*, etc., et elle me dit qu'elle essaierait si l'abbé de Tolignan aurait assez de crédit encore pour obtenir de Sa Sainteté deux médailles qui vaudraient pour moi deux évêchés.

Nouvelles coquetteries de ma part avec le pape ; je lis ses livres, j'en fais un petit extrait [2] ; je versifie, et le pape devient mon protecteur *in petto*.

1. Voltaire, *OEuvres complètes* (Beuchot), t. LV, p. 22. Lettre de Voltaire au marquis d'Argenson ; à Paris, ce 3 mai 1745.

2. Si Voltaire lut tout, il ne s'imposa pas une tâche médiocre.

Je vous mande tout cela, il y a trois semaines, et je vous écris que l'abbé de Canillac ferait très-bien sa cour en parlant de moi à Sa Sainteté; mais je ne parle point de médailles. Alors il vous revient en mémoire que j'avais eu grande envie du portrait du saint-père, et vous en écrivez à M. l'abbé de Canillac. Pendant ce temps-là qu'arrive-t-il? Le pape, le très-saint, le très-aimable, donne deux grosses médailles pour moi à M. l'abbé de Tolignan; et le maître de la chambre m'écrit de la part de Sa Sainteté. L'abbé de Tolignan a en poche médailles et lettres, et les enverra quand et comme il pourra.

A peine M. de Tolignan est-il muni de ces divers portraits, que M. de Canillac va en demander pour moi au saint-père. Il me paraît que Sa Sainteté a l'esprit présent et plaisant; elle ne veut pas dire au ministre de France : *Monsu, un altro a le medaglie;* mais elle lui dit qu'à la Saint-Pierre il en aura de plus grosses.

Vous recevrez, monseigneur, la lettre de l'abbé de Canillac, qui vous mande cette pantalonnade du pape très-sérieusement; et mademoiselle du Thil reçoit la lettre de M. l'abbé de Tolignan, qui lui mande la chose comme elle est...

Le grand point est donc que M. l'abbé de Canillac ne souffle pas la négociation à l'abbé de Tolignan, parce qu'alors il se pourrait faire que tout échouât. Je vous supplie donc d'écrire tout simplement à votre ministre romain que le poids de marc ne fait rien à ces médailles, qu'il vous fera plaisir de me protéger dans l'occasion, que l'abbé de Tolignan étant mon ami depuis longtemps, il n'est pas étonnant qu'il m'ait servi, et que vous le priez d'aider l'abbé de Tolignan dans cette affaire, etc., etc., etc.

Moyennant ce tour très-simple et très-vrai, il n'y aura point de tracasserie; j'aurai mes médailles ; tout le monde sera content, et je vous aurai la plus grande obligation du monde [1].

Ainsi, ce que craint Voltaire, c'est un conflit de

L'édition la plus complète des œuvres de Lambertini, celle de Bassana, est de 15 vol. in-fol. non compris le *Bullaire* (Venise, 1760), 4 vol. in-fol.

1. Voltaire, *Œuvres complètes* (Beuchot), t. LV, p. 31, 32, 33. Lettre de Voltaire au marquis d'Argenson; le 31 mai 1745.

zèle. Pour être plus sûr de réussir, il s'est adressé de plus d'un côté, et précisément voilà ce qui peut entraver la négociation, si M. d'Argenson n'intervient pas de manière à sauvegarder les amours-propres. Heureusement tout cela s'arrangea, et le poëte eut ses médailles.

> Je viens, monseigneur, de recevoir le portrait du plus joufflu saint-père que nous ayons eu depuis longtemps. Il a l'air d'un bon diable qui sait à peu près ce que tout cela vaut. Je vous remercie de ces deux faces de pontife, du meilleur de mon cœur ; je crois que, sans vous, ces deux visages-là, qu'on m'envoyait, se seraient en allés en brouet d'andouille. L'abbé de Tolignan, le cardinal Aquaviva, l'abbé de Canillac, ne se seraient point entendus pour me faire avoir les bénédictions papales si vous n'aviez eu la bonté d'écrire. Vous devriez bien dire au roi très-chrétien combien je suis un sujet très-chrétien [1].

Cette dernière recommandation n'a d'une plaisanterie que l'apparence, Voltaire tient très-sérieusement à ce que le roi le croie en parfaite odeur d'orthodoxie. C'est sa réputation d'irréligion qui l'a fait écarter de l'Académie ; c'est en vue de l'Académie et pour fermer la bouche des dévots qu'il fait des coquetteries et des petites mines au successeur de saint Pierre. L'envoi de *Mahomet* était du mois d'avril ; sans doute Voltaire, tout osé qu'il fût, ne se décida à le dédier au saint-père qu'après en avoir obtenu l'octroi de celui-ci. Sa lettre à Benoît XIV, qui figure en tête de sa tragédie, porte la date du 17 août. Les termes en sont d'ailleurs pleins de convenance et de respect. En voici la traduction :

---

1. Voltaire, *OEuvres complètes* (Beuchot), t. LV, p. 52, 53. Lettre de Voltaire au marquis d'Argenson ; le 10 août 1745.

Très-saint père,

Votre Sainteté voudra bien pardonner la liberté que prend un des plus humbles, mais l'un des plus grands admirateurs de la vertu, de consacrer au chef de la véritable religion un écrit contre le fondateur d'une religion fausse et barbare.

A qui pourrai-je plus convenablement adresser la satire de la cruauté et des erreurs d'un faux prophète, qu'au vicaire et à l'imitateur d'un Dieu de paix et de vérité?

Que Votre Sainteté daigne permettre que je mette à ses pieds et le livre et l'auteur. J'ose lui demander sa protection pour l'un et sa bénédiction pour l'autre. C'est avec ces sentiments d'une profonde vénération que je me prosterne, et que je baise vos pieds sacrés [1].

Le saint-père se garda bien, avec un esprit tout italien, de suspecter les intentions de son *cher fils*; il prit très au sérieux ces avances, ces politesses, ces coquetteries et ces respects, et adressa au poëte une lettre d'une familiarité charmante, où le pontife chrétien n'est pas fâché de prouver à ce fils d'Apollon qu'il n'a pas rompu, malgré son caractère, son âge, les préoccupations de l'apostolat, avec les muses païennes qui inspirèrent le cygne de Mantoue.

Benoit XIV à son cher fils, salut et bénédiction apostolique.

Il y a quelques semaines qu'on me présenta de votre part votre admirable tragédie de *Mahomet,* que j'ai lue avec un bien grand plaisir. Le cardinal Passionéi me donna ensuite en votre nom le beau poëme de *Fontenoy*. M. Leprotti m'a communiqué votre distique pour mon portrait; et le cardinal Valentini me remit hier votre lettre du 17 août. Chacune de ces marques de bonté mériterait un remerciement particulier; mais vous vou-

---

1. Voltaire, *OEuvres complètes* (Beuchot), t. V, p. 10. Lettre de Voltaire à Benoît XIV ; Paris, 17 août 1745.

drez bien que j'unisse ces différentes attentions, pour vous en rendre des actions de grâce générales. Vous ne devez pas douter de l'estime singulière que m'inspire un mérite aussi reconnu que le vôtre.

Dès que votre distique fut publié à Rome, on nous dit qu'un homme de lettre français, se trouvant dans une société où l'on en parlait, avait repris dans le premier vers une faute de quantité[1]. Il prétendait que le mot *hic*, que vous employez comme bref, doit être toujours long.

Nous répondîmes qu'il était dans l'erreur, que cette syllabe était indifféremment brève ou longue dans les poëtes, Virgile ayant fait ce mot bref dans ce vers :

« Solus hic inflexit sensus, animum que labantem... »

et long dans cet autre :

« Hic finis Priami fatorum, hic exitus illum... »

C'était peut-être assez bien répondre pour un homme qui n'a pas lu Virgile depuis cinquante ans. Quoique vous soyez partie intéressée dans ce différend, nous avons une si haute idée de votre franchise et de votre droiture, que nous n'hésitons pas de vous faire juge entre votre critique et nous. Il ne nous reste plus qu'à vous donner notre bénédiction apostolique.

Donné à Rome à Sainte-Marie-Majeure, le 19 septembre 1745, la sixième année de notre pontificat[2].

Telle était, telle fut toujours l'urbanité des papes, païens jusqu'à l'autel, tous imbus et nourris des let-

---

1. Nous ignorons qui fit cette querelle à Voltaire. La faute de quantité n'existe point ; mais, pour être grammatical, le vers en est-il plus latin ? « Avec la permission de *M. de Voltaire, terram scriptis docuit* est un gallicisme, ou tout au plus du latin de la Vulgate ; que ne faisoit-il des vers absolument françois ! » Remarque Clément, Clément de Montpellier, Clément *Maraud*, comme l'appelle Voltaire, dans *les Cinq Années littéraires* ou *Nouvelles littéraires* des années 1748-1752 (La Haye, 1754), t. I, p. 33. Paris, 10 mars 1748.

2. Voltaire, *Œuvres complètes* (Beuchot), t. V, p. 11. Réponse de Benoît XIV à Voltaire.

tres latines, pleins des grands poëtes du siècle d'Auguste, d'ailleurs indulgents, opposés à toute recherche étroite, tolérants par nature comme par politique. L'on n'est pas fanatique à Rome, le génie de la nation s'y refuse. Une grande aménité était le caractère de cette cour de prélats, la plupart artistes et beaux-esprits, qui ne demandaient que la paix de l'Église et leur tranquillité propre. Si l'inquisition avait son siége à Rome, elle y était aussi bénigne qu'elle était âpre, sauvage, féroce en Espagne [1]. Dans nos chiffonneries religieuses, dans les questions du quiétisme et les querelles jansénistes, si Rome prend parti et se prononce, c'est à son corps défendant, c'est parce qu'elle est sommée de lancer ses foudres. Il faut que Louis XIV, pressé, harcelé lui-même par les jésuites, réclame hautement la bulle qui imposera la doctrine. Au fond, ces débats, toujours si délicats, sont antipathiques au Vatican, convaincu que les rêveries individuelles meurent avec leurs auteurs, si la discussion et la persécution ne leur ont pas donné cette notoriété et cet éclat qui font les prosélytes. Lambertini n'ignorait pas quel esprit orgueilleux et dangereux était Voltaire, et il n'était pas dupe de ses protestations d'orthodoxie. En somme, ces avances de l'auteur des *Lettres philosophiques* ne pouvaient pas déplaire; elles le condamnaient à plus de réserve : qui savait même si cet échange de bons procédés n'aurait pas d'action, sinon sur ses idées du moins sur sa conduite? On crut en France qu'en proclamant *Mahomet* une admirable

---

1. Voltaire, *OEuvres complètes* (Beuchot), t. XVII, p. 352.

tragédie, Benoît XIV était tombé dans un piége grossier, et il fut traité de pauvre homme par un clergé peu au fait de ces finesses italiennes. En réalité, c'était du savoir-vivre, de la bienveillance, un atticisme souriant; c'était, en un mot, être fidèle à soi-même et à son programme : « Voulez-vous un saint? avait-il dit dans le conclave aux cardinaux hésitants, nommez Gotti; un politique? Aldovrandi ; un bonhomme? prenez-moi. » Mais encore ces vertus-là ne lui sont pas particulières; elles sont, à peu d'exceptions près, celles de la tiare. Voltaire, plus tard, ira jusqu'à demander les oreilles du grand inquisiteur à Clément XIV (Ganganelli), qui prendra en riant sa plaisanterie et lui fera répondre sur le même ton [1].

Le pape s'était constitué le champion de l'auteur de *Mahomet*. Il est vrai qu'il y était intéressé, et que Voltaire ne se fût rendu coupable d'une faute de quantité que pour avoir voulu le célébrer dans la langue d'Horace et de Virgile. Voici ces deux vers qu'inspira au poëte la vue seule d'une estampe représentant Sa Sainteté :

Lambertinus hic est, Romæ decus et pater orbis,
Qui mundum scriptis docuit, virtutibus ornat [2].

L'auteur du distique, dans sa réponse à la lettre affectueuse de Benoît XIV, cite un autre exemple à joindre aux autorités énoncées par Lambertini et

---

1. Voltaire, *OEuvres complètes* (Beuchot), t. LXVII, p. 295 (1771).
2. Le second vers est un peu différent dans la lettre au père de la Tour (Paris, 7 février 1746). « Terram » à la place de « mundum. »

qui, par une heureuse concordance, devient une flatterie gracieuse pour le père des fidèles.

Si le Français qui a repris avec si peu de justesse la syllabe *hic* avait eu son Virgile aussi présent à la mémoire, il aurait pu citer fort à propos un vers où ce mot est à la fois bref et long : ce beau vers me semblait contenir le présage des faveurs dont votre bonté généreuse m'a comblé. Le voici :

> Hic vir, hic est, tibi quem promitti sæpius audis.

Rome a dû retentir de ce vers à l'exaltation de Benoît XIV [1].

L'auteur de la *Henriade* avait poursuivi le succès avec cette volonté têtue à laquelle rien n'eût fait lâcher prise. Cet homme, qui est à toutes choses, a pourtant cette concentration d'esprit, cette force de cohésion de l'homme qui n'aurait qu'une idée : non-seulement ce qu'il veut, il le veut fortement, opiniâtrément ; mais encore rien ne lui échappe de ce qui peut préparer, amener le dénoûment, conduire le plus sûrement au but. Ainsi, pour une négociation en apparence si futile, que de gens employés, que de ressorts mis en jeu ! Le marquis d'Argenson, les abbés de Canillac et de Tolignan, mademoiselle du Thil (une femme dans une négo-

---

1. Voltaire, *Œuvres complètes* (Beuchot), t. V, p. 12. Lettre de remerciment au pape. « Le compliment est ingénieux, mais bien mal amené, nous dit M. Alexis Pierron, qui a fait un livre pour nous prouver que Voltaire est assez mauvais latiniste et encore moins bon grec. Il n'est pas vrai que le mot *hic* soit à la fois bref et long, dans le fameux vers où Anchise annonce les destins d'Auguste. Benoît XIV discutait sur la question de nature ; il serait long devant *vir* par position. L'exemple n'est donc pas double ; et c'est par une distraction au moins singulière que Voltaire le donne comme tel. *Hic* est deux fois aussi dans le deuxième vers cité par Benoît XIV ; mais Benoît XIV s'est bien gardé de dire qu'il y était deux fois en qualité de longue. » *Voltaire et ses maîtres* (Paris, Didier, 1866), p. 185.

ciation de ce genre) ! Est-ce bien tout? La réponse du saint-père vient nous révéler qu'en outre le cardinal Passionei avait eu mission de remettre le *Poëme de Fontenoi*, M. Leprotti le distique en l'honneur de Sa Sainteté, et que la lettre du 17 août avait été confiée à un autre membre du sacré collége, au cardinal Valentini? N'est-ce pas à donner le vertige? Benoît XIV n'avait cru qu'échanger des politesses avec le plus bel esprit de France. Mais Voltaire songeait à tirer le plus honnête profit d'un document qui était un argument triomphant à opposer aux attaques de ses ennemis. « Vraiment, écrivait-il à d'Argental, les grâces célestes ne peuvent trop se répandre, et la lettre du saint-père est faite pour être publique. Il est bon, mon respectable ami, que les persécuteurs des gens de bien sachent que je suis couvert contre eux de l'étole du vicaire de Dieu[1]. » Désormais, Voltaire pouvait attendre patiemment la vacance du prochain fauteuil académique : le terrain était déblayé.

---

1. Voltaire, *OEuvres complètes* (Beuchot), t. LV, p. 66. Lettre de Voltaire à d'Argental; à Fontainebleau, ce 5 octobre 1745.

FIN DE VOLTAIRE AU CHATEAU DE CIREY.

TABLE

—

I. — La marquise du Châtelet. — Les lettres philosophiques. — Voltaire en fuite. — Gabrielle-Émilie. Le Tonnelier de Breteuil. — Son portrait par madame du Deffand. — Mot de Thomas à ce propos. — Premières relations. — Le marquis de Guébriant. — Il l'abandonne. — Madame du Châtelet s'empoisonne. — Secourue à temps. — Le duc de Richelieu la console. — L'amitié succède à un sentiment plus vif. — Voltaire, qui l'avait vue enfant chez son père, renouvelle connaissance avec elle. — Une visite rue du Long-Pont. — La duchesse de Saint-Pierre et M. de Forcalquier. — La fricassée de poulets et les chandelles de Charonne. — Voltaire brocanteur. — Rameau. — A la recherche d'un poëme qu'il ne peut obtenir. — Mimi-Dancourt. — Intervient auprès de Voltaire. — Réponse favorable de celui-ci. *Samson.* — Opinion de la marquise sur la musique de Rameau. — Ce dernier, un pédant en musique. — *Le Temple du Goût* et les marionnettes. — Parodie de d'Allinval. — Tour que lui jouent les Italiens. — Romagnesi. — *Epître sur la Calomnie.* — *Rufus.* — Linant et Lefebvre. — Générosité de Voltaire à leur égard. — *Adélaïde du Guesclin.* — Sifflée dès le premier acte. — *Couci-Couci.* — Redemandée à la seconde représentation. — Le poëte la retire. — Voltaire négociateur de mariage. — Mademoiselle de Guise. — Sa famille. — M. et madame de Guise. — Le scandale de Paris. — Richelieu épouse sans dot. — Le mariage se fait à Monjeu. — Voltaire et madame du Châtelet y assistent. — Mécontentement de la maison de Guise. — Les princes de Lixin et de Pons refusent de signer au contrat. — Ressentiment du duc. — Conseils du poëte à la nouvelle mariée. — Duel entre Richelieu et le prince de Lixin. — Ce dernier reste sur la place. — *Les Lettres philosophiques.* — Voltaire les soumet à Maupertuis. — Ses inquiétudes. — Ce qu'il tente pour détourner le danger. — Thiériot vend une édition anglaise à un libraire de Londres. — Opinion des Anglais sur ce livre. — François Jore. — Quand les *Lettres* commencèrent-elles à être imprimées ? — Date erronée. — Voltaire veut ajourner l'édition. — Le libraire au dix-huitième siècle. — Claude Jore. — Ses contraventions et ses emprisonnements. — François non moins intrépide que son père. — Préface du *procès du P. Girard et de la Cadière*. — Écrite par Desfontaines et publiée par Jore. — Voltaire leur sauve la Bastille. — Les *Lettres* imprimées. — Recherches du garde des sceaux. — Vanneroux. — Elles se débitent dans Paris. — Jore à la Bastille. — Charge Voltaire. — Descente de police, rue du Long-Pont. — La cassette de Voltaire au pillage. — Le livre brûlé au pied du grand escalier. — Considérations sur l'ouvrage. — La société française et la société anglaise opposées l'une à l'autre. — L'épigramme et la satire compromettent la vérité des jugements. — Descartes et Newton. — Shakespeare et Jacques Grevin. — Critique judicieuse de Le Coq de Villerey. — Ordre d'arrêter Voltaire et de le mener à Auxonne. — M. de la Briffe le trouve délogé. — Désolation de madame du Châtelet. — D'Argental conseille l'obéissance. — Aversion de Voltaire pour la prison. — Faux bruits sur le lieu de son refuge. . . . . Page. 1.

II. Cirey et Lunéville. — Retour a Paris. — Chiffonneries avec Desfontaines. — Alzire. — Le camp de Philisbourg. — Arrivée de Voltaire. — Il est accueilli à bras ouverts. — Ode de Moncrif. — Grande dépense des officiers. — Train du duc de Richelieu. — Voltaire arrêté comme espion. — Soupe avec le prince de Conti au lieu d'être pendu. — L'académicien Adam. — Départ du poète. — Mauvais effet de son séjour à l'armée du Rhin. — Il vient s'établir à Cirey. — La comtesse de la Neuville et madame de Champbonin. — Maupertuis et Clairaut. — Madame du Châtelet les voit tous les jours. — Répétition de *Samson*, chez M. Fagon. — Une petite querelle de ménage. — La messe de minuit. — La marquise court les églises avec Maupertuis. — Voltaire se lasse de piquer des ouvriers. — *La Pucelle*. — L'idée en vient à Voltaire à l'hôtel de Richelieu. — Lettre du lieutenant de police. — Fin de l'exil du poète. — Retour à Paris. — La géométrie et la physique à la mode. — Petit dépit que Voltaire en témoigne. — Nouvelles imprudences. — Il quitte brusquement Paris. — Va à Lunéville. — Varinge et le bibliothécaire Duval. — Madame de Richelieu et le père Dallemant. — Triomphe de la duchesse. — Lettre de remercîment du cardinal Albéroni. — Thiériot autorisé à la faire circuler. — La colonie de Cirey. — Linant. — Ses chiffonneries avec les époux Demoulin. — Son peu de gratitude. — Mécontentement de

Voltaire. — Linant précepteur. — Déclaration ridicule à la comtesse de la Neuville. — Un quatrain répare tout. — *La Mort de César*. — Voltaire l'envoie à l'abbé Asselin. — Jouée par les écoliers à la distribution des prix du collége d'Harcourt. — Interprétée à merveille. — MM. Bernard et de La Rivière. — Enchantement du poëte. — La tragédie imprimée sur une copie informe. — Désolation de Voltaire. — Article malveillant de Desfontaines. — Voltaire réplique dans le *Mercure* à la critique des *Observations*. — Lettre de Desfontaines à Voltaire. — Son ultimatum. — Desfontaines était-il honnête homme comme critique? — L'abbé Trublet tranche la question. — Biographie de Desfontaines. — Une traduction trop libre. — Exigences excessives de Voltaire. — Desfontaines n'entend pas s'y soumettre. — Suppression du *Nouvelliste du Parnasse*. — Desfontaines et sa cure de Thorigny. — Il songe à résider. — Conflit entre lui et son évêque. — Chasse un ecclésiastique envoyé en mission. — Rupture avec M. de Bayeux. — Il crée les *Observations sur les écrits modernes* avec l'abbé Granet. — Lettre doucereuse de Voltaire. — Nouveaux griefs. — Inqualifiable procédé du journaliste. — Épître de Voltaire à Algarotti. — Insérée dans les feuilles. — Indignation du marquis du Châtelet et de sa femme. — Libelle contre l'Académie. — Arrêt de la chambre de l'Arsenal. — Le Franc et *Zoraïde*. — Lettre outrecuidante de son auteur à la Comédie française. — *Alzire*. — Obtient le plus grand succès. — Voltaire prend son bien où il le trouve. — Un vers de Racine fils. — Saillie de l'abbé de Voisenon. . . . . . Page 45.

III. AFFAIRE JORE. — LA CRÉPINADE. — LE MÉRITE VENGÉ. — VOLTAIRE EN HOLLANDE. — AMBASSADE A CIREY. — Piége tendu à Voltaire par son libraire. — Jore lève le masque. — Départ de Voltaire pour Paris. — Entrevue du poëte et de l'éditeur. — Les hostilités commencent. — Mémoire de Jore. — Les *Lettres philosophiques*. — Il accuse Voltaire de les avoir fait publier souterrainement. — Fausseté d'une pareille imputation. — Coupable étourderie du poëte. — Calomnie grossière à propos d'un tailleur. — Réplique de Voltaire. — Argumentation concluante. — Arrêt du magistrat. — Jore débouté de ses demandes. — Voltaire condamné à cinq cents livres d'aumônes. — Lamentations de ce dernier. — Démarches vaines auprès du ministre et du lieutenant de police. — Fait contre fortune bon cœur et se déclare satisfait. — Un fauteuil vacant à l'Académie. — Les circonstances sont peu favorables à sa candidature. — Ouvertures des ducs de Richelieu et de Villars à l'abbé d'Olivet relativement à la prochaine vacance. — Nouvelle attaque contre Rousseau. — Pamphlet de Jean-Baptiste. — Son fiel bénin. — Lettre de Demoulin aux auteurs de la *Bibliothèque françoise*. — Portrait flatteur de Voltaire par Voltaire. — Réplique foudroyante au factum du lyrique. — Le *Jugement de Pluton* et la *Franciade*. — Démenti du duc d'Aremberg aux allégations de Rousseau. — Épîtres au P. Brumoi, à Rollin et à *Thalie*. — Voltaire étourdi, sourcilleux écolier, rimeur de deux jours. — Répond aux trois épîtres par la *Crépinade*. — Mademoiselle Quinault à la foire. — La légende de l'Enfant prodigue. — Fournit à Voltaire le sujet d'une comédie. — Petite supercherie des acteurs. — Elle tourne au succès de la pièce. — Incognito rigoureux. — *L'Enfant prodigue* attribué à Gresset. — Mécontentement de celui-ci. — Jugement impartial de Desfontaines. — Ode *sur l'Ingratitude*. — Étrange raison du poëte pour maintenir dans son ode le nom de l'abbé. — Le chevalier de Mouhy et le *Mérite vengé*. — Attaque violente contre Desfontaines. — Défense digne de ce dernier. — Embellissements de Cirey. — Visite du chevalier de Villefort. — Description fantastique. — *Le Mondain*. — Trouvé chez l'évêque de Luçon. — Colporté par le président Dupuy. — Colère de M. de Chauvelin. — Nécessité de s'éloigner au plus vite. — Séparation cruelle. — Offres du prince royal. — Madame du Châtelet opposée à un voyage en Prusse. — Voltaire en Hollande. — Bruits du retour de Rousseau. — Les jésuites font des démarches pour réconcilier les deux poëtes. — Jean-Baptiste accuse Voltaire de vouloir prêcher l'athéisme en Hollande. — Fait aussi courir le bruit d'une dispute publique entre l'auteur de la *Henriade* et S'Gravesande sur l'existence de Dieu. — Lettre de ce savant qui dément cette calomnie. — Voltaire se cache sous le pseudonyme de Revol. — *Alzire* sur le théâtre de Bruxelles. — Accueil enthousiaste fait à Voltaire. — Traduction de la *Mort de César* par un magistrat d'Amsterdam. — *Brutus* traduit en vers anglais. — *Zaïre* jouée dans la salle des *Yorck-Buildings* par des amateurs. — M. Bond. — Expire en représentant le personnage de Lusignan. — Retour à Cirey. — L'abbé Moussinot. — Mandataire et homme de confiance de Voltaire. — Visées scientifiques. — Démarches occultes auprès des chimistes de l'Académie des sciences. — Frédéric. — Son engouement pour Voltaire. — Envoi du buste de Socrate. — Son peu de sympathie pour la divine Émilie. — Le baron de Kaiserling à Cirey. — Réception splendide. . . . . Page 87.

IV. LES NIÈCES DE VOLTAIRE. — LA MALCRAIS-MAILLARD. — UN COMPLOT SCIENTIFIQUE. — LE PRÉSERVATIF. — Voltaire veut marier mademoiselle Mignot avec le fils Champbonin. — Louise ne s'y prête pas. Armand. — Il s'oublie aux jésuites de la rue Saint-Antoine. — Son fanatisme. — Le marquis de Blaru. — Incendie de la chambre des comptes. — Les jansénistes soupçonnés. — Arrestation d'Arouet. — Relâché presque aussitôt. — M. Denis. — Mariage de Louise. — Générosité des deux oncles. — Madame Denis à Cirey. — Élisabeth Mignot. — Épouse M. de Fontaine-Hornoy. — Mademoiselle Malcrais de la Vigne. — Elle passionne tous les poëtes. — Destouches lui répond par une déclaration fort tendre. — C'est pour elle que Lamotte rime ses quatre derniers vers. — Voltaire ni moins empressé ni moins galant. — Desforges-Maillard. — Supercherie découverte. — Voltaire prend la plaisanterie du bon côté. — Lettre affectueuse au poëte breton. — La *Métromanie*. — C'est Voltaire qu'on joue — Mademoiselle Linant. — Toute la famille expulsée de Cirey. — Voltaire en est fâché. — Linant sur le pavé. — Sa tragédie. — Éloge qu'en fait Algarotti. — Poëme couronné par l'Académie. — *Eléments de la philosophie de Newton*. — Mis à la portée et *à la porte* de tout le monde. — Jugement des journalistes de Trévoux. — Voltaire, le bon sens superficiel. — Madame du Châtelet s'avise aussi de concourir. — Elle se cache de Voltaire. — Travaille la nuit et se plonge les mains dans la glace pour chasser le sommeil. — Échec des deux amis. — Euler, Lozerande de Fiesc et le comte de Créqui-Canaple. — Arrêt vivement ressenti à Cirey. — La chimère des tourbillons. — C'est leur irrévérence pour Descartes qui les a fait écarter. — Politesse de M. de Réaumur à l'égard de la marquise et du poëte. — Insertion des deux *Mémoires* dans le recueil de l'académie des sciences. — Une séance à la Sorbonne. — Voltaire et la divine Émilie comparés à Thésée et à Ariane. — Démarche près de Jore. — Repentir tardif de celui-ci. — Générosité du poëte. — Demoulin. — Fait perdre vingt-quatre mille livres à Voltaire. — Procédés malhonnêtes. — Il obtient son pardon. — — L'abbé Desfontaines dit son mot sur les *Eléments*. — Traite à la fois Voltaire de vieillard et d'écolier. — Fureur de Voltaire. — Le *Préservatif*. — Lettre à Maffei. — Mouhy accepte la paternité du libelle. — Voltaire se défend d'y avoir la moindre part. — Autre machine de guerre. — La comédie de *l'Envieux*. — Zoïlin-Desfontaines. — Madame du Châtelet n'est pas d'avis qu'on la joue. — Devait être représentée sous le nom et au bénéfice de l'abbé de Lamarre. — Les comédiens la refusent. . . . . Page 131.

V. — La voltairomanie. — La déification du docteur Aristarchus. — Désaveu de Desfontaines. — *La Voltairomanie*. — Lecture chez le marquis de Loc-Maria. — Atrocité du libelle. — Parvient à Cirey. — Madame du Châtelet le soustrait aux regards du poëte. — Son anxiété. — Thiériot mêlé au débat. — Son portrait par Desfontaines. — Touchantes preuves d'affection. — Mémoire de la marquise. — Énergie du début. — Thiériot entre deux feux. — Mis en demeure de se prononcer. — Ses hésitations. — Lettre ambiguë à la marquise. — Mauvais effet qu'elle produit. — Reproches tendres de Voltaire. — Lettre hautaine de M. du Châtelet. — Services invoqués. — Madame de Bernières. — Peu d'entente des deux époux. — Leur séparation. — Mort du président. — Sa veuve répond à l'appel de Voltaire. — La marquise écrit au prince royal de Prusse. — Elle se plaint de Thiériot que Voltaire avait donné à Frédéric. — Celui-ci essaye de la calmer. — Son opinion sur son correspondant. — La marquise ne se laisse pas convaincre. — Thiériot, âme de boue. — Airs ridicules qu'il se donne. — Finit par s'éxécuter et se joint aux amis du poëte. — Poursuite à outrance. — André, Procope, Pitaval, l'abbé Séran de Latour, Duperron de Castera. — Ils présentent une requête au chancelier. — Envoi d'un chevreuil à M. de Maurepas. — Démarches près des puissances. — Voltaire s'adresse au corps des avocats pour qu'il proteste contre le libelle. — L'abbé Moussinot sur les dents. — Avances conciliatrices de Rousseau. — Repoussées par Voltaire. — Lettre envenimée du lyrique reproduite par la *Voltairomanie*. — Rousseau à l'archevêché. — S'y tient caché sous le nom de Richer. — Assertion sans preuves de Clément. — Rien ne la confirme. — *Déification du docteur Aristarchus*. — Encore l'affaire du pont de Sèvres. — Saint-Hyacinthe. — Bossuet et mademoiselle de Mauléon. — Une représentation d'*OEdipe*. — Échanges de politesses. — Voltaire et Saint-Hyacinthe à Londres. — Ils se brouillent. — *Lettre critique sur la Henriade*. — Exaspération de Voltaire. — Il accuse Saint-Hyacinthe d'escroquerie. — Cri poignant d'amertume. — Liaisons honorables de Saint-Hyacinthe. — Affection aveugle qu'il inspire à Burigny. — Voltaire exige une réparation. — Déclaration de Saint-Hyacinthe. — Elle ne satisfait point l'offensé. — *Conseils à un journaliste*. — Voltaire attribue le *Mathanasius* à Sallengre. — Réponse furibonde de Saint-Hyacinthe. — Les cannes-*Voltaire*. — L'affaire de la *Voltairomanie* renvoyée devant M. Hérault. — Réclamation de Desfontaines. — Repoussée avec indignation par le poëte et la marquise. — Désaveu de la *Voltairomanie*. — Conclusion de l'affaire. — Le désaveu dans la *Gazette d'Amsterdam*. — Desfontaines et le comte d'Argenson. — Un dialogue emprunté à Tertulien. — Les Mémoires de madame du Châtelet et du poëte *sur la Propagation du feu* analysés dans les *Observations*. . . . . Page 175.

VI. — Madame de Grafigny a Cirey. — Soupçons. — Scène épouvantable. — Départ pour Bruxelles. — Madame de Grafigny. — Petite-fille de Callot. — Mariée à un furieux. — Elle court risques de la vie. — Lettre pathétique adressée à son père. — Séparée juridiquement. — Sa nature affectueuse. — M. Devaux-*panpan*. — Lecteur de Stanislas. — Repartie plaisante du roi de Pologne. — Portrait de Panpan par l'abbé Porquet. — Léopold Desmarets. — Projets de mariage entre celui-ci et madame de Grafigny. — Renversés par madame d'Issembourg. — Arrivée à Cirey. — Grandes démonstrations de Voltaire. — La Nymphe. — Appartement de Voltaire. — On entend la messe de sa chambre à coucher. — Appartement de la marquise. — Appartement des bains. — Chambre de madame de Grafigny. — Madame du Châtelet et ses gens. — Elle n'a pas de cave. — Économie un peu parcimonieuse. — Ce que mesdames de Montespan et de Maintenon donnaient à leurs domestiques. — Emploi de la journée. — Qui on appelait les cochers, à Cirey. — Hygiène de la marquise. — Ne se défend pas d'être gourmande. — Voltaire à table. — Ses attentions à l'égard d'Émilie. — Charme inexprimable de sa causerie. — La marquise passe ses nuits à écrire et à lire. — Promenades à cheval. — Voltaire chasse le chevreuil dans les bois de Cirey. — Le théâtre. — Son répertoire. — Les marionnettes et la lanterne magique. — L'abbé de Breteuil. — Anecdote plaisante. — Maupertuis à Cirey. — Il y passe quatre jours. — Despotisme de la marquise. — Petite scène à propos d'un habit. — Autre bouderie. — Irruption de Voltaire dans la chambre de madame de Grafigny. — Il éclate en gémissements et en reproches. — Arrivée de madame du Châtelet. — La Nymphe a fait place à la Mégère. — Elle dépasse Voltaire en violence. — Scène épouvantable. — Voltaire essaye de calmer celle-ci. — Détresse de la pauvre femme. — Sans chez-soi et sans argent. — Mot de l'énigme. — Les châtelains commencent à regretter leurs violences. — Voltaire s'apitoie sur l'état de madame de Grafigny. — Efforts communs pour faire oublier leurs torts. — Ce qui les atténue. — *Jeanne*. — Apparences accusatrices. — Nature expansive et peu discrète de la dame. — Le coup de grâce. — Desmarets déclare qu'il n'a plus d'amour. — Madame de Grafigny part pour Paris. — Procès à soutenir en Flandre. — Le marquis de Trichateau. — Madame du Châtelet princesse. — Séjour à Valenciennes. — M. de Séchelles. — Koenig. — Désespoirs piquants de la marquise. — Fête donnée par Voltaire. — Affreux spectacle. — M. d'Aremberg. — Les deux amis à Enghien. — Retour à Paris. — Voltaire, la proie de Silva et de Morand. — Prault. — Imprime sans privilége le *Recueil de pièces fugitives*. — L'ouvrage supprimé. — Prault suspendu durant trois mois. — Profonde amertume de Voltaire. — Maladie d'Armand. — On lui tire cinquante palettes de sang. — Menaces d'un long séjour à Bruxelles. . . . . Page 223.

VII. — VOLTAIRE ET PIRON A LA HAYE. — LETTRES DE FLEURY. — MOYLAND ET REMUSBERG. — RETOUR A BRUXELLES. — Correspondance active entre Voltaire et Frédéric. — Bons offices littéraires. — Jordan chargé de la grosse tâche. — Une variante à *Mérope*. — Le poëte n'en tient compte. — Échange de tendresse et d'amabilités. — Jeunesse du prince royal. — Férocité de Frédéric-Guillaume. — Épouvante de sa famille et de ses sujets. — Sa mort. — Avénement de Frédéric II. — Enthousiasme de Voltaire. — Il l'appelle « son humanité ». — L'*Anti-Machiavel*. — En cours d'impression. — Le roi en veut empêcher la publication. — Van-Duren. — Ce qu'était un libraire hollandais. — Tentatives de conciliation. — Repoussées. — Fin contre fin. — Piége que Voltaire tend au libraire. — Il rend le manuscrit indéchiffrable. — L'édition n'en paraît pas moins. — Voltaire prend le parti de publier une édition retouchée et adoucie. — Frédéric la désavoue. — Voltaire, Piron et Rousseau à la Haye. — Visite de Piron à Voltaire. — Détails sur Rousseau. — Le lyrique prétend que Voltaire s'exprime sur son compte avec la dernière violence. — Piron dit tout le contraire. — Des citoyens de hasard. — Piron garde la chambre. — Voltaire envoie prendre de ses nouvelles. — Seconde visite de Piron. — La santé de Voltaire. — Guet-apens. — Dîner chez le général des Brosses. — Passe d'armes entre les deux rivaux. — Binbin vainqueur. — Récit du poëte bourguignon. — Doutes sur sa véracité. — Piron opposé à Voltaire. — Voltaire travaille en marqueterie, Piron jette en bronze. — La *Métromanie* a dévoré tous les autres enfants du poëte. — Projets d'entrevue à Clèves. — Voltaire voudrait emmener la marquise avec lui. — Frédéric peu désireux de la voir. — Lettre de celle-ci au roi de Prusse. — Le château de Moyland. — Maupertuis, Algarotti et Kaiserling. — Nudité des murailles. — Une majesté sur un grabat. — Le conseiller aulique Rambonet et les Liégeois. — Une querelle d'Allemand. — Voltaire rédacteur du *Manifeste*. — Détails de l'entrevue. — Enchantement de Frédéric. — Voltaire prend congé. — Va s'établir à la Haye dans le palais du roi de Prusse. — Y donne la dernière main à l'édition de l'*Anti-Machiavel*. — Madame du Châtelet à Fontainebleau. — Travaille à apaiser le ministre. — Deux lettres du cardinal de Fleury. — Voltaire brouillé avec le cardinal et pourquoi. — Carrosse brisé. — Entrée grotesque à Herford. — La cour à Remusberg. — Seconde entrevue. — La margrave de Bayreuth. — Frédéric joueur de flûte. — Boutade du roi. — Combien lui coûte par jour le plaisir d'avoir Voltaire. — Échange de madrigaux. — Désolation de madame du Châtelet. — Propos malins. — Départ de Berlin. — Protestations de Voltaire. — Machiavelisme de l'auteur de l'*Anti-Machiavel*. . . . . Page 267.

VIII. — LES INSTITUTIONS DE PHYSIQUE ET M. DE MAIRAN. — LETTRE INTERCEPTÉE. — MAHOMET. — DIDOT ET BARROIS. — Voltaire et madame du Châtelet à Lille. — Le ménage Denis. — Voltaire chargé par le roi de Prusse de lui composer une troupe. — S'adresse au comédien La Noue. — Empressement de celui-ci. — Les acteurs engagés. — Contre-ordre de Frédéric. — Détresse de La Noue. — *Mahomet* à Lille. — Succès d'enthousiasme. — Représentation spéciale pour le clergé. — L'abbé de Valori. — La victoire de Molvitz. — Dépêche lue durant un entr'acte. — Saillie de Voltaire. — La marquise leibnitienne. — *Les Institutions de Physique*. — Elle y combat, quoique avec politesse, les idées de M. de Mairan. — Réplique acerbe de celui-ci. — Voltaire reste fidèle à Newton. — Allusion perfide de Mairan. — Verte riposte de madame du Châtelet. — Opinion des journalistes de Trévoux sur cette réponse. — La figure française. — Mairan a le dessous. — Brouille de Koenig et de la marquise. — Maupertuis prend le parti de celui-ci. — Madame du Châtelet blessée au cœur. — Démarches conciliantes de Voltaire. — Réconciliation. — Comment Koenig était passé avec la marquise des mathématiques à la métaphysique. — Signature exigée. — Un passage du portrait de madame du Châtelet par madame du Deffand. — Commérages de l'abbé Le Blanc. — Le valet de chambre géomètre. — Prétention de Koenig. — Émilie en appelle à la loyauté de Maupertuis. — L'Académie s'oppose à la continuation de la dispute. — La marquise le déplore. — Fin du débat. — Rapport de MM. Pitot et Clairaut *sur les Forces vives*. — Voltaire médiocrement satisfait. — Les grands seigneurs ses débiteurs. — Le receveur général Michel. — Sa banqueroute. — Que le diable emporte Michel. — Bonne humeur du poëte devant les pertes d'argent les plus sérieuses. — L'hôtel Lambert. — Le Brun et Eustache Lesueur. — M. du Châtelet devient acquéreur de cette belle résidence. — *Le Cabinet des Bains*, la chambre de Voltaire. — Vue splendide. — Les deux amis à Gray, chez la comtesse d'Autrey. — Reprise de *Brutus*. — Lettre au roi de Prusse. — Fracas qu'elle fait. — Ce qu'en pensent Hénault et madame du Deffand. — Indignation de la comtesse de Mailli. — Lettre que Voltaire lui adresse. — Protestations d'innocence. — Frédéric accuse le cardinal. — Conjectures. — *Mahomet* à Paris. — Efforts de la cabale. — Opinion de Chesterfield. — Brillant accueil à Reims. — M. de Pouilli. — La marquise transporte toute la ville. — Frédéric et Voltaire se voient à Aix-la-Chapelle. — Visées politiques. — Voltaire au mieux avec Fleury. — Brève apparition à l'hôtel Lambert. — Le fermier général La Haye en devient acquéreur. — M. de Marville lieutenant de police. — Vente d'une édition subreptice. — Démarches de Voltaire pour l'arrêter. — Didot et Barrois transférés au For-L'évêque. — Intérêt qu'ils inspirent. — M. du Tillet de Pannes. — Barrois et le duc de Béthune. — Récidive. — Intervention de la maréchale de Noailles et de la comtesse de Toulouse. — Élargissement des libraires. — Leur boutique rouverte. . . Page 305.

IX. — MORT DE FLEURY. — MÉROPE. — CANDIDATURE REPOUSSÉE. — DÉPART POUR LA PRUSSE. — UN TOUR PERFIDE. — Mort du cardinal. — Un fauteuil vacant. — Voltaire songe à se mettre sur les rangs. — Arrêt de M. de Boze. — Étonnement d'un prince d'Allemagne en apprenant que Voltaire n'est pas de l'Académie. — Voltaire et l'Académie des sciences. — Réaumur, Mairan et Maupertuis lui préparent une place parmi eux. — Ils échouent. — Vers de Formont. — Réponse du poëte. — Voltaire se retourne vers l'Académie française. — Le roi donne son agrément. — Les ennemis veillent. — *Mérope*. — N'est pas une traduction de celle de Maffeï. — Dégoûts inhérents aux lettres. — L'abbé de Voisenon. — *Mérope* a-t-elle été refusée par les comédiens? — *Amadis*, de la Grange-Chancel. — Succès inouï. — Anecdote douteuse. — Le *Commentaire historique* et la lettre d'Aigueberre. — Petite pointe de Fontenelle. — Mademoiselle Dumesnil. — Le diable au corps. — Une pauvreté de bonne humeur. — Bernis. — Housses en guise de couvertures. — L'abbé se laisse payer son fiacre. — Lettre à Boyer. — Étonnement qu'elle produit. — Surprise et désapprobation du roi de Prusse. — Lettre à M. de Sens. — Voltaire la désavoue. — N'en est pas moins de lui. — Déclaration de M. de Maurepas. — Son antipathie pour Voltaire. — Pourquoi. — Sa réputation de bel-esprit et de diseur de bons mots. — L'archevêque de Narbonne refuse de se poser comme candidat. — M. de Bayeux. — Élu tout d'une voix. — Voltaire et le gouvernement. — Nouvelles vexations. — Représentation de *Jules César* arrêtée. — Hostilité de Crébillon. — *Mahomet* rival d'*Atrée*. — Transports de joie de Frédéric. — Chagrin de madame du Châtelet. — Voltaire attend à la Haye les ordres de Frédéric. — L'âne de Mirepoix. — Le cousin Marchand. — Intérêt dans les fournitures. — Sources de la grande fortune du poëte. — Étrange facétie. — La politique et les femmes. — Le comte de Podewils et la jolie hollandaise. — Communications importantes de Voltaire. — Zèle infatigable. — Escarmouches. — Le revers de la médaille. — Deux billets de Frédéric au comte de Rottembourg. — Noirceur insigne. — Considérations d'équité. — La mèche éventée. — Ressentiment médiocre. — Le poëte à Berlin. — Emploi de la journée de Frédéric. — Sa table. — Concerts. — La Barbarini. — Touche à elle seule plus que trois ministres d'État. . . . . Page 353.

X. — Voltaire diplomate. — La cour de Bayreuth. — La princesse Ulrique. — Hénault a Cirey. — La politique et les petits vers. — Le fer engagé. — Négociation interrompue par un concert. — Correspondance par demande et par réponse. — *A la façon de Barbari, mon ami.* — Voltaire ne s'oublie pas. — Frédéric refuse de le satisfaire. — Raisons qu'il en donne. — Situation délicate. — Le roi mis en défiance. — M. de Valori sur le qui-vive. — Voltaire sort de ce mauvais pas à son honneur. — Le poëte et le margrave. — Arrivée à Bayreuth. — Le château de l'Ermitage. — Opéras, comédies, chasses, soupers délicieux. — Voltaire trône au milieu de cette petite cour. — Y passe quatorze jours. — Jodelet-prince. — *La Clemenza di Tito*, opéra de Métastase, Hasse et Frédéric. — Un vieux gentilhomme franc-comtois traînant la brouette à Spandau. — Victime de la cruauté de Frédéric-Guillaume. — Le poëte implore sa grâce dans des stances au roi. — La princesse Ulrique. — Joli madrigal. — Le jeune Francheville. — Historiette peu croyable. — Réponse au madrigal de Voltaire. — Grossière épigramme. — Attribuée à Piron. — Ne peut être de Frédéric. — Raisons concluantes. — Issue du séjour en Prusse. — Tentatives de Voltaire. — Le margrave d'Anspach et l'évêque de Wurtzbourg. — Perspective d'un grand commandement offerte au premier. — Inaction de Frédéric. — Sa politique. — Voltaire revient à la charge. — Les adieux. — Nouvel accident de voiture. — Le poëte pillé par les paysans venus pour le secourir. — On lui vole le portrait du roi et de la princesse Ulrique. — Schaffenstad. — Le feu aux quatre coins du village. — Arrivée à Brunswick. — Hospitalité des plus cordiales. — Voltaire rejoint enfin madame du Châtelet. — Griefs de la marquise contre lui. — Ingratitude de l'ami. — Voltaire à Paris. — Mécomptes. — Mauvais vouloir de madame de Châteauroux. — Renvoi de M. Amelot, parce qu'il est bègue. — Cause plus sérieuse de sa disgrâce. — Retour à Bruxelles. — Lettre tendre de Frédéric. — La cuisinière de Valori. — Amelot remplacé par le marquis d'Argenson. — Ministres et favoris. — Les Cabinets. — Excellents rapports avec Richelieu. — Une terrible besogne. — Le P. Jacquier. — Le président Hénault à Cirey. — Une journée d'enchantement. — Rameau. — Son humeur intraitable. — Ménagements dont on use envers lui. — Curieuse lettre du duc de Richelieu. — Ce que le musicien exige du poëte. — Résignation calculée de ce dernier. . . . . Page 395.

XI. — TESTAMENT D'ARMAND. — LA PRINCESSE DE NAVARRE. — VOLTAIRE HISTORIOGRAPHE. — BENOIT XIV. — Réjouissances publiques. — Feu d'artifice de la place de Grève. — Voltaire et madame du Châtelet dans la bagarre. — Se réfugient à l'hôtel du président Hénault. — Ils y soupent. — Poëme sur les *Événements de l'année* 1744. — *La Princesse de Navarre.* — Mal que le poëte se donne. — La récompense qu'il ambitionne. — Mort d'Armand. — Rôle qu'on fait jouer à Voltaire à l'égard de son frère. — Récit de l'abbé Barruel. — Testament d'Arouet. — Legs particuliers. — Le buste de Saint-André-des-Arts. — Voltaire simple usufruitier. — Précautions injurieuses du testateur. — M. de Fontaine exécuteur testamentaire. — Lacune dans la correspondance. — Procuration de Voltaire. — Fêtes du mariage. — Salle construite dans le manége couvert de la grande écurie. — Affluence d'invités et de curieux. — Un ordre malsonnant. — Représentation de la comédie-ballet. — L'opéra de *Thésée.* — Mot de la dauphine. — Voltaire fait marcher les suivantes avant les dames du palais. — Se hâte de faire disparaître cette énormité. — Succès contesté. — Résultats incontestables. — Voltaire historiographe. — Deux mille francs d'appointements. — Brevet. — Boutade du poëte. — Le fils du Châtelet atteint de la petite vérole. — Voltaire et la marquise à Châlons. — Le marquis d'Argenson part pour la Flandre. — Voltaire ne peut le voir. — Tenu à distance de Versailles pendant quarante jours. — Lettre de Louis XV à la Czarine. — C'est Voltaire qui tient la plume. — Philosophie qui y règne. — Notre état d'abaissement. — On veut frapper un grand coup. — Le roi et le dauphin à l'armée. — La bataille de Fontenoi. — Belle tenue de Louis XV et de son fils. — Lettre remarquable du marquis d'Argenson à Voltaire. — Délire général. — Voltaire embouche la trompette. — *Poëme de Fontenoi.* — *Le passage du Rhin* distancé. — Saillie de lord Chesterfield. — *Les Héros modernes* et la *Requête du curé de Fontenoy au roy.* — Critiques plus acerbes. — *Réflexions sur un imprimé intitulé : la Bataille de Fontenoy* et *Avis sincères à M. de Voltaire au sujet de la sixième édition de son poème.* — Voltaire y répond par sa *Lettre critique d'une belle dame à un beau monsieur de Paris.* — L'abbé Portes, Fréron et Piron. — Lamentations de ce dernier. — Étrange négociation. — Envoi de *Mahomet* au Saint-Père. — L'abbé de Canillac, mademoiselle du Thil et l'abbé de Tolignan. — Conflit de zèle. — Envoi des médailles. — Dédicace de *Mahomet* à Benoît XIV. — Réponse charmante du pape. — Un distique latin. — Faute de quantité dont on l'accuse. — Benoît se constitue le champion du poëte. — La tolérance romaine. — Allocution de Lambertini aux cardinaux, dans le conclave. — Doit son élévation à cette saillie. — Lettre de remercîment de Voltaire. — Désormais couvert de l'étole du vicaire de Dieu. . . . . . . Page 431.

FIN DE LA TABLE.

ERRATA

Page 2, lig. 27. — A en croire madame Necker, ce portrait de madame du Châtelet est postérieur à la mort de celle-ci. Il n'y a qu'à lire cette pièce pour se convaincre qu'elle fut écrite de l'existence de la marquise. Si elle ne fut connue du public qu'après la mort d'Émilie, madame du Deffand, quoique avec réserve, avait dû la montrer à ses intimes, ces petites noirceurs n'ayant de raison d'être et de piquant que lorsqu'elles s'attaquent à des vivants dont les tons et les prétentions choquent et blessent nos propres prétentions et notre propre vanité.

Page 83, lig. 10. — L'hôtel de la Popelinière, que Voltaire appelle l'hôtel du Palais-Royal, était situé rue Neuve-des-Petits-Champs. On sait qu'alors encore les maisons de cette rue avaient vue sur le jardin du Palais-Royal. Les galeries actuelles ne furent construites que bien plus tard, en 1784.

Page 74, lig. 6. — Les biographies de Desfontaines sont aussi peu exactes qu'incomplètes. Les renseignements qui suivent et que nous avons eu tardivement ne s'accordent pas d'une façon absolue avec ce que disent celles-ci, et ce que nous avons pu dire d'après elles dans notre premier volume.

Page 100, lig. 23. — Au lieu de : « lui avait récité, » lisez : « leur avait récité. »

Page 118, lig. 12. La réponse de S'Gravesande se trouve notamment dans *les Grands hommes vengés* de des Sablons (Amsterdam, 1769). T. I, p. 172, 173, 174.

Page 156, lig. 26. — « Madame de Grafigny qui était alors à Cirey. » Elle n'y vint, en réalité, que le 4 décembre de la même année.

Page 221, lig. 15. — Plus tard, nous ne l'ignorons pas, Voltaire, dans ses *Mémoires* (Beuchot, t. XLVIII, p. 325), citera cette prétendue réplique de M. d'Argenson. Mais cela même nous ferait volontiers croire que ce n'est là qu'une invention après coup. Autrement, pourquoi Voltaire n'eût-il pas, dès lors, cité ce mot cruel dans son discours préliminaire d'*Alzire*? La crainte de frapper trop fort n'est pas, en tout cas, ce qui dut le retenir.

Page 406, lig. 11. — Voici ce vers à rime masculine égaré dans la traversée de Paris à Berlin, et qu'il faut placer après le cinquième de l'épigramme :

« Un voleur, qu'il fait bon butin : »

Page 410, lig. 4. — Malgré l'activité de nos recherches, ce n'est qu'à la dernière heure que nous sommes parvenu à découvrir l'auteur de cette épigramme. Nos présomptions étaient fondées : Frédéric en est parfaitement innocent, ainsi que Piron auquel nous l'avons vu attribuer; et il faut la restituer au vrai coupable, Bonneval, « un fripon, dit Voltaire, qui m'a volé autrefois dix louis, qui a été chassé de chez Montmartel, et qui a fait un libelle contre moi. » Voir le JOURNAL DE MONSIEUR (1ᵉʳ novembre 1778), p. 268, 269, 270.

Imp. P.-A. BOURDIER, CAPIOMONT fils aîné et Cⁱᵉ, rue des Poitevins, 6.

www.ingramcontent.com/pod-product-compliance
Lightning Source LLC
Chambersburg PA
CBHW050254230426
43664CB00012B/1943